rowohlt
POLARIS

INES CALIC

Commissaria Iva Markulin

und

Die Schatten über der Adria

EIN ISTRIEN-KRIMI

ROWOHLT POLARIS

Originalausgabe
Veröffentlicht im Rowohlt Taschenbuch Verlag,
Kirchenallee 19, 20099 Hamburg, Mai 2025

Covergestaltung bürosüd, München
Coverabbildung Westend61/Getty Images
Satz aus der Alegreya
bei CPI books GmbH, Leck
Druck und Bindung GGP Media GmbH, Pößneck
ISBN 978-3-499-01697-4

Kontaktadresse nach EU-Produktsicherheitsverordnung:
produktsicherheit@rowohlt.de

MIX
Papier | Fördert
gute Waldnutzung
FSC® C014496

«Wir sind Tote, die noch leben.»

Paolo Borsellino, Mafiajäger,
geboren 19. 1. 1940 – *ermordet* 19. 7. 1992

«Jeder von uns ist verantwortlich
für alles vor allen.»

Fjodor Dostojewski

PROLOG

Den ganzen Tag schon war in Zagreb Regen gefallen, ein Mairegen, sanft und warm, wie die Tränen eines kranken Kindes. Gegen Abend hatte der Wind aufgefrischt, jetzt jagten dunkle Wolken über den Nachthimmel, und von fern rollte der Donner. Vor dem Restaurant *Stari Zagreb* in der Altstadt fielen schwere Tropfen. Das Reiterdenkmal des Ban Jelačić glänzte metallisch. Den Säbel hielt der Feldherr über den Kopf erhoben, sein Mantel wehte für immer im Wind. Der Regen klatschte auf die Kruppe seines Pferdes und lief auf das Pflaster des Platzes hinunter, wo er zu schwarzen Tümpeln gerann.

Iva, die neben ihrem Mann unter dem Portal des Restaurants stand, warf einen missmutigen Blick hinaus. «Schon ziemlich spät.» Sie knöpfte ihren Trenchcoat zu.

Ein paar Nachtschwärmer eilten, einzeln oder zu zweit unter Regenschirme geduckt, vorbei. Irgendwo hinter den Regenschleiern sang ein Mann mit nicht ganz sicherer Stimme ein Partisanenlied. Es war der 7. Mai, Titos Geburtstag.

Igor starrte in den Regen. «Immer dieses Scheißwetter in Zagreb, irgendwann halte ich das nicht mehr aus.»

Iva sah ihn von der Seite an. «Was ist denn mit dir los? Du hast schon den ganzen Abend schlechte Laune.»

«Unsinn, es ist nichts.»

«Sogar in den *Tripe* hast du nur herumgestochert.» Zart gekochte Kalbskutteln mit Tomaten und Pancetta waren Igors Leibspeise und die Spezialität des *Stari Zagreb*.

«Ich habe doch gesagt, es war zu viel Knoblauch dran.»

«Hast du Sorgen?»

«Natürlich nicht.»

Iva überlegte. «Wer hat eigentlich heute Nachmittag bei uns zu Hause angerufen?» Für gewöhnlich benutzten sie ihre Handys. Der Anschluss in der Wohnung war nur für den Notfall gedacht und hatte zudem eine Geheimnummer.

«Keine Ahnung.» Lass mich in Ruhe, sagte sein Ton.

«Warum hast du dich am Telefon nicht gemeldet?»

Igor sah auf sie hinunter. «Bist du etwa eifersüchtig?»

Iva gab keine Antwort.

«Der Anrufer hat gleich wieder aufgelegt.» Igor zuckte die Schultern. «Wahrscheinlich hatte er sich nur verwählt.»

«Woher weiß er das, wenn du keinen Namen nennst?»

«Kannst du nicht einmal aufgeben, du Sturkopf?»

«Irgendwas stimmt seit Wochen nicht mit dir, Igor.»

«Ach, Iva.» Igor zog sie an sich. «Es ist Samstag. Da bin ich fast nur am Wochenende da – und du verdirbst es uns.»

Iva lehnte die Stirn gegen seine Brust. «Tut mir leid.»

Igor lachte und küsste ihr Haar. «Ich liebe dich.» Er versuchte, in ihre Manteltasche zu greifen. «Aber du hast einen Schwips, mein Herz. Gib lieber mir die Autoschlüssel.»

An diesem Wochenende war Igor mit dem Zug aus Pula gekommen, sein blauer Audi stand mit einem Motorschaden in der Werkstatt. Ivas roter Alfa Romeo Giulia parkte ein paar Meter weiter in der Reihe der abgestellten Autos. Sie zog den Autoschlüssel aus der Tasche und drückte ihn ihrem Mann in die Hand. *Ertappt – Staatsanwältin Markulin betrunken am Steuer.* Die Schlagzeile konnte sie ihren Beruf kosten.

«Dann hole ich mal den Wagen.» Igor schlug den Jackenkragen hoch. «Stell dich lieber weiter unters Dach.»

Igor sprintete los, mit ausholenden, kraftvollen und doch mühelosen Schritten. Als läge vor ihm der Istrien-Marathon, für den er das ganze Jahr trainierte und an dem er immer teilnahm. Oder als trügen ihn an diesem Abend Flügel.

Iva blickte auf ihre Armbanduhr. Zehn vor zwölf. Bis sie zu Hause waren, war es halb eins, und Luisa, Matteos Babysitterin, längst über ihren Studienbüchern oder vor dem Fernseher eingeschlafen. Sie hörte, wie der Motor des Alfa ansprang, und sah hoch. Die roten Rücklichter malten Blutseen auf das nasse Pflaster. Igor gab Gas, das Motorengeräusch schwoll an, und der Alfa rollte aus der Parklücke.

Die Explosion schleuderte Iva zurück gegen die Wand.

Der Schlag auf ihr Herz und die Hitzewelle im Gesicht trafen sie gleichzeitig. Sie stürzte zu Boden, fiel auf alle viere. Brennende Trümmer wirbelten vor ihren Augen.

«Igor!»

Der Alfa war ein leuchtender Feuerball. Er drehte sich in der Luft, stürzte zu Boden, blieb auf dem Dach liegen. Türen und Kotflügel flogen über den Platz. Eine unerträgliche Hitze breitete sich aus, verbrannte ihre Haut, biss in ihre Augen. Iva hörte ihre eigenen Schreie wie von weit her.

«Igor – nein! Igor ...!!»

Ein weiteres Auto fing an zu brennen. Dicker schwarzer Rauch stieg auf, verbiss sich in Ivas Lungen, nahm ihr den Atem. Sie hustete, würgte.

Iva sah dunkle Schemen vor dem hoch lodernden Feuer, Passanten rannten in Panik kreischend an ihr vorbei.

Jemand packte Iva unter den Achseln und zerrte sie in das Foyer des Lokals zurück, legte sie auf dem kalten Marmorboden ab wie auf einer Grabplatte.

Von draußen hörte sie immer noch Entsetzensschreie.

Dann das Heulen von Sirenen.
Dann nichts mehr.

EINS

Viktor Rodin sog den süßen Duft seiner *Red Yesterday* ein. Er liebte ihre karminrote Farbe, die weiße Mitte der ungefüllten Blüten, die in großen, kugeligen Büscheln wuchsen. Endlich einmal eine Rose, die reich und dauerhaft blühte und auch mit dem Klima in Zagreb zurechtkam. Er hatte sie letztes Jahr versuchsweise als Solitär gesetzt, aber nachdem sie in diesem Juni schon fast achtzig Zentimeter hoch und ein imposanter Busch war, überlegte er ernsthaft, auch vor die hohe Hecke, die seinen Garten vor den Blicken der Spaziergänger im Ribnjak-Park schützte, ein paar *Red Yesterday* zu setzen. Außerdem zog diese Rose Unmengen von Bienen an, deren Summen ihn an seine Kindheit in Motovun, einem mittelalterlichen Städtchen in den Hügeln von Istriens Hinterland, erinnerte.

Viktor streckte den rechten Arm aus, visierte mit der Rosenschere ein paar dünne Ästchen an und zwickte sie mit Zartgefühl ab, weniger, weil es nötig war, als um der Pflanze seine Zuwendung zu schenken. Er warf das Schnittgut auf den Rasen und ging weiter zu seiner eineinhalb Meter hohen zitronengelben *Ruselda,* die er im Frühjahr wie immer um zwei Drittel gekürzt hatte, die aber dieses Jahr nur spärlich blühte. Um die Vögel, die gut geschützt zwischen den starken Stacheln brüteten, nicht zu stören, konnte er sein Sorgenkind jedoch nur aus angemessenem Abstand betrachten.

Die Glocken der Kathedrale hinter dem Ribnjak-Park

schlugen drei Uhr. Kaum war ihr Geläut verklungen, ertönte eine Frauenstimme hinter Viktor.

«Onkel Viktor, guten Tag!»

Viktor Rodin drehte sich um.

Seine Nichte Iva Markulin, gepflegt und professionell gekleidet wie immer, in blauem Kostüm, weißem T-Shirt und hochhackigen Schuhen, winkte von der Terrasse der gelben Biedermeiervilla, die sich so gut in sein Rosenparadies fügte, zu ihm herüber. Handtasche und Aktenkoffer hatte sie bereits auf einem der Rattan-Sessel, die sich im Spiel von Licht und Schatten der Pergola um einen runden Tisch gruppierten, abgestellt. Hinter ihr stand Jelena, seine Haushälterin, in der Terrassentür. Obwohl der Tod ihres Mannes nun schon über zwanzig Jahre zurücklag, trug sie wie jeden Tag ein schwarzes Witwenkleid. Mit ihrem sorgfältig frisierten weißen Haar hätte sie auf dem Weg zu einer Beerdigung sein können, wenn sich nicht um ihre runde Mitte eine Küchenschürze gespannt hätte.

«Iva! Wie geht es dir?»

Viktor steckte die Rosenschere in die Bauchtasche seiner Gartenschürze, zog die dicken Handschuhe aus und ließ sie neben sich auf den Rasen fallen. Iva war nicht wirklich seine Nichte, aber die Enkelin von Nikola Pavić, dem besten Freund seines verstorbenen Vaters. Sie hatte nicht nur bei ihm Strafrecht an der Zagreber Universität studiert, sondern auch nach ihrem Studium, das sie summa cum laude abgeschlossen hatte, in seiner Rechtsanwaltskanzlei gearbeitet. Inzwischen war sie leitende Staatsanwältin der Behörde gegen Korruption und organisierte Kriminalität. Er hatte guten Gewissens ein Empfehlungsschreiben abgeben können. Iva hatte bereits Karriere in der Justiz gemacht, ihr

Weg würde sie noch bis in ein Ministeramt führen. Viktor hätte gerne Kinder gehabt. Irgendwie hatte es sich nicht ergeben. Mittlerweile, mit über sechzig, war es zu spät dafür.

Er eilte auf die Terrasse, fasste Ivas Hände und begrüßte seine Nichte – links, rechts – mit Wangenküssen. «Iva, meine Liebe, lass dich anschauen.» Viktor hatte immer gefunden, dass das Mädchen, blond, mit sportlicher Figur und mit Grübchen in den Wangen, ein hübsches Ding war. Umso mehr fiel ihm auf, wie blass und schmal, ja, geradezu spitz ihr Gesicht geworden war. «Gut siehst du aus, Kleine.» Er nickte anerkennend. «Schön wie immer.»

Sie lächelte matt. «Keiner lügt so gut wie du, Onkel Viktor.»

«Ich bin schließlich Anwalt, da kann man nichts machen. Setz dich doch.» Er deutete auf die Sitzgruppe und ging zu einem Sessel. «Was hörst du von Barba Nikola?» Trotz seines eigenen Alters und seines Berufes wählte er stets diese ehrerbietige Anrede für einen angesehenen älteren Mann. «Noch immer jeden Tag im Olivenhain, der alte Löwe?»

Iva wartete, bis er Platz genommen hatte, dann setzte sie sich ihm gegenüber auf die andere Seite des Tisches, neben ihre Handtasche und den Aktenkoffer.

«Ich war letztens auf Terra Rossa. Großvater ist wie immer bei bester Gesundheit.» Ein schmales Lächeln erschien auf ihrem Gesicht. «Dreiundneunzig und völlig klar im Kopf. Nur das Gehen fällt ihm zunehmend schwer.» Sie faltete ihre Hände vor sich auf dem Tisch. «Ich habe eine Bitte an dich, Onkel ...»

«Bestell ihm meine Grüße, Liebes.»

Iva sah auf ihre Finger hinunter. «Er weiß nicht, dass ich

hier bin. Und ich wäre dir dankbar, wenn mein Besuch vorerst unter uns bleiben könnte.» Sie blickte auf.

Viktor stützte die Ellenbogen auf die Armlehnen seines Stuhles und verschränkte die Finger vor dem Kinn. «Aha.»

Jelena kam mit einem schweren Silbertablett, auf dem zwei Tassen mit Espresso, zwei Tellerchen mit Spitzenservietten und Kuchengabeln und ein Teller mit Nussstrudel standen. Sie servierte den Kaffee, strich mit den Händen ihre Schürze glatt und verschwand nach einem letzten prüfenden Blick über den Tisch wieder im Haus.

Viktor reichte Iva eine Espressotasse und sah sie fragend an. Iva schüttelte den Kopf, kein Gebäck, danke.

Er lehnte sich zurück, wartete ab.

Iva rührte in der Crema ihres Espressos herum, dann stellte sie die Tasse auf den Tisch zurück und holte tief Luft. «Ich bin hier, weil ich deine Hilfe brauche, Onkel.»

Viktor nickte, das war der übliche Besuchsgrund seiner Gäste. Nur nicht für Iva. Sie hatte ihn noch nie um etwas gebeten. «Natürlich. Was kann ich für dich tun?»

«Ich habe meinen Rücktritt eingereicht.»

«Du hast ...? Das ist nicht dein Ernst!»

«Lies mal das hier.» Iva beugte sich zu ihrem Aktenkoffer hinüber, ließ die Schlösser aufschnappen und zog ein Nachrichtenmagazin hervor. Sie blätterte kurz, schlug dann eine Seite auf und schob Viktor die Zeitschrift hin. «Ein Nachruf auf Igor.»

Viktor nahm das Magazin.

Der Artikel stammte von einer Journalistin namens Ana Matić und war mit einem Porträt von Igor und einem Foto des zerstörten Autos geschmückt. «Hochgeschätzt», las er laut vor. «Starb in Erfüllung seiner Pflicht ... hatte wichtige

Ermittlungen durchgeführt.» Viktor hob den Kopf. «Das Übliche eben. Die haben anscheinend schon einen Vordruck in den Redaktionen.»

«Es klingt vor allem, als wäre der Fall klar.»

Viktor warf das Magazin auf den Tisch. «Allerdings.»

Iva beugte sich vor. «Klar ist nur, dass eine Autobombe meinen Mann getötet hat. Mehr wissen wir nicht.»

Viktor konnte sich ein Lächeln nicht verkneifen. Er bewunderte ihre Fähigkeit, selbst in dieser Krise einen kühlen Kopf zu bewahren. «Du bist eine gute Juristin.» Schließlich hatte er sie selbst ausgebildet.

«Igor war Leiter der Antikorruptionsabteilung in Pula. Ich vermute, der Anschlag hatte mit seiner Arbeit zu tun.»

«Du vermutest? Was hat Igor gesagt?»

«Igor ...» Iva warf einen Blick auf die roten Rosen, die jenseits der Rasenfläche zwischen dunkelgrünem Blattwerk leuchteten. «Igor war in letzter Zeit sehr verschlossen.»

«Natürlich – er wollte seine Familie schützen.»

Ivas Blick kehrte zu ihm zurück. «Ja, wahrscheinlich.» Sie nahm die Kuchengabel von ihrem leeren Teller und fing an, mit den Zinken Linien auf das Tischtuch zu ziehen. Vier parallele und eine fünfte quer, dann wieder vier und eine fünfte quer. Das Muster wirkte wie eine Grafik, war vollkommen symmetrisch. Aber es erinnerte auch an einen Kalender aus Strichen an einer Gefängniswand. «Und wenn die Bombe nun für mich bestimmt gewesen ist?» Iva warf die Gabel auf den Tisch und sah Viktor ins Gesicht. «Ich habe zuletzt einige wichtige Leute hinter Gitter gebracht. Wenn die auspacken, führt die Spur bis ganz nach oben.»

Diese fromme Hoffnung teilte Viktor nun nicht. «Die Schlagzeilen waren voll des Lobes für dich: Die Mafiajägerin mit dem Engelsgesicht.» Trotz der schmeichelhaften Worte war sein Ton scharf und drängend. «Hör auf mich und lass die Finger von der ganzen Sache. Kümmere dich lieber um deinen Sohn.»

«Ich will Igors Mörder finden, ehe mein Sohn Vollwaise wird.»

Die Glocken der Kathedrale schlugen halb vier. Eine Biene summte um den Teller mit dem Nussstrudel, ließ sich darauf nieder und begann zu fressen. Ihr Leib wippte auf und nieder, ihre Fühler bewegten sich, und ihre Flügel schillerten im Nachmittagslicht. Viktor beobachtete sie. Bestimmt war es eine von den Bienen, die sonst seine *Red Yesterday* umschwirrten. Warum konnte sein Leben nicht so einfach wie das dieses Insekts sein? Er wappnete sich innerlich gegen das, was Iva von ihm fordern würde. Ihr Mann hätte eben an seine Familie denken sollen, ehe er sich in Schwierigkeiten brachte. Verantwortungslos nannte man das.

Viktor blickte auf. «Denk an Falcone und Borsellino», sagte er ruhig und bemerkte, dass seine sonst so beherrschte Iva blass wurde. Worte waren die Waffen eines Anwalts. «Eine Autobombe als Warnung sollte dir wohl reichen.»

Im Mai 1992 hatte eine gewaltige Explosion drei gepanzerte Wagen auf der Autobahn zwischen Messina und Palermo erfasst und den berühmten Mafiajäger und Direktor der Strafrechtsabteilung im römischen Justizministerium, Giovanni Falcone, seine Frau und seine Leibwächter zerrissen. Zwei Monate später wurde der Konvoi des Staatsanwaltes Paolo Borsellino und seiner Leibwächter bei Palermo von einer Autobombe in die Luft gesprengt.

Viktor stand auf, zog die Rosenschere aus der Bauchtasche und machte sich auf den Weg über den Rasen. Er musste nachdenken. Hinter sich hörte er Sesselbeine über die Steinplatten kratzen, dann ein zweimaliges Klappern.

«Onkel – bitte, du musst mir helfen!»

Viktor drehte sich um.

Iva kam barfuß über den Rasen auf ihn zugelaufen. Dicht vor ihm blieb sie stehen und sah zu ihm auf. Ihre Augen hatten einen intensiven Blick. Viktor erinnerten ihre aquamarinen Augen stets an die Farbe des Meeres in einer stillen Bucht. Heute war ihr Ausdruck hart. Ja, Wellen ließen einen schweben und konnten an schönen Tagen weich und zärtlich sein wie die Umarmung einer Geliebten. Hatte nicht Odysseus in ihrem Rauschen den Sirenengesang der Göttin Kalypso vernommen und war ihr verfallen? An anderen Tagen jedoch waren sie unberechenbar und tödlich wie die Hand eines Mörders. Nichts spiegelte das Leben so schön wie die griechische Mythologie, fand Viktor. Er beschloss, dieser unerquicklichen Diskussion zum allseitigen Besten ein Ende zu bereiten.

«Einer von Falcones Mördern hat den elfjährigen Sohn eines Verräters entführt», sagte er. «Wusstest du das?»

Iva zwinkerte, dann schüttelte sie den Kopf. «Nein.»

«Er hat das Kind getötet. Um sich für höhere Aufgaben zu empfehlen.» Er machte eine Pause, ließ seine Worte wirken. «Für den Mord an Borsellino.»

Iva starrte ihn an. Ihr Gesicht war vollkommen ausdruckslos, nur auf einer Wange zuckte ein Muskel.

Viktor fand, dass es an der Zeit war, Gnade walten zu lassen. «Aber wir sind ja hier zum Glück nicht in Italien, nicht wahr? *Hvala bogu* – Gott sei's gedankt.»

Seine Familie hatte im letzten Jahrhundert unter der italienischen Besetzung Haus und Hof verloren, Verwandte waren in Lager verschleppt oder ermordet worden. Die Binsenweisheit, dass Zeit alle Wunden heilt, hatte Viktor nie geteilt. Er drehte sich um und ging zu seiner *Fantin Latour* – zartrosa, blutrote Mitte, dicht gefüllt und stark duftend – und schnitt eine große Blüte ab. Sie war wirklich eine Schönheit. Und dabei gar nicht anfällig für Krankheiten.

«Wo war Matteo auf Igors Beerdigung?» Iva stand neben ihm. «Hast du ihn irgendwo gesehen? Mit ihm gesprochen?»

Viktor überreichte ihr die Rose. «Ehrlich gesagt ...»

«Nein!» Iva wedelte mit der zarten Blüte. «Er war nicht da. Ich habe ihn nicht mitgenommen, weil ich nicht wollte, dass am nächsten Tag Bilder von meinem Sohn überall in der Presse auftauchen.»

Viktor spielte mit der Rosenschere, gab keine Antwort.

«Ein Sohn, der nicht zu der Beerdigung seines Vaters gehen kann.» Iva gestikulierte so wild, dass sich die Rose in ihrer Hand auflöste. Ein Regen von Blütenblättern fiel auf den Rasen und sprenkelte das Gras wie mit Blutstropfen.

Viktor fühlte beim Anblick dieses Sakrilegs einen schmerzhaften Stich im Herzen. «Was für eine Schande!»

«Das kann man wohl sagen. Also, Onkel, um was ich dich bitte: Mein Antrag auf Entlassung muss so schnell wie möglich bearbeitet werden», fuhr Iva, nun in sachlichem Ton, fort. «Ich ziehe nach Istrien und ermittle selbst in Igors Fall. Die Untersuchung verläuft sonst im Sand, wie immer.»

«Das ist nicht dein Ernst.»

«Mein voller Ernst.»

Viktor tippte mit dem Zeigefinger gegen die schnabelförmige Spitze der Rosenschere. «Die Einrichtung einer Behörde gegen Korruption und organisierte Kriminalität war 2006 eine Bedingung der EU für den Beitritt Kroatiens», sagte er und wählte seine Worte mit Bedacht. «Wenn du deine Stelle als leitende Staatsanwältin aufgibst, dann wird sie unmittelbar nachbesetzt. Möglicherweise auf Lebenszeit.»

«Das muss ich riskieren.»

«Das ist das Ende deiner Karriere.»

«Ich denke vor allem an Matteo.»

«Außerdem bist du durch und durch ein Stadtmensch.»

«Sobald ich mit meiner Arbeit fertig bin, kommen wir zurück nach Zagreb. Ich behalte unsere Altstadtwohnung hier. Wenn ich auf Terra Rossa lebe, kann ich mir die Ratenzahlungen leisten.»

Viktor seufzte. «Du darfst nicht privat ermitteln.»

«Man wird eben eine Sonderkommission bilden müssen.» Viktor ließ die Rosenschere sinken und sah in Ivas Gesicht, das ihm seit ihrer Kindheit vertraut war. Der Blick der blauen Augen war scharf, ihre Miene entschlossen. Nicht mehr Kalypso, sondern Artemis, die Göttin der Jagd, die im Mondenschein durch den Wald pirscht, den silbernen Bogen und den Köcher mit den Silberpfeilen an ihrer Seite.

«Weißt du, was du da von mir verlangst, mein Herz?»

«Weiß ich.»

«Ich fürchte, du überschätzt meinen Einfluss.»

«Du *musst* mir helfen, Onkel.»

Viktor wog die Schere in der Hand. Es war eine vermaledeite Situation. Gerade jetzt wollte er nicht in der Schuld gewisser Kreise stehen. Aber Iva würde einen Weg finden, mit oder ohne ihn. Und wer konnte vorhersagen, in welches Wespennest sie dabei stach. Die Konsequenzen waren nicht abzusehen. Vielleicht war es besser, Iva erst einmal nachzugeben und sie in Zukunft gut im Auge zu behalten.

«Dein Großvater hat meinem Vater damals bei den Partisanen das Leben gerettet.» Viktor schenkte Iva ein Lächeln. «Glaub nicht, dass ich das vergessen hätte. Ich fühle mich für dich verantwortlich.» Er blickte zur *Red Yesterday* hinüber. *Wie rote Münder. Oder wie Schusswunden.* Er verdrängte den Gedanken und wandte sich wieder Iva zu. «Also gut, ich werde alles versuchen, was in meiner Macht steht. Der Justizminister ist mein Parteifreund, und außerdem sitzen wir gemeinsam im Vorstand des Fördervereins der Zagreber Oper. Ich rede morgen mit ihm, am Rande unseres Fundraising-Abendessens ergibt sich vielleicht eine Gelegenheit ...»

«Ich muss so schnell wie möglich bestellt werden.»

Viktor breitete die Hände aus. «Iva, mein Herz, ich kann den Minister nur bitten, aber ich kann keinen Druck auf ihn ausüben.» Er seufzte. «Vielleicht, wenn es demnächst zu der Kabinettsumbildung kommt, von der gewisse Kreise munkeln, dann hat meine Stimme bestimmt mehr Gewicht.» Er hatte sich bei der letzten Bestellung des Justizministers für den Posten ins Gespräch gebracht, aber seine Stimme war ungehört verhallt. «In ein paar Wochen sieht die Sache möglicherweise anders aus.»

«Ich kann nicht warten, bis du Premierminister bist.»

«*Premierminister* – wo hast du denn das her?» Hatten sich seine politischen Ambitionen also schon bis in Justizkreise herumgesprochen. Leider war er von einer politischen Karriere noch weit entfernt. Es würde noch harte Arbeit und so manches Opfer kosten. Das Ansinnen seiner Nichte kam wahrlich zur Unzeit. «Du bist eine harte Nuss, warst du schon immer. Unbeugsam wie dein Großvater.»

«Hier geht es um die *Familie*, Onkel!»

Die Familie. Dagegen konnte man nichts sagen. Er würde

ihr helfen müssen. Möglicherweise konnte ja auch ein größerer Schaden für alle Beteiligten abgewendet werden, wenn er ihren Zorneseifer in die richtigen Bahnen lenkte.

«Na schön, ich werde sehen, was ich tun kann.» Er tätschelte ihre Wange. «Aber ich verspreche nichts.»

«Ich danke dir, Onkel.»

«Man sagt, wen die Götter strafen wollen, dem erfüllen sie seine Wünsche. Also danke mir nicht, Herzchen. Ich hoffe, du bereust deinen Entschluss nicht allzu bald.»

Viktor blickte Iva nach, als sie über den Rasen zur Terrasse zurückmarschierte. Mit erhobenem Kopf, gestrafften Schultern und geradem Rücken. Athene, die Göttin des Krieges und des Friedens. Nicht wie Mars, der Krieg um jeden Preis führt, sondern die Schirmherrin der Kampfstrategie. Iva, so hatte Viktor das ungute Gefühl, hatte sich ihre Strategie zurechtgelegt. Jetzt zog sie in den Kampf.

Er seufzte und wandte sich um.

Wenige Meter vor ihm blühte der halbhohe Strauch der *Schneeflocke*, fünf weiße halb gefüllte Blüten wie aus Eis gefroren. *Weiß, die Farbe der Unschuld.* In ihrer kühlen Makellosigkeit stach sie unangenehm aus dem vielfarbigen Blumenmeer hervor. Diese Rose passte nicht hierher. Viktor zückte die Rosenschere, ging zu dem Strauch, bückte sich und fing an zu schneiden.

«Hallo?»

«Hier Professor Rodin, den Justizminister bitte.»

«Am Telefon! Mein lieber Viktor, was verschafft mir die Ehre? Sehen wir uns etwa morgen Abend nicht?»

«Doch, natürlich, Drago. Heute rufe ich nicht als Vorstandsmitglied an, sondern als Freund.»

«*Dragi prijatelj*, lieber Freund, was darf ich für Sie tun?»

«Sie haben doch von dem Anschlag letzten Monat auf Doktor Igor Markulin gehört? Eine Autobombe. Der Mann hinterlässt Frau und Kind.»

«Grauenhaft, ganz grauenhaft. Ich bin sicher, unsere erfahrene Exekutive wird schnellstmöglich ...»

«Ich denke, die Untersuchungen in Pula – die ja zweifellos stattfinden werden, nicht wahr? – sollten von einer besonders tüchtigen Person geleitet werden.»

«Ohne Frage – aber leider sind mir die Hände, was dortige Personalentscheidungen betrifft, gebunden.»

«Der Anschlag war an Titos Geburtstag.»

«Ein politisches Motiv?! Großer Gott ...»

«Die Witwe, Iva Markulin – die Staatsanwältin –, will sich nach Pula versetzen lassen und die Ermittlungen vor Ort selbst in die Hand nehmen.»

«Lieber Freund, diese Personalentscheidung ist im Bereich der Polizei angesiedelt und daher Sache des Innenministeriums. Das müssten Sie doch wissen.»

«Staatsanwältin Markulin ist, das nur ganz nebenbei gesagt, die Enkelin von Nikola Pavić, ehemaliger Partisan und – Weggefährte von Tito.»

«*Weggefährte von Tito*? Was Sie nicht sagen!»

«Ich würde es als Ihr Freund sehr bedauern, wenn ich nicht auf Ihre Unterstützung zählen könnte. Und Sie nicht mehr auf meine. Oder die meiner Freunde.»

«Aber was reden Sie da, mein Lieber? Wo kämen wir denn hin, wenn Freundschaft nichts mehr zählte?»

«Von den Partisanenverbänden gar nicht zu reden. Ihr Einfluss ist nicht zu unterschätzen, mein Lieber, genau wie der meiner Freunde.»

«Aber ich bitte Sie! *Dragi prijatelj!* In so einem tragischen Fall – ein vaterloses Kind, sagten Sie? –, da tut man doch selbstverständlich, was man kann.»

«Daran hatte ich keinen Zweifel.»

«Sie hören heute noch von mir, lieber Freund.»

«Kabinett des Innenministers, Referent Stjepan Bekić am Apparat.»

«Hier Dragutin Miletić! Den Innenminister bitte!»

«Ist heute in Belgrad, Herr Justizminister.»

«Dann müssen Sie mir eine Bitte erfüllen, Herr ...»

«Bekić. Bereits erfüllt, Herr Minister.»

«Sie haben doch von der Autobombe auf dem Jelačić-Platz vor drei Wochen gehört? Also – gerade eben hat mich ein lieber Freund angerufen und Bedenken geäußert, die Mordermittlungen in Pula könnten, nun ja, vielleicht nicht mit der gebotenen Eile und dem nötigen Engagement vorangetrieben werden.»

«Pula? Da bin ich, ehrlich gesagt, überfragt.»

«Doktorica Iva Markulin, die Witwe des Opfers, die bekannte leitende Staatsanwältin hier in Zagreb, will sich der Polizei in Pula zuteilen lassen. Kurz gesagt, ich würde Ihre Versetzung sehr befürworten.»

«Da werden die da unten wenig Freude haben.»

«Ich hoffe für Sie, Bekić, dass der Innenminister nicht allzu ungehalten ist, wenn ich ihn nach einem Arbeitstag in Belgrad spätabends zu Hause anrufe.»

«Ich bitte Sie, Herr Justizminister! Ich werde sofort alle notwendigen Schritte einleiten. Ich notiere ... Doktorica Iva Markulin, hatten Sie gesagt?»

«Genau, *dragi prijatelj*, und sollten Sie mal das Büro wechseln wollen – vielleicht als Kabinettschef? –, flexible junge Männer kann ich immer brauchen.»

«Danke, Herr Minister, danke, ich melde mich!»

«Petrović!»

«Kabinett des Innenministers, Referent Stjepan Bekić am Apparat. Herr Polizeidirektor, wir haben hier eine delikate Personalagenda, deren Erledigung keinen Aufschub duldet.»

«Muss ja wichtig sein, wenn Zagreb extra anruft.»

«Es geht um die Einrichtung der Sonderkommission zur Untersuchung des Mordes an Doktor Igor Markulin.»

«Welcher Sonderkommission? Etwa hier in Pula?»

«Die hochgeschätzte Staatsanwältin Doktorica Iva Markulin wird von uns mit der Leitung dieser Kommission betraut. Dienstantritt ist der erste Juli. Das Generaldirektorat der Polizei in Zagreb ist von unserer Entscheidung bereits informiert.»

«Hören Sie, Zagreb, wir machen hier unten in der Provinz schon unsere Arbeit – ganz ohne eure Hilfe.»

«Der Herr Innenminister ersucht Sie darüber hinaus, für Doktorica Markulin Räumlichkeiten und die nötige personelle Unterstützung bereitzustellen.»

«Ja was glaubt ihr Städter eigentlich, was hier los ist? Wir haben Hochsaison! Die Gegend ist voller Ausländer – und zwar nicht nur Touristen! John Malkovichs Hotel hat uns vorinformiert, dass er wie jedes Jahr in Savudrija ist, Kylie Minogue und Johnny Depp kommen anscheinend auch wieder. Die sind im letzten Sommer mit irgendwelchen Bodyguards über den Markt in Rovinj spaziert – eine Einladung für jeden Entführer. Und gerade haben militante Umweltschützer angekündigt, gegen die Beckhams zu demonstrieren, sollten die einen Fuß nach Istrien setzen, weil sie letztes Jahr in Dalmatien für Fotos körbeweise Seeigel in der Sonne haben krepieren lassen und so ein Seeigel sonst hundert Jahre alt wird. Dazu noch das übliche Tagesgeschäft. Also, Bekić, meine Männer haben keine Zeit, Ihre Gnädige an der Hand zu nehmen.»

«Hören Sie, Petrović, wenn Sie mit Ihren Aufgaben als Polizeidirektor überfordert sind – ein Burnout in einer so verantwortungsvollen Position wie der Ihren ist keine Schande, dafür hat der Herr Minister Verständnis –, dann wird es Sie freuen zu hören, dass demnächst ein Polizeiposten im Hinterland von Gorski Kotar frei wird. Ruhiges Bergdorf, gute Luft und eine Handvoll Bauern. Die einzigen Delikte sind Alkohol am Steuer und Schafdiebstahl.»

«Andererseits können wir immer Hilfe gebrauchen.»

«Man lässt die Karriere Karriere sein und schiebt eine ruhige Kugel. Wenn Sie also lieber ...»

«*Aber ich bitte Sie!* Wir freuen uns natürlich, Doktorica Markulin jede Unterstützung zu gewähren.»

«Der Herr Innenminister war sich dessen sicher.»

ZWEI

Zwei prachtvolle Seespinnen – schau her!» Der Fischer hockte neben der Bordwand des Trawlers auf dem Kai und klappte einen großen Deckelkorb auf, aus dessen Ritzen Meerwasser sickerte. Er packte mit jeder Hand einen der mit kleinen Hörnern bewehrten Panzer, stand auf und hielt seinen Fang an ausgestreckten Armen von sich weg. «Das sind Monster, was?»

Die gut einen halben Meter langen Riesenkrabben ruderten mit ihren Beinen, als wollten sie einen letzten verzweifelten Fluchtversuch unternehmen. Ihre Scheren bewegten sich wie in Zeitlupe.

«Das *Valsabbion* in Pula kann sie morgen auf die Speisekarte setzen.» Im Lachen des Fischers schwang das Glück mit, einen so wertvollen Fang gemacht zu haben. «Die feinen Leute sind verrückt danach – mit etwas Zitrone, Olivenöl, Pfeffer, dazu ein Glas Weißwein ... Aber für Barba Nikola – das ist was anderes. Nimm sie nur.» Seine Augen waren verquollen, seine Schnapsfahne mischte sich in den Geruch des Hafenbeckens. «Ich mache dir einen guten Preis.»

«Das ist sehr großzügig, Andrija, aber ich wollte nur meinen Sohn überraschen und ein paar Sardinen zum Frittieren fürs Abendessen kaufen», sagte Iva. «Hast du deinen ganzen Fang heute Morgen zum Fischmarkt gebracht? Nichts übrig?»

Andrija schüttelte den Kopf und wies mit dem Kinn auf sein Schiff. «Sieh selbst.» Ölzeug für fünf Männer hing an der Kabinenwand, das große Schleppnetz lag trocken auf dem Boden, die Plastikkisten, in denen sonst gestoßenes Eis die silbernen Fischleiber bedeckte, waren leer. «Derzeit fangen wir so wenig, da bin ich letzte Nacht gar nicht erst raus.»

«Dachte ich mir schon», sagte Iva. «Bei dem Vollmond.»

Die starken Halogenlampen der Boote lockten das Plankton und damit die Fische an die Oberfläche und in die Netze. Gegen den Schein des Mondes konnten sie nicht konkurrieren. Auch wenn die Lastwagen schon warteten, um den Fang nach Italien und Frankreich zu bringen.

«Nein, weiß der Teufel, wo die Fische sind», sagte Andrija. «Früher haben wir auch im Sommer immer volle Netze gehabt, aber jetzt verschwinden die Schwärme im Frühjahr irgendwo da draußen und tauchen erst im Herbst wieder auf.» Er schüttelte den Kopf. «Dabei brauchen wir den Fisch genau jetzt, zur Urlaubssaison. Ich kenne Restaurants, die schließen im Juli und August – kein Fisch, keine Gäste.» Auf einmal erschien ein Strahlen auf Andrijas Gesicht. «Aber dafür hat meine Natascha gestern Abend unseren Sohn bekommen. Neunundvierzig Zentimeter, viereinhalb Kilo. Da habe ich mit den Kumpels natürlich ein bisschen gefeiert.» Er grinste, dann hob er die Seespinnen abwechselnd hoch. «Die Goldstücke haben neben meinem Ankerplatz gesessen. Haben direkt auf mich gewartet.»

«Kauf deiner Frau was Schönes davon. Wie geht's ihr?»

«Großartig.» Andrija setzte die Riesenkrabben in den Korb zurück, wo sie sofort versuchten, den Rand zu erklimmen. Er klappte den Deckel zu und verschloss ihn mit einem vom Salzwasser starren Lederriemen. «Morgen hole ich meine kleine Familie nach Hause.» Er wischte die Hände an seiner Hose ab. «Na, dann – grüß mir den alten Löwen.»

«Mach ich, ciao, Andrija.»

Iva hob die Hand zum Abschied, dann drehte sie sich um und schlenderte die lange Mole hinauf zur Hafenpromenade, sog den Geruch nach Meer und Tang ein. Neben ihr wiegten sich Fischerboote und Jachten auf den Wellen. Am Kai saßen Männer auf umgedrehten Kisten in der Nachmittagssonne und flickten Netze oder reparierten Krabbenkörbe.

Iva blieb stehen und zog den Ausschnitt ihres weißen Leinenkleides vom Hals weg, in der Hoffnung, eine Meeresbrise würde ihre schweißnasse Haut trocknen. Diese Hitze Ende Juni in Istrien kannte sie nicht, ebenso wenig die neue Luftfeuchtigkeit, die auf dem Land und seinen Menschen lastete, als stünde ein Gewitter bevor. Doch der Himmel war wolkenlos blau, und kein Lüftchen regte sich.

Vor der Bar *Valentino* verteilten Kellner bereits Sitzkissen für die Abendgäste auf den von der Tageshitze aufgeheizten Klippen. Von dort reichte der Blick zur Insel Sveta Katarina und weiter bis zum Horizont, wo Himmel und Meer im Dunst miteinander zu verschmelzen schienen. Bald würde sich der Westen flamingorot färben, dann blau und grau, ehe alle Farben verblassten und der Abendstern über dem Meer aufging. Wie oft hatte sie mit Igor dort bei Sonnenuntergang gesessen, gekühlten Malvazija getrunken und Zukunftspläne geschmiedet?

Iva wandte den Blick ab und richtete ihn auf die bunten Häuser vor sich. Es war das letzte Juniwochenende, und in Rovinj herrschte bereits Hochsaison. Über die Hafenpromenade schob sich nach einem langen Badetag eine nicht enden wollende Schlange erschöpfter Touristen. Iva wusste, dass sie ihr Auto vom Parkplatz holen und auf direktem Weg nach Hause fahren sollte. Matteo wartete bestimmt auf sie. Aber sie hatte Durst, und die Boote und Möwen tanzten auf dem Meer – ein wahres Sinnbild für Müßiggang und Sorglosigkeit. Die Cafés unter den Säulengängen waren voll besetzt. Fremde Sprachen schwirrten durch die Luft und füllten die engen Gassen aus poliertem Marmor. Rotgesichtige Touristen mit Schirmmützen und Sonnenhüten bevölkerten die Eisdielen, die Einheimischen standen an den Stehtischen vor den Bars und diskutierten bei einem Espresso oder einem Glas Wein die Weltlage.

Iva beschloss, noch ein Mineralwasser zu trinken.

Sie ergatterte den letzten freien Tisch auf einer Café-Terrasse an der Promenade. Unter den weißen Sonnenschirmen staute sich die Hitze, die Palmen in den Terrakottatöpfen stachen mit ihren starren Wedeln wie mit Speeren in die Luft. Es roch nach Salzwasser, Motoröl und Kaffee. Aus dem Lokal tönte ein alter Schlager. *Marina, Marina, Marina – ti voglio al più presto sposar.* Iva bestellte einen Espresso und eine ganze Flasche Radenska-Mineralwasser, lehnte sich zurück und betrachtete das Gedränge am Hafen.

Ein dunkelhaariger Mann tauchte aus der Menge auf, blieb stehen und sah sich unschlüssig um. Dann entdeckte er Iva, und seine Miene hellte sich auf. Zügig steuerte er auf das Café zu. Er trug ein blaues Polohemd, das sich über einem Oberkörper spannte, dem man das regelmäßige Krafttraining ansah, und dazu weiße Jeans, blaue Espadrilles und eine dunkle Sonnenbrille. In der rechten Hand hielt er ein Handy, in der linken eine zusammengerollte Zeitung. Als er auf die Café-Terrasse trat, nahm er die Sonnenbrille ab und eilte zwischen den vollen Tischen auf sie zu.

«*Hvala bogu*», rief er. Gott sei's gedankt. «Iva Markulin, bist du's wirklich?» Er beugte sich zu ihr hinunter und küsste sie auf beide Wangen. «*Srce*! Herzchen! Dass ich dich lebend wiedersehe.» Er war frisch rasiert und roch nach Zitrone und irgendeiner holzigen Note. «Gut siehst du aus, so schön wie eh und je, hast dich gar nicht verändert.»

Iva schenkte ihm ein Lächeln. «Lorenzo ...!»

Lorenzo warf seine Zeitung auf den Tisch, legte das Handy dazu und setzte sich auf den Stuhl gegenüber. Mit der linken Hand, an der eine schwere goldene Sportuhr glänzte, schob er sich die Sonnenbrille ins Haar, mit der rechten griff er nach Ivas halb vollem Wasserglas und leerte es auf einen Zug. «Was für eine Hitze», sagte er und stöhnte.

«Die Touristen stört's anscheinend nicht.»

Obwohl sie sich seit über zehn Jahren nicht mehr gesehen hatten, spürte Iva die alte Vertrautheit wieder. Lorenzo Kos hatte mit ihr studiert. Auf der Verlobungsfeier mit Igor in einer Studentenkneipe in der Zagreber Altstadt hatten sie miteinander getanzt. Sie hatten damals überhaupt viel gefeiert. In jener fernen unbeschwerten Zeit.

«Iva, ich habe in der Zeitung das von deinem Mann gelesen.» Lorenzo stellte das Glas mit einem Knall ab und richtete einen forschenden Blick auf sie. «Ich konnte erst gar nicht glauben, dass es sich bei dem Anschlagsopfer um Igor handelt. Furchtbar! Mein Beileid, möge ihm die Erde leicht sein.»

Iva griff nach der Mineralwasserflasche, schenkte sich nach und trank ein paar Schlucke. «Danke, Lorenzo.»

«Eine Autobombe, ja? Die Welt wird immer wahnsinniger. Hat man die Kerle schon geschnappt, die's getan haben?»

«Noch nicht.» Iva drehte das Glas in den Fingern.

«Gibt es denn wenigstens eine Spur?»

«Dafür ist es zu früh.»

«Aber irgendeinen Verdacht muss die Polizei …»

«Ich habe mich nach Pula versetzen lassen.» Iva stellte das Wasserglas auf den Tisch zurück. «Das Justizministerium hat eine Untersuchungskommission eingesetzt und mich zur Leiterin bestimmt. Nächsten Mittwoch geht's los.»

«Ach, sag bloß.» Lorenzo lehnte sich zurück, hakte die Daumen in die Taschen seiner Jeans und ließ seinen Blick über Iva wandern. «Hör mal, Herzchen, ich bin Mitglied im Jachtklub da unten, kenne jede Menge Leute. Ich könnte dir auch bei der Suche nach einem Apartment behilflich sein.»

«Danke, aber meine Familie hat etwas Land nördlich von Pula. Wir wohnen bei meinem Großvater.» Die kleine möblierte Wohnung am Forum, nur wenige Schritte von seinem Büro in der Polizeidirektion entfernt, die Igor während der Arbeitswoche genutzt hatte, war bereits aufgelöst, seine Habseligkeiten standen, in große Kartons verpackt, auf Terra Rossa. «Fühlt sich fast wie Sommerferien an.» Inzwischen gingen ihr höfliche Lügen leicht über die Lippen.

Istrien, das hatte für Iva immer Freiheit und lange Sommerferien am Meer bedeutet. Ihr Großvater, Nikola Pavić, hatte seinen Sohn Josip, benannt zu Ehren des Genossen Josip Broz Tito, in Zagreb Betriebswirtschaft studieren lassen. Doch statt auf das Familiengut Terra Rossa zurückzukehren und sich den seit Generationen in Familienbesitz befindlichen Olivenhainen und der Ölproduktion zu widmen, hatte Josip eine Architektin geheiratet und in der Stadt eine Steuerberatungskanzlei eröffnet. Iva war als Einzelkind in Zagreb aufgewachsen. Vor neun Jahren waren ihre Eltern bei einem Autounfall ums Leben gekommen. Lorenzo blickte zum Anleger hinüber und beobachtete mit zusammengezogenen Brauen eine alte Frau, die in einem geblümten Sommerkleid und in Hausschuhen auf einem Poller an der Wasserkante saß und eine Zeitungsseite auf dem Schoß ausgebreitet hatte. Daraus warf sie den Hafenkatzen, die um ihre Beine strichen, Fischabfälle zu. Zwei Möwen warteten in sicherer Entfernung auf Futterbrocken. Der Himmel wölbte sich so glatt und blau wie eine Glasschale über dem Meer.

Endlich wandte Lorenzo sich wieder Iva zu. «Die Mafiajägerin mit dem Engelsgesicht, was? Sogar La Repubblica hat einen Artikel über dich geschrieben.» Ein schmales Lächeln erschien auf seinem Gesicht. «Woher hast du denn den Tipp mit den drei Mulis bekommen?» Er schüttelte den Kopf. «Haben die Mägen voller Kokainbomben und hoffen, dass keine davon platzt. Am Ende werden sie abgeknallt und ausgeweidet und landen auf einer Müllkippe irgendwo im Hinterland.»

«Diese Mulis waren Flüchtlinge», sagte Iva. «Aus Nigeria. Sie hatten kein Geld für die Schlepper.»

«Tja, arme Schweine, was?»

Der Kellner kam, und Lorenzo bestellte ein Viertel Weißwein und eine Aufschnittplatte.

«Wenigstens habe ich ein paar große Fische an Land gezogen», sagte Iva. «Sitzen jetzt für lange Zeit auf dem Trockenen.» Bei dem Gedanken an ihren Fang durchlief Iva eine warme Welle der Genugtuung. «Strafmaß zehn Jahre bis lebenslänglich.» Am Ende war die Autobombe doch für sie bestimmt gewesen. Trotz der Hitze schauderte sie. In jedem Rathaus, in jeder Verwaltung, bei der Polizei oder bei Gericht saßen sie, die Komplizen des organisierten Verbrechens. Ein Maulwurf in ihrer Behörde konnte verraten haben, wo die Chefin an jenem unseligen Abend für Notfälle zu erreichen gewesen war. Oder Matteos Babysitterin hatte sich bestechen lassen. «Mein Großvater will, dass ich ins Familiengeschäft einsteige.»

Von irgendwo wehte der Geruch nach gegrilltem Fisch heran und mischte sich in die Salzwasserluft.

«Nimm meinen Rat an und hör auf deinen Großvater.»

«Olivenöl verkaufen?» Iva schnaubte und schüttelte den Kopf. «Matteo soll später nicht denken, ich hätte die Mörder seines Vaters aus Feigheit laufen lassen.»

«Du bist eine Moralistin.» Lorenzo lächelte. «Das habe ich immer an dir bewundert. Aber auch du wirst diese Welt nicht besser machen.»

Der Kellner brachte Lorenzo eine kleine Karaffe mit Weißwein und stellte einen Teller mit luftgetrocknetem Schinken und zu Dreiecken geschnittenem harten Schafkäse auf den Tisch. Dazu Oliven und Weißbrotscheiben.

Lorenzo wartete, bis der Kellner gegangen war, dann fischte er mit zwei Fingern eine Scheibe Schinken vom Teller, rollte sie ein und schob sie sich in den Mund.

«Ich habe eine Kanzlei in Triest», sagte er kauend. «Läuft gut, das heißt – ziemlich viel zu tun.» Er drehte sich zur Mole um. «Das da drüben ist mein Boot, die *Undine*. Liegt unter der Woche in der Marina von Pula. Am Wochenende brauche ich Abstand zum Schreibtisch.»

Lorenzo zeigte auf eine elegante blau-weiße Jacht, die durchaus hochseetauglich aussah. Auf dem Dach hatte sie eine große Radaranlage, und an ihrem Fahnenmast hing die italienische Flagge schlaff herab, als hätte sie die Hitze des langen Sommertages erschöpft. Auf dem Oberdeck band sich eine junge Frau in einem silbernen Badeanzug das taillenlange schwarze Haar zum Pferdeschwanz. Ein paar Männer standen am Kai und starrten zu ihr hinauf. Entweder sie bemerkte es nicht, oder es war ihr gleichgültig. Das Schiff dümpelte neben einem Ausflugsboot, das gerade eine Gruppe Touristen mit krebsroten Armen und Gesichtern über eine schwankende Rampe von Bord gehen ließ.

«Das Boot ist eine De Cesari 62, eine Da Vinci.» Lorenzo schenkte sich Wein ein. «Hat mich die Kleinigkeit von zwei Mille gekostet.» Er machte ein paar Schlucke und musterte Iva über den Glasrand hinweg.

«Zwei Millionen Euro? Deine Geschäfte laufen, was?»

«In erster Linie Wirtschaftssachen.» Lorenzo stellte das Glas ab, legte Käse auf eine Brotscheibe und machte eine lässige Handbewegung damit. «Stiftungen, EU-Recht, so was.»

Iva nickte, Lorenzos beruflicher Erfolg war der Erfolg des Tüchtigen. Schon im Studium, das er in Mindestzeit abgeschlossen hatte, war er durch seinen scharfen Verstand und bemerkenswerten Fleiß aufgefallen. Trotzdem war er nicht als Streber verschrien, sondern im Gegenteil unter den Mitstudenten sehr beliebt gewesen. Großzügig hatte er stets seine Vorlesungs-Mitschriften geteilt, bei Seminararbeiten oder der Beantwortung kniffliger rechtlicher Fragen geholfen. Als er nach seinem Prädikatsexamen noch ein Doktorats-Stipendium für Bologna erhalten hatte, hatten sich alle mit ihm gefreut und den Freund beglückwünscht.

Iva machte dem Kellner ein Zeichen, dass sie zahlen wollte. «War schön, dich wiederzusehen, aber ich muss los.»

Lorenzo stutzte, Brot und Käse schwebten in der Luft. «Wir sind uns doch gerade erst wieder über den Weg gelaufen!» In seiner Stimme schwang eine Mischung aus Unverständnis und Vorwurf. «Erzähl mir mehr von dir!»

«Es tut mir leid, aber meine Familie wartet auf mich.»

Lorenzo wischte sich die Hände an der Papierserviette ab. «Weißt du, was?», fragte er und strahlte, als hätte er eben einen guten Einfall gehabt. «Ich mache dich mit ein paar Leuten hier unten bekannt. Einflussreichen Leuten, du verstehst? Könnte für deine Ermittlungen von Nutzen sein.» Lorenzo war noch immer so großzügig und hilfsbereit wie früher. Und genauso karrierebewusst.

«Das wäre wirklich nett, ja, danke.» Iva griff in ihre Handtasche, zog ihr Portemonnaie und einen Stift heraus. Sie kritzelte ihre Handynummer auf ihre Papierserviette und reichte sie Lorenzo. «Hier, du kannst mich jederzeit anrufen.» Der Kellner kam mit der Rechnung, sie zahlte und stand auf. «Ciao, Lorenzo, wir sehen uns.»

«Warte!» Lorenzo sprang auf. «Iva!»

«Ja?»

«Nächste Woche ist eine Party im Jachtklub in Pula.» Er schenkte ihr ein breites Lächeln. «Sei meine Begleitung.»

«Ich werde viel zu tun haben.»

«Unsinn, da lernst du ein paar wichtige Leute kennen. Auch für deine Arbeit.» Er nickte. «Also abgemacht, ja?»

«Na schön, abgemacht, ruf mich an.» Vielleicht tat ihr ja ein wenig Ablenkung gut. «Du hast ja meine Nummer.»

«Perfekt!» Lorenzo hielt den Daumen hoch. «Ach, und Iva – *čuvaj se!*» Pass auf dich auf. «*Ajde, ciao!*» Also, ciao.

Iva spürte, wie sich ein Lächeln auf ihrem Gesicht ausbreitete, und sie spürte, wie sehr sie diesen Gruß, halb kroatisch, halb italienisch, vermisst hatte. Istrien war ein Stück Adria, das sich jedem Nationalismus verweigerte. Hier, an der Küste, lagen Ljubljana und Triest näher als Zagreb, und das nicht nur geografisch.

«*Ajde, ciao!*» Sie winkte Lorenzo zum Abschied.

Iva verließ die Terrasse und trat auf die Hafenpromenade hinaus. Die Menschenmenge schien noch dichter geworden zu sein. Der Touristenstrom verzweigte sich in dem Gassengewirr, das zur Kirche Sveta Euphemia hinaufführte, deren Turm mit der weithin sichtbaren Heiligen auf der Spitze die Altstadt überragte. Die kleinen Tische vor den Restaurants und den Cafés waren besetzt. Es roch nach Fisch und Pizza. Zwei Priester in schwarzen Soutanen hatten sich in den Schatten unter einem venezianischen Säulenbogen zurückgezogen. Während der eine auf den anderen einredete und dabei mit seinem Brevier gestikulierte, nickte der andere immer wieder. Auf dem alten Stadttor konnte man die Inschrift *Il reposo dei deserti* – Die Zuflucht der Verfolgten – lesen. Über Jahrhunderte hinweg hatte Istrien jenen, die vor Eroberern oder der Pest geflohen waren, großzügig Asyl gewährt. Hier fragte auch heute noch niemand, woher man kam, hier konnte man sein, wer man war. Die Uhr des himbeerfarbenen Glockenturms vor dem Tor zur Altstadt zeigte bereits auf Viertel nach sechs. Iva beschleunigte ihre Schritte. Marta hatte sicher schon gekocht.

Das Licht war noch immer grell, und die Hitze des Tages staute sich zwischen den Mauern. Durch enge Gassen lief Iva zu ihrem neuen Geländewagen, einem weißen Fiat Freemont, der eingekeilt zwischen zwei Wohnmobilen unter alten Pinien stand. Sie befreite das Gebläse der Klimaanlage von der üblichen Schicht vertrockneter Piniennadeln und verließ Rovinj auf der Küstenstraße in Richtung Süden.

Im Autoradio liefen Schlager, eine weiche Männerstimme sang. Najbolji Hrvatski Tamburaši, eine bekannte kroatische Volksmusikgruppe. Iva drehte den Lautstärkeregler voll auf, wollte, dass die Musik die dunklen Gedanken aus ihrem Kopf vertrieb. *Zagrli me sad, na kraju našeg sna, i nemoj plakati,* Iva spürte ein Brennen hinter den Augenlidern. *Umarme mich jetzt, am Ende unseres Traumes, und weine nicht.* Wie viele Träume hatten Igor und sie geträumt. Von einer großen Familie. Von beruflichen Höhenflügen. Von einem ganzen gemeinsam gelebten Leben. Am Ende ihres Traumes hatten sie sich nicht einmal umarmt. Igor war nur schnell losgelaufen, um das Auto zu holen. Ihr Auto. *Ostaj mi zbogom, ne daj se, i hvala ti za sve divne godine.* Iva blinzelte, konnte beim Refrain die Tränen nicht mehr aufhalten. *Behüte dich Gott, gib nicht auf, und danke für all die wunderbaren Jahre.* Mit einem schnellen Griff drehte sie das Radio aus.

Energisch wischte Iva die Tränen von ihren Wangen, blinzelte noch ein paarmal, um wieder klar sehen zu können. Zu ihrer Rechten erstreckte sich glitzernd, als zöge Neptun mit unsichtbarer Hand sein aus Goldfäden geknüpftes Fischernetz über ihre Wellen, die Adria. Zu ihrer Linken glitt eine Mittelmeer-Landschaft aus dunklen Zypressen, silbergrünen Olivenbäumen und der roten Erde Istriens an ihr vorüber. *Rote Erde, Terra Rossa.* So hieß nicht nur das Gut ihrer Familie, so nannten die Istrianer auch ihren lehmreichen Boden, der viel Kalk und Eisen enthielt. Die Leute behaupteten, er wäre mit dem in vielen Kriegen vergossenen Blut getränkt.

Aus den bewaldeten Hügeln hinter Pula stiegen dicke Rauchsäulen zum blauen Himmel empor. Sogar hier, im Auto, konnte Iva durch die Klimaanlage den beißenden Gestank riechen. Iva kannte Waldbrände aus ihrer Kindheit. Dieses Jahr, so hatte sie den Eindruck, loderten die Feuer an vielen Ecken Istriens gleichzeitig und in besonders großer Zahl. Die neue Hitze, die seit einigen Sommern herrschte, und die wochenlange Trockenheit erschwerten die Löscharbeiten noch zusätzlich.

Sie nahm zwei letzte Kurven. Endlich lag Terra Rossa vor ihr.

DREI

Zwischen zwei hohen Pfeilern, auf denen verwitterte Steinamphoren saßen, passierte Iva ein schmiedeeisernes Tor, das in eine von Pinien überragte Ziegelmauer eingelassen war. Flankiert von Weinreben und Olivenhainen, aus denen Zypressen wie schwarze Kerzen wuchsen, fuhr sie auf die jahrhundertealte Villa, deren Putz einst ockerfarben gewesen, doch nun von der Sonne ausgebleicht und an der Wetterseite an manchen Stellen abgeplatzt war, zu. Das Haupthaus bestand aus dem Erdgeschoss und zwei Stockwerken mit durch venezianische Rundbögen gesäumten Loggien sowie einem Turm mit einem Glockenstuhl. Einst hatte die Glocke zur Arbeit gerufen oder Feinde angekündigt, die sich dem wohlhabenden Gut über das Wasser näherten. Von der Terrasse, die hinter dem Gebäude über die ganze Länge des Hauses führte, reichte der Blick über einen von Feigenbäumen und Zypressen bewachsenen Berghang bis hin zu schroffen Felsklippen, an denen sich die Meeresbrandung brach. Es war nicht nur die rote Erde, sondern vor allem die Lage zwischen Land und Meer – das Terroir –, was die Oliven hier so gut gedeihen ließ. Die salzhaltige Luft beeinflusste ihr Aroma, verlieh dem Öl seinen unverwechselbaren Charakter.

Während Iva über die asphaltierte Zufahrtstraße rollte, konnte sie links und rechts deutlich die grünen Früchte sehen, die zwischen den silbergrauen Blättern im warmen Sonnenlicht ihrer Ernte entgegenreiften. Ihr war, als hörte sie die Stimme ihres Großvaters.

Ein Olivenbaum ist richtig beschnitten, srce, wenn es einer Schwalbe gelingt, ihn im Flug zu durchqueren.

Bei Renovierungsarbeiten hatte man an den Grundmauern des Gutshauses Bruchstücke von römischen Amphoren gefunden, Beweis dafür, dass an diesem Ort schon vor zweitausend Jahren Öl produziert wurde. Das Öl aus den Amphoren, die auf dem Meeresboden lagen, war noch genießbar, hieß es. Ein eintausendsechshundert Jahre alter Olivenbaum wuchs auf der Insel Brioni und trug noch immer Früchte.

Iva stellte ihren Wagen zwischen einer alten himmelblauen Vespa und einem grünen Pick-up mit dem Schriftzug des Gutes auf den Türen, die vor dem Haupthaus parkten, ab. Auf der rechten Seite des Gutshauses lag ein niedriges Gebäude, in dem sich einst die alte Ölmühle befunden hatte und die jetzt die Ölverkostung, den Verkauf und eine kleine Konoba beherbergte. Unter einer mit Wein überwucherten Pergola standen ein paar Tischchen und Stühle. Kunden konnten hier ein Glas Hauswein trinken und eine *marenda* essen, eine traditionelle Brotzeit. Zur Linken versteckte sich hinter einem Zypressenhain die Halle, in der ein schon etwas in die Jahre gekommener Maschinenpark aus glänzendem Nirosta noch immer das flüssige Gold von Terra Rossa produzierte. Bereits ab Ende Oktober, wenn in Istrien die Olivenernte noch gar nicht richtig angelaufen war, wurden nach alter Tradition auf Terra Rossa unter den Olivenbäumen Netze ausgelegt und mit Rechen Ast für Ast die Früchte abgekämmt. Eine frühe Ernte brachte zwar weniger Quantität, aber mehr Qualität – und die Ernte von Hand war Voraussetzung für das Qualitätszertifikat.

Iva hatte gerade den Motor abgestellt, als ihr Großvater, mit der einen Hand auf seinen Gehstock gestützt, in der anderen ein Bund Petersilie, aus dem Kräutergarten hinter der Konoba auftauchte. Seine hagere rot-weiß gefleckte Istrianer Bracke Colombina folgte ihm wie immer auf dem Fuß. Ein Strohhut saß auf seinem dicken eisengrauen Haarschopf, ein rotes T-Shirt, auf dem das Porträt Titos prangte, hing von seinen breiten, knochigen Schultern. Dazu trug Nikola Pavić eine ehemals grüne, nun von der Sonne grau verblichene Jagdweste, Jeans und feste Schuhe. Obwohl er in den letzten Jahren abgenommen und dabei viel Muskelmasse eingebüßt hatte, erinnerte sein fast einen Meter neunzig großer Körper noch immer an den eines Kriegers. Jetzt blickte Barba Nikola, wie er allseits respektvoll genannt wurde, Iva aus seinen schräg stehenden grünen Augen entgegen, die ihm zusammen mit den hohen Wangenknochen und dem starken Unterkiefer die Ausstrahlung eines greisen Löwen verliehen.

«Ich habe noch einen alten Studienfreund getroffen», rief Iva zu Nikola hinüber. «Und es gab keine Sardinen, Andrija ist heute Nacht nicht hinausgefahren, der Fang ist derzeit schlecht. Aber seine Frau hat gestern ihr Kind bekommen.» Sie schlug die Autotür zu. Eine sanfte Meeresbrise strich über ihr Gesicht. «Ein Sohn, alle sind wohlauf. Ich soll dich von ihm grüßen. Wo ist Matteo?»

«Mate ist in der Küche.» Nikola drehte sich um und stapfte, den Hund im Schlepptau, zur offenen Küchentür. Er verwendete stets die kroatische Form für Matteo. Auch wenn Istrien aufgrund der langen gemeinsamen Geschichte mit Italien in Kroatien eine Sonderrolle einnahm, Kroatisch und Italienisch anerkannte Amtssprachen und beide Volksgruppen paritätisch im Regionalparlament vertreten waren, galt diese Toleranz für Nikola Pavićs Generation, die unter der

Besatzung der italienischen Faschisten gelitten hatte, noch lange nicht. «Marta hat angerufen», fuhr er fort. «Sie konnte heute nicht kommen, ihr Nichtsnutz von Sohn wird von Rijeka nach Pula verlegt.»

Iva folgte ihrem Großvater. «Marta ist ins Gefängnis gefahren? Fehlt Luka was?»

«Ha! Ehrliche Arbeit fehlt ihm!» Nikola schnaubte. «Dieser Schmarotzer liegt seiner Mutter mit Mitte zwanzig noch auf der Tasche und treibt sich in schlechter Gesellschaft rum. Arbeit stärkt den Charakter und hält jung. Sieh mich an.»

Iva unterdrückte einen Seufzer. «Ja, Großvater.»

Nikola Pavić, dreiundneunzig, war eine lokale Legende.

Als Halbwüchsiger war er im Krieg «in die Wälder gegangen», hatte die Partisanen in ihrem Versteck mit Essen und Nachrichten versorgt. Eines Nachts war er auf Terra Rossa in Begleitung eines schweigsamen Mannes im grünen Militärmantel und zweier Uniformierter aufgetaucht. Der Mann hatte in der Küche eine Pfeife geraucht, während seine Begleiter sich mit Brot, luftgetrocknetem Schinken und einem Krug Teran gestärkt hatten. Eine knappe Stunde später, so wurde erzählt, waren Wehrmachtssoldaten auf der Suche nach drei Partisanen auf Terra Rossa eingefallen. Angetroffen hatten sie nur Nikolas verwitwete, in tiefes Schwarz gekleidete Mutter Marija, einen Rosenkranz zwischen den Fingern, und eine alte, fast taube Tante. Die Soldaten hatten statt der Feinde das schwere venezianische Silberbesteck, den luftgetrockneten Schinken und zwei Schafe mitgenommen. Nikola und die Männer hatten währenddessen eng beieinander auf dem Boden der alten Zisterne gestanden, den Rücken gegen die raue Ziegelmauer gepresst, über sich nur die verrostete Brunnenabdeckung, und kaum zu atmen gewagt. Noch in derselben Nacht waren die drei Männer wieder verschwunden. Und mit ihnen Nikola Pavić. Erst in den letzten Kriegstagen war er zurückgekehrt und hatte sich an die Arbeit in den Olivenhainen gemacht, als wäre er nie fort gewesen. Auch wenn er niemals Namen fallen ließ – das Dorf glaubte zu wissen, wem der Junge das Leben gerettet hatte. Josip Broz, genannt Tito, war ein Held, der ihre Heimat erst von der italienischen und dann von der deutschen Besatzung befreit hatte. Heute kannte jedes Kind sein Gesicht.

Nikola schwieg, heiratete, zeugte einen Sohn, wurde von seiner Frau verlassen und widmete fortan sein Leben einzig und allein den Olivenbäumen und der Jagd, auf die er seine Enkelin Iva schon im Alter von sechs Jahren mitnahm. Kaum dem Grundschulalter entwachsen, konnte Iva besser schießen als die meisten Männer in den umliegenden Dörfern.

Im Inneren des alten Hauses war es angenehm kühl.

Der Marmorkamin in der Küche, in dem sich ein ganzes Spanferkel über den Flammen am Spieß drehen konnte, wurde in den Sommermonaten nicht benutzt, nur ein Kupferkessel auf einem Dreifuß schimmerte rötlich im schwarzen Feuerloch. An der Wand darüber hing ein kleines Marienbild, dessen Farben noch immer in überbunter Pracht leuchteten. Unter einem türkisfarbenen Himmel schwebte die Madonna mit nach oben gewandten Augen und ausgebreiteten Armen auf einer Wolke. Der blaue Mantel umfloss ihre schlanke Gestalt, mit ihren roten Wangen und Lippen sah sie wie ein Filmstar der 1920er-Jahre aus. Über einer Ecke des Bilderrahmens hing der Rosenkranz, der einst Nikolas Mutter gehört hatte. Über Jahrzehnte hinweg waren die Männer auf den Dörfern überzeugte Kommunisten, die

Frauen getreue Kirchgängerinnen gewesen. Die einen hatten Demonstrationen und Parteitage organisiert, die anderen Muttergottes-Prozessionen. Auch wenn die Familie nicht mehr in die Kirche ging, wäre niemand auf die Idee gekommen, Marija Pavićs Madonna abzuhängen.

Die ganze Küche roch nach Bohnen und gekochtem Speck.

Matteo balancierte auf einem Schemel auf den glatt gescheuerten Steinplatten vor dem Herd und stocherte mit einem Holzlöffel in einem Kochtopf herum.

«Das darf doch ...» Iva rannte zu ihrem Sohn, hob ihn von dem Hocker hinunter und stellte ihn auf den Boden.

Matteo starrte auf den Holzlöffel in seinen Händen.

Iva funkelte Nikola an. «*So* lässt du ihn allein?»

Nikola lehnte seinen Gehstock, den er inzwischen für längere Wegstrecken benutzte, an einen Küchenstuhl. Dann nahm er Matteo den Löffel ab und fischte einen fleischigen Schinkenknochen aus dem Kochtopf, in dem braune Bohnen, Tomaten und Nudeln eine dickflüssige Suppe bildeten.

«Der Junge ist nicht aus Zucker», sagte er, während er auf einem Holzbrett den Schinken vom Knochen schälte und klein schnitt. «Der schmilzt nicht.» Er schabte die faserigen Stücke in den Topf. «Pašta-Fažol – das wird dem Kleinen Kraft geben.» Er hackte Petersilie und streute sie über das Essen. «Womit ernährst du dieses Kind bloß in der Stadt? Ohne Kleider sieht der Kleine aus wie ein abgebalgter Hase.»

Iva fuhr mit der Hand durch die schwarzen Locken ihres Sohnes, ein Erbteil von Igor. Matteo ließ es geschehen, sein spitzes Gesichtchen war völlig ausdruckslos. Iva biss die Zähne zusammen. «Es ist doch viel zu heiß für Bohnensuppe», sagte sie, einfach um ihrem Ärger noch einmal Luft zu verschaffen. Pašta-Fažol oder Pasta e fagioli war ein wärmendes Essen, wenn die Winterstürme über die Adria brausten. «Wir haben bald Juli, Großvater.» Ihr Blick fiel auf den Küchentisch, der für vier Personen gedeckt war.

«Erwarten wir Besuch?», fragte sie. *Sag ja, bitte.*

Nikola hob den Topf vom Herd und stellte ihn auf eine Steinplatte auf dem Tisch, er nickte in Richtung seines Enkels. «Der Teller ist für Igor.»

Iva fragte Matteo: «Hast du den Tisch gedeckt?»

Der Kleine legte den Kopf in den Nacken und sah seine Mutter unter langen dunklen Wimpern an. «Für Tata.» Sein Flüstern war kaum zu verstehen.

Iva hockte sich vor Matteo hin. «Tata ist doch tot.»

Matteos Miene blieb unbewegt.

Iva erhob sich, mühsam, wie eine alte Frau. «Na schön.»

«Ich habe dir was besorgt», sagte Nikola und deutete mit dem Kochlöffel auf eine braune Papiertüte, die neben einem Modemagazin auf der Fensterbank zwischen den Basilikumtöpfen stand. «Sieh dir den Inhalt gleich mal an.»

Matteo kletterte auf einen Stuhl, setzte sich artig, wie er es gelernt hatte, und schob Nikola zwei Teller hin.

Iva strich sich das Haar zurück. «Was ist da drin?»

Nikola befüllte einen Teller. «Sieh halt nach.»

Iva blickte ihren Großvater an. Er hatte den Unterkiefer vorgeschoben, wie immer, wenn er unzufrieden war oder sich mit seinen Worten nur widerwillig zurückhielt. Sogar der Genosse Tito auf seinem roten T-Shirt blickte streng. Mit einem mulmigen Gefühl ging sie zum Fenster hinüber, zog die Tüte auseinander und spähte hinein. Ihr wurde schlecht. Mit spitzen Fingern zog sie eine Pistole ein Stück aus der Tüte. Die Waffe war geladen und gesichert.

«Wirst sie ab jetzt brauchen können.» Nikola ließ sich auf einen Stuhl fallen. «Iss, mein Kleiner, iss.»

Matteo tippte den zweiten Teller an.

«Ich habe deinem Tata was aufgehoben, Kleiner.»

«Bist du wahnsinnig geworden?!» Iva hatte ihre Stimme wiedergefunden. «Das Ding – noch dazu geladen – einfach neben dem Kind liegen zu lassen?» Sie ließ die Pistole in die Tüte zurückgleiten. «Willst du uns alle umbringen?»

Nikola ließ seinen Löffel sinken und wandte sich zu ihr um. «*Ich* bin also leichtsinnig! Ich werde dir sagen, was Leichtsinn ist.» Seine grünen Augen funkelten. «Leichtsinn ist, in deiner Lage mit nackten Händen vors Haus zu treten.» Er fuchtelte mit dem Löffel in der Luft herum. «Schützt dieser korrupte Schurkenstaat etwa seine Leute?»

Nikola Pavić ließ kaum eine Gelegenheit aus, auf die Brüderlichkeit und Einheit, die unter Tito geherrscht hatten, und das gute Leben im ehemaligen Jugoslawien hinzuweisen, als jeder in Istrien Arbeit und Wohnung und womöglich auch ein kleines Fischerboot gehabt hatte – Tito sei Dank!

Matteo starrte ihn mit weit aufgerissenen Augen an.

Iva schloss ihre Finger fest um die Papiertüte, spürte die Metallkanten darin. «Pass auf deine Worte auf, ja?»

«Glaubst du, dass diese Verbrecher dich einfach laufen lassen? Wenn die Bombe nun für dich war? Solche Mörder stehen schneller vor der Tür, als du bis drei zählst.»

«Denk an das Kind», zischte Iva.

Aber Nikola schien sie gar nicht gehört zu haben. Er ballte die Faust und schüttelte sie in ihre Richtung. «Wenn ich jünger wäre», brüllte er, «würden sich diese Schweine wie Spanferkel am Spieß drehen! Da draußen vor meinem Haus! Alles Schmarotzer, diese Verbrecher!»

Matteo ließ seinen Löffel in die Suppe fallen und lehnte sich zurück. Sein Blick war auf einen fernen Horizont gerichtet, den außer ihm niemand sehen konnte.

Nikola warf Iva noch einen bösen Blick zu, dann wandte er sich an Matteo. Er fischte ein Stück Schinken von seinem Teller und hielt ihm den Löffel vor den Mund. «Da, Kleiner, iss», sagte er sanft. «Damit du ein richtiger Mann wirst.»

Matteo rutschte vom Stuhl und rannte aus der Küche. Colombina, die auf ihrem Platz am Herd gedöst hatte, stand auf und trottete ihm hinterher. Die Haustür fiel zu.

Iva rollte die Papiertüte zusammen und klemmte sie sich unter den Arm. «Da siehst du, was du wieder angerichtet hast, Großvater.» Sie hatte Matteo für September zur Einschulung in Pula angemeldet. Was, wenn sich dieses Verhalten, das der einst so fröhliche Junge seit dem Tod seines Vaters an den Tag legte, bis dahin nicht änderte? «Ich will nicht, dass Matteo draußen allein herumstromert.»

Nikola sah sie scharf an. «Mate braucht Zeit für sich, du kannst ihn nicht immer am Schürzenband halten. Colombina passt schon auf ihn auf.» Er widmete sich seinem Essen.

Iva seufzte, hier war jede Diskussion zwecklos. Und vielleicht hatte der alte Mann auch recht. Um sich abzulenken, griff sie nach dem Modemagazin und warf einen Blick auf die dunkelhaarige Schönheit auf dem Titelblatt.

«Ist das etwa Liljana?», fragte sie.

«Leona.»

«Das Mädchen sieht wie Martas Tochter aus.»

«Ist es auch.»

Iva hob den Blick von der Zeitschrift. «Wieso das?»

«Sie ist jetzt *Mod-del.*» Das letzte Wort klang, als hätte Nikola es ausgespuckt. «Arbeitet für einen Fotografen, der ein Studio am Hafen hat. Danilo oder so.»

«Ach, wirklich?» Sie hatte viel verpasst.

«Diesem Danilo klingt Liljana nicht international genug. Marta kann sich gratulieren. Der Sohn im Gefängnis, die Tochter ohne anständigen Beruf. Bravo, sag ich, bravo.»

«Lilja ist doch erst – sechzehn?»

«Gerade siebzehn.» Nikola deutete mit dem Kinn zu dem Madonnenbild an der Wand, unter dem eine Vase mit roten Nelken stand. «Da, siehst du? Hat Marta aufgestellt. Für ihre Kinder. Hokuspokus, sage ich! Willst du nichts essen?»

Draußen klappte die Tür, dann liefen schnelle Schritte die Treppe hinauf. Matteo war wieder da und in seinem Zimmer.

Iva warf das Modemagazin auf den Tisch. «Nein, danke, ich gehe ein wenig vors Haus. Ich brauche frische Luft.»

Mit der Papiertüte unter dem Arm ging sie auf den Hof hinaus. Es war noch immer unerträglich heiß. Colombina, Matteos pflichtvergessene Leibwächterin, schlief eingerollt unter der Marmorbank neben der Küchentür, hatte sich dort eine kühle Kuhle gegraben und klopfte, ohne den Kopf zu heben oder auch nur ein Auge zu öffnen, bei Ivas Auftauchen ein paarmal mit dem Schwanz auf die Erde.

Iva setzte sich in eine Ecke der Bank, deren Stein die Wärme des Tages wie ein Ofen gespeichert hatte. Zwischen den Blüten des Rosmarins und des Lavendels, die in großen Steintöpfen wuchsen, schwirrten Bienen. Ihr Summen mischte sich in das Zirpen der Zikaden, das wie ein Geräuschteppich über der stillen Landschaft lag. Die Reaktion ihrer Freunde in Zagreb, denen sie von ihrem Umzug nach Istrien erzählt hatte, war immer die gleiche gewesen. *Gott, was für ein schöner Ort, Mamma mia, was für ein Glück!* Die Mauern glühten in der untergehenden Sonne bernsteinfarben und rostrot. Dort, wo sich die Erdkrume auf der rauen Oberfläche festgesetzt hatte. Es wirkte wie getrocknetes Blut.

Iva zog die Pistole aus der Papiertüte, umschloss den Griff fest mit den Fingern. Es war eine in Karlovac produzierte halbautomatische HS-9 Kaliber 9 mm. Iva hatte freiwillig einen Waffenlehrgang und ein Schießtraining bei der Polizei absolviert. Dank Nikolas guter Schulung mit dem Jagdgewehr hatte sie keine Angst vor dem Schuss, sondern ein scharfes Auge und eine ruhige Hand. Du schießt wie das Gift, hatte ihr Ausbilder anerkennend gesagt.

Iva drehte die Waffe in ihren Händen hin und her.

Die Pistole hatte ein Magazin für sechzehn Schuss, eine niedrige Handlage und eine gute Visierlinie. Ideal für schnelle Schussfolgen. Iva erinnerte sich daran, dass die Waffe in den USA, wo man sie mit entwickelt hatte, im Diensteinsatz war. *Gun of the Year* war sie geworden, kurz *Hellcat* wurde sie genannt. Nicht schlecht! Iva wog die Waffe in der Hand, öffnete dann ihre Finger und betrachtete die Pistole genauer. Der Polymergriff hatte ein paar Kratzer.

Wo hast du die bloß wieder her, Großvater?

Nikola ließ sich selten in die Karten blicken, Iva kannte seine Beziehungen nicht. Igor hatte behauptet, dass ihr Großvater Kontakte zu istrianischen Separatisten unterhielt, die die Loslösung Istriens vom Rest Kroatiens erreichen wollten, doch das waren sicher nur Gerüchte. Igor und Nikola waren nie besonders gut miteinander ausgekommen.

Iva wollte das Magazin schon auswerfen, doch nach kurzer Überlegung legte sie die Waffe wieder in die Tüte zurück und stellte sie geöffnet neben sich.

Colombina fiepte, schien einen Hundetraum zu träumen.

Iva sah zu den blau schimmernden Hügeln im Norden hinüber, auf deren Kuppen mittelalterliche Dörfer wie steinerne Kronen saßen. Ein paar Wolken waren am Himmel aufgetaucht, und violette Schatten zogen über die Hänge. Auf einmal fuhr eine heftige Windböe über den Hof. Irgendwo schlug ein Fensterladen gegen die Hausmauer. Ivas Blick wanderte zu den Olivenbäumen mit ihrem schillernden silbergrünen Laub und zu den sich wiegenden Zypressen. Der Himmel im Süden hatte sich bezogen. Der Vollmond der letzten Nacht hatte wohl einen Wetterumschwung bewirkt. Am Horizont lag eine schwarze Wolkenbank über dem Meer. Jugo hieß der heftige Südwind, der Sturmwellen und Regenfluten gegen die Küste peitschte und sie mit Salzwasser überschwemmte.

Hinter Iva erklang das dumpfe Pochen eines Gehstocks. Sie drehte sich nicht um. Kurz darauf stand ihr Großvater neben der Bank und sah auf sie hinunter.

«Lass uns reden», knurrte er.

Nikola setzte sich in die andere Ecke der Bank, stellte den Gehstock zwischen seine Knie und umschloss mit beiden Händen den Griff. Wortlos richtete er den Blick darüber hinweg in die Ferne. Die Tüte mit der Pistole stand wie eine Barriere zwischen ihnen. Keiner sprach ein Wort.

«Ich glaube, wir kriegen Jugo», sagte Iva endlich. «Dedi.» *Opa.* Sie wollte sich wieder vertragen.

«Bora wäre besser», knurrte Nikola. «Der Regen ist längst überfällig. Immer nur diese ständige Hitze. Die Bora würde unseren Oliven guttun.»

Die Winde der Bora, die vom Land her über Istrien wehten, belüfteten die Olivenhaine und schufen ein ideales Mikroklima. Das Öl von Terra Rossa erinnerte im Aroma an frisch geschnittenes Gras und Tomaten und war begehrt. Das *Valsabbion* in Pula sicherte sich sein Kontingent jedes Jahr schon frühzeitig.

«Gut für deine Oliven, Dedi.»

«Olivenbäume wachsen viele Jahrhunderte, Iva, man bewahrt sie für die nächste Generation.» Nikola machte eine weit ausholende Armbewegung. «Einmal wird dies alles Mate gehören. Übernimm den Betrieb und zieh deinen Sohn groß. Schütz deine Familie, aber schlag dir diesen Rachefeldzug aus dem Kopf.»

Iva strich sich eine Haarsträhne, die ihr der aufkommende Wind ins Gesicht geweht hatte, aus der Stirn. Jedes Mal, wenn ihr Großvater so über Terra Rossa sprach, spürte sie, dass die Zeit sich in ihrer Vorstellung ineinanderschob, bis die Vergangenheit nicht mehr von Gegenwart oder Zukunft zu trennen war. Dann fühlte sie sich wie gefangen zwischen den sich überlagernden Zeitschichten.

«Ich will Gerechtigkeit», sagte sie. «Keine Rache.»

Nikola seufzte. «Du bist eben doch eine Pavić.» Er blickte seitwärts auf die Zypressen, die sich im Wind bogen. «Du kannst diesen Kraken bekämpfen, aber du kannst ihn nicht besiegen. Seine Arme sind lang. Und sie reichen weit, sehr weit. Viel weiter, als du denkst.» Er machte eine Pause und runzelte die Stirn, als wöge er seine nächsten Worte ab. «Es heißt, sie nennen sich die *Bratstvo*, die Bruderschaft.»

Iva sah ihren Großvater an. «Wer sagt das?»

Nikola zuckte die Schultern. «Unsere Leute.»

«Geht das genauer?»

«Nein.»

«Na schön, ist mir egal, wie die sich nennen.»

«Brüder sind blutsverwandt.» Nikola faltete die Hände

auf dem Knauf seines Stockes. «Frauen verstehen nicht, was Blutsbrüderschaft bedeutet.» Er räusperte sich. «Ich erzähle herum, dass du es dir anders überlegt hast. Dass du ab jetzt ins Familiengeschäft einsteigst.»

«Tust du nicht.»

«Es sind schon genug Menschen gestorben, Iva.»

«Deshalb fange ich nächste Woche mit der Arbeit an.»

Nikola beschattete seine Augen mit einer Hand, obwohl die Sonne hinter den Wolken verschwunden war, und blickte zu den Hügeln in der Ferne, die nun im bläulichen Dämmerlicht lagen, ehe er seine ganze Aufmerksamkeit der Adria schenkte, über die inzwischen weiße Schaumkronen rasten. «Du hast recht», sagte er, als führte er ihr Gespräch vom Beginn fort, «wir bekommen Jugo.»

Iva dachte an ihre verwaiste Eigentumswohnung in der Zagreber Altstadt, die Igor und sie so liebevoll mit einer Mischung aus Antiquitäten und modernem Design eingerichtet hatten. In Zagreb gab es Schulen und Psychologen für Matteo, und Kinderfreunde. Je eher sie ihre Aufgabe hier unten erfüllt hatte, umso eher konnten Matteo und sie in die Stadt zurückkehren.

«Kannst du mich anschauen, Dedi?»

Nikola schüttelte den Kopf. «Ich bin müde, Herzchen, ich gehe schlafen. Ich bin ein alter Mann.» Er schlug sich mit der Hand aufs Knie und stand schwerfällig auf. Dann zeigte er auf die Tüte mit der Pistole. «Versprich mir, dass du die Waffe immer bei dir hast, Tag und Nacht. In dem Papier da nützt sie dir nämlich nichts.» Mit diesen Worten drehte er sich um und stapfte ins Haus.

Colombina robbte unter der Bank hervor, streckte ihre steifen Glieder, gähnte fiepend und trottete ihm hinterher.

Eine heftige Sturmböe fuhr über den Hof und trieb weißen Staub über das Kopfsteinpflaster. Die Zypressen schwankten im Wind, und der Geruch nach Regen und Salzwasser beschwerte die Luft.

In der Nacht setzte der Jugo mit aller Wucht ein. Der Sturm heulte im Pinienwäldchen, bog die Zypressen wie Schilfrohr um und ließ die Brandung in Brechern gegen die Klippen donnern. Iva, die wie so oft in letzter Zeit keinen Schlaf fand, lag im Bett und starrte an die Decke. Dabei lauschte sie dem Rütteln der alten Fensterläden und dem Toben des Meeres. Es hatte andere Sommer gegeben. Heiße Tage, an denen sie mit Igor hier im kühlen nachmittäglichen Dämmerlicht gelegen und die Sonne, die durch die Ritzen der Fensterläden blinzelte, ein Streifenmuster auf ihre nackten Körper gemalt hatte. Irgendwo in ihrem Kopf begann die weiche Männerstimme aus dem Radio zu singen. *Tko zna, možda se sretnemo opet.* Iva drehte sich auf den Bauch, umfasste ihr Kissen mit beiden Armen und vergrub das Gesicht darin. *Wer weiß, vielleicht sehen wir uns wieder.*

Iva hatte das Gefühl, als wollte der Schmerz des Verlustes ihr Herz zerreißen. Sie begann zu weinen.

VIER

Am Mittwochmorgen fuhr Iva die Riva in Pula hinunter. Zu ihrer Rechten lagen das Hafenbecken und die Anleger der Marina. Auf ihrer linken Seite konnte sie hinter dem Valerian-Park das römische Amphitheater sehen, dessen Steinquader in der Morgensonne hell vor dem nun wieder wolkenlosen blauen Himmel leuchteten. Nicht nur das Amphitheater erinnerte an Rom, wie die Ewige Stadt verfügte auch Pula über sieben Hügel. Der Legende nach hatte Kaiser Vespasian im ersten Jahrhundert nach Christus seiner istrianischen Geliebten einen Ring versprochen und ihr einen aus Steinen für 23 000 Zuschauer bauen lassen. Mit Wassergräben für Seeschlachten, Käfigen für wilde Tiere und einem Abwurfschacht für die Leichen der Gladiatoren, die die Arena, den Sandplatz, mit ihrem Blut getränkt hatten. Arena nannten die Stadtbewohner auch das Amphitheater.

Pula hatte etwas Antikes.

Es waren Zeichen der Ewigkeit in einer Epoche, in der Zeit nicht mehr als einen Wimpernschlag bedeutete. Der italienische Schriftsteller und Filmemacher Pier Paolo Pasolini hatte einst geschrieben, in Istrien wären die antiken Lebensweisen noch zu fühlen, lebten die Menschen mit deren Rhythmus, deren Gefühlen und einer Toleranz, die weit in die Geschichte zurückreichte. Auf dieser Seite der Adria waren die Jahrhunderte spürbar.

Ein paar Reisebusse standen bereits auf dem großen Parkplatz, die ersten Urlaubergruppen warteten vor dem Kassenschalter in der sich aufheizenden Tageshitze auf Einlass. Schirmpinien und Zypressen warfen noch bläuliche Schatten auf die Blumenrabatten und die Rasenflächen, die sich bis zur Riva hinunter erstreckten. Gärtner in grünen Overalls beseitigten mit Rechen und Schubkarren die letzten Spuren des Jugo, der an der Küste getobt hatte, ehe sich die Bora durchgesetzt und den Südwind vertrieben hatte.

Iva stellte ihr Auto, den Kühler dicht am Rand des Hafenbeckens, auf einem der Parkplätze am Kai ab. Hinter der Windschutzscheibe wiegten sich Segelboote und Motorjachten, auf allen Decks wurde gefegt, gewischt, und eilig wurden Sturmschäden beseitigt. Das Wasser im Hafenbecken war trüb, Algen und Seegras trieben dicht unter seiner Oberfläche, alles, was die Wogen der Sturmnächte vom Meeresgrund aufgewirbelt hatten, musste sich wieder setzen. Ein vom Wind vertragenes Schlauchboot lag in sich zusammengesunken auf einem Anleger des Jachtklubs, daneben diskutierten und gestikulierten zwei Männer in T-Shirts und kurzen Hosen. Ein weißer Lieferwagen fuhr auf die Mole hinaus, auf seiner Seite waren Brot und Ährengarben aufgedruckt. Der Bäcker brachte den Jachteignern ihre frischen Frühstücksbrötchen. Am anderen Ende des Hafenbeckens legte der futuristisch anmutende Hochgeschwindigkeits-Katamaran nach Venedig ab.

Ihre Aktentasche in der Hand, im blauen Sommerkleid, mit einer großen Sonnenbrille auf der Nase und das Haar gegen die aufziehende Hitze hochgesteckt, ging Iva am Rathaus und am Augustus-Tempel vorbei in Richtung Korso, dem Platz im Herzen von Pula, auf dem sich unter alten Bäumen Geschäfte, Cafés und Bars aneinanderreihten. Hier trafen sich die Einheimischen, wenn die Abendbrise vom Meer herüberwehte, auf einen Eisbecher oder ein Glas Wein. Man begrüßte Bekannte, tauschte Neuigkeiten aus, ließ die Gerüchteküche brodeln und beklagte wie schon Sokrates zu seiner Zeit die schlechten Manieren der heutigen Jugend und ihren mangelnden Respekt gegenüber den Älteren, wenn wieder eine Horde Teenager mit ihren Vespas über den Korso knatterte.

Das Polizeipräsidium befand sich am Anfang des Platzes und war ein imposanter Neubau aus Glas und Beton. Eine breite Treppe führte zum Eingang, über dem auf einem Betonquader blau-rot-weiß das kroatische Wappen prangte, hinauf. In der Halle herrschte bereits vor allen Schaltern reger Betrieb. Einheimische warteten in einer langen Schlange vor der Passausgabe, ganze Urlauberfamilien belagerten Beamte, die mit stoischen Mienen hinter Glasscheiben saßen, wollten Unfälle, verlorene Papiere oder Diebstähle melden und versuchten, sich verständlich zu machen, indem sie ihr Anliegen mit besonders lauter Stimme vortrugen. Zwei Polizisten in Uniform beobachteten, die Hände auf dem Rücken verschränkt, mit gelangweilten Mienen das Treiben. In der Luft lag ein Geruchsgemisch nach Desinfektionsmitteln, Schweiß und Sonnenöl.

Iva drängte sich durch die Menge, ging zu den Aufzügen und wandte sich an einen jungen Polizisten mit gerötetem Gesicht, der gerade seine Mütze abgenommen hatte und sich mit einem Taschentuch den Schweiß von der Stirn wischte.

«Markulin, ich möchte zu Staatsanwalt Horvat.»

Der Polizist setzte hastig die Mütze auf, stopfte das Taschentuch in die Hosentasche und salutierte. «Ich weiß Bescheid, Doktorica, die Herren erwarten Sie. Ich begleite Sie in das Büro des Staatsanwalts.» Er ließ ihr den Vortritt in den nächsten freien Lift und drückte den Knopf für den dritten Stock. Während der Fahrt vermied er es, sie anzusehen, blickte nur starr geradeaus, bis das Klingelzeichen ertönte und die Tür sich öffnete. «Bitte nach links, ich darf vorgehen, Doktorica.»

Iva folgte ihm über einen grauen Teppichboden, der jeden Laut schluckte, durch einen langen Gang, in dem sich die heiße Luft zwischen Betonwänden zu einem stickigen Gemisch aufgeladen hatte. Hier hatte Igor gearbeitet. Es fühlte sich unwirklich und befremdend alltäglich zugleich an, den Weg zu gehen, den er jeden Tag gegangen sein musste.

Der Polizist klopfte an eine Tür zur Rechten, wartete kurz und öffnete sie. «Doktorica Markulin.» Er ließ Iva an sich vorbeigehen, salutierte und schloss die Tür.

Ein kleiner grauhaariger Mann mit Schnauzbart hatte sich hinter einem Schreibtisch erhoben und kam mit ausgestreckter Hand auf Iva zu. Er trug ein weißes kurzärmeliges Hemd, eine graue Hose und braune Wildlederschuhe. «Doktorica Markulin – hochverehrte Kollegin –, willkommen in unserem schönen Pula!» Er strahlte sie an. «Franjo Horvat, *drago mi je.*» Es freut mich.

Iva schüttelte seine Hand. «*I meni,* Doktore.» Mich auch.

Horvats breites Lächeln wich einer bekümmerten Miene. «Darf ich Ihnen mein tief empfundenes Beileid ausdrücken, verehrte Kollegin? Möge die Erde Ihrem Mann leicht sein.» Er seufzte. «Sein Tod war für uns alle ein Schock – und ein großer Verlust. Wir haben Doktor Markulin sehr geschätzt – als Mensch, als Juristen und als untadeligen Kollegen.»

«Ich danke Ihnen, Doktore.»

«Bitte.» Horvat deutete quer durch das geräumige Büro auf das Sofa einer schwarzen Ledergarnitur gegenüber der breiten Fensterfront. «Ich nutze dieses Büro, wenn ich in der Polizeidirektion zu tun habe. Setzen wir uns doch da hinüber.» Er steuerte einen Sessel vor der Fensterfront an.

Über dem Sofa hingen drei Schwarz-Weiß-Drucke römischer Denkmäler in Pula – Sergier-Triumphbogen, Augustustempel und Amphitheater –, und neben einem Marmortisch stand eine Zimmerpalme, deren Wedel sich im Luftstrom eines großen Ventilators wie Finger bewegten. Die Jalousien hinter der Glasfront waren gegen die Sonne bereits herabgelassen und schräg gestellt, was der Atmosphäre im Raum etwas Diffuses gab. Zwischen den Lamellen konnte man im gleißenden Tageslicht die großen Schiffe am Anleger und in einiger Entfernung die stählernen Arme der Werftkräne sehen.

Iva ignorierte den angebotenen Platz auf dem Sofa, ließ sich in einen der beiden Sessel sinken und stellte ihre Aktentasche neben sich auf den Boden. Horvath stutzte kurz, lächelte flüchtig und setzte sich ihr gegenüber. Er stützte die Ellenbogen auf die Armlehnen und legte die Fingerspitzen unter seinem Kinn aneinander.

«Wir haben nur Gutes von Ihnen gehört», sagte Horvat. «Ausgezeichnete Juristin – mutig, tatkräftig, zielstrebig. Alle wünschen Ihnen viel Erfolg bei Ihrer Arbeit.»

Iva neigte leicht den Kopf zum Dank. «Ich werde auf Ihre Hilfe angewiesen sein, Herr Staatsanwalt», sagte sie. «Gibt es schon irgendwelche Ermittlungsergebnisse?»

«Leider nein.»

«Hinweise, dass der Anschlag auf Igor mit seiner Arbeit zu tun hatte? Gab es heikle Fälle? Besondere Zeugen?»

Horvat breitete die Hände aus. «Da bin ich überfragt.»

«Sie waren über seine Ermittlungen nicht informiert?»

«Kaum, leider.» Horvat nickte bekümmert. «Aber – bringen Sie mir die Täter, und ich klage sie an.»

«Können Sie mir wenigstens etwas über Igors Umfeld sagen? Mit wem stand er in engem Kontakt?» Iva hörte selbst, wie seltsam ihre Frage klang. Sie war seine Frau gewesen. Jetzt machte sie den Eindruck, als hätte sie am Leben ihres Mannes keinen Anteil genommen. Schnell setzte sie hinzu: «Ich meine, Sie kennen die Verhältnisse und die Leute in Pula viel besser als ich.»

Horvat legte den Kopf in den Nacken und warf einen Blick zur Decke, ehe er Iva wieder ansah. «Ach, was soll ich Ihnen sagen, Frau Kollegin.» Sein Seufzer schien aus tiefster Seele zu kommen. «Meine Frau und ich stammen aus Dalmatien, wir verbringen jede freie Minute in unserem Wochenendhaus bei Split – die Familie, Sie verstehen. Unsere Tochter arbeitet als Neurologin im dortigen Krankenhaus, außerdem haben wir drei wunderbare Enkelkinder. Sie werden sich in unserem kosmopolitischen Pula bestimmt wohlfühlen und …» Das Aufgehen der Tür unterbrach seinen Redeschwall. Ein muskulöser Mann um die fünfzig trat ein, gefolgt von einem schlaksigen Jungen, dessen noch weiches Gesicht Iva sagte, dass er kaum über zwanzig war. Beide trugen Uniform, der Ältere mit Rangabzeichen, der Jüngere ohne. «Oh, der Herr Polizeidirektor.» Horvat klang erleichtert.

Der ältere Mann nahm die Mütze ab, klemmte sie unter den linken Arm und marschierte auf Iva zu. Sein Gesicht mit einem römischen Profil war braun gebrannt, straffe Haut spannte sich über starke Kiefer und ein markantes Kinn mit Grübchen. Das schwarze, an den Schläfen ergraute Haar trug er millimeterkurz geschoren. Er reichte Iva die Hand und deutete eine Verbeugung an. «Darko Petrović.» Der Blick seiner eisblauen Augen war durchdringend, die Stimme befehlsgewohnt. «Verzeihen Sie meine Verspätung, Doktorica, wir haben derzeit alle Hände voll zu tun.» Sein Tonfall legte nahe, dass er wichtige Aufgaben hatte verschieben müssen, um einen ungebetenen Gast mit der angemessenen Höflichkeit zu empfangen. «Unseren Staatsanwalt haben Sie ja bereits kennengelernt.» Er wandte sich an Horvat. «Irgendwelche Fragen offen?»

Statt einer Antwort breitete Horvat die Arme aus, drehte die Handflächen nach oben und schüttelte den Kopf.

«Bravo.» Petrović drehte sich um und winkte dem jungen Polizisten, nach vorne zu kommen. «Karahasan, treten Sie vor.» Der junge Mann errötete, griff nach seiner Mütze, als wollte er sie abnehmen, salutierte stattdessen, zog dann doch die Mütze ab und klemmte sie sich unter den Arm. «Der Herr Innenminister hat uns gebeten, Ihnen räumliche und personelle Unterstützung zu gewähren. Was ist, Karahasan?» Der Junge trat eilig vor und nahm Haltung an. «Der Bitte des Ministers kommen wir selbstverständlich gerne nach.»

Von Horvat war ein Hüsteln zu vernehmen. Iva sah zu ihm hinüber, aber der Staatsanwalt beobachtete die Stahlskelette der Werftkräne, die sich neben dem rostroten Rumpf eines Ozeanriesen wie in Zeitlupe bewegten, so aufmerksam, als hätte er ihre Existenz gerade erst bemerkt.

Iva stand auf. «Ich danke Ihnen, Herr Polizeidirektor.»

«Dies hier ist Alija Karahasan, er hat die Polizeiakademie gerade mit Auszeichnung abgeschlossen. Er freut sich, als Ihr Assistent noch viel lernen zu dürfen.»

Karahasan errötete wieder. Seine dunklen Locken erinnerten an das Fell eines Lammes. Die großen, von langen

Wimpern umkränzten Augen, denen ein Raffael nicht mehr Schwermut hätte verleihen können, zwinkerten. «Karahasan, Alija, Komesarica ... also, ich meine ... Doktorica», sagte Ivas zukünftiger Assistent hastig. Er hob das Kinn und fügte hinzu: «Es ist mir eine große Ehre, Ihnen zur Seite stehen zu dürfen.» Seine Worte klangen so steif wie bei einer Schulaufführung, er hatte sie hörbar geübt.

«Ich freue mich auch auf die Zusammenarbeit», sagte Iva und setzte, an den Polizeidirektor gewandt, hinzu: «Darf ich fragen, wer noch zu meinem Team gehört?»

«Karahasan ist Ihr Team», ließ sich Horvat vernehmen.

Iva fuhr zu ihm herum. «Wie bitte?»

Petrović zog die Mütze unter dem Arm hervor und klopfte damit gegen seinen Oberschenkel. «Der Staatsanwalt hat recht, Doktorica, die Sicherheitslage und die angespannte Personalsituation erlauben es leider nicht, weitere ...»

«Ich brauche mindestens noch zwei erfahrene Leute!»

«Selbstverständlich. Sobald es die Lage zulässt.»

«Eine Sonderkommission kann man nicht allein mit einem Polizeischüler – Verzeihung, Gospodin Karahasan – führen.»

«Sie werden mit dem jungen Kollegen zufrieden sein», sagte Petrović in abschließendem Ton. «Was die räumliche Frage betrifft, so ist sie auch gelöst.»

Iva verkniff sich die Worte, die ihr auf der Zunge lagen, und zwang sich zu einer Miene, die, so hoffte sie, Anerkennung und Dankbarkeit spiegelte. Hier galt es, professionell zu bleiben, wenn sie nicht gleich am ersten Tag das Gesicht verlieren wollte. Ein Mann, der aufbegehrte, war durchsetzungsstark, eine Frau war zickig. *Suaviter in modo, fortiter in re* – sanft im Ton, hart in der Sache. So lautete ihr Motto. Die

Mafiajägerin mit dem Engelsgesicht. Dieser Petrović würde sie noch kennenlernen.

«Ich werde einfach im Büro meines Mannes arbeiten», sagte Iva freundlich. «Das scheint mir am praktischsten.»

«Leider unmöglich», sagte Petrović. «Sobald die Stelle neu besetzt ist, übernimmt dort der Nachfolger von Doktor Markulin die Agenden. Damit ist wohl alles besprochen. Wenn Sie mir jetzt bitte folgen wollen, ich habe gleich ein Meeting.» Ohne auf Ivas Reaktion zu warten, drehte er sich um. Karahasan stürzte zur Tür, riss sie auf und ließ ihn vorbeigehen. Petrović verschwand im Gang.

Iva blickte zu Staatsanwalt Horvat hinüber, der sich bereits erhoben hatte und ihr freundlich zunickte.

«Es war mir eine Freude, Doktorica.»

«*I meni*», sagte Iva, mir auch, die übliche Floskel.

«Nach Ihnen, Doktorica», sagte Karahasan.

Auf dem Gang stand ein Uniformierter. Bei Ivas Anblick legte er zwei Finger an den Mützenschirm. «*Commissaria!*»

Iva nickte nur und folgte ihrem neuen Assistenten.

Das Büro der Leiterin der neuen Sonderkommission befand sich am Ende eines langen, von flackernden Neonröhren erhellten Gangs im Erdgeschoss und hatte ein einziges, vergittertes Fenster, das auf die Rückseite des Gebäudes und einen sandigen Innenhof hinausging, in dem gelb verfärbtes Gras und ein paar Geranien in angerosteten Olivenöldosen ein kümmerliches Dasein fristeten. Die Wände des Zimmers waren mit leeren Regalen bedeckt, davor stapelten sich mehrere große Kartons. In der Mitte befand sich ein Schreibtisch, darauf eine Lampe, ein Telefonapparat, eine grüne Akte, ein Computerbildschirm und eine Tastatur, dahinter ein Drehstuhl. Daneben stand ein kleiner Tisch mit einer Resopalplatte, der nach Küchentisch aussah, ein Eindruck, der durch einen Holzstuhl vertieft wurde. Die Luft war warm, abgestanden und roch nach Staub. Iva verspürte ein Kratzen im Hals.

Der Polizeidirektor erwartete sie bereits, die Mütze unter der Achsel und mit vor der Brust verschränkten Armen, mit dem Rücken zum Fenster. Bei Ivas Eintritt stieß er sich vom Fensterbrett ab. «Es ist ein ehemaliges Verhörzimmer», sagte er und deutete auf die Fenstergitter. «Ich habe es extra für Sie ausräumen lassen. Ihr Assistent hat sogar einen eigenen Arbeitsplatz.» Damit meinte er offenbar den Küchentisch.

Iva stellte ihre Aktentasche auf den Schreibtisch und sah sich anerkennend um. «Sehr schön, wirklich», sagte sie und bemerkte mit Genugtuung das überraschte Aufflackern in Petrovićs Husky-Augen. «Ich finde, große, moderne Büros haben immer so was Unpersönliches. Was ist in den Kartons?»

Petrović sah demonstrativ auf seine schwere stählerne Armbanduhr. «Die Unterlagen aus dem Büro Ihres Mannes.»

«Aha.» Iva ließ ihren Blick schnell über die Kisten gleiten. Es waren mindestens zehn. «Wonach sind die denn geordnet? Ich kann keine Beschriftung sehen.»

Petrovićs Lächeln war süffisant. «Der Anruf des Innenministeriums kam ziemlich kurzfristig. Da blieb leider keine Zeit für eine Inventur. So, ich muss los.» Er setzte die Mütze auf, tippte an den Schirm und marschierte hinaus.

Iva ging zum Fenster und riss einen Flügel auf. Sofort strömte heiße Luft herein, doch die salzige Brise, die sie mitbrachte, ließ sie aufatmen. An einer Mauer stand ein großer Feigenbaum, dessen überreife lilafarbene Früchte von einem

Schwarm Wespen umschwirrt wurden. Anscheinend gab es in der Polizeidirektion ein Wespennest.

Iva unterdrückte einen Seufzer. Der Empfang, das Büro, ihr einziger Mitarbeiter und jetzt dieser Hinterhof mit den Wespen – all das waren keine ermutigenden Aussichten.

«Ich könnte erst mal Kaffee holen», ließ sich Karahasan hinter ihrem Rücken vernehmen. «Oder lieber Mineralwasser?»

Iva drehte sich um und begegnete seinem Blick. «Woher kommen Sie eigentlich, Gospodin Karahasan?»

«Alija, bitte. Aus Bosanska Bistrica, Doktorica.»

Bosnien-Herzegowina. «Und seit wann sind Sie hier?»

«Seit heute, Doktorica.» Sein Stolz war unüberhörbar. «Ich habe letzten Monat die Polizeiakademie in Sarajewo abgeschlossen.»

«Ihr erster Posten also.»

«Ja, Doktorica.»

«Waren Sie denn schon mal in Pula?»

«Leider nicht, Doktorica.»

«Ich verstehe.» Iva nahm ihr Portemonnaie aus der Handtasche und drückte Karahasan einen Geldschein in die Hand. «Gehen sie runter zum Café Forum, Alija, und holen Sie uns anständigen Kaffee.» Sobald Zeit dafür war, würde sie eine eigene Espresso-Maschine kaufen. Ohne Kaffee konnte sie nicht arbeiten. «Ich habe noch nicht gefrühstückt, also für mich bitte einen Cappuccino. Sie nehmen, was Sie wollen, und kaufen sich auch ein Stück Gebäck dazu.» Was seine Mutter wohl von der Berufswahl ihres Sohnes hielt. «Ach, Alija, einen Moment noch – haben Sie Geschwister?»

«Nein, Doktorica, ich bin der einzige Sohn.»

«Und wo wohnen Sie in Pula?»

«Bei meiner Tante, Doktorica, sie hat eine Wohnung in Veruda. Meine Tante ist Schiffbauingenieurin auf der Werft.»

«Sehr schön.» Wenigstens hatte er Familienanschluss.

«Dann hole ich also jetzt den Kaffee?»

Iva nickte und winkte Alija aus dem Zimmer.

Als Erstes warf sie einen Blick in die Kartons. Im ersten lag ganz zuoberst ein durchsichtiger Plastikbeutel mit Reißverschluss, wie man ihn im Haushalt für Gefriergut verwendete. Darin befanden sich zwei zugestöpselte Glasampullen mit einer wässrigen Flüssigkeit. Kein Aufkleber, kein Beipackzettel. Sie legte den Beutel auf ihren Schreibtisch und setzte ihre Arbeit fort. Wie Petrović gesagt hatte, lagerten darin stapelweise Akten. Sie würde Alija gleich mit der Erfassung aller Unterlagen und der Erstellung einer Übersicht beauftragen. Wenn sich der Junge durch amerikanische TV-Polizeiserien zu seinem Beruf hatte verleiten lassen, stand ihm eine harte Landung bevor. Polizeidienst hieß meistens Schreibtischarbeit.

Iva setzte sich in den Drehsessel und schwang ein wenig hin und her. Dabei ließ sie ihren Blick über den Computer – nicht das neueste Modell – und den Telefonapparat mit der aufgeklebten Durchwahl gleiten. Sie beschloss, hin und wieder von zu Hause aus zu arbeiten.

Die grüne Akte stach ihr ins Auge.

Iva rollte an den Schreibtisch, griff danach, schlug den Deckel auf und blätterte durch ihren Inhalt. Drei Verhörprotokolle, ein Unfallbericht, eine dünne blaue Mappe, ein paar noch nicht unterzeichnete Briefe, Rechnungen, ein zugeklebter gelber DIN-A4-Umschlag ohne Anschrift. Iva drehte ihn um. Igor hatte seine Unterschrift wie ein Siegel quer über Klebestellen der Klappe gesetzt, das hatte er immer getan, um sicherzugehen, dass sie nicht geöffnet worden war. Anscheinend hatte man alles, was noch auf Igors Schreibtisch herumgelegen hatte, in diese Akte gestopft.

Iva legte die Verhörprotokolle beiseite, dazu brauchte sie die zugehörigen Akten aus den Kartons. Dann nahm sie sich den Unfallbericht vor. Ein Mann, ein gewisser Ante Filipović, war vor ein paar Wochen auf der Küstenstraße bei Lovran mit dem Wagen von der Fahrbahn abgekommen und über die Klippen ins Meer gestürzt. Iva blätterte durch den Polizeibericht. Man hatte das Wrack mit dem Toten darin erst vier Tage später im Wasser gefunden. Warum hatte sich Igor für einen Autounfall interessiert? War es doch Fremdverschulden gewesen? Iva zog den Obduktionsbericht hervor. Der Mann hatte Salzwasser in der Lunge gehabt, er war ertrunken. Fremdverschulden oder ein Unfall? Professorin Nives Lombardo, die Gerichtsmedizinerin, hatte ihren Bericht abgezeichnet und die Leiche freigegeben. Vielleicht war dieser Filipović ein Bekannter oder ein Mitarbeiter von Igor gewesen. In ihrer Aktentasche läutete das Handy, sie fischte es, ohne hinzusehen, heraus.

«Ja? Markulin?»

«Iva, Herzchen, hier ist Lorenzo!»

«Lorenzo!» Sie warf den Unfallbericht in die Akte zurück. «Wie schön, dich zu hören. Wo bist du?»

«Noch in meiner Kanzlei in Triest, aber ich fahre am Wochenende zu euch runter. Wie ist der erste Arbeitstag so?»

«Danke der Nachfrage.» Sie hörte sein Lachen und musste unwillkürlich grinsen. «Wir Pavićs sind ein harter Schlag.»

«Wirst es da unten brauchen können.»

«Sag bloß.»

Die Tür wurde aufgestoßen, und Alija kam mit zwei Tassen und einer Papiertüte herein. Der Duft nach Kaffee, Zimt und Schmalzgebackenem verbreitete sich. Iva bedeutete Alija, alles auf einer Ecke des Schreibtischs abzustellen, und formte mit den Lippen ein lautloses Dankeschön.

«Ich wollte dich nur noch mal an Freitag erinnern», sagte Lorenzo am anderen Ende der Leitung, und sie konnte Papier rascheln und eine Feder kratzen hören. Anscheinend arbeitete Lorenzo während des Telefonats seine Unterschriftenmappe ab. Lorenzo war ein Multitasker, er hatte sich nicht verändert.

«Freitag?»

«Sag nicht, dass du unser Sommerfest im Jachtklub vergessen hast. Du hast mir schon zugesagt, Herzchen.»

«In den Jachtklub?» Iva überlegte. Am Horizont ihrer Gedanken tauchte ihr Gespräch in Rovinj auf. «Ach ja.»

«Das Essen ist ausgezeichnet, die Musik auch, und du kannst ein paar gute Kontakte knüpfen.» Lorenzos Tonfall war einschmeichelnd, aber unnachgiebig. «Außerdem möchte ich mit deiner Bekanntschaft angeben. Deine Anwesenheit in Pula schlägt nämlich schon Wellen in der Society.» Mit gesenkter Stimme und in verschwörerischem Ton fügte er hinzu: «Du bist der schwarze Cowboy mit der Silberkugel im Lauf.»

Iva ließ ihren Blick durch den Raum schweifen, über die leeren Regale, die unsortierten Kartons, den Computer aus dem technischen Steinzeitalter. Gut, dass sie aus Sicherheitsgründen stets nur ihr Notebook benutzte.

«Lorenzo, vor mir liegt jede Menge Arbeit, und ich muss mich auch um Matteo kümmern. Er braucht mich jetzt.»

«Dein Sohn? Ist er krank?»

«Seit dem Tod seines Vaters hat er ...» Iva brachte es nicht über sich, von psychischen Problemen zu sprechen. «Macht mir sein Verhalten Sorgen. Ich will möglichst schnell meine Arbeit erledigen und wieder in die Stadt zurück.»

«Und du meinst, es hilft deinem Sohn, wenn du Freitagabend zu Hause herumsitzt, während er schläft?»

Darauf fand Iva keine passende Antwort.

«Du stimmst mir also zu.» Lorenzo war ein guter Anwalt. «Ich hole dich am Freitag gegen sechs ab. *Basta!*»

Vielleicht war es wirklich an der Zeit, den Schmerz, der sie bis zu ihrer Todesstunde begleiten würde, in ihrem Herzen zu verschließen und ihr Leben so gut, wie es eben möglich war, wieder aufzunehmen. Auch für Matteo. Iva beschloss, ihre Ermittlungen am Freitag auf die Party im Jachtklub auszudehnen. Die Atmosphäre würde gelöst sein, alle wären entspannt. Der bei solchen Anlässen übliche Alkoholgenuss lockerte sicher so manchem die Zunge. Auf einmal fühlte Iva Zuversicht. Zum ersten Mal hatte sie das Gefühl, dass sie es schaffen konnte. Dass das Gesetz des Handelns wieder bei ihr lag.

«Ich freue mich, Lorenzo.»

«Dann bis übermorgen, *srce! Ajde, ciao!*»

«Ciao, Lorenzo.» Sie sah Alija an. «Tassen? Keine Pappbecher?»

«Die Frau hinter der Bar heißt Danijela», sagte Alija, eine Hand in der fettfleckigen Papiertüte. «Ich kann ihr die Tassen später zurückbringen, sagt sie. Die *Fritule* waren ganz frisch.» Sein Ton lag zwischen schlechtem Gewissen und Entschuldigung, vielleicht weil er ihr Angebot, sich etwas zu essen zu kaufen, angenommen hatte. Mit spitzen Fingern zog er ein Stück Schmalzgebäck aus der Tüte und biss hinein.

Iva musste schmunzeln. Der eifrige Alija, die nette Danijela, die Abendeinladung von Lorenzo – sie hatte sich in den letzten Wochen in ihre Trauer vergraben, hatte gar nicht gemerkt, wie sehr ihr der normale Alltag gefehlt hatte.

Sie zog die Tasse mit dem Cappuccino zu sich heran und nippte an dem inzwischen zusammengefallenen Milchschaum und dem lauwarmen Kaffee. «Wenn du mit deinem Frühstück fertig bist», sagte sie zu Alija, «dann kannst du anfangen, den Inhalt der Kartons zu sortieren. Nach Alphabet, Vorgang und Datum. Wirf auch einen Blick in die Akten und ordne den Inhalt, wenn nötig.» Alija, die Tasse in einer Hand, die fetttriefende *Fritula* in der anderen, nickte. «Aber wasch dir vorher die Hände. Dann meldest du dich heute noch in der IT-Abteilung und lässt die Daten vom Rechner meines Mannes auf unseren Computer überspielen, sollte das noch nicht geschehen sein.» Davon ging sie aus. «Der Computer ist übrigens nur für deinen Gebrauch. Ich arbeite auf meinem Notebook.» Sie machte eine Pause. «Das ist praktischer.»

Alija stopfte den Rest des süßen Gebäcks in den Mund und wischte die Handflächen aneinander ab. Zucker rieselte auf den Boden. Iva sah zum offenen Fenster hinüber und konnte das Summen der Wespen hören. Bestimmt gab es auch Mäuse.

Während Alija mit einer Entschuldigung verschwand, um sich die Hände zu waschen, widmete sich Iva erneut dem grünen Aktenordner. Diesmal griff sie nach der dünnen blauen Mappe. Auf dem Deckblatt las sie die goldenen Buchstaben *Adria Star Invest*, darunter *Real Estate* und eine Adresse am Lungomare in Opatija. Iva fasste in die Mappe und zog den Inhalt heraus. Es waren fünf Seiten, und auf dem

Deckblatt standen die Worte Kvarner Exclusive Residence. Die nächsten drei Seiten waren bunte Computerbilder und Grundrisse einer Villa in Hanglage. Das Haus war ein Musterbeispiel moderner Architektur, besaß ein Haupt- und zwei wie geöffnete Flügel angelegte Nebengebäude. Eine Galerie mit weinbelaubten Rundbögen lag vor dem lang gestreckten Wohnraum mit Kamin und spendete Schatten, im Anschluss daran leuchtete azurblau ein Pool, und dahinter öffnete sich ein weiter Blick über das Meer. Iva blätterte zur letzten Seite. Die Villa hatte zehn Zimmer, eine Garage für vier Autos, lag auf einem 1200 Quadratmeter großen Grundstück und kostete 2490000 Euro.

«Alles in Ordnung?» Alija war zurückgekehrt, ohne dass sie es bemerkt hatte. «Sie sehen so blass aus ...»

Iva gab keine Antwort. Die schönen Computerbilder – als stünde der Prachtbau schon über dem Meer – und der Grundriss lagen vor ihrer Nase, aber es gelang ihr nicht, sie mit Igor, *ihrem Igor*, in Verbindung zu bringen.

«Möchten Sie vielleicht ein Glas Wasser?»

«Wie bitte?» Iva fuhr sich mit der Hand über die Augen. Warum hatte Igor diese Pläne in seinen Unterlagen? In welchen Kreisen hatte Igor ermittelt? «Ach so, nein danke, mir ist nur warm. Diese Hitze ist einfach furchtbar.»

«Bei uns in Bosnien ist es im Sommer noch viel ...»

«Vielleicht besorgst du uns doch etwas Mineralwasser.»

«Natürlich, sofort, Doktorica.» Alija sprang auf und verschwand flink wie ein Wiesel durch die Tür.

Iva fasste den gelben DIN-A4-Umschlag ohne Anschrift ins Auge. Sein Anblick flößte ihr jetzt ein unbehagliches Gefühl ein. Sie griff nach dem Kuvert und riss es auf. Der Umschlag enthielt nur ein einziges Blatt, einen Computerausdruck. Es war die Bestätigung über ein Aktiendepot bei der Banka Battaglia, einem privaten Bankhaus in Pula. Darunter hatte Igor mit seiner Füllfeder eine Kontonummer gekritzelt.

Das Depot gehörte – Dr. Igor Markulin.

Gänsehaut breitete sich auf Ivas Armen und Rücken aus. Igor hatte mit Aktien spekuliert. Und das anscheinend höchst erfolgreich. Wann hatte er ihr von seinen Gewinnen erzählen wollen? Sie spürte, wie ein kalter Hauch der Angst in ihr aufstieg. Igor und sie hatten doch ein unbeschwertes Leben gelebt. Nun schimmerte die Wirklichkeit durch. Die Wirklichkeit war, dass ihre Beziehung nicht so offen und ehrlich gewesen war, wie sie gedacht hatte. Seine Liebe zu ihr, die sie stets umfangen hatte und an der sie bis eben nie Anlass hatte zu zweifeln. Das Kind, die schöne Wohnung, zwei vielversprechende Karrieren, sorglose und glückliche Tage als Ehepaar in Aufrichtigkeit und gegenseitigem Vertrauen – ein Leben wie ein Traum. Daneben hatte sich Igor anscheinend heimlich ein Vermögen aufgebaut. Wann hatte er vorgehabt, ihr davon zu erzählen? Oder war das das Kapital für eine Scheidung und ein neues Leben? Iva hatte das Gefühl, als täte sich vor ihren Füßen ein Abgrund auf.

Auf dem Gang klapperte es, Glas klirrte gegen Glas, gleich darauf wurde die Tür aufgestoßen, und Alija erschien, ein Strahlen auf dem Gesicht, eine volle Kiste Mineralwasser in der linken Hand und einen Karton mit Gläsern unter der rechten Achsel. Er stellte die Kiste ab und wischte sich mit dem Uniformärmel den Schweiß von der Stirn.

«Radenska», sagte er. «Gut?»

«Wo hast du denn die ganze Kiste her?»

«Ibrahim, also der Hausmeister, ist aus Sarajewo.»

«Ich verstehe.»

«Wir brauchen nicht mal was zu bezahlen.»

«Wie das?»

«Ibrahim verrechnet das Wasser mit der Buchhaltung. Bewirtungsspesen oder so. Kaffee kriegen wir auch von ihm.»

Iva stützte die Arme auf den Schreibtisch und vergrub das Gesicht in den Händen. Sie hörte das Zischen eines Flaschenverschlusses, das Plätschern, als Alija ein Glas füllte, das Klappern, als er es vor sie hinstellte.

Igor, was waren deine Pläne?

Das Mineralwasser sprudelte, kalte Tropfen trafen ihre Haut wie mit Nadelspitzen. Sie nahm die Hände herunter. Alija stand vor ihr, drehte bedächtig den Verschluss der Flasche zu und betrachtete sie nachdenklich. Er war jung, intelligent und besaß so viel jungenhaften Charme, dass ihm Gefälligkeiten gewährt wurden, wo er keine verlangte. Möglicherweise war er ja doch ein Trumpf in ihrem Ärmel.

Iva nahm das Glas, trank es zur Hälfte leer und stellte es wieder ab. «Schön, dass du mein Assistent bist, Alija.»

«Danke, Doktorica.» Das klang nachdenklich.

«Du hattest übrigens recht.» Sie räusperte sich. «Es ging mir vorhin wirklich nicht so gut. Ich habe Unterlagen gefunden, die mir Sorgen machen.»

«Was für Unterlagen?»

«Eine Bankbestätigung für meinen Mann.»

Alija enthielt sich eines Kommentars.

Die Worte kamen, ohne dass Iva nachdachte. «Ich wusste gar nichts von dem Geld. Kannst du dir das vorstellen?»

Alija nickte. «Als mein Opa Ivo aus Zadar starb», sagte er, «hat meine Oma herausgefunden, dass er nicht nur mehr Geld hatte, als sie dachte, sondern auch eine zweite Familie auf Krk. Er war Fischer und immer nächtelang auf See.

Sie müssen so bald wie möglich zur Bank gehen und nachschauen.»

«Eine zweite Familie?»

«Sie werden sehen – das klärt sich alles auf.»

«Hoffentlich.» Iva holte tief Luft. «Danke, Alija.»

Sie griff nach ihrem Handy und suchte die Website der Banka Battaglia. Das Bankhaus befand sich nicht weit vom Forum entfernt, am Hafen, neben dem Benediktinerkonvent. Sie hob den Kopf und sah Alija an, der in der Zwischenzeit einen Karton auf seinen Tisch gestellt und sich darangemacht hatte, dicke Akten herauszuholen und vor sich aufzustapeln.

«Ich bin bei der Banka Battaglia», sagte Iva, stand auf und packte ihre Tasche. Ihr Blick fiel auf den Plastikbeutel auf ihrem Schreibtisch. «Ach, noch was, Alija, diese Proben da müssen in die Gerichtsmedizin.» Sie zeigte auf die Glasampullen. «Das Labor soll die Flüssigkeit – was immer es ist – auf Drogenspuren untersuchen und uns dann den Bericht schicken. Das wird zwar sicher endlos dauern, aber wir haben ja auch noch keinen Fall gefunden, zu dem das Zeug gehört.»

«Gerne, Doktorica.» Alija machte sich eine Notiz.

«Und wenn der Polizeidirektor nach mir fragen sollte, was ich zwar für unwahrscheinlich halte ...»

«Sind Sie in Ermittlungen unterwegs.» Er nickte.

Iva schloss ihre Tasche. «Alija, du bist ein Schatz.»

Alija grinste und entblößte dabei eine Reihe makelloser weißer Zähne. «Das scheint die allgemeine Auffassung zu sein», sagte er keck und sah wie ein Jungfilmstar aus.

Iva zog ihre Tasche vom Tisch. «Du wirst es noch weit bringen. Konzentriere deinen Charme bitte auf die Arbeit.»

Alija errötete, aber in seinen Augen lag der Stolz eines erwachsenen Mannes. «Das tue ich doch, Doktorica.»

Iva musste lächeln, zum ersten Mal an diesem Tag.

FÜNF

Das Bankhaus Battaglia war in einem der in letzter Zeit aufwendig renovierten Barockgebäude an der Hafenpromenade untergebracht. Das Haus war in dezentem Grau, die Fensterläden anthrazitfarben gestrichen, ein paar sauber gefegte Marmorstufen führten zur schwarz lackierten Eingangstür hinauf, und nur ein auf Hochglanz poliertes Messingschild mit dem gravierten Namenszug *Banka Battaglia* neben einer Gegensprechanlage und einem Klingelknopf verriet den Sitz der Privatbank.

Iva drückte auf den Knopf und wartete.

Der Verkehr auf der Riva war dichter geworden, jeder wollte noch am Vormittag, bevor die meisten Geschäfte wegen der sommerlichen Tageshitze bis zum späten Nachmittag schlossen, seine Erledigungen machen. Männer und Frauen in Anzügen oder Kostümen, mit dunklen Sonnenbrillen und Handys bevölkerten bereits die Cafés und Bars. Urlauber in Strandkleidung strömten in eine Seitengasse, aus der sich der Geruch nach Grillfleisch und Pommes frites verbreitete. Es ging auf Mittag zu, die Hitze war kaum noch erträglich.

Das Summen des Türöffners ertönte, und Iva drückte die Tür auf. Im Inneren des Hauses war es erfrischend kühl.

Schwarze und weiße Marmorquadrate bildeten ein Schachbrettmuster auf dem Boden, ein alter Aufzug mit schmiedeeisernen Gittern und ein Wasserbecken mit einem stilisierten Delfinkopf als Spender verbreiteten den Charme des 19. Jahrhunderts. Darüber war ein großes Mosaik mit Meeresgetier in die Wand eingelassen – Fische, Krebse, Kraken, umspielt von allen Blautönen des Farbspektrums. Die maritime Ausstattung ließ auf eine frühere Nutzung des Gebäudes als Reederei oder Schiffskontor schließen.

Auf einer Doppelflügeltür aus rot glänzendem Mahagoni hing ein Messingschild. *Banka Battaglia, Private Banking since 1990*. Iva öffnete die Tür und betrat einen Vorraum mit schwarzem Marmorboden, den weiße Adern wie die Milchstraße den Nachthimmel durchzogen. An den Wänden hingen Ölgemälde in breiten Goldrahmen. Segelschiffe in schwerem Wetter, ein Dampfer mit rauchendem Schlot, Bilder von Seeschlachten. Auf einer Kommode lagen auf einem Silbertablett Visitenkarten neben einem Sextanten und einem Kompass in Messinggehäuse. Alles strahlte das Flair der großen Zeit der Schifffahrt aus, ihrer Triumphe und Tragödien.

Das Bankhaus Battaglia war ein stiller Ort, an dem sich nur das Geld bewegte. Und das Geld zirkulierte offensichtlich mit Diskretion und Effizienz.

Am Ende des Gangs öffnete sich eine Tür, und eine überschlanke junge Frau um die zwanzig erschien. Sie hatte taillenlange, blond gesträhnte Haare, trug ein schmal geschnittenes graues Kleid und Stilettos.

«*Dobar dan*», sagte sie. Guten Tag.

«*Dobar dan.*» Iva zog ihren Dienstausweis aus der Tasche und ging auf die Frau zu. «Staatsanwältin Markulin, ich untersuche einen Todesfall.» Es fühlte sich seltsam an, so über Igor zu sprechen, aber es tat auch überraschend gut, schaffte professionelle Distanz. «Im Zuge meiner Ermittlungen sind ein paar Fragen aufgetaucht. Ich hoffe, Sie können mir bei ihrer Beantwortung helfen.» Sie überreichte der Frau den Ausweis, die ihn aufmerksam las, umdrehte und zurückgab.

«Was darf ich für Sie tun?»

«Können wir das irgendwo anders besprechen?»

«Oh, ja, natürlich.» Die junge Frau trat von der Tür zurück und gab den Weg frei. «Bitte, kommen Sie in mein Büro, Doktorica. Mein Name ist Angelina, ich bin die persönliche Assistentin von Herrn Battaglia.» Angelina schenkte Iva ein freundliches Lächeln. Sie hatte große haselnussbraune Augen, ihr Gesicht war herzförmig, zart gebräunt, und auf ihrer kleinen Nase saßen Sommersprossen. «Bitte sehr.»

Das Arbeitszimmer war im gleichen Stil wie der Eingangsbereich eingerichtet, viel Mahagoni und glänzendes Messing. Unter den Fenstern rauschte der Verkehr auf der Riva. Auf der Werft heulte die Mittagssirene, zwölf Uhr.

Angelina setzte sich hinter den Mahagonischreibtisch, auf dem ein Block, ein Notebook und zwei Handys neben einer Gegensprechanlage lagen. Sie wies auf einen der beiden Chesterfield-Sessel davor. «Bitte, nehmen Sie doch Platz. Kaffee? Kalte Limonade?»

Iva setzte sich. «Danke, ich habe auch nur eine Frage.» Sie zog den Computerausdruck zu dem Aktiendepot und mit den beiden Kontonummern aus ihrer Tasche. Ihr Herzschlag beschleunigte sich. Es war etwas anderes, ein Stück Papier zu finden, das vor allem private Fragen aufwarf – oder es einer Bankmitarbeiterin vorzulegen und damit seine Authentizität und Wichtigkeit für eine Ermittlung anzuerkennen. «Können Sie mir etwas dazu sagen?» Sie schob der jungen Frau den Ausdruck hin.

Angelina verschränkte die Finger mit den langen Nägeln vor sich auf dem Schreibtisch. «Wir geben grundsätzlich keine Auskunft über unsere Kunden», sagte sie. «Ich fürchte, Sie haben sich umsonst herbemüht.»

«Könnte ich mit Herrn Battaglia persönlich sprechen?»

Ein überlegenes Lächeln erschien auf Angelinas Gesicht. «Edoardo, ich meine, Herr Battaglia», sagte sie, «ist in Zagreb. Sein Sohn Davide graduiert nämlich in Jura.» Ihr selbstgefälliger Ton ließ keinen Zweifel an ihrer Vertrauensstellung, sie kannte das Privatleben des Chefs.

«Richten Sie Herrn Battaglia meine Gratulation aus.»

«Sehr gerne – er ist mit Recht stolz auf seine Kinder.»

«Wie viele hat er denn?» Iva heuchelte Interesse.

«Drei», sagte Angelina. «Laura lebt in Mailand und studiert Modedesign, Guido macht im nächsten Jahr Abitur.»

«Ach, wie schön.» Iva beugte sich vor und sagte mit vertraulich gesenkter Stimme: «Wir müssen Herrn Battaglia gar nicht behelligen. Als Staatsanwältin bin ich ohnehin auskunftsberechtigt.» In amtlichem Tonfall setzte sie hinzu: «Hier geht es noch dazu um den Anfangsverdacht einer strafbaren Handlung.» *Verzeih mir, Igor.*

«Ach ja?» Angelina klang unsicher.

Iva zog eine der neuen Visitenkarten mit ihrem Namen und ihrer Funktion aus der Aktentasche und reichte sie Angelina. «Geben Sie die Ihrem Chef.»

Angelina nahm die Karte mit spitzen Fingern entgegen. «Na ja, ich kann mir die Sache ja mal ansehen, also ganz unverbindlich.» Sie griff nach dem Ausdruck, legte die Stirn in Falten und überflog ihn. «Der Kunde heißt Igor Markulin?» Sie blickte auf die Visitenkarte. «Und Sie ...?»

«Eine Namensgleichheit.»

Angelina nickte verständnisvoll, klappte ihr Notebook auf und tippte eine Weile auf der Tastatur herum. Dabei entblößte sie eine Tätowierung auf der Schulter. Eine blühende rote Rose, deren dorniger Stiel noch mit Stacheldraht umwickelt war. Das Tattoo passte irgendwie nicht zu ihrer sonst so professionellen Aufmachung. «Dieses Depot», verkündete sie endlich, «gibt es bei uns nicht.»

«Ist das keine Bestätigung Ihres Hauses?»

«Doch, aber dieses Aktiendepot wurde bereits aufgelöst.» Sie reichte Iva den Ausdruck zurück. «Bitte.»

«Aufgelöst? Und wann war das?»

Angelina tippte noch einmal in ihr Notebook, warf einen längeren Blick auf den Bildschirm und nickte dann zufrieden. «Am 9. Mai.» Sie sah Iva an. «Hilft Ihnen das weiter?»

«Am 9. Mai?» Das war der Montag gewesen, zwei Tage nach Igors Tod. Der erste Tag, an dem die Bank wieder geöffnet hatte. Es war also gar nicht Igors Aktiendepot gewesen. Jemand musste seinen Namen benutzt haben. Vor Erleichterung fühlte Iva sich ganz schwach. «Und ... die Kontonummer?»

Angelina nahm noch einmal den Ausdruck zur Hand und gab die Zahlen ein. «Das Konto gibt's auch nicht mehr. Es wurde am selben Tag aufgelöst – am 9. Mai. Doktorica? Geht es Ihnen nicht gut? Die Hitze ist dieses Jahr wirklich unerträglich. Möchten Sie ein Glas Wasser?»

«Nein, nein – danke. Können Sie sehen, *wer* das Aktiendepot und das Konto aufgelöst hat?»

Angelina schüttelte den Kopf. «Nein, das nicht.»

Iva verstaute den Ausdruck in ihrer Aktentasche und stand auf. «Ich danke Ihnen für Ihre Hilfe», sagte sie. «Wenn ich noch weitere Fragen habe, melde ich mich.» Sie reichte Angelina die Hand, dann verließ sie an den vielen Schiffsbildern in Goldrahmen vorbei das Bankhaus Battaglia.

Als Iva auf die Riva hinaustrat, traf sie die erbarmungslose Mittagssonne wie mit einem Schlag. Ein paar junge Matrosen in langärmeligen weiß-blauen Ausgehuniformen und mit schweren Schnürschuhen standen vor der gegenüberliegenden Werftmauer. Schweiß lief über ihre Gesichter, die schwarzen Mützenbänder klebten an ihren Hälsen. Trotz der Hitze fand einer die Kraft, bei Ivas Anblick zwei Finger in den Mund zu stecken und einen gellenden Pfiff auszustoßen. Iva drohte ihm scherzhaft mit dem Finger – was lautes Johlen der jungen Männer zur Folge hatte – und wandte sich in Richtung der Polizeidirektion.

Iva hatte kaum drei Schritte gemacht, als das Handy in ihrer Tasche zu läuten begann. Sie blieb stehen, zog es heraus und warf einen Blick darauf. Das Display zeigte die Festnetznummer von Terra Rossa. Ihr Herzschlag beschleunigte sich. Schnell drückte sie auf den Annahmeknopf.

«Ja? Ist was passiert? Ist was mit Matteo ...?»

«Gar nichts ist passiert.» Es war Nikola.

Ärger erfasste sie. «Hör zu, Dedi, ich muss arbeiten.»

«Du lässt mich ja nicht zu Wort kommen.» Nikola schien alle Zeit der Welt zu haben. «Marta will dich sprechen.»

«Warum ruft sie mich nicht von ihrem Handy an?»

Am anderen Ende der Leitung herrschte kurz Schweigen, dann: «Wegen der Anruferliste.»

Iva verlor die Geduld. «Na gut – gib sie mir!»

«Was sie dir zu sagen hat, will sie nicht am Telefon besprechen. Besser, du kommst nach Hause.» Nikola legte auf.

Iva starrte auf das Handy. Sie konnte die Matrosen hinter sich feixen hören. Genervt steckte sie das Handy in die Tasche ihres Kleides und drehte sich zu ihnen um.

«Ist euch noch nicht heiß genug?», schrie sie über die

Dächer der vorbeifahrenden Autos hinweg. «Wartet nur, bis ...»

Die jungen Männer nahmen blitzschnell Haltung an. Iva bemerkte einen Marineoffizier, der mit entschlossenem Schritt am Kai auf die Matrosen zumarschierte. Auf Ivas Höhe blieb er stehen, blickte zu ihr herüber und grüßte zackig.

«Haben diese Taugenichtse Sie belästigt, Signora?», rief er.

Iva setzte ein unschuldiges Lächeln auf. «Wer, bitte?»

Der Offizier deutete wortlos auf seine Truppe.

Wenn Iva etwas verabscheute, dann war es uniformiertes Autoritätsgehabe. Sollte sie jetzt auch noch Zeugin irgendwelcher militärischer Disziplinarmaßnahmen werden? «Das muss ein Missverständnis sein.» Sie ließ ihn stehen.

Aber der Zwischenfall hatte sie Zeit gekostet, und die Aussicht, den ganzen heißen Nachmittag in einem Kämmerchen mit Blick auf einen Hinterhof zu sitzen und das Summen der Wespen im Ohr zu haben, hob ihre Laune auch nicht gerade. Außerdem brauchte sie Ruhe zum Nachdenken. Am Beginn der schmalen Gasse, die zum Forum führte, blieb sie stehen. Zu beiden Seiten standen schmalbrüstige Häuser, zwischen denen die Hitze brütete. Über dem Pflaster schwirrte die Luft. Iva dachte mit Wehmut an Terra Rossa, wo der Blick weit in die Ferne schweifte und das Laub der Olivenbäume im Windhauch flüsterte. Was hatte Marta ihr mitzuteilen, was keinen Aufschub duldete?

Iva zog das Handy aus der Tasche und tippte die Büronummer, die sie auf dem Apparat gelesen und abgespeichert hatte. «Alija? Alles okay im Büro? ... *Sehr gut, weiter so!* Ich treffe heute Nachmittag eine Zeugin. Wir sehen uns morgen wieder ... Gut, ciao!» Sie machte auf dem Absatz kehrt und ging schnell die Riva hinunter zum Jachtanleger, wo sie ihr Auto am Morgen abgestellt hatte. Im Inneren des Wagens herrschte Gluthitze. Das würde nun bis in den Herbst jeden Tag so sein. Denn dass Petrović ihr das Privileg eines eigenen Parkplatzes in der Nähe der Polizeidirektion gewährte, wenn es denn überhaupt einen solchen gab, hielt sie für ausgeschlossen.

Eine halbe Stunde später rollte Iva durch das Steintor von Terra Rossa. Vor dem Haupthaus standen die hellblaue Vespa und ein kleiner Fiat Cinquecento. Der grüne Pick-up mit der Aufschrift des Gutes fehlte. Nikola war weggefahren. Colombina lag im Schatten der Steinbank neben der Küchentür, hechelte und wedelte zur Begrüßung mit dem Schwanz.

Erlösende Kühle empfing Iva in den alten Mauern des Hauses. Marta lehnte, eine weiße Schürze vorgebunden, am Küchentisch und bereitete das Abendessen zu. Vor ihr stand eine Schüssel mit Lignje, Calamari, die sie gerade ausnahm. Sorgfältig und geschickt entfernte sie den Sack, ohne ihn zu verletzen, schnitt die Tentakel ab und legte das geputzte Tier beiseite. Mit dem Messer in der Hand drehte sie sich bei Ivas Eintreten um. «Zdravo, Iva.» *Grüß dich.*

Marta war erst Ende vierzig, doch tiefe Falten um Mund und Augen ließen sie älter erscheinen. Graue Strähnen durchzogen das dicke schwarz gelockte Haar, das sie zu einem Pferdeschwanz gebunden hatte. Doch der feine Knochenbau ihres Gesichts, die hohen Wangenknochen und die türkisblauen Augen zeigten, dass ihre Tochter Liljana, das Fotomodell, die Schönheit von der Mutter geerbt hatte. Ihr Mann hatte sie vor Jahren verlassen, sie war die Kusine einer Kusine – wie es eben oft so ging – und führte Nikola den Haushalt.

«Ciao, Marta.» Iva ging zum Waschbecken, nahm ein sauberes Glas, ließ kaltes Wasser hineinlaufen und trank durstig. «Was gibt es denn heute Abend Gutes?»

Marta sah sie erstaunt an. «Na, gefüllte Lignje.» Sie wandte sich wieder ihrer Arbeit zu, hackte die Tentakel. «Ich habe auch einen Kirschstrudel gemacht.» Sie deutete mit der Messerspitze auf die Speisekammer. «Der reicht auch noch für morgen.» Marta hackte etwas schneller weiter.

«Wo sind Matteo und Dedi?»

«Sind nach Vodnjan gefahren und sehen sich Tomislav Drndićs Welpen an», sagte Marta. «Seine Jagdhündin hat Junge geworfen. Matteo darf sich wohl ein Hündchen aussuchen.»

Iva stellte ihr Glas mit einem Knall ab. «Einen Hund?» Wenn Nikola ihrem Sohn einen eigenen Jagdhund schenkte, war das Nächste, dass er ihn den Umgang mit der Flinte lehrte.

«Ich muss mit dir reden.» Marta legte das Messer hin und wischte sich die Hände an der Schürze ab, wobei sie eine hellrote Schleimspur auf der weißen Baumwolle hinterließ. «Ich war bei meinem Sohn.» Sie ging zum Herd, goss Öl in eine Pfanne und strich von einem vorbereiteten Brett klein gehackte Zwiebeln und Knoblauch dazu. Die brutzelnden Zwiebeln verbreiteten einen beißenden Geruch. «Luka ist jetzt im Gefängnis in Pula, weißt du?»

Iva kniff die Augen gegen den Rauch zusammen. «Mhm.»

Marta schüttete Tentakel und Reis in die Pfanne, briet alles an und goss mit Weißwein auf. «Er will aussagen.» Sie gab Petersilie dazu und Salz und Pfeffer, ließ den Pfanneninhalt einkochen. «Freitagnacht wird er wieder zurück nach Rijeka verlegt.» Sie kehrte mit der Pfanne zum Tisch zurück und begann, die Kalmare zu zwei Dritteln mit dem Reis zu füllen und sie mit Zahnstochern zu verschließen. «Er will mit dir reden.» Sie machte eine Pause. «Aber er hat Angst.»

Iva riss das Fenster auf. Der Geruch nach Rosmarin und Thymian, nach Pinien und Meer strömte herein.

Sie drehte sich wieder um. Erst jetzt fiel ihr auf, dass unter dem Madonnenbild ein frischer Blumenstrauß stand. Klatschmohn und Lavendel. «Was ist denn so dringend?»

Marta legte die Kalmare auf einen Teller und stellte ihn in den Kühlschrank. Sie würde sie vor dem Abendessen fertig schmoren. «Glaubst du, ich habe ihn nicht danach gefragt?» Sie wischte erneut mit den Handflächen über die Schürze, dann krallten sich ihre Finger plötzlich in den Stoff. «Er hat nur gesagt: Besser, du weißt nichts, Mama. Besser für dich und Lilja.» Sie verzog den Mund, als wollte sie weinen. «Und dass es eine Familiensache ist.»

Iva ging zu Marta hinüber, legte ihr den Arm um die Schultern und zog sie an sich. «Gleich morgen gehe ich zu deinem Luka, ja?» Was dachte sich dieser Bengel bloß.

Marta schüttelte den Kopf. «Luka will am Freitagabend aussagen. Und danach sofort nach Rijeka gebracht werden.»

Iva ließ Marta los. «Solche Angst hat er?» Luka war als Dealer ein kleiner Fisch gewesen. «Sogar im Gefängnis?»

«Er vertraut dir.» Marta presste die Augen zusammen. «Und ich vertraue dir auch.» Zwischen ihren Augenlidern quollen Tränen hervor. Sie packte die Schürze, bedeckte ihr Gesicht damit und schluchzte laut vor sich hin.

Iva blickte auf ihre zuckenden Schultern. «Das kriegen wir schon hin», sagte sie. «Sei ganz unbesorgt.»

Marta nickte, ohne die Schürze vom Gesicht zu nehmen.

Ivas Augen brannten immer noch von den gebratenen

Zwiebeln. Gleich würde sie zusammen mit Marta Tränen vergießen. «Ich gehe mal ein bisschen Luft schnappen, ja?»

Marta nickte erneut und weinte weiter.

Nachdenklich spazierte Iva zwischen den krummen Stämmen der Olivenbäume durch die Haine, lauschte dem Zirpen der Zikaden und betrachtete das Glitzern des Meeres am Horizont. Die Sonne trocknete den noch immer nassen Boden, und die Luft war feucht und schwer. Sie trat zu einem Baum, pflückte eine Olive und rollte sie zwischen den Fingern. Am Freitagabend war sie mit Lorenzo Kos für das Fest im Jachtklub verabredet. Nun wollte Martas Sohn Luka auf einmal eine Aussage machen. Zu irgendwelchen Dingen, für die er mit Sicherheit schon früher ein offenes Ohr bei Polizei und Justiz gefunden hätte. Iva drückte die Olive zusammen. Der Saft trat in einem Sprühnebel aus und überzog ihre Hand. Ihr war, als hörte sie die Stimme ihres Großvaters.

Was ihm fehlt? Ehrliche Arbeit fehlt ihm. Liegt seiner Mutter mit Mitte zwanzig noch auf der Tasche und treibt sich in schlechter Gesellschaft rum.

Iva drehte die zerquetschte Olive zwischen den Fingern. Sie wollte auf dieses Sommerfest gehen, gut gelaunte Menschen um sich haben, Wein trinken und Musik hören, während die Sonne im Meer versank. Einen unbeschwerten Abend verbringen und jene Nacht in Zagreb für ein paar Stunden vergessen. Außerdem hatte sie Lorenzo zweimal zugesagt. Undenkbar, einen Rückzieher zu machen und wortbrüchig zu werden. Nicht, wenn sie weiterhin auf seine uneigennützige Hilfe zählen wollte.

Iva ließ die Olive zu Boden fallen und kickte sie ins Unterholz. Eine Schlange glitt aufgeschreckt hinter einem Stamm hervor und verschwand gleich wieder im hohen Gras.

Iva zog ihr Handy aus der Tasche und wog es in der Hand. Dann tippte sie kurzentschlossen die Wiederwahltaste. Nach zweimaligem Läuten wurde der Hörer abgenommen. Iva konzentrierte sich auf ihre Worte und schlenderte weiter.

«Hier Markulin ...» Ein Zischen ließ sie innehalten.

Die Schlange lag eingerollt nur wenige Meter vor ihren Füßen auf einem Stein in der Sonne. Sie hatte den Kopf angriffslustig erhoben und fixierte mit stecknadelkopfgroßen Augen die Feindin in ihrem Königreich.

Iva starrte ungerührt zurück. «Alija? Ich bin's noch mal. Es geht um eine Zeugeneinvernahme ...»

«Hallo? Hier Rodin?»

«Lieber Herr Professor, unser Klub hat durch einen gemeinsamen Freund von Ihrer Kompetenz und Ihrer Zuverlässigkeit gehört. Er hat auch erwähnt, dass Sie möglicherweise an einer höheren politischen Funktion interessiert wären.»

«Mit wem spreche ich?»

«Wir sind eine starke Gemeinschaft einflussreicher Männer aus Politik, Presse und Militär, die sich für das Wohl unseres Landes einsetzen. Einer unserer Brüder, der Innenminister, hat Sie als Mitglied vorgeschlagen. Wir würden uns freuen, wenn Sie zu uns stießen.»

«Der *Innenminister* hat meinen Namen genannt?»

«Allerdings, er würde Ihre Ernennung zum Minister sehr befürworten – und Sie dem Premierminister vorschlagen. Wir alle könnten geschlossen Ihre Ernennung unterstützen, und wer weiß, was die Zukunft an fähigen und erfahrenen

Männern für unser Land verlangt? An höchster, allerhöchster Stelle?»

«Ich verstehe, wir sollten uns treffen.»

«Jederzeit, dragi prijatelj.»

SECHS

Die junge Sängerin hatte eine angenehme Jazz-Stimme. Sie saß am Flügel in der Bar des Jachtklubs und ließ die Finger in Variationen über die Tasten gleiten.

Fly me to the moon
Let me play among the stars
Let me see what's spring is like on a
Jupiter and Mars

Ihr weißes Abendkleid hatte im Rücken einen tiefen Wasserfall-Ausschnitt, die blonden Locken hatte sie im Stil der Vierzigerjahre hochgesteckt, und mit roten Pumps trat sie geschickt in die Pedale, während sie sich lächelnd zum Mikrofon vorbeugte.

In other words, hold my hand
In other words, baby, kiss me

Iva stand, ein Glas Weißwein in der Hand, an der blau gestrichenen Theke, wiegte sich im Takt der Musik und blickte auf die Terrasse hinaus, auf der sich eine elegant gekleidete Gästeschar, Gläser in der Hand, in Gruppen drängte. Auch am Abend war es kaum kühler geworden, und alle Türen standen weit offen. Die Balustrade der Terrasse bestand aus Plexiglas, nur unterbrochen von hohen Stangen, auf denen moderne Lampen saßen, sodass der Blick ungehindert auf der einen Seite zum Pinienwald der Küste und auf den anderen Seiten über das offene Meer bis zum Horizont reichte. Bequeme Korbsessel gruppierten sich um mit weißen Tischdecken, Stoffservietten und Silberbesteck gedeckte Tische, polierte Gläser glänzten golden in den letzten Sonnenstrahlen. Es herrschte eine Atmosphäre wie auf einem Kreuzfahrtschiff.

Nikola hatte Iva natürlich Vorhaltungen gemacht.

«Wer ist dieser Lovro, mit dem du ausgehen willst?»

«Er heißt Lorenzo! Ein Studienfreund von Igor und mir.»

«Dein Mann ist kaum unter der Erde!»

«Seit wann diese neue Liebe zu Igor?»

Iva blickte sich nach Lorenzo um, der sich für ein kurzes Klientengespräch – business, Herzchen, business – entschuldigt hatte, und bemerkte einen Mann auf der anderen Seite der Bar, der mit einem älteren Paar in einer der ausladenden Lounge-Sitzgruppen zusammensaß, dem Gespräch aber nicht zu folgen schien, sondern sie aus der Ferne beobachtete. Er trug einen blauen Blazer, ein am Hals offen stehendes weißes Hemd, eine sandfarbene Hose und braune Wildlederslipper. Sein dunkelblondes, im Nacken längeres Haar war nach hinten gekämmt und von der Sonne gesträhnt, sein Gesicht gebräunt. Iva schätzte ihn auf Anfang Vierzig. Der Mann bemerkte ihren Blick und hob ihr sein Rotweinglas entgegen. Iva erwiderte den Gruß. Ein Lächeln erschien auf seinem Gesicht. Er beugte sich kurz zu dem Paar hinüber und sagte ein paar Worte, die die beiden mit Kopfnicken und einem schnellen Blick zu Iva hinüber quittierten. Der Mann schlenderte zur Theke und blieb vor Iva stehen.

«Brane», sagte er und reichte ihr die Hand.

Sein Händedruck war fest. «Iva.»

«Ich freue mich, Sie kennenzulernen, Iva.» Er hatte blaue Augen und ein Grübchen im Kinn. «Segeln Sie?»

«Nein, ich bin ausnahmsweise heute Abend mit einem Freund hier.» Iva stand der Sinn nicht nach einem Flirt.

«Und wie heißt dieser beneidenswerte Freund?»

«Lorenzo Kos.»

«Avvocato Kos, verstehe – die De Cesari Da Vinci.» Brane nickte anerkennend. «Großartiges Boot.»

Iva erinnerte sich, dass Lorenzo in Rovinj den Typ seiner Jacht erwähnt hatte, konnte sich aber nicht mehr genau daran erinnern. «Da Vinci, glaube ich, stimmt.»

«Ausgezeichneter Anwalt, ich arbeite auch mit ihm.»

Die Sängerin am Flügel hatte ihr Lied beendet, die Barbesucher klatschten höflich. Sie stand auf, trat vor und verbeugte sich, eine Hand auf ihr Instrument gelegt.

Brane winkte ihr. «Natalija und ich kennen uns.»

Iva wünschte, der ausgezeichnete Anwalt würde wieder auftauchen. «Und? Was machen Sie so beruflich?» Smalltalk.

«Ich baue Häuser.» Seine betont bescheidene Wortwahl sagte Iva, dass er tiefstapelte, um sie zu beeindrucken.

«Gehen die Geschäfte gut?» Wo blieb bloß Lorenzo.

«Wir entwickeln Projekte in ganz Istrien.» Brane schwenkte ein wenig den Rotwein in seinem Glas. «Man kriegt in unserer Branche nichts geschenkt, aber ich stamme aus einer Bauernfamilie. Ich weiß, was harte Arbeit ist, und ich glaube daran. Nur mit viel persönlichem Einsatz lassen sich neue Ideen und Visionen wie meine umsetzen. Natürlich brauchen wir auch Investoren – zum Glück liegt Istrien international voll im Trend, die Nachfrage ist groß. Außerdem nutzen wir EU-Förderungen, die sonst in Brüssel liegen bleiben.

Aber ja – wir haben richtig Erfolg.» Er nahm einen Schluck Wein. «Mein Büro ist in der Nähe von Opatija. Vielleicht darf ich Ihnen mal ein paar Pläne zeigen?»

Natalija spielte nun Jazzvariationen.

«Ich fürchte, Ihre Preise übersteigen mein Budget.»

«Aber ich bitte Sie – *Iva!*» Er klang geradezu beleidigt. «Sehen Sie sich ganz unverbindlich ein paar Sachen an – ein Penthouse mit Meerblick in Veruda zum Beispiel. Die Preise sind in Ihrem Fall doch flexibel.»

Natalija fing wieder an zu singen.

I am sailing, I am sailing ...

Applaus setzte ein, jemand pfiff auf zwei Fingern.

Home again, 'cross the sea
I am sailing stormy waters
To be near you, to be free.

Iva stellte ihr Glas sorgfältig auf der Theke ab. «Was heißt in meinem Fall? Bekomme ich denn Sonderkonditionen?»

«Natürlich.» Brane klang ehrlich erstaunt. «Iva Markulin, die neue Komesarica?» In Ivas Miene musste er Widerspruch erkannt haben, denn er fügte hastig hinzu: «Verzeihung – lieber Commissaria?»

«Leitende Ermittlerin», sagte Iva und versuchte, nicht daran zu denken, welche Entscheidungskompetenz und welche Personalreserven ihr eine feste Stelle als Kommissarin bieten würden. «Einer Sonderkommission.»

«Ich finde Ihre Arbeit jedenfalls enorm wichtig, und wenn ich Sie unterstützen kann, dann betrachte ich das geradezu als meine Bürgerpflicht.» Er grinste. «Außerdem sind Sie als Beamtin kreditwürdig.»

Iva konnte ihn nur anstarren. «Sie kennen mich?»

«Jeder hier.» Ihre Frage schien ihn zu wundern.

Von der Terrasse wehte gedämpft Tanzmusik herein. Iva sah, dass die meisten Tische besetzt waren. Das Büfett war anscheinend eröffnet worden, denn ständig kehrten Gäste mit vollen Tellern an ihre Plätze zurück, und der Geruch nach gegrilltem Fisch und Fleisch zog in die Bar. Lorenzo lehnte, einen Campari in der Hand, an der Balustrade, an der inzwischen die Lampen brannten, und war in das Gespräch mit einer weißhaarigen Frau vertieft. Ein paar junge Leute wiegten sich auf einer freien Fläche im Takt der Musik. Ein hochgewachsenes, dünnes Mädchen mit schwarzen Locken hatte die Arme über den Kopf erhoben und bewegte sich mit geschlossenen Augen wie in Trance. Immer wieder geriet sie aus dem Rhythmus und blieb schwankend stehen, ehe sie ihren seltsamen Tanz wieder aufnahm. Iva kniff die Augen zusammen, um besser sehen zu können. Das Mädchen sah wie dieses Covergirl auf dem Modemagazin aus – wie Liljana, Martas Tochter. Doch die Sonne war bereits halb hinter dem Horizont verschwunden, und die Farbe des Himmels, die von Gelb und Orange zu einem glühenden Rot gewechselt hatte, blendete Iva und machte sie unsicher. Natalija sang noch immer diesen alten Schlager und legte Schmelz in ihre Stimme.

Can you hear me, can you hear me?
Through the dark night, far away
I am dying, forever crying

Iva musste an Igor denken, und auf einmal wünschte sie sich seine Gegenwart so verzweifelt, dass es ihr geradezu körperlich wehtat. Verging der Schmerz jemals? Wann würde sie aufhören, abends vor dem Einschlafen heimlich zu weinen?

To be with you, who can say.

«… eine große Hilfe bei den Verfahren in Brüssel.»

Brane hatte weitergesprochen, aber Iva hatte nicht zugehört. «Danke, aber ich bin nicht interessiert.»

«Wir sprechen von diesem Penthouse?»

«Wovon sonst?» Iva reichte das Geplänkel. Sie fühlte sich einsamer unter all den gut gelaunten Menschen, als sie es allein auf Terra Rossa gewesen wäre. Nikola hatte recht gehabt, sie hätte nicht herkommen sollen. Sie deutete auf die Terrasse hinaus, von wo Lorenzo ihr mit hocherhobenem Arm zuwinkte. «Da sehe ich gerade Avvocato Kos, anscheinend will er mich sprechen. Es hat mich gefreut.» Mit diesen Worten ließ Iva Brane stehen und drängte sich durch die anderen Gäste in der Bar ins Freie.

Die Sonne war endgültig versunken, das Meer hatte seine Farbe zu Lila gewechselt, und ein fast voller Mond war aufgegangen. Eine wehmütige, träge Brise wehte von Süden, die alle Alltagssorgen glättete.

Iva blickte zu dem mit Sternen übersäten Himmel hinauf. Ein paar Atemzüge lang genoss sie den Anblick, dann machte sie sich auf den Weg zu dem Mädchen, das wie Liljana aussah. Sie brauchte anscheinend Hilfe.

Iva ging am Büfett vorbei, hinter dem Köche mit hohen weißen Hauben standen und Essen zubereiteten oder ausgaben. Sie entdeckte Tagliatelle mit Miesmuscheln, Calamari auf Zitronenscheiben und sautiertem Mangold, Salate und Berge von Weißbrot. Der Koch hinter dem Holzkohlengrill nahm Doraden, Brassen und Thunfischsteaks von einer Silberplatte und legte die Fische in etwas Abstand zu Lammkoteletts und Rindermedaillons auf den Rost. Ein anderer tauchte Pommes frites in siedendes Fett. Der Rauch der Kohlen und des Fettes beschwerte die drückend warme Abendluft zusätzlich.

Über den Köpfen der Tanzenden schwebten Glühbirnen in allen Farben des Regenbogens und ließen die Szene unwirklich erscheinen. Die junge Frau, die sich wie in Trance bewegte, sah nicht nur wie Liljana aus. Es war Liljana. Sie hielt die Augen geschlossen, ließ den Kopf hin und her rollen und bewegte die Arme schlängelnd durch die Luft wie eine Tempeltänzerin.

«Ciao, Daniele!», rief eine Männerstimme hinter Iva.

Iva drehte sich um und sah einen braun gebrannten Mann mit schwarzen Locken, dessen weißes Hemd weit offen stand und den Blick auf eine schwere Goldkette mit einem Medaillon freigab, auf sich zukommen. Er eilte zwischen den Tischen in Richtung Tanzfläche, wobei er im Vorüberlaufen Bekannte grüßte oder ihnen schnell auf die Schulter klopfte.

«Daniele, setz dich zu uns!», rief ihm jemand zu.

Daniele lachte, winkte, machte eine elegante Pirouette auf dem Absatz und verschwand zwischen den Tanzenden.

Iva schlängelte sich zwischen der ersten Tischreihe und der Balustrade zu Lorenzo durch. Sie würde ihn bitten, Liljana und sie nach Hause zu fahren. Neben ihr schlugen schwarze Wellen gegen das gemauerte, von Algen überwucherte Fundament des Jachtklubs. Es roch nach Salzwasser, fauligem Seegras und Holzkohlenrauch. Das Wasser trug einen heftigen Wortwechsel vom Anleger herüber. Iva sah zur Mole hinüber, wo ein paar Männer zwischen Kistenstapeln gestikulierten. Anscheinend wurden Raketen für ein Feuerwerk aufgebaut.

Lorenzo sprach mit der älteren Frau, deren weißes welliges Haar jetzt im künstlichen Licht silbern glänzte. Sie trug einen blauen Seidenkaftan, antike Saphir-Ohrringe und mehrere meterlange Perlenschnüre. Als er Iva kommen sah, streckte Lorenzo ihr eine Hand entgegen und rief: «Wir haben gerade von dir gesprochen, mein Herz. Komm und leiste uns Gesellschaft!»

Iva trat zu den beiden. *«Dobra večer.»* Guten Abend.

«Iva, ich möchte dir eine liebe Freundin vorstellen – Donatella Battaglia.» Er legte zwei Finger auf den Unterarm der Frau. «Donatella, das ist nun endlich Iva Markulin.»

Donatella Battaglia reichte Iva ihre rechte Hand, an der ein großer Brillantring funkelte. In der linken hielt sie ein Weißweinglas. «Wir haben viel Gutes von Ihnen gehört.» Sie lächelte und entblößte eine Reihe makelloser weißer Zähne. Hohe Wangenknochen, dunkle Augenbrauen und eine schmale Hakennase verliehen ihrem Gesicht etwas Aristokratisches. *«Drago mi je,* Doktorica.» Es freut mich.

Iva beugte höflich den Kopf. *«I meni.»*

«Leskovar hast du ja schon kennengelernt, wie wir gesehen haben.» Ein zufriedenes Lächeln spielte um Lorenzos Mund. «Wie gesagt, hier trifft man interessante Leute.»

«Wen?», fragte Iva verständnislos.

«Branislav Leskovar, den größten Immobilienentwickler in Istrien und – das ganz nebenbei gesagt – mein Klient.»

«Brane ist wirklich reizend», sagte Donatella Battaglia.

Iva nickte. «Ja, das habe ich bereits festgestellt.»

«Donatella ist die Vorständin einer Stiftung zur kindlichen Frühförderung», sagte Lorenzo. «Und darüber hinaus die Frau eines wichtigen Kunstmäzens und Unterstützers karitativer Projekte – Edoardo Battaglia.»

«Die Banka Battaglia ist mir ein Begriff», sagte Iva.

«Wir erfüllen nur unsere Christenpflicht.» Donatella Battaglia fuhr sich mit der Hand durch die Silberlocken, zwischen ihren Perlenschnüren glänzte ein Goldkreuz. «Unser Freund hier hat mir erzählt, dass Sie einen Sohn haben?»

«Ja, Matteo wird nächsten Monat sechs.»

«Ach, was für ein reizendes Alter.» Sie richtete einen Blick aus schwarzen Augen auf Ivas Gesicht. «Dann kommt er ja auch bald in die Schule. Hier bei uns in Pula?»

«Ja, das heißt – er ist zumindest angemeldet.»

Donatella Battaglia war das Zögerliche in Ivas Antwort nicht entgangen. «Es gibt doch nicht etwa Schwierigkeiten?» Sie runzelte die Stirn, war ganz die mitfühlende ältere Freundin. «Wenn Edoardo oder ich Ihnen in irgendeiner Weise behilflich sein können, lassen Sie es uns unbedingt wissen.»

Lorenzo tätschelte Ivas Schulter, als wollte er den Worten seiner Bekannten noch mehr Gewicht verleihen. *Du lernst ein paar nützliche Leute kennen.* Eine warme Welle der Dankbarkeit für dieses Hilfsangebot von unerwarteter Seite durchströmte Iva.

«Seit dem Tod meines Mannes – den mein Sohn anscheinend nicht akzeptiert – ist Matteo völlig verändert.» Die Worte waren Iva rausgerutscht, ehe sie darüber nachgedacht hatte. Aber es tat gut, einmal nicht stark sein zu müssen, sondern im Kreis von Wohlgesinnten über seine Sorgen reden zu können. «Er hat sich in sich selbst zurückgezogen und spricht kaum noch.» Sie atmete tief ein, dann sagte sie: «Ehrlich gesagt, weiß ich nicht mehr, was ich tun soll.»

Schweigen breitete sich aus. Dann umfasste Donatella Battaglia Ivas Hand und drückte sie fest. «Ihr Mann war ein Held», sagte sie. «Aber ihr Sohn ist noch sehr klein, man muss ihm den Tod des Vaters begreiflich machen und ihm zeigen, wie er mit seinen Gefühlen umgehen kann.» Sie sah Lorenzo an. «Ich rufe gleich morgen unseren lieben Freund, Professor Mlinar in Lubljana, an.» Und an Iva gewandt: «Petar ist Kinderpsychologe und der Beste in seinem Fach, meine Liebe. Er berät ehrenamtlich unsere Stiftung und ... Oh, du bist's.» Sie drehte sich um.

Ein kleiner korpulenter Mann um die sechzig war hinter sie getreten. Sein weißes Dinnerjacket saß wie angegossen über seinem ausladenden Bauch und zeugte von der Fertigkeit eines ausgezeichneten Herrenschneiders. Das Lampenlicht spiegelte sich gleichermaßen in den Gläsern seiner Goldrandbrille wie in seiner Glatze. Er zog ein Taschentuch aus der Hosentasche und wischte sich damit über die schweißbedeckte Stirn. «Diese Hitze bringt mich um.»

«Edoardo, *caro*, das ist Doktorica Markulin ...»

«Ich weiß, Angelina hat mir von Ihrem Besuch in der Bank erzählt.» Edoardo Battaglia beugte sich über Ivas Hand und deutete einen Handkuss an. «Es tut mir leid, dass wir Ihnen bei Ihren Ermittlungen nicht weiterhelfen konnten.»

«Mein Mann scheint ein Kunde Ihres Hauses gewesen zu sein.»

«Doktorica Markulin – es wäre natürlich eine Ehre für unser Haus gewesen. Aber nein, leider, nicht dass ich wüsste.» Battaglia schüttelte den Kopf, er schien diese Tatsache sehr zu bedauern. «Sollten Sie jedoch ein Konto bei uns eröffnen wollen, Doktorica, wenden Sie sich direkt an mich.»

«Danke, aber mein Gehaltskonto ist in Zagreb.»

«Ich verstehe.» Ein schmales Lächeln erschien auf seinem Gesicht. «Nun, mein Angebot steht.» Er wandte sich an seine Frau. «Wir sollten an den Tisch zurückgehen, dieser naive Maler ist gerade gekommen und hat nach dir gefragt.»

«Oh, natürlich – meine Charity-Ausstellung.» Donatella Battaglia hakte sich bei ihrem Mann unter. «Dieses Jahr bieten wir der naiven Malerei Kroatiens eine Bühne. Außerdem gibt es eine Retrospektive des Werkes von Ivan Lacković Croata. Wir haben wunderbare Leihgaben bekommen. Iva, meine Liebe – ich darf doch Iva sagen? –, meine Assistentin wird Ihnen eine Einladung zur Vernissage schicken, ja?»

Iva lächelte. «Sehr gerne, Donatella.»

Lorenzo wartete, bis die Battaglias außer Hörweite waren, dann raunte er: «Hast du das vom Justizminister schon gehört? Nein? Paparazzi haben ihn mit einer bulgarischen Opernsängerin in Venedig abgeschossen – *in flagranti.*»

«Den Justizminister?» Iva blickte sich nach Liljana um, konnte sie aber auf der Tanzfläche nicht mehr sehen. Sie begann, sich ernsthaft Sorgen um das Mädchen zu machen.

«Ja, es heißt, die Affäre geht noch nicht lange, aber Drago Miletić ist eben ein Trottel.» Lorenzo schüttelte den Kopf. «Verheiratet und Familienvater. Morgen bringen alle Zeitungen die Fotos. Ich hoffe nur, die Dame war es wert.»

Iva sah ihn an. «Und woher weißt du das?»

Lorenzo zuckte die Schultern. «Anwaltsgeheimnis», sagte er. «Wenn's wenigstens keine Ausländerin gewesen wäre. Jetzt wird über Staatsgeheimnisse und Spionage spekuliert werden.»

«Das kann Miletić seinen Ministerposten kosten.»

«Wird's auch, denk an meine Worte.»

«Entschuldige», sagte Iva. «Ich muss Liljana suchen.»

«Wen?»

«Liljana, eine Verwandte, nennt sich jetzt allerdings Leona. Ich glaube, ich sollte sie nach Hause bringen.» Sie sah ihm ins Gesicht. «Kannst du uns bitte fahren?»

Lorenzo zog die Brauen hoch. «Wenn du Leona, den neuen Stern am Modehimmel, meinst», er deutete über Ivas Schulter, «dann kümmert sich ihr Freund bereits um sie.»

Iva drehte sich um und folgte seiner ausgestreckten Hand mit ihrem Blick. Der Mann im offenen weißen Hemd, den jemand Daniele gerufen hatte, hatte sich Liljanas linken Arm um den Nacken gelegt und hielt ihre Hand auf seiner Schulter fest, während er das Mädchen, seinen rechten Arm um ihre Taille geschlungen, in Richtung Ausgang dirigierte, wobei er sie mehr mitschleifte als stützte. Sein Gesicht drückte liebevolle Verzweiflung aus. Liljana hatte den Kopf in den Nacken gelegt, ihre Augen waren noch immer geschlossen, und ein seliges Lächeln spielte um ihren Mund. Sie wirkte sturzbetrunken.

Iva wollte loslaufen, aber Lorenzo packte ihren Arm. «Lass gut sein, Iva», zischte er, «und mach keinen Skandal.»

«Lilja ist noch keine achtzehn.» Mit einem Ruck befreite sie sich aus seinem Griff, aber Liljana und Daniele waren zwischen den anderen Gästen verschwunden. «Wie hast du ihn genannt? Hast du etwa gerade *ihr Freund* gesagt?» Iva fuhr sich mit der Hand durchs Haar. Sie war wütend. Wütend auf Lorenzo, der sie daran gehindert hatte, Liljana zu helfen. Wütend auf sich selbst, weil sie nicht schneller reagiert hatte. «Wie alt ist dieser Mann? Vierzig?»

Vom Kai ertönte ein Zischen, dann schoss eine Feuerwerksrakete in den Nachthimmel und explodierte in grünen und roten Sternen über dem Meer. Auf dem Wasser tanzten bunte Scherben aus Licht. Bewundernde Ausrufe und Händeklatschen erklangen auf der Terrasse.

Lorenzo seufzte. «Daniele Rossi ist Modefotograf.»

Sie ist jetzt Mod-del. Arbeitet für einen Fotografen, der ein Studio am Hafen hat. Danilo oder so.

«Davon habe ich schon gehört, ja, verdammt.»

«Ich kann dich ja verstehen, mein Fall ist der Typ auch nicht.» Lorenzo nahm einen Schluck von seinem inzwischen sicher lauwarmen Campari. «Außerdem hätte er fast gesessen.»

Iva starrte ihn an. «Wie bitte?»

«Sie haben ihn zweimal verhaftet, aber gleich wieder laufen lassen, man hatte ihn fälschlich denunziert.» Er zuckte die Schultern. «Vielleicht ein Konkurrent. Oder ein gehörnter Ehemann. Daniele hat ... einen gewissen Ruf.»

«Das Mädchen ist minderjährig!» Wenn sie sich wie Nikola anhörte, war es ihr egal. «Wenn sie wieder ansprechbar ist, werde ich dafür sorgen, dass vorerst Schluss ist mit – *Moddel*. So ein Auftritt wie heute wird jedenfalls nicht mehr vorkommen, das garantiere ich dir.»

Inzwischen knallte und zischte es rundherum, und das Feuerwerk erhellte die Nacht mit sprühenden Flammenrädern in Silber und Gold. Bewundernde Rufe erhoben sich rundherum.

«*Doktorica Markulin?*»

Iva löste den Blick von dem Spektakel am Himmel.

Vor ihr stand eine stämmige junge Frau mit raspelkurzem dunklem Haar, eine große Tasche über der Schulter und ein

Mikrofon im Anschlag. «Doktorica Markulin, unsere Zuhörer sind schon gespannt, Sie kennenzulernen und etwas über Ihre Arbeit zu erfahren. Darf ich Ihnen gleich ein paar Fragen stellen?» Trotz des festlichen Anlasses trug sie ein Jeanskleid und weiße Sneaker. Die Journalistin, die als neutrale Beobachterin berichtete, war ihr auf zehn Meilen anzusehen. «Radio Televizija Pula.»

Es war ein kleiner Privatsender, der sich mit spektakulären – böse Zungen sagten reißerischen – Geschichten in letzter Zeit zunehmend einen Namen machte und an Einfluss gewann. Auch die staatlichen Sender übernahmen immer wieder Exklusiv-Berichte von Radio Televizija Pula.

Iva bezwang sich. «Natürlich, gerne.»

Lorenzo deutete in Richtung Bar und machte sich davon.

«Ana Matić», sagte die junge Frau, drückte auf einen Knopf in ihrer Tasche und hielt Iva das Mikrofon hin. «Doktorica Markulin, der Tod Ihres Mannes hat uns alle schwer erschüttert. Sie untersuchen nun selbst diesen feigen Anschlag. Können Sie uns etwas über Ihre Ermittlungen verraten? Gibt es schon erste Ergebnisse?»

«Mein Mann war Leiter der Ermittlungsabteilung und hat gegen Korruption und organisierte Kriminalität gekämpft. Wir ermitteln in alle Richtungen.» Iva verbannte jeden Gedanken an Liljana aus ihrem Kopf. «Das organisierte Verbrechen ist die Geißel unserer Zeit, und ihre Handlanger sind überall.» Wie oft hatte sie das nicht schon in den Medien gesagt.

«Die Mafia ist unter uns? Wollen Sie das damit sagen?»

«Wir haben uns daran gewöhnt, nicht auf den Staat zu vertrauen, sondern einflussreiche persönliche Beziehungen – Freundschaftsdienste – für unser Fortkommen zu nutzen.»

«Dafür sind Freunde doch da, oder?»

«Besonders wenn diese Freunde an den Schaltstellen der Macht sitzen», sagte Iva. «Wenn Sie Erfolg haben wollen, dann brauchen Sie Angehörige oder Bekannte, die wissen, wer einen Regierungsauftrag einsteckt, wo günstig Bauland zu haben ist oder wer demnächst im Vorstand des Unternehmens sitzt, in dem Sie vielleicht einen Posten anstreben.»

«Dann sind wir also alle – *Mafiosi*?»

Das Handy in Ivas Tasche vibrierte. Sie drückte das Gespräch weg, ohne auf das Display zu sehen. «Wir alle sind täglich umgeben vom organisierten Verbrechen», sagte sie. «Hier geht es nicht nur um Korruption bis in höchste Kreise, sondern auch um den Einfluss auf Politik und Gesetzgebung. Neben den klassischen Geschäftszweigen der Mafia, dem Menschen- und Drogenhandel, dringt sie zunehmend in das Bankenwesen, die internationalen Märkte und in letzter Zeit natürlich verstärkt in den weltweiten Waffenhandel ...» Das Handy vibrierte. «Verzeihung.» Sie drückte den Aus-Knopf.

«Ich höre schon, ich spreche hier mit einer Expertin. Möchten Sie unseren Zuhörern einen Rat geben? Wie soll man sich angesichts dieser ... Bedrohungslage ... denn verhalten?»

«Die Mafia existiert dort, wo der Staat Schwäche zeigt. Ich bitte die Bürger daher eindringlich um ihr Vertrauen und vor allem um ihre Mitarbeit.» Iva machte eine Pause, dann fuhr sie mit Nikolas Worten fort: «Es sind schon zu viele Menschen gestorben.» Sie beugte sich näher zum Mikrofon. «*Bitte – sprechen Sie mit uns!*»

«Das klingt wie ein Aufruf zur Denunziation ...»

«Gegen das organisierte Verbrechen ist entschlossenes und gemeinschaftliches Vorgehen nötig. Deswegen werde ich selbst den Kampf meines Mannes mit allen zur Verfügung stehenden Mitteln und in aller Härte fortsetzen und ...» Das Handy in Ivas Tasche vibrierte erneut. Wahrscheinlich war Alija mit der Zeugeneinvernahme fertig und meldete sich nun zur Unzeit, eifrig wie er war. Darüber würde sie mit ihm reden müssen. Sie schenkte der Journalistin ein entschuldigendes Lächeln. «Wie Sie sehen, Frau Matić, ist man in meinem Beruf immer im Dienst.» Iva wedelte entschuldigend mit ihrem Handy und drehte sich weg, um auf das Display zu schauen. Es war das Festnetz von Terra Rossa. Iva drückte auf den Annahmeknopf.

«Dedi?» Sie warf Ana Matić einen Blick zu, den diese mit einem verständnisvollen Kopfnicken erwiderte. Alte Leute eben. «Ich bin beschäftigt, Dedi, ich rufe zurück.»

Am anderen Ende der Leitung war wütendes Schnauben zu hören, im Hintergrund heulte und kreischte eine Frau.

«Lass diesen Lovro sitzen und komm her!», brüllte Nikola. «Ehe ich mich vergesse und den Vertretern der Staatsmacht hier klarmache, was ich von ihnen und den neuen Verhältnissen in diesem Land halte!»

Die Frauenstimme im Hintergrund überschlug sich.

«Was soll das heißen? Dedi? Was ist denn los?»

«Luka, dieser Schmarotzer, ist tot.»

SIEBEN

Das kleine Haus lag unterhalb der kurvigen Küstenstraße. Iva hatte die Abfahrt zweimal übersehen und sie erst auf Nachfragen in einer Konoba namens *Stari Mornar*, Alter Seemann, gefunden. Nun rollte sie zwischen locker geschichteten Mauern eine schmale Straße hinunter. Diese Trockenmauern aus Schieferbruch waren ein Zeugnis für das Leben der Bauern in Istrien, ein Leben auf dünner Erdschicht über felsigem Grund. Sie konnten Jahrhunderte überdauern, doch wenn ein Stein sich lockerte, riss er die anderen mit. Zwischen den Steinen blühten Lavendel, Rosmarin und Ginster. Dahinter wuchsen Zypressen und Pinien, und zwischen ihnen glitzerte das Wasser der Kvarner-Bucht. Es war schon gegen halb fünf, und blau-goldenes Licht lag über der Landschaft. Das Haus gehörte Miroslav Baban, ihrem neuen Assistenten.

Ivas Kopf schmerzte, und sie hatte das Gefühl, als rieben hinter ihren Augenlidern Sandkörner. Folgen der Nächte, in denen sie sich schlaflos herumgewälzt hatte. Sie hatte mehrmals vergeblich versucht, Alija noch Freitagnacht anzurufen, um Einzelheiten über die Zeugeneinvernahme zu erfahren. Und ihm von Lukas Tod zu berichten. Doch das Handy ihres jungen Assistenten war immer ausgeschaltet gewesen.

Am Sonnabend hatten Urlauber auf ihrer Heimfahrt Alija Karahasan auf einem Parkplatz bei Fažana gefunden, erdrosselt und wie Abfall entsorgt. Das Einsatzkommando, die Spurensicherung und die Leiterin der Rechtsmedizin, Nives

Lombardo, waren sofort zum Tatort aufgebrochen. Nach Messung der Körpertemperatur hatte Lombardo einen etwa zwölf Stunden zurückliegenden Todeszeitpunkt festgestellt. Ausweise, Handy und Geld waren noch in Alijas Jacke gewesen, die Aktentasche jedoch, die er nach Aussage des Gefängnispersonals bei sich gehabt hatte, war weg. Und mit ihr die Zeugenaussage von Martas Sohn Luka.

Polizeidirektor Petrović hatte keinen Zweifel daran gelassen, dass er Ivas Unfähigkeit und ihrem unprofessionellen Verhalten die Schuld am Tod eines aussichtsreichen jungen Polizisten gab. In diesem Punkt konnte ihm Iva kaum widersprechen. Alijas Tod hatte sie schwer erschüttert, und sie wusste nicht, ob sie sich jemals von der Last ihrer Schuld würde befreien können. Sie hatte ihren unerfahrenen Assistenten mit einer Aufgabe betraut, der er nicht gewachsen gewesen war, hatte ihn seinen Mördern vorgeworfen wie einst der römische Kaiser Vespasian seine Opfer den Löwen. Der einzige Weg, der ihr nun blieb, um Alija Gerechtigkeit widerfahren zu lassen, war, seine Mörder zur Strecke zu bringen. Was, wenn sie selbst, so wie vorgesehen, Lukas Aussage aufgenommen hätte? Hätte dann ihre Leiche in einem Gebüsch an der Landstraße gelegen?

Bei Martas Sohn lagen die Dinge anders. Luka hatte sich mit Verbrechern eingelassen und mit seinem Leben dafür bezahlt. Er war bei der Überstellung nach Rijeka bei einem Fluchtversuch erschossen worden. Laut Protokoll hatte er darum gebeten, austreten zu dürfen, dann jedoch versucht, querfeldein zu entkommen. Die Kugel aus der Dienstwaffe des Wachbeamten, der nach eigener Angabe auf die Beine gezielt hatte, hatte Luka tödlich in den Rücken getroffen, als er gestrauchelt und im Fallen in die Schussbahn geraten war.

Nikola hatte sich gar nicht erst die Mühe gemacht, seine Verachtung für Lukas Unvermögen zu verbergen.

«Lässt sich abknallen wie ein flüchtiger Hase.»

Die verzweifelte Marta hatte Iva ins Gesicht gespuckt.

«Verräterin! Du hast meinen Jungen verraten! Ich habe dir vertraut, wir alle haben dir vertraut. Was haben sie dir für deinen Verrat gezahlt? Der Teufel soll dich holen!»

Iva hatte sich das Gesicht abgewischt und geschwiegen.

Jemand hatte Angst. So viel Angst, dass er einen Polizeibeamten und einen möglichen Verräter beseitigen ließ. Nachdem er wahrscheinlich schon den Ermittler, der ihm auf den Fersen war, mit einer Autobombe ausgeschaltet hatte.

An diesem Morgen war Petrović in ihr Büro gestürmt, hatte wortlos Babans Personalakte auf ihren Schreibtisch geschmissen und die Tür wieder hinter sich zugeknallt.

Iva hatte sich den Ordner gleich vorgenommen.

Miroslav Baban war zweiundfünfzig Jahre alt und hatte unter anderem eine Dienstfreistellung und mehrere Disziplinarstrafen aufgrund von Befehlsverweigerung sowie eine Anhörung wegen einer Schlägerei, bei der er stark alkoholisiert gewesen war, auf dem Konto. Dass er überhaupt noch im Polizeidienst war, verdankte er einer Verwundung und einer hohen Tapferkeitsauszeichnung im Jugoslawienkrieg. Trotz eines Beindurchschusses hatte Baban einen verwundeten Kameraden unter Dauerfeuer hinter die Kampflinien geschleppt und ihm auf diese Weise das Leben gerettet.

Iva hatte durchgeatmet und dann Baban angerufen.

«Hier Markulin, ich bin die Leiterin der neuen Sonderkommission in Pula.»

«Der was? Sind Sie diese junge Frau aus Zagreb?»

«Genau die, Komesar Baban. Der Herr Polizeidirektor hat Sie mir mit sofortiger Wirkung als Assistenten zugeteilt.»

«Assistent? Ich höre wohl nicht recht! Vergessen Sie's.»

«Wie bitte?»

«Ich habe meine Strafen abgedient und trage Ihnen nicht die Aktentasche hinterher. Sagen Sie Petrović, er kann mich mal.»

«Tja, leider haben wir beide keine andere Wahl. Niemand bedauert das mehr als ich, das können Sie mir glauben.»

«Und ich bin derzeit im Urlaub.»

«Sagen Sie mir, wo ich Sie finde, und ich komme zu Ihnen.»

Iva hatte die Pistole, die ihr Nikola aufgedrängt hatte, in ihre Tasche gesteckt und war losgefahren. Es war das erste Mal, dass sie im Dienst eine Waffe trug. In Zagreb hatte sie, wenn nötig, Personenschutz bekommen. In Istrien musste sie selbst für ihre Sicherheit sorgen.

Denk an Falcone und Borsellino.

Eine Autobombe als Warnung sollte dir wohl reichen.

Onkel Viktors besorgte Worte waren Iva so präsent, als hätte ihr Gespräch erst gestern stattgefunden. Und nun die kaltblütige Hinrichtung ihres Assistenten und die Zurschaustellung seiner Leiche. Eine deutlichere Warnung war kaum möglich. Iva fühlte sich, als tanzte sie mit dem Tod.

Endlich lag Miroslav Babans Wochenenddomizil vor ihr.

Sie hielt ihren Wagen vor einem schmiedeeisernen Tor an, hinter dem ein mit rauen Marmorplatten gepflasterter Weg zum Haus führte, stellte den Motor ab, stieg aus und betrachtete das eingeschossige Haus aus Natursteinen, das bestimmt schon Jahrhunderte alt war. Die Fensterstöcke bestanden aus dicken Marmorblöcken, salbeifarben gestrichene Holzläden schützten das Innere vor der Sommerhitze. Neben dem Haus parkte ein Land Rover Defender älteren Baujahrs.

An einem offenen Fenster im Erdgeschoss erschien ein Frauengesicht und verschwand wieder. Kurz darauf tauchte ein kräftig gebauter Mann in armeegrünem T-Shirt, kurzer Hose und Flipflops hinter einer Hausecke auf und kam den Weg herunter zum Tor.

«Markulin?», rief er.

«*Dobar dan!* War gar nicht leicht, Sie zu finden.»

«Miro Baban», sagte der Mann und öffnete das Tor. Er hatte drahtiges rotes Haar, stahlblaue Augen und war knapp an die ein Meter neunzig groß. Seine Schultern waren breit, seine Oberarme kräftig, und trotz des Bauches, der sich unter dem T-Shirt wölbte, wirkte er statt dick eher massig wie ein keltischer Gladiator. Seine helle Haut war von der Sonne nicht gebräunt, sondern gerötet. Vielleicht war unter den vielen Seeleuten aus aller Herren Länder, die im Laufe der Jahrhunderte in Istrien für immer an Land gegangen waren, auch ein Schotte gewesen. «Kommen Sie rein. Wenn Sie Hunger haben, können Sie mit uns essen.»

Iva wollte nicht mit Baban essen, und noch weniger wollte sie mit seiner Frau Konversation machen. Sie musste mit ihm die nötigen nächsten Arbeitsschritte besprechen. Aber ihr Gastgeber stapfte bereits um das Haus herum, und so folgte sie ihm zu einer von Wein überrankten Pergola, die einen Sitzplatz umgab. Ein verwilderter Garten, in dem Kakteen, Agaven und Orchideen wuchsen, führte in Terrassen bis zu einem Steinhaufen, der einmal eine Mauer gewesen war, hinunter. Dahinter öffnete sich der Blick über die Adria.

Auf der Terrasse rauchte ein Holzkohlengrill, und auf einem verschrammten Holztisch lagen Papierservietten und Besteck. Eine Karaffe mit Wasser und ein Weinkühler aus Ton standen neben einem Stapel Teller und Gläsern für drei Personen. Pfirsiche, Feigen und Weintrauben füllten eine grüne Keramikschüssel. Iva hatte den ganzen Tag keine Zeit zum Essen gehabt. Jetzt spürte sie, wie hungrig sie war.

Baban nahm eine Flasche Malvazija aus dem Weinkühler.

Iva ließ ihren Blick über die Mauer hinauswandern. Sie entdeckte unter sich eine kleine Bucht, in der ein an einer Boje vertäutes Fischerboot dümpelte. Sein Schatten schwebte wie die Silhouette eines großen Fisches auf dem kiesigen Meeresboden. Vor der Felsenküste flogen die bunten Segel von Windsurfern über die Wellen. Eine weiße Motorjacht pflügte durch die Dünung in Richtung Süden, wo in der Ferne flache Inseln zu erahnen waren. Die größte Hitze war vorbei, am Horizont verschwammen Meer und Horizont im Dunst.

«Wein?», fragte Baban und hielt ihr ein volles Glas hin.

Ein istrianischer Sommertag wie aus dem Reisekatalog, dachte Iva. *Ach, was soll's.* «Ja, gerne.»

Sie ließ ihre Tasche von der Schulter gleiten, nahm das Glas mit dem golden schimmernden Wein entgegen und setzte sich auf einen Holzstuhl, dessen Sitzfläche aus Bast geflochten war und der auf dem rauen Marmor der Terrasse etwas wackelte. «Schön haben Sie's hier.» Der Wein war kühl und frisch und verlieh ihr, so auf leeren Magen getrunken, schnell ein Gefühl der Leichtigkeit unter der schattigen Pergola über dem Meer. «Wie haben Sie so was gefunden?»

«Ist mein Elternhaus.» Baban setzte sich mit seinem Glas in der Hand auf einen winzigen Campingstuhl, der sich unter seinem Gewicht ein paar Zentimeter zu senken schien, und zog einen Fuß aufs Knie des anderen Beins. Auf seinem Unterschenkel wurde eine tiefe runde Narbe mit wulstigen Rändern, die an einen Vulkankrater erinnerte, sichtbar.

«Ich habe mich über Sie schlau gemacht», fuhr er fort und schwenkte sein Weinglas. «Die Mafiajägerin mit dem Engelsgesicht, was? Tut mir übrigens leid wegen Ihres Mannes, möge ihm die Erde leicht sein.» Baban machte eine Pause. «Aber ich arbeite trotzdem nicht für Sie.» Er ließ seinen Blick über sie wandern, und Iva wusste, was er dachte. Die blaue Seidenbluse, die cremefarbene Hose und die im Ton dazu passenden Sneakers – hier saß eine junge Frau aus der Stadt, die sicher Angst hatte, sich ihre eleganten Kleider und vor allem die Finger bei der Arbeit schmutzig zu machen. Und sie deswegen anderen überließ. Seine nächsten Worte bestätigten ihren Verdacht. «Wieso glaubt Petrović, dass ausgerechnet Sie die Richtige für diesen Job sind?»

«Glaubt er nicht», sagte Iva. «Er tut alles dafür, mich vom Gegenteil zu überzeugen. Sie sind das beste Beispiel.»

Baban grinste. «Scharf beobachtet. Erst ein Greenhorn und jetzt das schwarze Schaf, was? Nach Rückhalt aus der obersten Etage sieht das ja gerade nicht aus.» Er leerte sein Glas auf einen Zug und stellte es auf den Tisch. «Wie schon gesagt – so ein Job ist nichts für mich.»

«In Ihrer Personalakte steht was anderes», sagte Iva kühl. «Angeblich kneifen Sie nicht vor Herausforderungen.»

Baban stutzte, dann beugte er sich vor, legte die Ellenbogen auf die Oberschenkel und verschränkte die Hände zwischen den Knien. «Hör zu, mein Mädchen», sagte er und betonte jedes Wort. «Einem Miroslav Baban macht man keine Angst. Dass ich noch lebe, liegt daran, dass ich meine Entscheidungen selber treffe und nicht nach der Pfeife ...», er musste ihre Miene bemerkt haben, denn er schloss mit den Worten: «... auf andere höre. Egal, was sie sagen.»

«Drogenhandel kann Ihnen doch nicht egal sein.»

«Welcher Drogenhandel?»

«Mein Mann ...»

«Ihr Mann hat vor ein paar Monaten eine nächtliche Razzia im Hafen durchgeführt, soweit ich weiß», sagte Baban. «Nur dass dabei nichts herausgekommen ist – außer ein paar Gramm Kokain und ein paar kleinen Fischen. Entweder er hat einen falschen Tipp bekommen, oder es hat eine Warnung gegeben. Wenn Sie mich fragen, haben Sie nämlich noch ein Problem – einen Maulwurf in der Polizeidirektion.» Er lehnte sich wieder zurück, sein Gesicht war noch röter geworden. Er hatte sich in Rage geredet. «Nein danke, ohne mich.»

Iva bemühte sich, Ruhe zu bewahren. «Vielleicht hatte Igor ja zuletzt von einem größeren Deal erfahren», sagte sie. «Oder er war einem der Drahtzieher auf den Fersen.» Sie machte eine Pause und nahm all ihre Kraft zusammen, dann sagte sie: «Man legt nicht grundlos eine Autobombe.»

Baban schüttelte den Kopf. «Nehmen Sie meinen Rat an, packen Sie Ihre Sachen und verschwinden Sie so schnell wie möglich zurück nach Zagreb. Sonst ist Ihre Leiche nämlich die nächste, die ich am Hals habe.»

«Miro?» Der bunte Vorhang teilte sich, und eine junge Frau mit einer Küchenschürze erschien. «Brennt das Feuer?»

Die Frau war hochgewachsen, wirkte athletisch und trug das blonde Haar in einem Zopf, der ihr bis zum Gürtel reichte. Ihr Gesicht war gebräunt und wurde von großen blauen Augen beherrscht, die einen aufgeweckten Ausdruck hatten. Iva schätzte sie auf Mitte dreißig.

«Elena, meine Partnerin.» Baban räusperte sich.

Iva stand auf und reichte der Frau die Hand. «Iva Markulin», sagte sie. «*Drago mi je.*» Es freut mich.

«*I meni.*» Elena schenkte ihr ein Lächeln. «Ich habe das von Ihrem Mann gehört.» Sie schüttelte den Kopf. «Was für ein Verlust. Wir bräuchten mehr von seiner Sorte und nicht weniger. Ich wünsche Ihnen jedenfalls viel Erfolg.»

«Ich gebe mir Mühe», sagte Iva und mit Blick auf Baban: «Außerdem habe ich ja jetzt männliche Unterstützung.»

Baban verschränkte die Arme und legte den Kopf in den Nacken. Unter halb geschlossenen Lidern fixierte er Iva. «Ich dachte, ich hätte mich klar ausgedrückt», sagte er. «Ich arbeite nicht für Sie. Basta.»

Elena lachte und verdrehte die Augen. «Männer!» Sie tippte Iva auf den Arm. «Er meint's nicht so.» Und an Baban gewandt: «Hör auf zu trinken, Miro, jetzt gibt's Essen. Kümmere dich lieber um den Grill.» Sie verschwand im Haus.

«Keine Ahnung, was sie an mir findet», brummte Baban ihr hinterher. «Manche Dinge soll man nicht hinterfragen.»

«Sie scheint sehr nett zu sein.»

«Hängt vom Standpunkt ab, Elena ist bei diesen Umweltschützern, da kann man nicht immer nett sein.» Baban stand auf, zog einen dicken Handschuh an, nahm eine lange Zange und verteilte die inzwischen mit einer Ascheschicht überzogenen Holzkohlen in der Grillpfanne. Funken stoben auf und verglühten in der warmen Luft. «Eines Tages geht sie noch in die Politik, und dann weht hier am Kvarner ein anderer Wind.» Er drehte sich um und deutete mit der Zange nach Norden in Richtung der blau-grün schimmernden Berge. «Sehen Sie die Hänge?»

Iva blickte dorthin, wohin seine Zange zeigte, konnte jedoch nichts Außergewöhnliches entdecken. Von Pinien und Palmen umgebene Hotels aus der Zeit der Belle Époque reihten sich an der felsigen Küste wie Perlen an einer Schnur aneinander, darüber entfaltete sich die Farbenpracht von Bougainvillea, Agaven, Hibiskus, Oleander und Jasmin in den Gärten von weiß getünchten Häusern, und ganz oben, zwischen Macchia und Karstgestein, schmiegten sich alte Bauernhöfe an den Hang. Eine Straße wand sich in Serpentinen den Berg hinauf und führte zu einer kleinen Kirche, hinter deren Friedhofsmauer schwarze Zypressen wie Trauerkerzen standen.

«Schön», sagte Iva.

«Schön? Sehen Sie die verbrannte Erde nicht?»

Iva kniff die Augen ein wenig zusammen und ließ ihren Blick noch einmal über die Berge schweifen. Und nun fielen ihr auch die gelb und grau gescheckten Hänge und die schwarzen Baumskelette, die ihre toten Äste emporreckten, auf. Dort, wo ein Waldbrand gewütet hatte. Sie dachte an das Feuer hinter Pula, dessen Rauch ihr vor ein paar Tagen auf der Rückfahrt von Rovinj in die Nase gestochen hatte.

«Das ist dieses neue Klima», sagte sie.

Baban schnaubte, wandte sich wieder dem Grill zu und zerschlug ein paar Kohlestücke mit mehr Kraft, als nötig gewesen wäre. «Neues Klima? Klar ist es trocken, aber das», er deutete erneut mit der Zange auf die Hänge, «das waren *Brandstifter*!»

Elena brachte ein Tablett, auf dem eine Platte mit Doraden stand, ein Teller, auf dem sich Weißbrotscheiben türmten, und eine Schüssel mit blanchiertem Mangold. Außerdem Zitronenschnitze und die übliche Mischung aus Olivenöl, Knoblauch und Petersilie. Sie stellte das Tablett auf den

Tisch, und Baban nahm einen Rosmarinzweig und pinselte damit Öl auf die eingeschnittenen Seiten der Fische. Dann legte er die Doraden auf den Grill. Fast sofort stieg köstlicher Geruch nach Kräutern und gegrilltem Fisch auf. Ein paar Tropfen Olivenöl fielen in die Glut und explodierten zischend. Iva fühlte sich wie in den Ferien.

«Ich habe ihr gerade erzählt, dass du dich bei den Umweltschützern engagierst», sagte Baban, ohne sich zu Elena umzudrehen. «Erzähl mal selbst, was hier los ist.»

Elena strich sich eine blonde Strähne, die sich aus ihrem zurückgesteckten Haar gelöst hatte, hinters Ohr. «Über Opatija», sie zeigte auf die Grandhotels in der Ferne, fuhr mit dem Finger durch die Luft den Hang hinauf, streifte über Pinien, Palmen und Oleanderbüsche bis zur Bergkuppe, «liegt ein großes Naturschutzgebiet. Es soll in Bauland umgewidmet werden. Die Entscheidung liegt aber noch bei den Behörden.»

Iva stellte sich den Meerblick bis zu den Inseln Krk und Cres vor, den man von dort oben haben musste. Wer den Trubel der Urlauber in den Küstenorten vermeiden wollte und genügend Kapital zur Verfügung hatte, für den war so eine Lage ein wahr gewordener Traum. *Splendid Isolation.* Noch dazu wehte dort oben sicher den ganzen Sommer über eine milde Brise. Anders als in den malerischen, aber aufgeheizten Städtchen, wo die Hitze in den engen Gassen nistete. Noch dazu jetzt, in diesen heißen Sommern.

«Dort oben in den steilen Felsklippen brüten aber Gänsegeier», sagte Elena. «Seit 1989 beringen wir – ein Team von uns Ornithologen und Umweltschützern – die Jungtiere. Die Nester sind nur vom Meer aus zu erreichen, deswegen brauchen wir professionelle Kletterer, die wir vom Boot aus dirigieren. Es sind Freiwillige, die uns unterstützen. Sie lassen sich von oben runter und sichern sich dabei mit Seilen. Dann klettern sie hinunter zu den Küken.»

Iva, die die heimische Fauna nur von den Jagdausflügen mit Nikola kannte – was hauptsächlich Fasane und Rebhühner bedeutete –, meinte sich daran zu erinnern, dass ihr Biologielehrer die kroatischen Geier die größten und schwersten ihrer Art genannt hatte. Auf gut Glück sagte sie daher: «Sehr beeindruckende Vögel.»

«Nicht wahr?» Elena strahlte. «Wir beringen die Küken Mitte Mai, weil sie dann ungefähr 75 bis 85 Tage alt und ihre Beine fast ausgewachsen sind. Aber in der ganzen Kvarner-Bucht gibt es nur noch auf fünf Inseln Brutplätze.» Sie machte sich daran, den Tisch zu decken, verteilte die Teller und Wassergläser. Iva griff nach den Servietten und faltete sie zu Dreiecken. «Die Männer, die uns helfen, sind eine gute Woche Tag und Nacht unterwegs, das hängt vom Wetter ab.»

«So, ihr Mädchen, Platz da!» Baban kehrte mit einem Teller vom Grill an den Tisch zurück. «Dorade?» Auf seinem Gesicht lag ein breites Grinsen. Die Aussicht auf das gute Essen hatte seine Laune sichtlich gehoben.

Iva schob die Serviettendreiecke unter die Ränder der Teller und legte das Besteck darauf. «Oh ja, bitte.» Sie setzte sich so, dass sie aufs Meer blicken konnte. Die Pinien warfen blaue Schatten, und es roch nach dem Rosmarin, der in den Lücken der Natursteinmauer blühte. Eine Brise strich über die Terrasse und kitzelte ihren Nacken.

Baban ließ einen kross gebratenen Fisch auf Ivas Teller gleiten. «Früher haben sie hier bestimmt auch Geier gegessen.» Er warf Elena einen neckischen Seitenblick zu.

«Miro!» Elenas Ton lag zwischen Ärger und Resignation.

Anscheinend war der Witz nicht neu. Sie setzte sich und reichte Iva die Schüssel mit dem Mangold. «Die Gänsegeier haben es nicht leicht», sagte sie. «Die dichte Besiedelung in Europa und die Hygieneverordnung der EU, nach der tote Tiere in Tierkörperverwertungsanlagen entsorgt werden müssen – da finden Aasfresser kaum noch Nahrung.» Sie seufzte. «Der hohe touristische Druck tut sein Übriges. Unsere Urlauber klatschen und johlen, weil sie die Vögel aus nächster Nähe fliegen sehen wollen. Damit versetzen sie die Küken so in Panik, dass die Kleinen aus den Nestern stürzen und im Meer verenden.» Die Erbitterung war Elena deutlich anzuhören.

Iva filetierte ihren Fisch und beträufelte das weiße Fleisch mit Olivenöl und Zitronensaft. «Sagten Sie nicht, da oben wäre ein Naturschutzgebiet? Was ist das Problem?»

«Noch ein Prestigeprojekt von Leskovar», sagte Elena.

Iva sah auf, die Zitrone schwebte in der Luft. «Meinen Sie etwa diesen Brane Leskovar?»

«Kennen Sie ihn?» Baban brach ein Stück Weißbrot auseinander und wischte das Fett auf seinem Teller zusammen. «Branislav Leskovar ist einer der größten Bauunternehmer in Istrien. Mit allerbesten Kontakten zu Regierungskreisen, heißt es.» Er steckte das Brot in den Mund, griff zur Weinflasche und schenkte sich großzügig nach. «Übrigens gehört ihm hier ganz in der Nähe ein Ferienhaus.»

«Verstehe», sagte Iva.

Bei der Erinnerung an den Abend im Jachtklub wurde ihr Herz schwer. Während in der Bar sentimentale Musik spielte, hatte sie mit Leskovar Wein getrunken, sich unterhalten und sogar ein wenig geflirtet – zur gleichen Zeit, als Alija gestorben war. Sie zwang sich, wieder zuzuhören.

«… haben wir da oben im Naturschutzgebiet zwar einen Futterplatz, wo wir Aas ablegen können», sagte Elena gerade, anscheinend entschlossen, sich nicht vom Thema abbringen zu lassen. «Und da oben ist grüner Karst, das heißt, es wächst Macchia, aber der Stein darunter ist wie ein Sieb. Es gibt Poljen, große Hohlformen wie Sammelbecken, die haben eine unterirdische Entwässerung. Im Ponor, in Schlucklöchern, verschwindet das Regenwasser und fließt auch unterirdisch weiter.» Sie fuchtelte mit ihrem Messer in der Luft herum. «Aber es entstehen immer neue Wohnanlagen. Dabei gibt es da weder eine zentrale Wasserversorgung noch eine Kanalisation.» Sie warf das Messer auf den Teller. «Hier geht es nicht nur um eine bedrohte Vogelart. Die Menschen werden krank, und Alte und Kleinkinder sind in Lebensgefahr.»

Baban leerte sein Glas und schenkte sich erneut nach.

Iva beobachtete ihn dabei. Obwohl ihr neuer Assistent in der letzten Stunde einiges getrunken hatte, wirkte er nüchtern. Anscheinend war er das Trinken gewohnt. Fragte sich nur, ob er seinen Alkoholkonsum auf die Freizeit beschränkte oder sich das eine oder andere Glas Wein auch im Dienst genehmigte. Dann hatte sie ein Problem. Aber sie brauchte ihn. Baban war ein alter Hase, er kannte Leute und Gegebenheiten und, wenn er mit seiner Vermutung recht hatte und es einen Verräter in der Polizeidirektion gab, dann brauchte sie jeden loyalen Mitstreiter und Verbündeten.

«… *Kvarner Exclusive Residence*», sagte Elena in diesem Moment. «Exklusiv! Dass ich nicht lache! Die Fäkalien versickern rund um die Häuser im Erdreich, verwandeln Bäche in Kloaken, verseuchen das Trinkwasser und landen schließlich im Meer.»

Iva fuhr auf. «Was haben Sie gerade gesagt?»

«Na, dass es dort einen handfesten Umweltskandal gibt.»

«Nein, ich meine ... das mit der Residenz?»

«Das Projekt heißt *Kvarner Exclusive Residence*», sagte Elena und schob den Teller mit dem halb gegessenen Fisch von sich weg. «Jetzt ist mir der Appetit vergangen.»

Vor Ivas innerem Auge erschien die dünne blaue Mappe mit goldener Aufschrift *Adria Star Invest*, die sie auf Igors Schreibtisch gefunden hatte. Darin waren fünf Seiten gewesen – Baupläne für eine Millionenvilla. Und auf dem Deckblatt hatten die Worte *Kvarner Exclusive Residence* gestanden. Iva spürte, wie ihr Mund trocken wurde, und sie trank schnell einen Schluck Wein. Sofort schenkte Baban ihr nach.

«Sagt Ihnen *Adria Star Invest* was?», fragte sie.

Baban warf ihr einen scharfen Blick zu. «Was haben Sie mit der *Adria Star Invest* zu tun, wenn man fragen darf?»

«Der Name ist in den Akten aufgetaucht, die mein Mann zuletzt bearbeitet hat.»

Baban nickte. «Die *Adria Star Invest* gehört Leskovar.»

«Im letzten Sommer hat es so viele Brände gegeben wie noch nie», sagte Elena unbeirrt. «Jetzt ist das da oben alles Brachland. Und darauf kann man natürlich Luxusvillen und Eigentumswohnungen bauen.» Sie verzog den Mund. «Nur dass unsere Leute hier nichts davon haben. Da oben wächst nichts mehr, da können nicht mal mehr Schafe weiden. Immer mehr alte Bauern geben ihre Höfe unter Druck auf.»

Iva ließ sich das Gehörte durch den Kopf gehen. In letzter Zeit hatte Istrien strenge Gesetze für Umweltschutz und Bebauung erlassen. Einen Kilometer von der Wasserlinie landeinwärts durfte nichts mehr errichtet werden, trotzdem breiteten sich reihenweise Apartmentanlagen und sogenannte Campingplätze, die jedoch aus festen Häusern bestanden, wie Geschwüre direkt am Meer aus. Iva kannte die Wege, Gesetze und Bedenken gegen den Wildwuchs auszuschalten, zur Genüge. Igor hatte keine Villa kaufen wollen, sondern im Umfeld der *Adria Star Invest* ermittelt. Warum hatte sie nicht gleich daran gedacht? Der verschlossene DIN-A4-Umschlag ohne Aufschrift fiel ihr ein, nicht gerade das, was man unter der Ablage von Ermittlungsunterlagen verstand. Sie hatte sich in die Irre führen lassen. Vielleicht hatte Baban recht, und es gab ihn wirklich, diesen Maulwurf in der Polizeidirektion, und Igor hatte brisantes Material unauffällig aufbewahren wollen. Iva fühlte sich erleichtert über diese Erkenntnis und schuldbewusst wegen ihres Misstrauens zugleich.

«Leskovar hat also ein Ferienhaus hier in der Nähe.» Iva schob ihren Wein beiseite, griff nach der Wasserkaraffe, schenkte sich ein Glas ein und nahm nachdenklich ein paar Schlucke.

«Und erst seine Sommerfeste», sagte Baban. «Dann kommen sie, die prominenten Gäste aus Zagreb, mit ihren Jachten und Wasserflugzeugen.» Er sah Iva ins Gesicht. «Ich bin hier aufgewachsen. Mir gefällt nicht, wie diese Investoren versuchen, sich unser Land unter den Nagel zu reißen.»

Iva warf einen Blick auf ihre Armbanduhr. Schon nach sechs Uhr. Sie legte ihre Serviette sorgfältig neben den Teller. «Dann sollten wir Leskovar mal ein paar Fragen stellen, Komesar Baban.» Sie hob ihr Glas, fixierte ihn über den Rand hinweg. «Miro.» Sie schenkte ihm ein Lächeln.

«Sie sind die Enkelin von Nikola Pavić, richtig?»

«Woher wissen Sie das?»

«Ich sagte doch, ich habe mich über Sie erkundigt.» Baban seufzte. «Sie geben wohl niemals auf, was? Eine echte Kämpferin, der alte Partisan kann stolz auf Sie sein.» Er blickte mit halb zusammengekniffenen Augen aufs Meer hinaus, schien einen inneren Kampf mit sich auszufechten. Die Minuten dehnten sich. Doch als er sich Iva wieder zuwandte, glich er einem Löwen, der ein Buschferkel erspäht. «Machen wir einen Nachbarschaftsbesuch, Doktorica.»

ACHT

Über aus dem Felsen gehauene Stufen führte Baban Iva zu einem schmalen Uferstreifen hinunter. Hier war die Brandung kaum zu spüren. Kleine Wellen leckten spielerisch über glatt geschliffene Kiesel und einen Saum aus angespültem Seegras, versickerten zwischen den Steinen oder zogen sich wieder ins Meer zurück und verliefen sich im Wasser. Links und rechts erhoben sich steile Felswände, die Bucht war windgeschützt und nur vom offenen Meer aus einzusehen. Der Geruch nach Salz und Seetang lag in der Luft, und das Zirpen der Zikaden und das Plätschern der Uferwellen waren die einzigen Laute. Iva erschien der Ort wie eine archaische Welt, als Seefahrer noch zu unbekannten Gestaden aufbrachen und Inseln aus dem Meer geboren wurden. In ihrem Kopf erklang ein fast vergessenes altes Lied, das Nikola ihr als Kind zum Einschlafen vorgesungen hatte.

Vozila se po moru galija ...
Es fuhr eine Galeere über das Meer ...

Es war die Ballade eines jungen Mannes, der einem Mädchen entsagen musste, weil er sie, ans Ruder gekettet, nie würde lieben können. Jahrhundertelang hatte Venedig seinen Hunger nach Schiffsholz und Galeerensklaven in Istrien gestillt, Wälder in Karst verwandelt und ganze Dörfer entvölkert. Irgendwann waren sie aufgetaucht, die Uskoken, die Einspringer. Einheimische Piraten, die nachts mit Booten längsseits der Galeeren gegangen und zwischen die Ruderbänke gesprungen waren. Sie hatten die Besatzung massakriert, die Ladung geraubt und die Gefangenen von ihren Ketten befreit. Auf schmalen Wasserwegen und in Buchten wie dieser, die sie von Kindesbeinen an kannten und wohin ihnen die schweren venezianischen Kriegsschiffe nicht folgen konnten, waren sie mit ihrer Beute entkommen.

Iva beobachtete Baban, der mit ausgebreiteten Armen durch das Wasser zu dem blau-weiß gestrichenen Holzboot watete. Zielstrebig und scheinbar unaufhaltsam wie ein Krieger und ohne auf dem algenüberwachsenen Kies ins Rutschen zu kommen, arbeitete er sich durch die Wellen. Er löste das Boot von der Boje und zog es in flacheres Wasser.

«Sie werden mir ja nicht seekrank, oder?», rief er.

«Natürlich nicht!» Iva zog ihre Schuhe aus und verstaute sie in ihrer Tasche. «Ist es weit?»

«Mit diesem Boot eine gute halbe Stunde.»

Iva ließ sich von Baban ins Boot helfen, setzte sich auf die Holzbank im Bug und richtete ihren Blick nach vorn, während Baban im Heck Platz nahm, den Außenbordmotor anwarf und aufs Meer hinaussteuerte. Je weiter sie sich vom Ufer entfernten, umso deutlicher spürte Iva, wie eine Last von ihr abfiel. Wie Igors und Alijas Tod, ihre Angst um ihren Sohn, die Feindseligkeit, die ihr in der Polizeidirektion entgegenschlug – kurz, ihre Sorgen –, an Land zurückblieben und eine innere Ruhe von ihr Besitz ergriff. Zum ersten Mal seit langer Zeit hatte sie das Gefühl, als könnte sie wieder unbeschwert atmen. Iva schloss die Augen und gab sich ganz dem Tanz des Bootes mit den Wellen hin, lauschte dem Dröhnen des Motors, dem Rauschen des Wassers und den schrillen Schreien der Möwen, die vor den Klippen durch die

Luft schossen. Sie genoss den salzigen Wind, der auf ihrer Haut prickelte, und – fühlte sich frei.

Das Brummen eines Flugzeugs riss Iva aus ihrer Trance. Sie öffnete die Augen. Ein Wasserflugzeug flog die Steilküste entlang, sein Schatten folgte ihm über die in der Abendsonne golden schimmernden Felswände wie eine zweite Maschine. Es ließ die Motoren aufheulen und jagte in Schräglage in den wolkenlosen Himmel, ehe es nach Norden abdrehte und Kurs auf das Massiv des Učka-Gebirges nahm.

Iva wandte sich zu Baban um. «Was war denn das?»

«Ich habe uns telefonisch angekündigt», sagte er und grinste. «Anscheinend hatte Leskovar Besuch aus Zagreb. Wir haben ihm das Abendessen vermasselt. Da vor uns liegt sein Haus.» Er drosselte den Motor und hielt direkt auf die Felsen zu. «Nennt sich die Villa Galeb.»

Galeb, die Möwe. «Guter Name», sagte Iva.

Wie ein Möwennest klebte die Villa Galeb direkt über dem Wasser an der steilen Felswand und bot einen Anblick jener Mittelmeer-Grandezza, die in Architekturmagazinen zum Träumen einlud. Es war eines dieser alten Bootshäuser, die im 19. Jahrhundert wie kleine Palazzi erbaut und in den letzten Jahren aufwendig restauriert worden waren. Auf einem Erdgeschoss mit Natursteinmauern und Rundbogenfenstern saß etwas zurückgesetzt ein weißer Kubus mit zwei großen Türen, um den ein breiter Balkon führte. Das Flachdach bestand zur Gänze aus einer mit Säulen und Eisengittern eingefassten Dachterrasse. Auf der einen Hausseite lag ein kiesbedeckter Badestrand, auf der anderen befand sich ein Anleger, an dem ein Schnellboot und ein Wasserflugzeug, eine gelbe Propellermaschine, vertäut auf den Wellen dümpelten.

Branislav Leskovar wartete bereits am Anleger.

Er trug ein blaues Polohemd, weiße Shorts und Bootsschuhe, er sah aus, als wäre er gerade von einem Segeltörn an Land gegangen, und nicht, als hätte er bis vor einer Viertelstunde Besuch gehabt. Beim Anblick des sich nähernden Bootes hob er die Arme und winkte wie ein Fluglotse.

Baban legte längsseits an und schleuderte Leskovar ein Tau zu, das dieser geschickt auffing, durch einen Eisenring am Anleger zog und festzurrte. Dann trat er mit einem Fuß auf die Bordwand, um das Boot zu sichern, beugte sich vor, streckte Iva die Hand entgegen und half ihr an Land.

«Iva – wie schön, Sie wiederzusehen! Und ...?»

Baban kletterte auf den Anleger. «Komesar Miroslav Baban, Kriminalpolizei Pula», sagte er im Tonfall eines Polizeibeamten, der bei der Fahrzeugkontrolle auch den Inhalt des Kofferraums sehen will.

Leskovar stützte die Fäuste in die Seiten und blickte auf Iva hinunter, die sich gerade ihre Sneaker wieder anzog. «Ist das hier etwa ein dienstlicher Besuch, Doktorica?»

«Natürlich nicht, Brane», sagte Iva. «Komesar Baban war nur so nett, mich herzubringen.» Baban verzog keine Miene. «Er hat mir von Ihrem Projekt bei Opatija erzählt.»

«Interessieren Sie sich nun also doch für ein Penthouse?» Leskovar lachte. «Mein Angebot, was die Konditionen für Sie betrifft, steht natürlich noch.»

Baban hakte die Daumen in den Gürtel seiner Shorts und ließ seinen Blick über Leskovar, den er um gut einen Kopf überragte, wandern. «Ach, wirklich?»

«Erst würde ich gerne die Pläne sehen», sagte Iva.

Leskovar legte ihr den Arm um die Schultern und drückte sie kurz an sich, eine kameradschaftliche Geste, die nichts

Aufdringliches hatte, nur ihr freundschaftliches Verhältnis demonstrierte. «Da haben Sie Glück. Im Sommer arbeite ich nämlich hier. Ich halte die Hitze im Stadtbüro einfach nicht mehr aus. Am Meer brauche ich nicht mal eine Klimaanlage. Die Unterlagen liegen in meinem Arbeitszimmer.» Er ließ sie los und machte eine einladende Armbewegung. «Kommen Sie, meine Liebe, Sie brauchen bestimmt auch eine Erfrischung.» Er drehte sich um und marschierte zum Haus.

«Konditionen?», zischte Baban. «Was für ein Angebot?»

Iva brachte ihn mit einer Handbewegung zum Schweigen.

Im Inneren der Villa Galeb herrschte die angenehme Kühle, die nur durch offene Fenster und Türen und eine frische Meeresbrise entsteht. Alte Steinmauern wechselten sich mit weiß verputzten Wänden und Glasfronten ab. Der in blaugrauen Tönen gegossene Betonboden nahm die Farben des Meeres auf, das auf drei Seiten hinter dem Fensterglas schimmerte. Die geradlinige, minimalistische Einrichtung, die bestimmt aus einem preisgekrönten Design-Studio stammte, ordnete sich dem Panorama-Blick vollkommen unter. Zwei großformatige moderne Ölgemälde waren die einzigen Bilder. Eine gewundene Stahltreppe führte ins Obergeschoss.

«Was für eine Aussicht», sagte Iva überwältigt.

«Früher legten unten am Steg die Gäste der Grandhotels an», sagte Leskovar. «Aber dann verfiel das Bootshaus fast ein Jahrhundert lang, bis es mir zum Kauf angeboten wurde.» Er verlor sich kurz in Gedanken. «Ich hatte schon immer den Wunsch, einem alten, verlassenen Haus wieder Leben einzuhauchen. Natürlich habe ich sofort zugegriffen.» Mit einem Augenzwinkern in Ivas Richtung fügte er hinzu: «Jetzt ist es wieder ein Hideaway.»

Baban räusperte sich, aber Leskovar hatte wohl beschlossen, den Polizeibesuch zu ignorieren, denn er sagte nur: «Die Wendeltreppe hinauf, bitte, meine Liebe.»

Das Arbeitszimmer war mit dem istrianischen Marmor ausgelegt, der seine strahlend weiße Farbe der Tatsache verdankte, dass er ausschließlich aus Muschelkalk bestand. An einem durchsichtigen Schreibtisch, auf dessen einer Ecke ein Strauß roter Gladiolen leuchtete, saß zwischen dicken Aktenordnern eine junge Frau mit kurzen dunklen Locken und hielt mit einer Hand ein Handy ans Ohr, während sie sich mit der anderen auf einem Block Notizen machte. Als sie Leskovar und seine Begleiter bemerkte, deutete sie auf das Telefon und bewegte stumm die Lippen. Leskovar schüttelte nur leicht den Kopf, da beendete sie schnell das Gespräch, stand auf und verschränkte die Hände hinter dem Rücken. In ihrer weißen Hose und dem blau-weiß gestreiften T-Shirt wirkte sie so einsatzbereit wie ein Kadett auf einem Kriegsschiff.

«Dijana, meine Assistentin», sagte Leskovar, und an Dijana gewandt: «Bring uns Kaffee und Limonade, ja?»

Dijana lächelte und eilte die Treppe hinunter.

«Die Pläne liegen hier drüben», fuhr Leskovar fort und ging zu einem langen Konferenztisch in der Mitte des Büros, auf dem Architekturzeitschriften, Baupläne und Zeichenrollen wie mit dem Lineal ausgerichtet lagen. Am Kopf des Tisches stand ein Computer, neben der Tastatur lagen zwei Handys und eine aufgeschlagene Kladde mit Notizen und Zeichnungen. Ein mit blauem Leder bezogener Hochlehner zeigte, dass dies der Arbeitsplatz des Hausherrn war. Die zehn anderen Stühle waren leichte Stahlrohr-Freischwinger. Auch in diesem Raum öffnete sich auf drei Seiten ein fantastischer Meerblick hinter bodentiefen Glasfronten. Die Rückseite des großen Raumes bildete eine Natursteinwand. Hier hing eine große Schautafel mit der gezeichneten Panorama-Ansicht einer Wohnanlage.

Iva schlenderte hinüber und betrachtete die Zeichnung.

Zu sehen waren kleine Natursteinvillen im mediterranen Landhausstil mit Ziegeldächern, graugrünen Holzläden und weinüberwucherten Pergolen, die sich um einen venezianisch anmutenden Palazzo mit spitzgiebligen Fenstern und üppig bepflanzten Balkonen gruppierten. Zwischen den Häusern wuchsen rosafarbene Kamelien, wie sie das Wappen von Opatija zierten, und Palmen reckten ihre schattenspendenden Wedel in einen Himmel, der so blau war wie das Meer in der Ferne. Menschen in stilvoller Freizeitkleidung standen mit Golfbags neben Cabrios, hielten Tennisschläger oder Badetaschen in den Händen, ein paar Kinder liefen einem Hündchen über einen smaragdgrünen Rasen hinterher. Es war keine Wohnanlage wie aus dem Bilderbuch. Es war mehr als das. Es war das Versprechen auf ein Stück vom Paradies.

«*Malo selo*», sagte Leskovar, der neben Iva getreten war. «Kleines Dorf – so haben wir unser Projekt genannt. Es ist eine Hommage an unsere Vorfahren, an das Leben auf dem Land, wie wir es in Istrien seit Jahrhunderten kennen.»

«Ach», sagte Iva. «Tatsächlich.»

Sie konnte die Augen nicht von dem Panoramabild abwenden. Die Häuser sahen aus wie das von Miroslav Baban, sogar die neuen Holzläden wirkten so verwittert wie das allen Elementen ausgesetzte alte Holz an dessen Fenstern. Doch auch wenn die Mauern mit Natursteinen verkleidet waren – Iva musste an einen Campingplatz mit Mobile-Homes denken. Es war eine künstlich geschaffene heile Welt.

«Die ersten beiden Bauabschnitte sind fertig, verkauft und seit letztem Sommer in Betrieb.» Leskovar tippte mit dem Zeigefinger auf einen kleinen Platz. «Wir überlegen gerade, noch eine Konoba dazu zu bauen. Ursprünglich sollte das Hotel *Palazzo San Marco*, ein Fünf-Sterne-Haus übrigens», er tippte mit dem Finger auf den venezianischen Palast, «die Villen betreuen und Housekeeping und ganztägige Verpflegung anbieten. Aber unser Betreiber hat das Konzept abgelehnt.» Er zuckte die Schultern. «Er will sich lieber zehn Monate im Jahr ganz auf seine High-Class-Gäste konzentrieren.»

«Welcher Betreiber?», ließ sich Baban vernehmen.

«Ein ausländischer Investor», sagte Leskovar, ohne sich zu Baban umzudrehen. «Der Name soll noch nicht genannt werden. Es ist aber kein Geheimnis, dass auch die Mészàros-Gruppe zuletzt 100 Millionen Euro in Kroatien investiert hat. Gerade hat Mészàros ein Luxushotel in Opatija gekauft, ein anderes Hotel führt die Marriott-Gruppe für ihn. Er ist aber nicht unser Geschäftspartner – leider.»

«Mészàros?», fragte Iva. «Viktor Orbáns Freund?»

Leskovar nickte. «Der ungarische Ministerpräsident hat selbst im letzten Sommer in Opatija Urlaub gemacht.» Stolz schwang in seiner Stimme. «Jetzt kommt er sicher wieder.»

«Also, wenn Tito ...», tönte Baban.

«Eigentlich», unterbrach ihn Iva schnell, «interessiere ich mich eher für moderne Architektur.»

Leichte Schritte erklangen auf der Treppe, dann tauchte Dijana mit einem Tablett, auf dem Espressotassen, eine Karaffe mit frisch ausgepresster Zitronenlimonade, hohe Gläser und ein Keksteller standen, auf. Sie schenkte den Anwesenden ein Lächeln, stellte das Tablett auf eine Ecke des Konferenztisches und wandte sich dann an Leskovar.

«Der Referent der Präsidentin hat wieder angerufen», sagte sie. «Er will endlich den Termin fixieren.»

Leskovar reichte Iva und Baban Espressotassen und schenkte Limonade ein. «Sag ihm, wir melden uns.»

«Die Präsidentin kommt zum Filmfestival nach Pula und bittet dich, beim Empfang für den deutschen ...»

«*Jetzt* – habe ich Gäste.» Leskovar strahlte Iva an.

Dijana sah aus, als wollte sie etwas entgegnen, aber dann zuckte sie nur die Schultern und entschwand.

«Moderne Architektur?», fragte Leskovar, als wären sie nicht unterbrochen worden, und nippte an seinem Espresso. Er musterte Iva. In seinen braunen Augen stand ein seltsamer Glanz. «Wir haben ein paar High-Class-Villen in Planung. Also, wenn Sie gleich in dieser Kategorie zuschlagen wollen – sehr gerne.» Er stellte behutsam seine Tasse ab. «Die Anlage heißt *Kvarner Exclusive Residence*.» Sein Lächeln war das eines Fuchses, der feststellt, dass der Hase in den Fuchsbau gehoppelt ist. Er war ein guter Geschäftsmann.

«Da bin ich aber gespannt ...»

«Ja, das ist schon eine tolle Sache.»

Leskovar zog eine schmale blaue Mappe aus einem Aktenstapel auf dem Tisch. Auf ihrem Deckblatt stand in goldenen Buchstaben *Adria Star Invest*, darunter *Real Estate* und eine Adresse am Lungomare in Opatija. Der Anblick der Mappe gab Iva einen Stich.

«Die modernen Villen liegen direkt oberhalb von Opatija», fuhr Leskovar fort. «Wir konnten das Südtiroler Architektenduo *Rainer & Milanesi* für das Projekt gewinnen, Schüler des Stararchitekten Matteo Thun.» Er hielt ihr die Mappe hin. «Sie werden seine Handschrift sofort erkennen.»

Iva griff nach der Mappe und blätterte durch die Seiten.

Es waren bunte Computerausdrucke einer modernen Zehn-Zimmer-Villa in Hanglage, mit einer weinbelaubten Galerie und einem Pool, der auf dem Papier dieselbe azurblaue Farbe hatte wie das Meer dahinter. Zehn Zimmer, eine Garage für vier Autos, ein Grundstück von 1200 Quadratmetern.

Sie spürte, wie Baban hinter sie trat und über ihre Schulter spähte, und roch seine leichte Alkoholfahne.

Iva hob den Blick und sah Leskovar an. «Mein Mann und ich haben immer von einem Ferienhaus am Meer geträumt», sagte sie. «Ich glaube, dass Igor mir sogar von diesen Villen erzählt hat. Hatten Sie ihm ein Angebot geschickt?»

Leskovar runzelte die Stirn und steckte die Hände in die Hosentaschen. Für diese Frage musste er anscheinend erst sein Gehirn durchforsten. Am Ende seiner Überlegungen angelangt, schüttelte er entschieden den Kopf. «Nicht dass ich wüsste», sagte er. «Mit dem Verkauf ist eine Maklerin beauftragt. Ich lasse Ihnen am besten die Kontaktdaten schicken, dann können Sie Matilda selbst fragen.»

Baban gab einen verächtlichen Laut von sich. «An Ihrer Stelle wäre ich vorsichtig, Doktorica», sagte er. «Das liegt im Naturschutzgebiet. Für den Bau gibt's sicher noch gar keine Genehmigung. Herr Leskovar verkauft Ihnen da das Fell eines Bären, den er noch gar nicht geschossen hat.»

Iva bewunderte Babans Geschick, mit dem er ihr den Ball zugespielt hatte, verkniff sich ein Lächeln und machte stattdessen eine besorgte Miene. «Ich nehme an, das ist nur noch reine Formsache, Brane?»

Leskovar ging zu dem gläsernen Schreibtisch seiner Assistentin hinüber und kehrte mit einem dicken schwarzen Aktenordner zurück. Mit einem abschätzigen Blick auf Baban reichte er ihn Iva. «Überzeugen Sie sich selbst.»

Iva zog einen der Stahlrohrsessel zu sich heran und setzte sich. Dann schlug sie den Ordner auf.

Leskovar sah aus, als müsste er sich bezwingen. «Das da oben ist eine raue Gegend – nichts außer Bären und Wölfen, abgesehen von ein paar alten Hirten mit ihren Schafherden. Wir machen das Land erst bewohnbar. Das sieht die Behörde genauso.»

«Der Naturschutz auch?» Baban ließ nicht locker.

«Selbstverständlich», sagte Leskovar. «Unsere Anlage wird sogar von der Europäischen Union gefördert. Wenn Sie wüssten, was wir da alles an Gutachten einreichen mussten.» Er sah auf Iva hinunter. «Ihr Freund, Avvocato Lorenzo Kos, ist ein Spezialist auf dem Gebiet und hat uns hervorragend beraten und vertreten.»

Iva wusste, dass Gesetze in Kroatien in der Praxis mitunter nicht das Papier wert waren, auf das sie gedruckt wurden. «Gesellschaftsrecht ist eine verzwickte Sache.»

Leskovar breitete die Hände aus. «Mein Anteil am Erfolg sind harte Arbeit, neue Ideen – *Visionen.* Was die Rechtslage betrifft, vertraue ich auf Avvocato Kos.»

Leskovar griff nach dem Aktenordner und blätterte ihn durch. Kurz darauf hatte er gefunden, was er suchte, und schob ihr den aufgeschlagenen Ordner hin. «Hier – die Genehmigung für die Baupläne. Sie brauchen also bei einem Kauf überhaupt keine Bedenken zu haben.»

Iva überflog den Bescheid der Behörde. «Beeindruckend», sagte sie. «Das Verfahren wurde in nicht einmal vier Wochen abgeschlossen.» Sie sah Baban an. Vier Wochen – eine für Behördenverfahren in Kroatien geradezu unerhörte Zeit.

Leskovar ließ sich auf einen Sessel fallen und nahm ein Glas Limonade. «Das Land lebt nun mal vom Tourismus.»

«Und es gab keinerlei Widerstand?», fragte Iva.

Leskovar schüttelte den Kopf, während er trank.

«Nicht einmal von – Naturschützern?»

Leskovar stellte sein Glas ab, schlug ein Bein über das andere und verschränkte die Hände wie zum Gebet auf dem Knie. «Doch, natürlich», sagte er entwaffnend ehrlich. «Aber ich wollte keine Konfrontation. Wir haben alle Bedenken entkräftet.» Seine Miene wurde ernst. «Es gibt dort oben nämlich eine Geierpopulation, auf die bei diesem dritten Bauabschnitt – erste Reihe fußfrei über dem Meer, sozusagen – Rücksicht genommen werden muss. Und auch wird! Als Draufgabe finanzieren wir fünf Jahre lang ein Forschungsstipendium in der Aufzuchtstation auf Cres.» Er beugte sich vor und sah Iva eindringlich an. «Das sind Häuser für Menschen, die viel arbeiten und Erholung suchen. Die einzige Zufahrt ist eine Privatstraße mit einer Schranke. Glauben Sie mir, Iva, die Geier werden sich vor lauter Langeweile noch die Tagestouristen zurückwünschen.» Leskovar ließ sich in den Sessel zurückfallen und grinste.

Iva musste lachen, doch als sie einen Blick von Baban auffing, wurde sie gleich wieder ernst und fragte: «Weil ich gerade einen furchtbaren Artikel über Plitvice gelesen habe – wie haben Sie bei Ihrer Anlage eigentlich das Abwasserproblem gelöst? Ich meine, der Großteil der Anlage ist doch schon in Betrieb?»

Leskovar nickte eifrig, als hätte er nur auf diese Frage gewartet. «Niemand will Verhältnisse wie in Plitvice.» Er beugte sich vor, blätterte in dem Aktenordner, zog ein paar zusammengeheftete Seiten hervor und reichte sie Iva. «Das hydrologische Gutachten der Firma *EcoAqua* in Pula.»

Iva nahm das Papier. «Gut zu hören.»

Der Nationalpark Plitvicer Seen gehörte zum UNESCO-Weltkulturerbe, ein Naturparadies mit grandiosen Wasserfällen und einst kristallklaren Seen. Inzwischen besuchten jedes Jahr bis zu zwei Millionen Menschen dieses Naturdenkmal, für die Umwelt eine Katastrophe. Das Baden war in den Seen verboten, um das Wasser vor Verunreinigungen zu schützen, aber Abholzungen für die oft ohne Baugenehmigung durchgeführte Errichtung von Hotels und Apartments und das Fehlen eines Abwassersystems hatten dazu geführt, dass Müll und Fäkalien in dem sogenannten siebzehnten See, einer Sickergrube mitten im Nationalpark, landeten. Iva hatte gelesen, dass die Betreiber den Touristen erzählten, dass der Gestank, der über dem einstigen Naturparadies lag, von einer Schweinezucht ganz in der Nähe stamme.

Leskovar erhob sich, schlenderte zu der großen Glasfront, die nach Süden führte, und stellte sich, die Hände in den Hosentaschen, mit dem Rücken zu Iva und Baban davor. Inzwischen kehrten Ausflugsboote und Jachten im letzten Tageslicht in ihre Heimathäfen zurück, während die ersten Fischer aufs Meer hinausfuhren. Leskovars Kopfbewegung folgte einem mehrstöckigen Kreuzfahrtschiff, das nach Norden fuhr. «Seit sie in Venedig diese großen Stinker nicht mehr reinlassen», sagte er mit Bitterkeit in der Stimme, «legen sie einfach in Triest an und zerstören dort die Umwelt.» Leskovar drehte sich um. «Wenn Sie in Istrien einen Karnickelstall bauen wollen, dann schikanieren die Behörden Sie mit jeder Menge Auflagen. Aber in fast jedem Nationalpark stehen auf einmal zehn neue Häuser anstelle des einen, für das irgendwer mal eine Renovierungsgenehmigung bekommen hat. *Das* ist das Vermächtnis des alten Jugoslawiens – Vetternwirtschaft und Korruption!»

Baban räusperte sich. «Selektive Gerechtigkeit, was?»

«Genau.» Leskovar zielte mit dem Finger wie mit einer Pistolenmündung auf ihn. «Sehr gut, sehr gut, Komesar ...?»

«Baban.»

«Gospodin Komesar.» Herr Kommissar. Leskovar kam zum Tisch zurück. Er steckte die Hände wieder in die Hosentaschen und machte eine Kinnbewegung zu dem Gutachten in Ivas Hand. «*EcoAqua* testet die Wasserqualität im System unserer Anlagen fortlaufend auf chemische Schadstoffe und organische Verunreinigungen. Wir lassen alle wasserführenden Transportwege – Bäche oder Rohrleitungen – von der Quelle weg regelmäßig im Labor kontrollieren.» Er sah Iva eindringlich an. «Ich weiß, wie schnell sich Gerüchte verbreiten, aber das ist nur Geschwätz in den Bars. Mir liegt die Natur ja nicht nur selbst am Herzen – unsere Käuferschicht ist äußerst umweltbewusst.»

«Man will schließlich mit reinem Gewissen seinen Zweitwohnsitz im Naturschutzgebiet kaufen», sagte Baban.

Leskovar sah aus, als wollte er etwas erwidern, doch Iva stand schnell auf. «Jetzt sollten wir aber zurückfahren, Komesar Baban, ehe es noch dunkel wird», sagte sie und legte das Gutachten auf den Tisch. «Brane, ich danke Ihnen für Ihre Zeit.» Sie strich sich eine Haarsträhne hinter das Ohr. «Ich werde mir die Sache mit der Villa und Ihr großzügiges Angebot durch den Kopf gehen lassen.»

Iva reichte Leskovar die Hand, doch der packte sie bei den Schultern und verabschiedete sie mit Wangenküssen. «Das freut mich sehr, Iva. Vielleicht essen wir mal zusammen?» Er sah ihr tief in die Augen. «Nächste Woche?»

«Jederzeit.» Iva befreite sich aus seinem Griff und drehte sich zu Baban um. «Komesar, sind Sie bereit?»

Der Abendstern stand schon am lavendelfarbenen Himmel, als Iva und Baban Kurs auf die kleine Bucht nahmen. Es war windstill, und die Lichter von Rijeka spiegelten sich im ruhigen Wasser, als wüchse vor der Küste eine zweite Stadt wie Atlantis aus dem Meer. Die Luft war immer noch zu warm.

«Woher kennen Sie eigentlich Leskovar?», fragte Baban.

«Ich bin ihm letzte Woche über den Weg gelaufen.»

«Immerhin lange genug, um ein *Angebot* zu bekommen.»

Iva blickte aufs Meer hinaus. «Was soll das heißen?»

«Es klingt verdammt nach einem Bestechungsversuch.»

Weiter draußen lagen Fischerboote. Die großen, am Heck befestigten Lampen strahlten hell, malten falsche Monde auf das Wasser, lockten die Fische aus der Tiefe in die Netze.

«Hören Sie», Iva wandte sich zu ihm um. «Ich bin mit zu Leskovar gefahren, weil sich Ihre Freundin Sorgen um ein Naturschutzgebiet macht.» Sie dachte an die blaue Mappe, die sie in Igors Unterlagen gefunden hatte. Ihr erster Eindruck hatte sie also nicht getäuscht. Igor hatte vermutet, dass Gewinne aus Drogengeschäften in Immobilien gewaschen wurden. Was lag da näher als ein aufwendiges Bauvorhaben, das allen gesetzlichen Vorgaben genügte? «Auf den ersten Blick scheint alles korrekt zu sein.»

Baban gab nur einen verächtlichen Laut von sich.

«Also gut», sagte Iva. «Dann hat Leskovar eben einen Bekannten in der Baubehörde, der die Baugenehmigung – sagen wir – etwas beschleunigt hat. Was soll's?»

Wir haben uns daran gewöhnt, nicht auf den Staat zu vertrauen, sondern einflussreiche persönliche Beziehungen – Freundschaftsdienste – für unser Fortkommen zu nutzen.

Hatte sie diese Worte nicht selbst gebraucht?

Baban warf das Ruder herum, das Boot neigte sich zur

Seite und nahm Kurs auf die Küste. «Und weshalb bietet er Ihnen eine Millionenvilla an? Mit – Sonderkonditionen?»

«Jeder versucht doch, sich mit der Obrigkeit gut zu stellen», sagte Iva und fügte in scherzhaftem Ton hinzu: «Meine Familie produziert Olivenöl. Wahrscheinlich glaubt er, wir schwimmen im Geld und brauchen noch ein Ferienhaus fürs Prestige.» Sie blickte wieder in Fahrtrichtung.

«Genau so wird's sein», knurrte Baban.

Ein Fischtrawler fuhr an ihnen vorüber, seine Bugwellen rauschten um das kleine Boot und brachten es ins Schwanken.

«Fischen Sie eigentlich auch?», rief Iva nach hinten.

«Im Herbst! Thunfische!»

Iva wartete, bis die hohen Wellen sich verlaufen hatten, dann fragte sie: «Warum erst im Herbst?»

«Im Frühling sind die Schwärme unten in Dalmatien, bis zum Sommer ziehen sie die Küste rauf, und dann fressen sie sich vor Istrien für den Winter fett. Deshalb – im Herbst.»

«Ach ja? Das wusste ich gar nicht.»

Jetzt tauchten die Lichter von Babans Haus auf.

«Sie wissen überhaupt wenig von Istrien, was?»

Iva schloss die Augen gegen den Fahrtwind. «Ich arbeite mich ein.» Und nach getaner Arbeit würden Matteo und sie so bald wie möglich in die Stadt zurückkehren. «Versprochen.»

«Na, hoffentlich, sonst wird's nämlich gefährlich.»

Baban gab Gas und steuerte geradewegs auf das Ufer zu.

NEUN

Es war schon nach zehn, als Iva auf der Küstenstraße nach Pula zurückfuhr. Zu ihrer Rechten erhoben sich steile, von Macchia überwucherte Felswände, zu ihrer Linken lag das Meer. Der nur noch halb volle Mond hing am Himmel und ließ sein silbernes Licht auf dem Wasser tanzen. Iva fuhr langsam, sie war müde und musste sich auf die engen Kurven konzentrieren. Hin und wieder wurde sie von einem anderen Auto überholt. Nur ein Wagen, dessen Scheinwerfer gelb leuchteten, schien sich nicht an ihrer gemütlichen Fahrweise zu stören. Als sie von der schmalen Zufahrt von Babans Haus auf die Hauptstraße eingebogen war, war der Wagen wie aus dem Nichts aufgetaucht, und seitdem wurde sie das Gefühl nicht los, dass er ihr folgte. Iva spürte ein Kribbeln im Nacken und trat aufs Gaspedal. Der Tacho zeigte sechzig, siebzig, achtzig Stundenkilometer, zu schnell für die kurvige Straße. Die Scheinwerfer fielen zurück, wurden kleiner, verschwanden hinter einer Felsnase.

Iva atmete auf, wahrscheinlich hatte sie sich den Verfolger nur eingebildet. Die Aufregungen der letzten Zeit hatten an ihren Nerven gezerrt, es war spät, und sie fühlte sich erschöpft. Vor ihr dehnten sich noch siebzig Kilometer zu einer schier endlosen Nachtfahrt. Iva beschloss, eine Pause einzulegen und einen Kaffee zu trinken. Ganz in der Nähe musste diese Konoba *Stari Mornar* sein, wo sie nach dem Weg zu Babans Haus gefragt hatte.

Im Rückspiegel tauchte ein großer Wagen auf, näherte sich schnell, fuhr zu dicht auf. Das grellweiße Licht der Scheinwerfer blendete Iva, sodass sie die Augen zusammenkneifen musste und das Auto nach rechts aufs Bankett verriss. Schotter und Geröll stoben auf und prasselten auf das Blech. Im nächsten Augenblick rauschte der BMW-SUV an ihr vorbei. Für einen Moment konnte Iva ein Paar darin erkennen. Die Frau saß am Steuer, der Mann neben ihr. Den Ellenbogen hatte er auf die Tür gestützt, seine Hand verbarg die rechte Seite des Gesichts. Iva lenkte den Wagen auf die Straße zurück. Das war knapp gewesen. Fast wäre der BMW auf sie aufgefahren.

Endlich tauchten in der Ferne die Lichter der Konoba auf. Ein Schild am Straßenrand, auf dem ein Teller mit einem Hummer und eine riesige Pizza abgebildet waren, kündigte die Zufahrt an. Eine Welle der Erleichterung durchlief Iva. Doch dann war auf einmal das Auto mit den gelben Scheinwerfern wieder hinter ihr. Das Ausweichmanöver hatte Zeit gekostet, es hatte aufgeholt. Iva bog von der Straße ab, und ein Alfa schoss an ihr vorbei.

Der Parkplatz wurde von vier Laternen, deren Glas Bierreklamen zierten, nur notdürftig beleuchtet. Ein paar Kleinwagen mit Kennzeichen aus Rijeka und Pula, zwei deutsche Harley-Davidson und ein Wohnwagengespann mit holländischem Nummernschild standen vor einer Reihe Pinien, die sich schwarz und undurchdringlich hinter dem Parkplatz erhob. Ein bärenhafter Hirtenhund, ein Šarplaninac, tauchte unter den Bäumen auf, sah wachsam zu ihr herüber und drehte um. Sein zottiges graues Fell verschmolz mit der Dunkelheit.

Iva fuhr zum Eingang und stellte den Motor ab.

Sie ließ das Fenster herunter, lehnte den Kopf gegen die

Kopfstütze und schloss die Augen. Warme Luft strömte herein und brachte den leicht stechenden Geruch von Rosmarin mit. Das gleichförmige Zirpen der Zikaden, die in der Macchia ihr nächtliches Lied sangen, wirkte geradezu einschläfernd. Wie gerne wäre sie jetzt zu Hause gewesen. Sie hätte mit Matteo zu Abend gegessen, vielleicht *Skuta*, den Frischkäse, den er so mochte, und reife Feigen, deren Saft ihm immer wie Honig übers Kinn lief und von den Fingerchen troff. Dann hätte sie ihn in seinem kleinen Pyjama mit den Elefanten ins Bett gebracht.

«*Laku noć*, Herzchen, gute Nacht.»

«Wann kommt Tata? Wo ist Tata?»

«Tata ist immer bei dir, du kannst ihn nur nicht sehen.»

Der Schotter des Parkplatzes knirschte, und Iva machte die Augen auf. Die grellen Lichtstrahlen starker Scheinwerfer bohrten sich wie Speere in den Pinienwald, im nächsten Augenblick rollte ein dunkler BMW X5 heran und blieb neben Ivas Fahrertür stehen. Ein glatzköpfiger Mann in einer Lederjacke stieg aus, knallte die Autotür zu und steckte eine Zigarettenpackung in die Hosentasche. Kurz darauf war er im Gasthaus verschwunden. Die Frau blieb im Wagen sitzen, verschränkte die Arme vor der Brust, lehnte den Kopf an die Nackenstütze und blickte aus dem Fenster in die andere Richtung, sodass Iva ihr Gesicht nicht sehen konnte. Ihr Haar war lang und blond.

Das Handy in Ivas Tasche läutete, sie kramte es heraus.

«Wo, zum Teufel, steckst du?!» Es war Nikola.

«Ich bin schon auf dem Heimweg.» Iva unterdrückte ein Gähnen. «Irgendwo bei Lovran. Hat Matteo nach mir gefragt?»

Der Glatzkopf in der Lederjacke kam zurück. In der einen

Hand hielt er eine riesige Pizza-Schachtel, in der anderen zwei Pappbecher. Die blonde Frau beugte sich zur Beifahrertür hinüber und öffnete sie von innen. Der Mann stieg ein, hielt ihr die Becher hin, und sie nahm einen.

«Ich kann den Motor nicht hören, stehst du irgendwo?»

«Auf einem Parkplatz, ich trinke noch einen Kaffee.»

«Ist dein Kollege bei dir?»

«Nein.» Iva gähnte nun doch. «Der hat Urlaub.»

«Bist du etwa da draußen allein unterwegs?»

«Sonst bräuchte ich keinen Kaffee.»

Der Alfa Romeo mit den gelben Scheinwerfern bog in die Einfahrt ein und stellte sich neben den Wohnwagen. Es war eine rote Giulietta, die schon bessere Zeiten gesehen hatte. Der Fahrer stieg aus, eilte zum Gasthaus. Er wirkte jung und sportlich und trug trotz des warmen Abends eine gesteppte schwarze Biker-Jacke.

«Das gefällt mir nicht, Iva, verschwinde von da.»

«Ich mache meine Arbeit, Dedi.» Als Staatsanwältin hatte sie vom Schreibtisch aus ermittelt, dies war ihr erster Einsatz an der Front. *Wenn Igor sich nicht mit dieser Drogenbande angelegt hätte. Wenn er nur an seine Familie gedacht hätte. An seinen Sohn.*

«Schläft Matteo?»

«Wie ein Bärchen, Mate wollte in meinem Bett schlafen.»

«Danke, Dedi ... ich komme auch bald.»

Ehe Nikola ihr weiter die Leviten lesen konnte, legte Iva auf und stieg aus. Sofort war sie von der noch viel zu warmen Nachtluft eingehüllt und spürte, wie ihr der Schweiß ausbrach. Mückenfledermäuse, kaum einen Daumen lang, gaukelten wie Nachtfalter auf der Jagd nach Insekten im Licht einer Parkplatzlaterne. Ein Laster dröhnte auf der Küstenstraße vorbei. Das Paar im BMW aß Pizzastücke aus dem aufgeklappten Karton und schenkte Iva keine Beachtung. Sie ging zur Eingangstür und trat ein.

Das *Stari Mornar* war ein auf Seefahrerkneipe getrimmtes Touristenlokal. An den Wänden hingen Fischernetze mit einem Fang aus Plastik – Seesterne, Hummer und leuchtend bunte Fische, die es in der Adria nicht gab.

An einem Tisch saßen ein paar Einheimische, tranken Wein und Schnaps und spielten Karten. Ein paar Meter weiter hatten zwei junge Männer in Motorradfahrerkluft Bierflaschen vor sich stehen und verschlangen riesige Pizzastücke. Ein Paar mit drei hellblonden Kindern saß an einem Ecktisch.

An der Theke, hinter der eine Pinnwand mit bunten Postkarten hing, lehnte der Mann in der Biker-Jacke, trank Kaffee und redete auf den Wirt ein. Iva stellte sich ein paar Meter weiter an den Tresen zu einer Tortenglocke mit Cremeschnitten und legte ihre Tasche auf den Barhocker neben sich. Trotz des Abstands konnte sie nicht umhin, die aufgeregten Worte des Mannes zu hören.

«Es wird ein Mädchen», sagte er. «Jetzt sind wir noch mal ans Meer gefahren, der letzte Urlaub zu zweit.»

Der Gastwirt lächelte. «Großartig – wo wohnt ihr denn?»

Der junge Mann leerte die Tasse. «*Motel Kvarner Beach.*»

«Der Kaffee geht natürlich aufs Haus», sagte der Wirt.

«Oh – danke!» Der junge Mann schlug mit der Hand auf den Tresen. «Dann fahre ich mal weiter zu meinen beiden Mädchen. Ana wartet sicher schon.» Er warf Iva einen flüchtigen Blick zu, drehte sich um und spazierte zur Tür.

Der Wirt sah ihm nach. «Was sagt man dazu? Selbst noch fast Kinder – und werden Eltern! Na, wird schon gut gehen.»

Er drehte sich zu Iva um. «Sie waren heute schon mal da, stimmt's? Haben Sie Miro Babans Haus gefunden?»

«Ja, vielen Dank, war kein Problem.»

«Miro gilt hier als Held, wissen Sie? In diesem elenden Bruderkrieg – was für ein Unglück! – hat er einen Jungen ...»

«Ich möchte bitte einen Espresso. Und Mineralwasser.»

«Natürlich.»

Während Iva auf ihre Bestellung wartete, sah sie aus dem Fenster auf den Parkplatz hinaus. Im gelblichen Schein der Eingangsbeleuchtung konnte sie ihr Auto und den SUV sehen. Der Mann aus dem BMW lehnte an der Beifahrertür, rauchte und beschäftigte sich mit seinem Handy. Die klapperige Giulietta war weg.

«Hier bitte.» Der Wirt wischte mit einem Lappen über die Granitplatte vor Iva, dann stellte er den Kaffee und ein Glas mit sprudelndem Mineralwasser vor sie hin. «Bitte.»

Iva trank den Espresso auf einen Zug. Der heiße Kaffee brannte ihre Speiseröhre hinab, aber sie fühlte sich besser.

Er musterte sie. «Wo müssen Sie heute Nacht noch hin?»

Iva stellte die Tasse ab. «Verwandtenbesuch.» Sie deutete auf die Cremeschnitten unter der Plastikhaube. «Ich nehme drei Stück mit, bitte.» Matteo liebte Cremeschnitten und würde sich über die süße Frühstücksüberraschung freuen. Sie blickte sich um. «Wo sind denn hier die Waschräume?»

Der Wirt deutete auf eine Tür im Hintergrund, an der eine Bierreklame hing. *Karlovačko Pivo*. «Da hinten.»

Iva nickte, zog ihre Tasche vom Barhocker und machte sich auf den Weg zu den Toiletten. Als sie sich im kalten Neonlicht die Hände wusch, begegnete sie ihrem Blick im Spiegel und erschrak. Gehörte dieses angespannte Gesicht mit den zu großen Augen und den dunklen Ringen darunter etwa ihr? Die vielen schlaflosen Nächte hatten sichtlich ihren Tribut gefordert. Und jetzt trieb sie sich mitten in der Nacht in einer fremden Gegend herum und hatte noch zwei Stunden Fahrt vor sich. *Denk an deinen Sohn.* Nikola hatte recht. Was war sie nur für eine Mutter. Sie musste nach Hause, und zwar auf dem schnellsten Weg.

Iva fischte ihr Portemonnaie aus der Umhängetasche und entnahm ihm einen Geldschein. Dabei glitt ihr die Pistole in die Hand. *Hellcat.* Geladen und gesichert. War sie verrückt geworden? Sie hatte noch nie auf einen Menschen geschossen und auch nicht vor, es jemals zu tun. Vorsichtig bettete sie die Pistole ganz obenauf, ergriff die Tasche und verließ den Waschraum. Am Tresen holte sie das Kuchenpaket ab und zahlte.

«*Sretan put*», wünschte der Wirt. «Gute Fahrt.»

Iva bedankte sich und ging auf den Parkplatz hinaus.

Der Mann in der Lederjacke lehnte noch immer an der Seitentür des BMW. Als er Iva bemerkte, blickte er kurz hoch. Dann warf er seine Zigarette weg, wandte Iva den Rücken zu und hielt sich das Telefon ans Ohr.

Iva stieg in ihr Auto, stellte das Kuchenpaket auf den Boden vor dem Beifahrersitz und legte ihre offene Tasche auf die Sitzfläche, wobei sie darauf achtete, dass die Pistole nicht herumrutschen konnte, ließ den Motor an und fuhr los.

Nach der Pause und dem Espresso fühlte Iva sich besser. Sie stellte das Radio an und hörte in den Nachrichten, dass Innenminister Dragutin Miletić aus gesundheitlichen Gründen zurückgetreten war. Lorenzo hatte also recht gehabt. *Denk an meine Worte.* Während Iva der Küstenstraße weiter folgte, überlegte sie, wie sie Lorenzos Kontakte für sich nutzbar machen konnte. Bei Mošćenička Draga wand sich die

Straße ein Stück landeinwärts, und gleich hinter der Rechtskurve stand ein Fahrzeug mit offenem Kofferraum auf dem Seitenstreifen. Es war die alte Giulietta. Der werdende Vater kniete daneben und blickte unschlüssig auf den Wagenheber in seinen Händen.

Iva verlangsamte die Fahrt, hielt hinter dem Alfa und stellte den Motor ab. Der junge Mann hob den Kopf und blinzelte in das Licht ihrer Scheinwerfer. Seine Miene war ein Bild der Hoffnungslosigkeit. Iva stieg aus. In diesem Moment brauste der BMW X5 vorbei, für den Bruchteil eines Augenblicks sah der Glatzkopf auf dem Beifahrersitz zu der Szene am Straßenrand hinüber. Der junge Mann wandte ihm das Gesicht zu, dann schenkte er seine Aufmerksamkeit Iva.

«Brauchen Sie Hilfe?» Iva ging auf ihn zu.

«Nein.» Seine Miene war misstrauisch. «Kennen wir uns?»

«Ich habe im *Stari Mornar* neben Ihnen gestanden», sagte Iva. «Sie haben an der Theke einen Kaffee getrunken.»

Sie stand direkt über ihm. Er hatte ein Badetuch auf dem Asphalt ausgebreitet, um sich daraufzuknien, seine Jacke aber für den Reifenwechsel nicht ausgezogen.

«Was wollen Sie denn mit dem Wagenheber?», fragte Iva. Beide Reifen auf ihrer Seite schienen in Ordnung zu sein.

«Etwas zischt beim Fahren», sagte er. «Ich glaube, ein Reifen verliert Luft. Aber ich kriege die Felge nicht runter, die Schrauben sind eingerostet.» Er sah zu Iva auf, als wartete er auf eine Antwort.

Iva konnte das Meer hinter sich rauschen hören. In der Ferne tutete ein Nebelhorn. Der Geruch des noch von der Tageshitze aufgeheizten Asphalts stach in ihrer Nase. Irgendwo war da eine schwangere Frau und wartete auf ihren Mann. Und der war nicht einmal in der Lage, einen Reifen zu wechseln. *Motel Kvarner Beach,* hatte er gesagt, wenn sie sich recht erinnerte. Und wo, zum Teufel, war das?

«Soll ich Sie zu Ihrem Motel fahren?», fragte Iva.

Er rappelte sich hoch. «Das schaffe ich schon allein.»

Iva reichte es. «Na schön», sagte sie. «Warten Sie hier beim Wagen, ich rufe Ihnen einen Pannendienst.»

Sie drehte sich um, ging zu ihrem Auto und setzte sich auf den Fahrersitz. Dann zog sie ihre Tasche zu sich heran, um mit dem Handy die nächstgelegene Polizeidienststelle anzurufen und Hilfe anzufordern. Der Mann ging ihr nach, gleich darauf füllte seine Silhouette das Seitenfenster.

Iva ließ die Scheibe herunter. «Was gibt's jetzt noch?»

Er hielt ihr eine Pistolenmündung unter die Nase.

«Ich habe kein Bargeld.» Sie umfasste die Tasche fester.

«Raus», sagte er und riss die Autotür auf.

«Alles gut, dann steige ich jetzt langsam aus.» Im Zeitlupentempo glitt Iva aus dem Auto, blieb neben der Tür stehen und hielt die Tasche wie einen Schutzschild vor sich. «Nehmen Sie den Wagen. Der Schlüssel steckt.»

«Ich nehme Sie.» Er zeigte mit der Waffe zu der Giulietta. «Legen Sie sich in den Kofferraum, los.»

Iva fasste in die Tasche, aber er war schneller und riss Iva an sich. «Willst du, dass ich dich erschieße, du dumme Gans?» Er presste ihr Gesicht an seine Brust.

Iva hatte gelesen, dass das Leben in den letzten Augenblicken wie in Zeitraffer an einem vorbeizog. Sie sah Igor, der in einer Zagreber Regennacht losrannte, als trügen ihn an diesem Abend Flügel, Nikola mit Colombina im Schlepptau und einem Korb reifer Oliven auf Terra Rossa, und Matteo, der lachend zum ersten Mal auf sie zutappte.

Iva roch das billige Rasierwasser auf dem Kragen ihres

Angreifers und seinen Schweiß. Heiße Wut stieg in ihrer Brust auf, brannte in ihrem Hals und explodierte in ihrem Kopf. Als hätten ihre Finger ein Eigenleben bekommen, tasteten sie nach der Pistole in der Tasche und schlossen sich um ihren Griff.

Du bist eben doch eine Pavić.

Iva zählte bis drei, dann zog sie die Pistole.

ZEHN

Sie haben einem Mann ins Bein geschossen?» Polizeidirektor Petrović starrte Iva an. «Der eine Autopanne hatte?!» Seine Stimme schwankte zwischen Unglauben und Fassungslosigkeit.

«Es war eher ein Streifschuss.» Iva bemühte sich, nicht zu zittern. In Petrovićs Büro war es verglichen mit der Hitze, durch die sie in die Polizeidirektion geeilt war, geradezu frostig. Die Kälte zog um ihren Nacken und ihren schweißnassen Rücken hinab. «Er wollte mich entführen.»

«Sind Sie wahnsinnig geworden?»

Iva hob das Kinn. «Es war Notwehr.»

«Sie ballern auf der Straße herum?» Petrović musste an sich halten. «Wieso haben Sie überhaupt eine Dienstwaffe?»

«Ich bin zum Tragen einer Schusswaffe berechtigt», sagte Iva. «Diese ist auf meinen Großvater registriert.»

«Auf Ihren Großvater?»

«Ja, auf meinen Großvater Nikola Pavić. Er hat mir zum Tragen der Waffe geraten, als ehemaliger Kämpfer ...»

«Ich weiß, wer Nikola Pavić ist!»

Iva zuckte die Schultern und schwieg.

Es war neun Uhr morgens, und sie hatte stundenlang wie eine Tote geschlafen. Als sie kurz vor Mitternacht endlich auf Terra Rossa angekommen war, hatte in der Küche Licht gebrannt. Im ersten Augenblick hatte sie gedacht, Matteo wäre etwas zugestoßen, und war ins Haus gerannt. Aber es war nur Nikola, der auf sie gewartet hatte. Auf dem Küchentisch hatten ein halb volles Rotweinglas und eine Flasche Teran gestanden. In einer gusseisernen Pfanne hatten dicke Weißbrotscheiben langsam in Olivenöl gebrutzelt.

Nikola hatte ihr nur kurz ins Gesicht gesehen und, statt zu fragen, das geröstete Brot der Tradition gemäß in eine Bukaleta, einen kleinen Tonkrug, gesteckt, mit dem fruchtigen Rotwein übergossen, einen Schuss Olivenöl und frisch gemahlenen Pfeffer hinzugefügt und ihr das Ganze wortlos hingeschoben. Diese istrianische Weinsuppe war die Stärkung der Bauern bei der schweren Feldarbeit und schon vor zweitausend Jahren die Wegzehrung und der Kraftspender der römischen Legionäre gewesen. Während Iva erschöpft ihre Weinsuppe gelöffelt und mit der freien Hand Colombinas weiche Schlappohren gekrault hatte, hatte sie erzählt.

«Ich hab noch nie auf einen Menschen geschossen, Dedi.»

«Hast du immer noch nicht. Teufel, alle miteinander!»

«Womit haben wir es da bloß in dieser Hölle zu tun?»

«Drogengeld, Gewinne aus dem Balkankrieg, Geldwäsche ...»

Nikola hatte weitergesprochen, aber Iva erinnerte sich an keines seiner Worte. Abgekämpft und vom Alkohol umnebelt, war sie ins Bett gefallen und hatte endlich schlafen können.

«Es war eine Straßenfalle.» Iva sah den Mann wieder auf dem Boden knien und hilflos mit dem Wagenheber hantieren. Schon bei diesem Anblick hätte ihr aufgehen müssen, dass etwas nicht stimmte. «Der Angreifer hat auf mich gewartet.»

Sie hatte aus nächster Nähe auf ihn geschossen, doch er war nicht zusammengebrochen, sondern hatte nur mit einem Fluch seinen Griff gelockert, sodass sie sich in ihr Auto werfen und davonrasen konnte. Gleich darauf hatte sie den Notruf gewählt, Polizei und Notarzt angefordert und die Stelle beschrieben, wo der Verletzte zu finden war. «Ich glaube, ich bin von zwei Autos verfolgt worden. Auf der Rückfahrt von Komesar Babans Haus ist mir ein BMW aufgefallen.» Der schwere Wagen war viel zu dicht aufgefahren, er hätte ihren Fiat Freemont mit einem einzigen Schubs seiner Stoßstange über die Klippen ins Meer befördern können. Aber sie hatte überraschend die Abfahrt zum *Stari Mornar* genommen. Dann war der BMW ebenfalls auf den Parkplatz gefahren. Und als sie das Gasthaus verlassen hatte, hatte der Glatzkopf jemanden angerufen.

«Darum geht's doch nicht!», brüllte Petrović.

Iva bekam ein Gefühl von Unwirklichkeit. «Nein?»

Petrović schüttelte den Kopf. Anscheinend machte ihm der eisige Luftzug, der aus der Klimaanlage strömte, nichts aus. Mühsam beherrscht fuhr er fort: «Die ausländische Presse hat von Ihrem unsäglichen Interview mit dieser Ana Matić Wind bekommen. Die Hrvatska izvještajna novinska agencija, unsere sonst nicht übereifrige kroatische Presseagentur, hat Ihren Artikel ausgerechnet jetzt, zur besten Reisezeit, auf Englisch breitgetreten. Sowohl die Agenzia Nazionale Stampa Associata in Rom als auch die Deutsche Presse-Agentur haben eine Aussendung gemacht.» Er beugte sich vor und verschränkte die muskulösen Hände auf dem Schreibtisch, als wollte er sie daran hindern, sich an seinem Gegenüber zu vergreifen. «Und wissen Sie, was? Gerade hat mich ein hoher Beamter aus dem Ministerium für Tourismus und Sport angerufen. In Zagreb ist man, gelinde gesagt, nicht amüsiert. Können Sie mir folgen, Doktorica?»

«Ehrlich gesagt, nein.» Iva dachte an Elenas und Miroslav Babans sommerlichen Garten und versuchte, sich auf diese Weise von der Kälte im Raum abzulenken.

«Am Sonnabend erscheint das deutsche Nachrichtenmagazin *Der Spiegel* mit einer Titelgeschichte über Kroatien.» Er donnerte die Faust auf den Tisch. «Und Sie schwadronieren bei der Matić was von mafiösen Strukturen in Istrien. Dazu jetzt diese Wildwestschießerei auf der Landstraße!»

«Wie ich schon sagte, es war Notwehr, weil ...»

Petrović brachte sie mit einer Handbewegung zum Schweigen. «Hören Sie gut zu, Doktorica», zischte er. «In einer Stunde habe ich Ihretwegen ein Telefonat mit diesem Referenten unseres Innenministers. Und wenn es mir nicht gelingt, ihn davon zu überzeugen, dass unser schönes Istrien frei von Gewaltverbrechen ist, dann sitze ich demnächst auf einem Polizeiposten in Gorski Kotar und suche gestohlene Schafe.» Petrović ließ sich in seinen Stuhl zurückfallen und nahm sie ins Visier, als blickte er über einen Pistolenlauf. «Also», sagte er in dienstlichem Tonfall. «Wir haben keine Meldung vorliegen – weder von der Polizei noch aus einem Krankenhaus – und daher keinen Verletzten? Korrekt?»

«Zumindest wurde keine Anzeige erstattet.»

«Blut, das nicht von einer überfahrenen Katze stammt?»

«Die Einsatzkräfte haben keine Spuren gefunden.»

«Glück für Sie», sagte Petrović, und sein Tonfall legte nahe, dass das auch für ihn selbst galt. Er drehte den Kopf zur Seite und präsentierte sein Cäsarenprofil. Als er sich Iva wieder zuwandte, war seine Miene ausdruckslos. «Dieses Gespräch hat nie stattgefunden. Weil es diesen ... Zwischenfall nicht gegeben hat. Ich hoffe, ich habe mich klar ausgedrückt.»

«Glasklar.»

«Ich informiere den Postenkommandanten vor Ort persönlich, dass der Einsatz ein Missverständnis war.»

Iva drehte sich wortlos um und verließ den Raum.

Die Hitze im Gang war fast so drückend wie die in der Stadt, aber die Luftfeuchtigkeit schien noch höher zu sein. Iva hatte das Gefühl, als legte sich der warme Dunst wie ein Tuch über ihr Gesicht, das die Widerworte, die sie Petrović gerne gegeben hätte und für sich hatte behalten müssen, für immer erstickte. Sie kannte die Wahrheit – und hatte sich zu einer Lüge erpressen lassen. Nicht, weil sie Angst vor Petrović gehabt hätte, sondern weil es anscheinend keine Beweise für die Geschehnisse der letzten Nacht gab. Iva beschloss, ab jetzt noch vorsichtiger zu sein und vor allem ihre Worte sorgfältiger abzuwägen.

In ihrem Arbeitszimmer marschierte Iva direkt zum Fenster und riss beide Flügel auf. Eine Eidechse huschte vom Fensterbrett und verschwand darunter im Schatten der Mauer. Der Feigenbaum warf ein Blättermuster auf die in der Sonne weiß leuchtende Fassade des Nachbarhauses. Aus einem offenen Fenster klang Klavierspiel. *Für Elise* von Beethoven. Die Töne schienen in der Luft zu schweben, als wäre es selbst ihnen zu heiß, um sich zu bewegen. Im Juli und August machte man in Istrien seine Erledigungen frühmorgens und verbrachte den Rest des Tages hinter geschlossenen Holzläden, die durch ihre aufgestellten Klappen gerade genügend Tageslicht in die von der Nacht noch kühlen Räume hereinließen. Von der Werft hallten metallisch dröhnende Schläge herüber. Als hämmerte ein entfesselter Riese auf einen Amboss. Iva hätte gerne geduscht, um mit dem

Schweiß von ihrer Haut auch das Gespräch mit Petrović aus ihrem Kopf zu spülen.

Sie wandte dem Fenster den Rücken zu.

Miroslav Babans Personalakte lag noch immer auf ihrem Schreibtisch. Genauso wie die Präsentationsmappen der *Adria Star Invest.* Auf den Regalen reihten sich unter einer immer dicker werdenden Staubschicht die unbeschrifteten Kisten aus Igors Büro. Und auf dem Holztisch türmten sich Aktenordner neben einem zur Hälfte ausgeräumten Karton, als warteten sie darauf, dass der eifrige Alija Karahasan jeden Augenblick zur Tür hereinflatterte und seine Arbeit fortsetzte.

Iva fasste die auf Kante ausgerichteten, jedoch unterschiedlich hohen Stapel näher ins Auge. Alija hatte anscheinend den Karton nicht wahllos ausgepackt, sondern seinen Inhalt gleich geordnet. Sie spürte einen Stich im Herzen und beschloss, Alijas Mutter zu schreiben.

Entschlossen ging Iva hinüber und stellte den Karton auf den Boden. Dann nahm sie auf dem harten Holzstuhl Platz und schlug den ersten Ordner auf. Vor ein paar Wochen hatte eine Drogenrazzia im Hafen stattgefunden, die Festgenommenen waren jedoch bald wieder freigelassen worden. Der Drogenfund war nahezu wertlos gewesen. Wie Miroslav Baban gesagt hatte, hatte man ein paar Gramm Kokain gefunden und ein paar kleine Fische geschnappt. Erfolg sah anders aus.

Entweder er hat einen falschen Tipp bekommen, oder es hat eine Warnung gegeben. Wenn Sie mich fragen, haben Sie nämlich noch ein Problem – einen Maulwurf in der Polizeidirektion.

Iva blätterte weiter und – stutzte.

Eine Anzeige hatte Alija mit einem roten Klebezettel versehen. Daniele Rossi, Fotograf in Pula, war mit einer Menge Kokain erwischt worden, die seinen persönlichen Bedarf weit überstieg. Iva hob den Kopf. Dieser Rossi handelte mit Drogen. Ihr erster Eindruck hatte sie also nicht getrogen. Aber hatte Lorenzo nicht von einer falschen Anschuldigung gesprochen? Sie legte die Anzeige griffbereit zur Seite.

Der nächste Stapel bestand aus verschiedenen, scheinbar wahllos gesammelten Unterlagen zum Bankhaus Battaglia. Flyer mit Bankprodukten, aufwendig gestalteten Einladungskarten für Veranstaltungen – der bekannte Wirtschaftsanwalt Lorenzo Kos hatte zur Familienstiftung referiert. Die Banka Battaglia war eine private Investmentbank, die die Gelder ihrer Kunden in Fonds und Aktien aller Art veranlagte. Eine in Igors Handschrift hingekritzelte Liste enthielt Namen, die Iva nur zum Teil etwas sagten. Da war ein Hotelier aus Rovinj und der Juwelier am Forum, der Betreiber der albanischen Eisdiele am Korso und ein Beach Club in Stoja. Warum hatte Igor sein Augenmerk so ausführlich auf die Banka Battaglia gelegt? Zur Tarnung hatte er ja anscheinend sogar selbst ein Konto eröffnet und ein Wertpapierdepot angelegt.

Iva dachte an den kleinen korpulenten Mann im weißen Dinnerjacket, den Lorenzo ihr im Jachtklub vorgestellt hatte. Edoardo Battaglia war sehr entgegenkommend gewesen.

Wenn sie Battaglias Sonderkonditionen akzeptierte, konnte sie bestimmt Leskovars Villa zum ihr angebotenen Vorzugspreis kaufen, dachte Iva nicht ohne Bitterkeit. Sie brauchte eine diskrete Auskunft unter Freunden.

Iva nahm ihr Handy und wählte eine Nummer.

«Iva, *srce*, wie nett!» Im Hintergrund war Verkehrsrauschen zu hören. «Was gibt's Neues?»

«Ciao, Lorenzo, bist du in Pula?»

«Herzchen, ich bin ein vielbeschäftigter Anwalt und gerade auf dem Weg von Triest nach Venedig.»

«Dann will ich dich nicht weiter stören.»

«Du störst nie, außerdem habe ich erst in zwei Stunden ein Mittagessen mit Klienten ... *Fahr weiter!* ... Dabei hasse ich diesen göttlichen Tiefkühlfisch, den sie einem in Venedig als Tagesfang unterjubeln. Brauchst du Hilfe?»

«Göttlicher Tiefkühlfisch?»

«Nur Gott allein weiß, wo der her ist.»

Iva musste wider Willen lachen. Es tat gut, mit Lorenzo zu reden. Sie drehte sich mit dem Rücken zu den Aktenstapeln und blickte in den Hinterhof hinaus. Die Blätter des Feigenbaums ragten regungslos in die grelle Hitze. «Ich war gestern bei Leskovar, er hat ein sehr schönes Ferienhaus.»

«Allerdings, aber ... *jetzt sieh dir diesen Idioten an, kriecht mit hundert Sachen auf der Überholspur* ... Wenn du ein Verhältnis mit Brane anfängst, brichst du mir das Herz!»

«Da mach dir mal keine Sorgen.»

«Budala!» Idiot. *«Va via!»* Verschwinde! Der Ton einer Hupe schnitt Iva ins Ohr, dann war da wieder Lorenzos Stimme, ganz entspannt: «Es geht um Brane?»

«Ich überlege, mir in Istrien was Eigenes zu kaufen.»

«Ach ja?» Lorenzo klang erfreut. «Schön.»

«Ja», log Iva. «Auf Dauer können Matteo und ich nicht bei meinem Großvater wohnen. Du weißt ja, wie so was ist.»

«La famiglia.» Lorenzo seufzte. «Na, klar doch.»

«Brane hat mir Pläne von einem Haus gezeigt ... also, wenn ich die Wohnung in Zagreb verkaufe und einen Kredit aufnehme, dann könnte ich mir das vielleicht leisten.»

«Verstehe, klingt gut.» Jetzt sprach der Anwalt, ohne jede Modulation. «Wie stellst du dir die Finanzierung vor?»

«Was hältst du denn von der Banka Battaglia?»

«Renommiert, seriös – ich bin selbst Kunde.»

«Ach ja?»

«Natürlich, ich habe schließlich viel Geschäft in Istrien, da brauche ich Treuhandkonten. Edi berät mich auch bei meinen privaten Anlagen. Soll ich mit ihm reden?»

«Er hat mir Sonderkonditionen angeboten, aber ...»

«Ausgezeichnet, ich rufe ihn morgen an, ja?»

«Und wenn Leskovar lieber seine Hausbank nimmt?»

«Es ist seine Hausbank.» Lorenzo lachte. «Ich bin Branes Anwalt, und Edi ist seit vielen Jahren sein Bankier. Herzchen, bei deinen Freunden bist du in den besten Händen.» Der Blinker klickte. «Lass deinen alten Kumpel nur machen, und bald hast du dein eigenes Haus am Meer.» Wieder ertönte die Autohupe, gedämpft war ein Schiffshorn zu hören.

«Vielen Dank, das hatte ich gehofft», sagte sie. «Ach, und Lorenzo – was für ein Auto fährst du da? Ein Cabrio?»

«Ferrari Roma Cabrio – bei Interesse kann ich dir ...»

«Nein, danke, ich kriege im Cabrio immer einen steifen Hals. Oje, da kommt ein Telefonat rein. Ciao, Lorenzo!»

Iva drückte die Austaste und drehte sich wieder zum Schreibtisch um. Vielleicht hätte sie wie Lorenzo auch eine Wirtschaftskanzlei eröffnen sollen. Sie überlegte kurz, dann nahm sie die Anzeige gegen Daniele Rossi, klemmte sich den Aktenordner unter den Arm und machte sich auf den Weg.

Staatsanwalt Horvat stand hinter dem Schreibtisch. Seine untere Gesichtshälfte wurde von einer aufgeschlagenen Tageszeitung verdeckt. Als Iva die Bürotür hinter sich schloss, ließ Horvat die Zeitung sinken.

«Dobar dan, Doktorica», rief er. «Haben Sie es schon gelesen? Unser Justizminister ist zurückgetreten.»

Das Büro lag wie bei ihrem ersten Besuch in dem diffusen Licht, das durch die Lamellen der Jalousien drang. Der große Ventilator neben der Ledercouch drehte sich, sein Luftzug kämmte durch die Wedel der Zimmerpalme.

Iva durchquerte das Arbeitszimmer und blieb vor Horvats Schreibtisch stehen. «Habe ich im Radio gehört.» Und Lorenzo hatte es kommen sehen. Woher nahm er seine Informationen?

Horvat wedelte mit der Zeitung. «Wegen einer Affäre», sagte er, als gäbe es keinen unwichtigeren Grund für den Rücktritt eines Ministers. «Eine bulgarische Opernsängerin, stellen Sie sich vor.» Er stieß den Atem so heftig aus, dass sich sein Schnauzbart zu sträuben schien. «Der Minister ist ... war ...» Horvat suchte das Zitat in der Zeitung. «Ah, hier – Vorstandsmitglied im Verein zur Förderung der Zagreber Oper.» Er sah auf. «Förderer der Operndiven, scheint mir.»

«Weiß man schon, wer Miletićs Nachfolger wird?»

Horvat faltete sorgfältig die Zeitung zusammen und legte sie neben die Unterschriftenmappe, in der er zuvor gearbeitet zu haben schien. «Heute Mittag gibt es eine Pressekonferenz, dann wissen wir's.» Er warf einen Blick auf seine altmodische Stahlarmbanduhr. «Noch ein paar Minuten, ich habe einen Freund im Kabinett des Justizministeriums. Er wird mich umgehend informieren.» Horvat wies auf die zwei Stühle vor seinem Schreibtisch und ließ sich in seinen Drehsessel fallen. «Was führt Sie zu mir, meine Liebe?»

Iva reichte ihm die Anzeige gegen Daniele Rossi und setzte sich. «Der Mann hat ein Fotostudio in Pula», sagte sie. «Ich brauche einen Durchsuchungsbeschluss.»

Horvat warf einen Blick auf das Papier und hob die Brauen. «Wie ich sehe, liegt diese Anzeige schon Monate zurück. Warum ist da in der Zwischenzeit nichts geschehen?»

«Ich nehme an, mein Mann ist nicht mehr dazu gekommen, die Sache weiterzuverfolgen», sagte Iva. «Aber ich habe vor ein paar Tagen mit Avvocato Kos aus Triest gesprochen.»

«Ist mir ein Begriff.» Horvat nickte anerkennend.

«Avvocato Kos meint, es hätte unter Umständen eine Denunziation aus persönlichen Motiven gegeben. Deswegen wäre Herr Rossi zweimal festgenommen, aber umgehend wieder auf freien Fuß gesetzt worden. Ich denke, wir sollten in diesem Fall trotzdem auf Nummer sicher gehen.»

«Mhm.» Horvat nahm seine Brille ab und begann, sie mit einem sauberen weißen Taschentuch zu putzen. Als er wohl das Gefühl hatte, wieder klar sehen zu können, hielt er sie vor die Augen und spähte durch die Gläser. Dann setzte er die Brille wieder auf und fixierte Iva. «Sie bekommen Ihren Durchsuchungsbeschluss. Halten Sie mich auf dem Laufenden.»

«Da wäre noch etwas ...» Iva räusperte sich. «Ich muss Sie auch noch um einen Durchsuchungsbeschluss für die Banka Battaglia bitten, Herr Staatsanwalt.» Sie beugte sich vor, zog Igors Liste der Bankkunden aus dem schwarzen Aktenordner und legte sie auf den Deckel. «Ich brauche Zugriff auf alle Unterlagen und eine Direktuntersuchung aller Kreditvergaben, aller Ein- und Auszahlungen des letzten Jahres. Außerdem will ich Einblick in die Kontobewegungen aller Geschäftskunden der Bank sowie verdächtiger Personen, die ...»

«Halt, halt!» Der Staatsanwalt hob die Hände, als stünde

er vor einem Erschießungspeloton. Er beugte sich vor und massierte sein Kinn, während er die Liste durchging. Seine Miene umwölkte sich umso mehr, je weiter er mit der Lektüre kam. Endlich blickte er auf. «Nein – unmöglich.»

«In den Unterlagen meines Mannes taucht der Name Banka Battaglia immer wieder auf.» Igors Konto und das Wertpapierdepot erwähnte Iva vorerst nicht. *Ein Maulwurf in der Polizeidirektion.* Sie durfte denjenigen, der so schnell nach Igors Tod gehandelt hatte, nicht vor der Zeit aufscheuchen. Sie wollte auch die Hintermänner. «Ich glaube, Igor hatte Hinweise auf unsaubere Transaktionen.»

«Um Gottes willen, was für Hinweise denn?»

«Ich brauche eine schriftliche Anordnung von Ihnen», sagte Iva, «die mir als Sonderermittlerin unverzüglich vollständigen Zugang zu allen Unterlagen betreffend sämtliche finanzielle Transaktionen gewährt, die ...»

«Transaktionen? Was ich brauche, sind Fakten!»

Iva zuckte die Schultern. «Bestechungsgelder?», sagte sie. «Geldwäsche? Gewinne aus Drogengeschäften? Schwarzgeld aus dem Jugoslawienkrieg?» Sie hatte mit Bedacht reißerische Schlagworte gewählt und hoch gegriffen.

Horvat legte die Hände auf die Armlehnen seines Sessels und drehte ihn hin und her, während er seinen Blick über Iva wandern ließ. Endlich antwortete er: «Unsinn, ich kenne Edi Battaglia seit vielen Jahren. Er ist ein angesehener Bürger unserer Stadt, ein Kunstmäzen und Großspender für karitative Zwecke. Er hat eine wunderbare Familie und es nicht nötig, sich in irgendwelche zweifelhaften Geschäfte verwickeln zu lassen und seine Reputation und seine Existenz zu ruinieren.» Er beugte sich vor und legte die Hände auf den Aktenordner. «Ich behaupte nicht, dass es in Pula keinen Drogenhandel gibt, und ich bin ganz Ihrer Meinung, dass Handlungsbedarf besteht. Der internationale Schiffsverkehr, die zahllosen Touristen – so was ist ein Nährboden.» Er trommelte mit den Fingern auf den Deckel. «Da muss hart durchgegriffen werden, natürlich.» Horvat zielte mit dem Zeigefinger auf Iva. «Aber wir können doch nicht alle in einen Topf werfen! Ehrbare Bürger und Bankkunden und – vielleicht – Leute, die keine ganz weiße Weste haben.»

Die Werftsirene heulte, das metallische Hämmern und Schlagen, der Pulsschlag von Pula, erstarb.

«Ich bin sicher, wir finden etwas, Herr Staatsanwalt.»

«Aber wann wäre das? In einem Jahr? Zwei Jahren? Drei? Bei unseren Verfahrensdauern auch länger. Bis dahin ist der Ruf Unschuldiger ruiniert – Sie wissen ja, wie die Leute sind –, und ganze Existenzen sind vernichtet. Also – nein, Doktorica, es ist unmöglich.» Horvat schenkte Iva ein Lächeln, sein Schnauzbart sträubte sich. «Haben Sie sich schon ein wenig in unserem schönen Pula eingelebt?»

Iva war gedanklich noch bei Battaglia. «Wie bitte?»

Horvat breitete die Hände aus. «Hier gibt es eine Gruppe von Unternehmern, Anwälten, Professoren – Leute, die hart arbeiten und, wenn es ihre Zeit und ihre Pflichten erlauben, das Leben genießen. Es ist eine Gruppe, der Sie sich anschließen und auf Sympathien treffen könnten.» Er nickte. «Sie würden feststellen, dass diese Sympathien hilfreich und einflussreich, sehr einflussreich, sind.»

«Darf ich Ihre Worte als Warnung verstehen?»

«Interpretieren Sie sie, wie Sie wollen.»

Iva ließ ihren Blick zu der Bilderwand mit den schwarzweißen Stichen wandern. Das römische Pula. Der Sergier-

Bogen, der Augustustempel am Forum, das Zwillingstor der Porta Gemina. Und das Amphitheater, in dem das Recht auf körperliche Unversehrtheit und Leben grausam erkämpft wurde.

«Ihr letztes Wort?», fragte sie.

Horvat seufzte. «Das habe ich nicht gesagt.»

Sie sah ihm ins Gesicht. «Aber?»

«Zunächst sind eingehende und sorgfältige Voruntersuchungen nötig.» Horvat fasste Iva ins Auge, die Gläser seiner Brille funkelten kalt. «Die Arbeit eines Staatsanwalts ist nun mal umfangreich und akribisch. Sie, Doktorica, wenden die Gesetze gegen das organisierte Verbrechen aus persönlichen Gründen missbräuchlich an. So ein überstürztes Vorgehen ist nicht nur unprofessionell, sondern noch dazu Wasser auf die Mühlen derer, die unsere malerische Küste für eine Goldgrube der Mafia halten. Wir Juristen müssen das Recht der Gesellschaft wahren, aber gleichzeitig auch die Rechte des einzelnen Bürgers.»

«Sie wollen mich also nicht unterstützen?»

«Ich bitte Sie! Selbstverständlich!» In seiner Stimme schwang jetzt unüberhörbar Überdruss. «Aber doch nicht auf bloßen Verdacht hin. Liefern Sie mir Beweise.»

«Ich komme wieder.» Es war ein Versprechen.

Das Telefon auf dem Schreibtisch klingelte, Horvats Gesicht hellte sich auf. «Sie verzeihen, Doktorica ... Hallo? Das Ministerium? Ja, natürlich, stellen Sie durch ... Horvat? ... Oh, *dragi prijatelj*, Sie sind es!» Er legte den Kopf schief und lauschte aufmerksam. «Tatsächlich?» Er sah Iva an und kniff ein Auge zu. «Danke, lieber Freund.»

Iva verschränkte die Arme und versuchte, sich ihren Ärger und ihre Enttäuschung nicht anmerken zu lassen.

Horvat legte auf. «Das war Zagreb», sagte er. «Wir haben einen neuen Justizminister. Sie werden sich freuen.»

«Dann verraten Sie mir die guten Nachrichten.»

«Sie haben doch bei Professor Rodin studiert? Er wird in diesen Minuten als Justizminister angelobt.» Horvat hielt Iva den schwarzen Aktenordner hin. «Bitte sehr, Doktorica, und bis zum nächsten Mal. *Dovidjenja!*» Auf Wiedersehen.

ELF

Das Glockengeläut der Kathedrale verkündete den Zagrebern den Anbruch des Abends, doch auch jetzt, um achtzehn Uhr, brannte die Sonne noch unerbittlich auf das graue Meer aus Kuppeln, Türmen und Dächern und übergoss es mit goldenem Licht. Viktor Rodin liebte das abendliche Farbenspiel des Himmels, sein letztes flammendes Aufleuchten, ehe es in sanftem Blau verging und die Nacht hereinbrach. Am liebsten genoss er die besondere Stimmung dieser Stunde inmitten von seinen Rosen, deren Farbenpracht die des Himmels zu spiegeln schien. Auch heute stand er, breitbeinig und die Fäuste in die Seiten gestützt, auf dem dank sorgsamer Bewässerung grünen Rasen und sog den unwiderstehlichen Duft der Rosensträucher ein, die jetzt, im Juli, in Hochblüte prangten. Aus dem Ribnjak-Park wehten an diesem heißen Freitagabend die Stimmen der nach Abkühlung suchenden Zagreber über die Hecke zu ihm herüber. Wer es sich leisten konnte, hatte Zagreb verlassen und sich in sein Feriendomizil an der Adria geflüchtet. Diejenigen, die der Broterwerb in der Stadt festhielt, eilten durch aufgeheizte Straßen in klimatisierte Büros, ehe sie den Arbeitstag unter freiem Himmel in den vielen Parkanlagen, den Bars und Straßencafés ausklingen ließen und versuchten, auf diese Weise der schwülen Hitze zu trotzen.

Viktor hatte eine aufreibende Woche hinter sich, und an diesem Sonnabend erwartete er noch wichtige Gäste zum Abendessen. Außerdem hatte sich seine Nichte Iva überraschend angekündigt, und er hatte das bestimmte Gefühl, dass ihr Besuch Unannehmlichkeiten bedeutete. Gerade ließ er seinen Blick über die *Red Yesterday* schweifen, als ihm ein schwarzer Fleck im Gras auffiel. Mit einer dunklen Vorahnung ging er darauf zu, und tatsächlich – auf einem Bett von abgefallenen Rosenblättern lag unter dem Strauch eine junge Amsel. Ihr Federkleid glänzte, aber der Hals endete seltsam abrupt. Viktor starrte auf den geköpften Vogel. Er war nicht abergläubisch, aber an diesem besonderen Abend erschien ihm der verstörende Anblick geradezu wie ein böses Omen.

«Dieser verdammte Kater.» Er hatte nichts gegen Katzen an sich, aber früher hatte man auf dem Land zwei Kätzchen zum Mäusefangen behalten und den Rest des Wurfes ertränkt. Das war unangenehm, aber sinnvoll. Heutzutage fuhren die Städter am Wochenende in der Gegend herum und sammelten Bauernkatzen ein, denen sie dann teures Spielzeug kauften und sie gedankenlos Singvögeln nachstellen ließen. «Eines Tages erwische ich dich, du Teufel, aber dann!»

«Wen erwischst du, Onkelchen?»

Viktor fuhr herum. «Iva – ich habe dich gar nicht kommen hören.» Er fasste sie bei den Schultern und küsste sie auf beide Wangen. «Ich habe mit mir selbst gesprochen. Wie laufen die Ermittlungen unten in Istrien?»

«Gut, danke!» Iva schob ihre große Sonnenbrille ins Haar hinauf. «Ich war heute Morgen noch schnell auf dem Fischmarkt und habe dir Drachenkopf und einen Branzino mitgebracht. Jelena hat mir meinen Fang netterweise abgenommen.» Sie stutzte. «Was ist denn mit dem Vogel da?»

«Sieh nicht hin, Liebes!» Er ergriff Ivas Ellenbogen und

drehte sie von der *Red Yesterday* weg. «Die Vögel brüten geschützt zwischen den Rosendornen, aber wenn die Nestlinge dann am Boden sitzen ... Bestimmt wieder dieser Nachbarskater. Ich werde klare Worte bei Gospodja Loredana finden.»

«Bei Frau Loredana? Gegen die Katze einer alten Dame kannst du gar nichts ausrichten.»

Statt die finsteren Rachepläne, die in seinem Herzen schwelten, ans Tageslicht zu zerren, sagte Viktor: «Ich habe dir noch gar nicht zu deinem beruflichen Erfolg gratuliert.»

«Was du nicht schon wieder weißt, Onkel.»

Er musterte sie. «Die Luft da unten bekommt dir ebenfalls», sagte er wohlwollend. Tatsächlich hatte das hübsche Gesicht seiner Nichte Farbe bekommen. Das weiße Sommerkleid und die flachen Sandalen standen ihr gut und weckten in ihm die Sehnsucht nach einem Sundowner an einem Sommerabend am Meer. Wenn da nicht dieser eigensinnige Blick gewesen wäre, der ihn an den alten Ex-Partisan Nikola Pavić erinnerte und an Frauen immer so verstörend wirkte. «Ich habe auch eine gute Nachricht für dich.» Viktor schenkte Iva ein väterliches Lächeln. «Ich habe mit dem Gerichtspräsidenten gesprochen.»

«Ach ja?»

«Ja, er wird deinen Posten in Zagreb nur interimistisch nachbesetzen. Du könntest also jederzeit wieder übernehmen.»

«Als Staatsanwältin?»

«Als leitende Staatsanwältin, so wie zuvor.»

Iva zögerte. «Ja, gut, schön.»

«Du kommst zurück nach Zagreb! Freust du dich nicht?»

«Aber ja, doch, natürlich.»

«Sag nicht, dass du in der istrianischen Diaspora bleiben willst.» Viktor senkte die Stimme. «Der Präsident kann sich dich nämlich auch in einer höheren Position vorstellen.» Er machte eine bedeutungsvolle Pause. «Er hat mir – nur unter uns und ganz im Vertrauen – mitgeteilt, dass er in fünf Jahren in Pension gehen will.» Das war schon was.

Iva zog den Kragen ihres Kleides vom Hals. «In dieser Stadt ist es im Sommer immer unerträglich heiß.»

Viktor lachte. «Mit der Adria können wir nicht mithalten. Aber lass uns etwas trinken.» Er hakte Iva unter und spazierte mit ihr über den Rasen zur Terrasse hinüber, auf der der Tisch mit Stoffservietten, Silberbesteck und in der Abendsonne funkelnden Weingläsern gedeckt war. «Ich erwarte später noch Gäste. Lauter alte Professoren und Kollegen, du würdest dich zu Tode langweilen.»

«Danke, ich war den ganzen Tag in der Stadt unterwegs, habe nach der Wohnung gesehen, jede Menge Erledigungen gemacht – ich will nur noch nach Hause.»

Viktor enthielt sich eines Kommentars zu ihrer Wortwahl. «Was möchtest du trinken?», sagte er und führte Iva zu dem Barwagen, der neben dem Esstisch stand. «Einen Campari? Ein schönes kühles Glas Malvazija?»

«Nur etwas Wasser, bitte.»

Viktor nickte, nahm eine Mineralwasserflasche, die zwischen Weinflaschen in einem Kühler steckte, ließ ein Glas volllaufen und reichte es Iva. «Nochmals Glückwunsch zu deinem Erfolg. Es kann ja nicht leicht gewesen sein, diesen Drogenhändler dingfest zu machen. Wie heißt er noch mal?»

«Daniele Rossi.» Iva leerte ihr Glas in wenigen Zügen und hielt es Viktor wieder hin, der es sogleich nachfüllte. «Ich habe ihn nur davon überzeugt, mit uns zu kooperieren.»

Viktor wog den Drehverschluss in der Hand. «Wie das?»

Iva zögerte. «Ich habe etwas ... Material mitgebracht.»

«Du hast ihm Beweismittel untergeschoben?!»

«Natürlich nicht.» Iva klang ehrlich entrüstet. «Rossi wollte den Durchsuchungsbeschluss nicht akzeptieren, das hatte ich erwartet. Als er ausfallend wurde, habe ich ihn beiseite genommen und ihm ein Plastiktütchen mit weißem Pulver unter die Nase gehalten. Mehr brauchte es gar nicht.»

«Ein Plastiktütchen? Mit Kokain?»

«Mit Backpulver.» Iva lachte. «Was Rossi geglaubt hat, weiß ich natürlich nicht.» Ihre blauen Augen glitzerten fröhlich wie das Meer unter der Sonne, aber Viktor wusste, dass sich unter solch glänzender Oberfläche oft gefährliche Untiefen verbargen. Ivas nächste Worte bestätigten seine Einschätzung. «Ich habe ihm zugeflüstert, dass ich den Stoff beim nächsten Mal vor aller Augen bei ihm finde. Dann kann er dem Richter beweisen, dass er ihn nicht versteckt hat.» Sie hielt Viktor das Glas hin, der automatisch nachschenkte. «Außerdem habe ich ihn schwören lassen, ab sofort die Finger von einer minderjährigen Verwandten zu lassen.»

Viktor bewunderte ihre Schläue. «Backpulver, ha!»

«Es ist zumindest ein Anfang.» Iva leerte ihr Glas und stellte es auf den Barwagen. «Rossi ist nur ein kleiner Fisch, bestenfalls ein Dealer aus der mittleren Ebene, aber er kann uns zu den Drahtziehern führen. Er wirkt schwach auf mich, ich lasse ihn so lange schmoren, wie es geht. Wenn Rossi sich entschließt zu reden, haben wir gewonnen.»

«Ich fürchte, da machst du dir Illusionen.»

«Einen Versuch ist es wert.»

Viktor schüttelte den Kopf. «Was für ein Coup.»

«Du könntest mir bei einem viel größeren Coup helfen.»

Iva legte die Fingerspitze auf eine Weinflasche und ließ sie um den Korken kreisen. «Allein komme ich da nicht weiter.»

Viktor wurde unruhig, bald kamen seine Gäste.

Die Glocken der Kathedrale schlugen die halbe Stunde.

«Wieder ein neuer Posten?», sagte er. «Sie werden dich in Pula kaum gehen lassen – bei solchen Fortschritten.»

Auf Ivas Gesicht erschien ein schmales Lächeln. «Dafür lege ich meine Hand nicht ins Feuer», sagte sie, und er hörte die Bitterkeit in ihrer Stimme. «Die Herren in der Polizeidirektion behindern mich nämlich bei meiner Arbeit.»

Viktor wurde hellhörig. «Ach ja?»

«Allerdings – sie treffen Entscheidungen, die ich nicht nachvollziehen kann, und meine Einwände werden ignoriert.» Iva machte eine Pause. «Möglicherweise gibt es auch Absprachen hinter meinem Rücken. Ich habe daher beschlossen, zu ihren eigenen Mitteln zu greifen. Deswegen bin ich hier.»

Viktor seufzte. Was hatte sie denn erwartet? «Du kämpfst da unten gegen Windmühlen. Lass es doch einfach.»

Iva sah ihm ins Gesicht, wieder dieser Pavić-Blick. «Es gab einen Anschlag auf mich, ich darf nur nicht darüber reden», sagte sie. «Onkel, ich kann nicht aufhören, solange ich nicht außer Gefahr bin. Und mit mir meine Familie.»

«Sag nicht, dass ich dich nicht gewarnt hätte.»

«Du musst den Staatsanwalt dazu bringen, mich Kontoüberprüfungen gewisser Leute durchführen zu lassen.»

«Weißt du, was du da von mir verlangst?»

«Ja.»

«Ich kann nicht einfach in Ermittlungen eingreifen.»

«Natürlich kannst du, du bist der Justizminister.»

Jelena, wie immer in schwarzem Kleid und eine weiße

Schürze vorgebunden, erschien in der Terrassentür. «Die Herren haben eben angerufen, sie sind in zwanzig Minuten da», sagte sie. «Bleibt Doktorica Markulin zum Essen?» Und an Iva gewandt: «Es gibt *Janjetina*, Lammbraten.»

«Nein», sagte Viktor hastig. Um seiner eiligen Antwort die Schärfe zu nehmen, fügte er hinzu: «Meine Nichte muss gleich wieder nach Istrien zurück, leider.»

«Dobro.» Gut. Jelena nickte und verschwand im Haus.

«Ruf Staatsanwalt Horvat in Pula an», sagte Iva.

Viktor überlegte, ob ihm der Mann bekannt war, konnte sich jedoch nicht an einen Kollegen dieses Namens erinnern.

«Ich brauche einen Durchsuchungsbeschluss für die Banka Battaglia. Horvat weigert sich, einen auszustellen.»

«Die Privatbank? Ist das nicht etwas übertrieben?»

«Wenn ich bei meiner Arbeit eines gelernt habe», sagte Iva, «dann den Grundsatz *follow the money*! Folge der Spur des Geldes, und du erwischst die Verbrecher.» Sie seufzte. «Horvat hat mir nahegelegt, stattdessen lieber den Kontakt zu gewissen einflussreichen Bürgern aufzunehmen.»

Viktor verstand Horvat. «Der Mann hat eben Erfahrung.»

Iva seufzte. «Onkel, ich kenne diese Leute», sagte sie. «Sie beobachten dich, messen dich, überprüfen dich von Weitem. Dann geht es los: Warum trinken wir nicht mal einen Kaffee bei Soundso? Ein berühmter Mensch gibt ein Essen, fühl dich geehrt, wenn dir eine Einladung zugeht.»

«So sammelt man am besten Informationen.»

Iva schüttelte den Kopf. «Wenn ich nicht weiß, dass dort in den Hinterzimmern Heroin und Kokain fließen, dann bin ich Teil der Party und diene als Deckung. Aber wenn ich Bescheid weiß und trotzdem dort bin, beweise ich, dass ich damit einverstanden bin und mit meiner Anwesenheit bürge.»

Viktor wusste, dass Iva recht hatte, und schwieg.

«Rufst du nun den Staatsanwalt an? Bitte!»

«Horvat wird dir so oder so keine freie Hand lassen.»

«Ich brauche nur diesen Durchsuchungsbeschluss.»

Viktor bewegte die Für und Wider ihres Ansinnens im Kopf. «Na gut», sagte er endlich. «Aber versprich dir nicht zu viel von meinem Anruf. Du weißt ja», fügte er boshaft hinzu, «Staatsanwälte können ziemlich stur sein.»

Iva lachte, beugte sich vor und drückte ihm einen Kuss auf die Wange. «Ich danke dir, du wirst es nicht bereuen.»

Diese Auffassung teilte Viktor zwar nicht, er machte jedoch eine zuversichtliche Miene. «Herzchen, ich würde dich so gerne hierbehalten, aber meine Professorenkollegen ...»

«Natürlich, entschuldige, ich muss auch los!»

«Grüß mir Barba Nikola und den Kleinen.» Viktor küsste Iva zum Abschied auf beide Wangen. *«Sretan put!»* Gute Fahrt.

Nachdenklich sah Viktor Iva hinterher, wie sie zur Gartenpforte schritt, hörte einen Motor starten und dann das leiser werdende Geräusch eines sich entfernenden Wagens. Er beschloss, diesen Horvat am folgenden Tag anzurufen, sich nach dem aktuellen Stand der Ermittlungen zu erkundigen und schlagkräftigere Maßnahmen anzuregen. Er konnte nur hoffen, dass dieses Mädchen wusste, was sie tat.

Viktor ging zu der gedeckten Tafel und unterzog sie einer strengen Musterung. Jelena hatte den Tisch mit einem Gesteck aus dicken apricotfarbenen Rosenblüten geschmückt. Es sah zauberhaft aus, fand Viktor. Bis ihm einfiel, wie diese gefüllte Romantik-Rose hieß. *Felidaé.* Der Name einer Rose und der wissenschaftliche Name für – Katze.

Sie kamen zu dritt und erschienen pünktlich mit dem Glockenschlag der Kathedrale um neunzehn Uhr. Ein junger Dunkelhaariger in einem blauen Leinenhemd, dessen hochgekrempelte Ärmel eine teure Schweizer Uhr und ein schweres Goldarmband freigaben, ein Glatzköpfiger im roten Polo mit aufgestelltem Kragen und ein Grauhaariger mit militärischem Kurzhaarschnitt im hellen Sommerjackett.

«Herr Justizminister!» Der Glatzkopf schüttelte mit beiden Händen enthusiastisch Viktors ausgestreckte Hand. «Meinen Glückwunsch zur Ernennung, Professor!»

Die anderen schlossen sich den guten Wünschen an, der Grauhaarige schlug Viktor auf die Schulter. «Ja, Glückwunsch unserem neuen Justiz- und zukünftigen Premierminister!»

Viktor winkte bescheiden ab. «Ach, ich bitte Sie!» Er bemühte sich, seinen Stolz nicht zu zeigen. «Bis dahin ist es noch ein weiter Weg.» Er ging zum Barwagen. «Drinks?»

Die Männer folgten ihm, bestellten ihre Getränke.

«Es ist bereits eine größere Summe an Spendengeld auf Ihrem Wahlkampfkonto eingegangen, Herr Minister.» Der Grauhaarige hielt sich sein kältebeschlagenes Bierglas vor die Augen. Er machte einen großen Schluck. «Aah ... es geht doch nichts über einen Abend im Kreise guter Freunde.»

Viktor füllte sein Glas mit ein wenig Weißwein, goss mit Mineralwasser auf und warf eine Zitronenscheibe in sein Getränk. «Spendengeld?», sagte er. «Wir haben schon Spenden?»

«Überrascht Sie das?», sagte der Glatzkopf. «Die ganze Bruderschaft steht wie ein Mann hinter Ihnen, Professor.»

«Und wie viel ...?» Viktor nippte an seinem Wein.

«Stand heute Mittag dreihunderttausend.» Der Jüngste schwenkte sein Campari-Glas. Das dicke Goldarmband glänzte in der Abendsonne. «Wir stehen natürlich erst am Anfang.»

Viktor war überwältigt. «Trinken wir auf die Spender!»

Die Männer hoben ihre Gläser. «Auf die Spender – und unseren zukünftigen Premierminister!», rief der Glatzkopf.

«Den Premierminister», echoten die anderen.

Der Grauhaarige räusperte sich. «Da wäre nur noch eine Kleinigkeit, Professor», sagte er im Ton eines Mannes, der noch ein paar Oliven zum Käse möchte. «Eine Gefälligkeit unter Freunden – zu denen Sie ja jetzt auch gehören.»

«Muss ich dafür jemanden umbringen?» Viktor versuchte es mit Humor, obwohl ihm nicht nach Scherzen zumute war. Gefälligkeiten forderten Gefälligkeiten, das war nichts Neues. Ihn überraschte nur der frühe Zeitpunkt.

Die Männer lachten höflich über seinen Witz.

«Sie haben da unten in Pula einen Schützling», sagte der Grauhaarige. «Eine junge Frau, die anfängt, einigen unserer Freunde Ärger zu machen. Sprechen Sie mit ihr.»

Jelena erschien mit einem Tablett, auf dem luftgetrockneter Schinken, Salami, Schafskäse, Oliven und gegrillte Paprika standen. Viktor beobachtete sie, wie sie die Platten auf dem Tisch arrangierte. Als die Haushälterin gegangen war, hatte er sich seine Strategie zurechtgelegt.

«Selbstverständlich, *dragi prijatelj*.» Er nickte dem Grauhaarigen zu. «Guten Freunden bin ich immer gerne behilflich, wenn ich kann, das ist doch keine Frage.» Er machte eine Pause, wählte seine Worte mit Bedacht. «Gestatten Sie nur, dass ich den indirekten Weg wähle.»

Der Grauhaarige hob die Brauen. «Soll heißen?»

«Nun, es gibt dort unten einen Mann an der richtigen Stelle, der diese delikate Aufgabe übernehmen kann. Ich wollte ihn ohnehin in den nächsten Tagen anrufen.»

«Bravo», sagte der Glatzkopf. «Bravo!»

«Auf den nächsten Premierminister!», rief der Jüngere.

«Und nun», sagte Viktor, «darf ich Sie alle zu Tisch bitten, liebe Freunde. Der Lammbraten meiner Haushälterin ist eine Legende.» Er hob sein Glas. *«Živjeli!»* Prost!

Es war schon weit nach Mitternacht, als Viktors Gäste, vom guten Essen und reichlichem Alkoholgenuss beschwingt, endlich aufgebrochen waren und er an seinem Schreibtisch Platz nehmen konnte. Er liebte die Ruhe seines Arbeitszimmers, die stuckverzierten Decken, die im Laufe von zweihundert Jahren nachgedunkelten Holzdielen und an schönen Tagen den Blick durch die Terrassentüren auf seinen Rosengarten. In den ringsum an den Wänden stehenden Bücherregalen reihten sich neben Viktors eigenen zahlreichen Publikationen juristische Fachliteratur und Standardwerke zu seinem Steckenpferd, der griechischen Antike und ihrer Sagenwelt. Vor ihm auf seinem Schreibtisch stand eine Kaminuhr aus dem 19. Jahrhundert Wiener Provenienz, deren Zifferblatt von goldenen Göttern gehalten wurde. Zeus und Hera schienen sich anzublicken und dabei der Zeit, deren unaufhaltsames Vergehen das Schwingen des Pendels anzeigte, keine Beachtung zu schenken. Für Götter hatte Zeit natürlich keine Bedeutung. Für Viktor an diesem Abend schon.

Er brauchte nur einen einzigen Anruf zu tätigen – seinem neuen Ministeramt sei Dank –, bis er die Geheimnummer bekommen hatte und, den beiden Göttern gleich, ohne einen Gedanken an die Zeit zu verschwenden, wählte.

Die Sekunden dehnten sich, bis in Pula abgehoben wurde.

«Horvat?», sagte eine verschlafene Männerstimme.

«Hier Viktor Rodin.»

Am anderen Ende der Leitung entstand eine längere Pause. Dann kam die Antwort in für diese Uhrzeit erstaunlich förmlichem Ton: «Herr Justizminister! Was verschafft mir die Ehre Ihres Anrufs noch zu so später Stunde? Ich hoffe, es ist nichts Ernstes?» Viktor hörte die ärgerliche Stimme einer Frau, dann Rascheln, das Knarren von Parkett und das Quietschen einer Türangel. «Meinen Glückwunsch übrigens zu Ihrer Ernennung.»

«Danke, danke, Herr Kollege», sagte Viktor. «Der Journaldienst hat mir Ihre Nummer gegeben, es geht um eine äußerst dringliche Sache von nationaler Bedeutung.»

Eine Tür wurde geschlossen, dann sagte Horvat so ruhig und sachlich, als befände er sich in seinem Arbeitszimmer bei der Staatsanwaltschaft: «Ich höre, worum geht es?»

«Bei Ihnen sind gewisse – Untersuchungen – auf dem Bankensektor geplant», sagte Viktor. «Es gibt anscheinend ernsthafte Zweifel an Ihrer Vorgehensweise.»

«Sie meinen die Ermittlungen Ihres Schützlings?» Nun war Horvat doch Verwunderung anzuhören. «Aber ich bitte Sie, wir können doch nicht eine ganze Stadt kriminalisieren.»

Viktor hörte Geschirrklappern, dann schaltete sich eine Kaffeemaschine ein. «Ich habe keine Schützlinge», sagte er scharf. «Doktorica Markulin war eine meiner Studentinnen. Ich unterstütze ihre aktuelle Initiative in keiner Weise.»

«Auch ich habe Doktorica Markulin bereits klargemacht, dass ich gegen diese Untersuchung bin, Herr Minister.» Horvats Maschine brummte, Kaffee lief zischend in eine Tasse.

«Das reicht doch nicht!», sagte Viktor. «Sie sind schließlich für Sicherheit und Ruhe verantwortlich, Herr Staatsanwalt. Tun Sie was! Solange die junge Frau sich damit begnügt, ein paar kleine Drogendealer wie diesen, diesen …?»

«Rossi.»

«… Rossi hinter Gitter zu bringen – schön und gut! Aber die Geschäfte unserer Banken darf sie nicht behindern. Der Schaden für unsere Wirtschaft und damit für das ganze Land wäre gar nicht abzusehen.» Viktor bemühte sich um einen konzilianteren Ton. «Also – sollte Doktorica Markulin mit neuen Erkenntnissen bei Ihnen auftauchen, machen Sie ihr unmissverständlich klar, dass sie ihre Kompetenzen als Sonderkommissionsleiterin überschreitet.» Er machte eine Pause. «Und sorgen Sie dafür, dass sie ab jetzt arbeitet.»

«Doktorica Markulin ist eine sehr engagierte …»

«Decken Sie sie mit Akten ein», sagte Viktor. «Einfache Sachen, die üblichen Ermittlungen im Drogengeschäft. Und informieren Sie mich ab jetzt über jeden ihrer Schritte.»

«Exzellenz, darf ich Sie darauf hinweisen, dass Sie mit einem Staatsanwalt der Republik Kroatien sprechen? Bei aller Wertschätzung, aber es gibt Gesetze.» Viktor hörte Horvat schlucken und meinte, sein Stirnrunzeln vernehmen zu können. Der Mann war schwieriger als gedacht.

«In manchen Fällen muss sich der Staat über das Gesetz hinwegsetzen», sagte Viktor liebenswürdig. «Es ist Aufgabe von uns Vorgesetzten, jungen Karrieristen, die aus Eigennutz Schaden anrichten, ihre Grenzen aufzuzeigen.» Er hörte, wie Horvat Kaffee trank. «Halten Sie mich auf dem Laufenden.»

In Pula breitete sich Schweigen aus. «Exzellenz, ich bin Staatsanwalt, kein Spion», sagte Horvat schließlich.

Viktor holte Luft. «Nennen wir es doch Zusammenarbeit. Und die kann auch für Sie von Vorteil sein. Eine Hand wäscht die andere. Denken Sie darüber nach, Staatsanwalt Horvat.»

«Ich werde tun, was nötig ist, Herr Justizminister.»

«Schön, schön, gute Nacht, dragi prijatelj.»

Viktor schaltete das Handy ab und starrte vor sich hin.

Die Glocken der Kathedrale schlugen ein Uhr.

ZWÖLF

Die Bar *Augustus e Roma* erinnerte mit ihrem Namen an den Augustus-Tempel auf dem Forum, der einst der Göttin Roma geweiht war, und galt als Treffpunkt für Geschäftsleute, Medienschaffende und Beamte. In der Decke eingelassene Spots tauchten das Lokal, dessen Einrichtung ein bekannter Innenarchitekt ganz in Schwarz-Weiß gehalten hatte, in weiches Licht. Dazu trugen auch die cremefarbenen Rollos bei, auf denen überlebensgroße Cäsarenköpfe prangten und die stets zur Hälfte herabgelassen waren, um die Gäste sowohl vor der sengenden Sonne als auch vor den neugierigen Blicken der Passanten zu schützen. Eine lange Theke aus auf Hochglanz poliertem Mahagoni mit schimmernden Messing-Armaturen, weiße Marmortische und Geschirr, das von den gleichen Cäsarenköpfen wie die Fensterdekoration geziert war, verbreiteten eine stilvolle und luxuriöse Atmosphäre.

Als Iva die Bar betrat, waren bereits mehrere Tische besetzt. Da die meisten Büros erst um neun Uhr öffneten, schätzten viele ein Frühstück, das aus einem Espresso und einem Hörnchen oder nur einem Cappuccino bestand, und die druckfrischen Tageszeitungen in den wohltemperierten Bars – wo sie sich ein paar Stunden später zum Mittagessen mit Arbeitskollegen und am Abend mit Freunden trafen. Wer keinen Garten hatte, dem diente seine meist kleine, überhitzte Wohnung in den Sommermonaten oft nur als Schlafstatt. Am Sonnabend nutzte man die kühlen Morgenstunden für ein Frühstück, einen Stadtbummel oder um auf den Markt zu gehen.

Staatsanwalt Horvat hatte einen Tisch im hinteren Bereich des Lokals gewählt, der durch eine sattgrüne Spalierwand halb verdeckt wurde und einen direkten Blick auf die Eingangstür bot. Um sieben Uhr morgens hatte er Iva bereits angerufen und sich am Telefon kurz gehalten.

«Hier Horvat, wir treffen uns um neun in der Bar *Augustus e Roma* am Hafen. Seien Sie pünktlich!»

Als Franjo Horvat nun Iva entdeckte, hob er den Arm und winkte sie zu sich. Iva durchquerte die Bar, vorbei an Männern und Frauen in legerem Wochenend-Outfit, die in die Lektüre ihrer Zeitung oder ins Gespräch vertieft waren. Zwischen leisem Geschirrgeklapper schwirrten die neuesten Nachrichten und Gerüchte durch die Luft.

«Dobar dan, Doktorica.» Horvat erhob sich und zog für Iva einen Stuhl vom Tisch. Sein Haar sah etwas zerzaust aus, und unter seinen Augen lagen Schatten. Anscheinend hatte er in der vergangenen Nacht schlecht geschlafen. «Danke, dass Sie so schnell gekommen sind.»

Iva nahm Platz, und auch Horvat setzte sich und machte dem Mann hinter der Theke ein Zeichen. «Was nehmen Sie?»

«Einen Doppio, bitte.»

Horvat bestellte einen doppelten Espresso, wartete, bis der Kellner den Kaffee serviert hatte und sich wieder außer Hörweite befand. «Machen wir's kurz, ich habe es mir anders überlegt», sagte er. «Sie bekommen alles, was Sie brauchen.»

Iva, die gerade den ersten Schluck genommen hatte, konnte nur die Brauen heben und ihn fragend ansehen.

Horvat beugte sich zu ihr hinüber und sagte mit gesenkter Stimme: «Ich habe Ihnen heute Nacht einen Durchsuchungsbeschluss für die Banka Battaglia ausgestellt. Die Anordnung zur Vorlage einer vollständigen Liste aller finanziellen Transaktionen der letzten drei Jahre geht ebenfalls noch heute raus.» Er lehnte sich wieder zurück und fuhr in normaler Lautstärke fort: «Gleichzeitig reiche ich mein Pensionsgesuch ein, mit erstem September verlasse ich Pula. Ich bin über sechzig, meine Frau und ich kehren nach Dalmatien zurück.» Er nahm den Kaffeelöffel und rührte in seiner halb leeren Tasse herum, als wollte er Zeit für seine nächsten Worte gewinnen. «Sie lehnen sich mit Ihrer Vorgehensweise weit aus dem Fenster, ich glaube, Sie wissen gar nicht, wie weit. Aber ich bin Jurist, und ich glaube an das Recht und unsere Gesetze. Ich werde mich keinem Druck beugen.» Horvat legte den Löffel ab und sah Iva ins Gesicht. «Egal, von wie weit oben er kommt.»

Iva hatte auf einmal einen bitteren Geschmack im Mund, der nicht vom Espresso kam. «Damit ich Sie verstehe», sagte sie langsam, «indem Sie mir diesen Durchsuchungsbeschluss ausstellen, beugen Sie sich – *nicht* – dem Druck?»

«Exakt.» Er hob die Hand. «Noch ein Hörnchen, bitte.»

Iva ließ ihren Blick durch die Bar wandern. Da saßen sie, die sportlich, aber teuer gekleideten Bürger, denen man die Überzeugung ihrer eigenen Wichtigkeit schon von Weitem ansah. Zweifellos waren das die hart arbeitenden und einflussreichen Menschen, deren Freundschaft und Sympathie zu gewinnen Horvat ihr so dringend ans Herz gelegt hatte.

«... warnen.» Horvat hatte weitergesprochen, aber sie hatte nicht zugehört. «Unterschätzen Sie nicht die Tragweite Ihres Tuns. Sie haben doch Familie, oder?»

Iva riss sich zusammen. «Entschuldigung – wie bitte?»

«Ich muss Sie warnen», sagte Horvat. «Man hält eine Hand über die Banken, eine Hand von oben, sehr weit oben.»

«Kann ich mir vorstellen.»

«Das bezweifle ich», sagte Horvat. «Ich weiß nicht, warum Sie ausgerechnet Battaglia im Visier haben, und ich will es auch gar nicht wissen – nein, sagen Sie jetzt nichts.» Er machte eine kurze Pause, und als er weitersprach, war seine Stimme hart. «Ich glaube fest daran, dass Sie nicht aus Eigennutz handeln.» Er nahm das kleine Wasserglas, das neben seiner Kaffeetasse stand, leerte es auf einen Zug und stellte es wieder ab. «Enttäuschen Sie mich nicht.»

Iva dachte an Viktor und seine Theorie, dass die Gegenwart eine Spiegelung der Antike war und es seither nichts Neues unter der Sonne gab. Erkenntnisgewinn lieferte, seiner Meinung nach, vor allem ein Blick auf die Mythologie. Vor ihrem inneren Auge erschien ein Bild.

«Es ist eine Hydra», sagte sie. «Die Drogenmafia ist ein vielköpfiges Ungeheuer. Sein Hauch ist tödlich, und wenn Sie einen Kopf abschlagen, wachsen stattdessen zwei neue nach. Der Kopf in der Mitte ist unsterblich.» Auf einmal fühlte Iva sich deprimiert. «Heroin, Kokain – Drogengeld – fließt weiter in Strömen, Politiker lassen sich weiter in hohe Ämter heben, Richter sprechen weiter im Zweifel frei – und die Opfer sterben weiter mit der Nadel im Arm.»

Ein Kellner kam an den Tisch und tauschte Horvats leeren Teller gegen einen neuen mit einem frischen Hörnchen.

«*Hvala*, Milan», sagte Horvat. Danke, Milan.

Milan lächelte breit und entfernte sich.

Horvat nahm das Hörnchen und brach es in der Mitte auseinander. «Die Männer, die die Mafia leiten», sagte er so sachlich, als spräche er über die Börsenkurse, «steigen durch

Verrat, durch das Hintergehen von Freunden und die Ermordung von noch Mächtigeren auf. Sie verfügen über Kaltblütigkeit und außergewöhnlichen Mut. Mut, der denjenigen fehlt, die sie wie Figuren auf einem Schachbrett herumschieben. Wer ihnen nicht gehorcht oder in die Quere kommt, fliegt vom Spielfeld.» Er steckte ein Stück Hörnchen in den Mund und sagte kauend: «Am Ende sind auch Sie, Doktorica, nur eine Schachfigur in dieser Partie.»

«Vergessen Sie nicht, dass die Dame die mächtigste Figur ist», sagte Iva. «Sie kann jeden Zug machen.» Ihr fielen wieder die nächtliche Küstenstraße und der Mann mit der Pistole ein. Fast hatte sie das Gefühl, als könnte sie seinen Schweiß und das billige Rasierwasser riechen. «Die kriegen mich nicht.» Aber sie hatten Igor gekriegt, ihren klugen, tapferen Ehemann.

«Die werden einen Weg finden, glauben Sie mir.» Horvat sah sie scharf an. «Wenn Sie die Sache durchziehen wollen, dann brauchen Sie Personenschutz. Reden Sie mit Petrović.»

Dieser – Zwischenfall – hat nie stattgefunden.

Das Handy in Ivas Tasche vibrierte und enthob sie einer Antwort. Eine unbekannte Nummer rief an. «Sie entschuldigen?»

Horvat nickte, deutete mit seinen von Krümeln und Fett verklebten Händen auf die Tür zu den Waschräumen auf der anderen Seite der Bar, stand auf und entschwand.

«Markulin?»

«Hier Ana Matić, *dobar dan*! Wir kennen uns bereits.»

Die Reporterin aus dem Jachtklub. «Ich erinnere mich.»

«Ihr Interview war ein großer Erfolg, wir haben jede Menge Zuspruch bekommen. Das Thema berührt die Leute.»

Iva dachte an Petrovićs Ausbruch. «Habe ich gehört.»

«Am Montag moderiere ich eine Fernsehdiskussion», sagte Matić. «Einer meiner Gesprächspartner ist der Politiker Slavko Vuković. Ich würde mich sehr freuen, wenn Sie als Expertin an unserem Gespräch teilnehmen könnten. Die Aufzeichnung ist um neun Uhr. Übernommen wird der Beitrag außerdem von TV Nova Pula um achtzehn Uhr in Dnevnik 1 und eine Dreiviertelstunde später in Telegiornale für die italienischsprachigen Zuschauer.»

«Slavko Vuković von *Schöne Heimat Kroatien*?» Vuković war der Begründer einer rechtsnationalen Bewegung, die wie ihre Gesinnungsgenossen in ganz Europa zunehmenden Zuspruch fand. *Lijepa naša domovino* – Unsere schöne Heimat –, so hieß die kroatische Nationalhymne. Es war ein Geniestreich, eine Partei nach ihr zu benennen. «Ich habe Herrn Vuković nichts zu sagen.» Nikolas Reaktion konnte sie sich vorstellen.

«Slavko Vuković hat Sie sich ausdrücklich als Gesprächspartnerin gewünscht, er scheint Sie unterstützen zu wollen. Und haben unsere Zuhörer und Zuschauer nicht ein Recht darauf, zu erfahren, wie es um ihre Sicherheit steht – und mit welchen Herausforderungen Politik und Exekutive es zu tun haben?» Ana Matić machte eine Pause. «Sie sind *die* Expertin, Doktorica Markulin, die Kämpferin für den Rechtsstaat.»

Genau das war eine Staatsanwältin. «Ich verstehe.»

«Ganz Istrien hat Ihren Mann bewundert», sagte Ana Matić. «Sein Tod war ein schwerer Schock. Nun setzt die Witwe seinen Weg fort! Geben Sie allen Opfern eine Stimme!»

Petrović würde ausrasten. «Ich denke drüber nach.»

«Sie geben doch nicht etwa auf?»

«Im Gegenteil, ab jetzt werden wir alle verfügbaren Kräfte bündeln.» Darüber hatte sie schon länger nachgedacht.

«Fantastisch – wir werden diese neue Entwicklung in der Vorschau für unsere Sendung gleich mal ankündigen.»

Horvat kam durch die Bar zurückgeschlendert, wechselte hier und da an einem Tisch ein paar Worte, winkte zwei Frauen am Fenster mit wedelnden Fingern zu. Ein breites Lächeln lag unter dem Schnurrbart, die Augen verschwanden fast zwischen den Lachfältchen, die seine Gegner zeit seines Dienstes bestimmt dazu verführt hatten, den strengen Gesetzeshüter in ihm zu unterschätzen. Die Last der Verantwortung schien mit der Aussicht auf die Pension von ihm abgefallen zu sein. Iva bewunderte seine Haltung.

«Montag, neun Uhr sagten Sie, Frau Matić?»

«Es soll ein knapper, aussagekräftiger Beitrag werden – das Hauptstadtstudio in Zagreb übernimmt ihn in den Abendnachrichten.» Ana Matić machte eine Pause und ließ ihre Worte wirken. «Sie haben die ganz große Bühne.»

Der – Zwischenfall – hat nie stattgefunden.

«Halten Sie mir meinen Platz frei.»

Als Iva und Horvat die Bar verließen, hatte auf der Riva der Vormittagsverkehr voll eingesetzt. Einheimische Fahrzeuge stauten sich mit Urlauberautos und Wohnwagengespannen unter der Sonne, die vom mit weißen Federwolken überzogenen Himmel herabbrannte. Motorjachten und Segelboote verließen ihre Liegeplätze vor dem Jachtklub und nahmen Kurs auf die Hafenausfahrt und die dahinterliegenden Inseln. Die *Princess of Venice,* auf deren Decks sich die Schaulustigen drängten, machte ihre Leinen los, bereit zum Ablegen für die Fahrt über die Adria nach Venedig. Eine feuchte, warme Brise wehte vom Kai herauf. Wären nicht die stählernen Arme der Werftkräne, die sich in immer gleicher Choreografie bewegten, und die Lieferwagen, aus deren Seitenfenstern die Fahrer über den zähen Verkehr schimpften, gewesen, man hätte meinen können, ganz Pula befände sich in den Ferien.

Iva blickte Horvat nach, der in Richtung der Giardini spazierte. Beim Gedanken an ihr winziges Arbeitszimmer mit Blick auf den aufgeheizten Hinterhof verwarf sie die Idee, in die Polizeidirektion zu gehen und den ruhigen Morgen für Schreibtischarbeit zu nutzen, und beschloss, stattdessen den Markt zu besuchen. Sie brauchte eine Strategie.

In der Altstadt herrschte das übliche Gedränge. Ein scheinbar nie versiegender Menschenstrom floss an Zeitungsständen, Souvenirläden und Boutiquen vorbei, verzweigte sich in den malerischen engen Gassen und verlief sich unter den Schatten spendenden alten Bäumen auf dem Korso, wo Restaurants und Eisdielen zum Verweilen einluden.

Die alle Häuser überragende Markthalle, ein riesiges Konstrukt aus Eisen und Glas und ein Relikt aus k. u. k.-Zeiten, lag wie ein Sackbahnhof am Ende der Einkaufsmeile. Unter roten Sonnenschirmen reihten sich Obst- und Gemüsestände aneinander, eine Treppe führte in die verflieste Fischhalle, wo der Tagesfang in seinen mit Eis gefüllten Kisten eine salzige, feuchte Kälte verströmte. Iva dachte an die Sardinen, die sie Matteo versprochen hatte, und beschloss, einen Blick auf das Angebot zu werfen.

Gleich neben dem Eingang verkaufte ein Mann Thunfischsteaks, die er auf einem weißen Marmortisch aus dem prallen Fischkörper schnitt und appetitlich arrangierte. Frauen in weißen Kitteln boten Krebse und Venusmuscheln an, auf einer Marmorplatte lag der glitschige grau-weiße Körper eines riesigen Tintenfischs, seine Tentakel zu einem Fächer ausgebreitet, ein Drachenkopf wurde mit dem Bauch nach oben präsentiert, um den Käufern den grimmigen Anblick seiner Miene zu ersparen. Iva wandte sich ab und ging zu einem Stand, der Zahnbrassen und Doraden verkaufte und eine Kiste mit fingerlangen Sardinen ausgestellt hatte. Sie musterte die perlgrau schimmernden Körper, die wie kleine Silberpfeile aussahen, und dachte an Matteo und daran, wie er sich über die frittierten Fischchen freuen würde. Aber dann fielen ihr der lange Rückweg zum Hafen und die Sommerhitze ein, und sie schüttelte nur bedauernd den Kopf, eine Geste, die die Fischfrau mit einem verständnisvollen Lächeln quittierte.

Iva verließ das kühle Reich der Meerwasserbewohner und reihte sich unter die Besucher des Obstmarktes ein. Sie schlenderte an Pyramiden von grünen und gelben Melonen und Gebirgen von Weintrauben vorbei, sog den süßen Duft ein, kaufte je ein Kilo Pfirsiche und Aprikosen und nahm schließlich noch eine große Tüte schwarzer Herzkirschen mit, weil ihr die alte Marktfrau eine ganze Handvoll davon mit einem strahlenden zahnlosen Lächeln zum Probieren über ihre Obstkisten hinweg reichte. Gerade als Iva überlegte, wie sie den üppigen Strauß roter Rosen, dem sie nicht hatte widerstehen können, durch die Hitze zu ihrem Auto, das am Hafen vor der Bar *Augustus e Roma* parkte, schleppen sollte, tippte ihr jemand auf die Schulter.

«Doktorica Markulin?», sagte eine Frauenstimme.

Iva drehte sich um und begegnete ihrem Spiegelbild in den Gläsern einer großen Sonnenbrille, die auf der zarten Nase von Elena, Miroslav Babans Lebensgefährtin, saß. Elena trug ein bodenlanges blaues Leinenkleid, in einer Hand hatte sie eine mit Gemüse angefüllte Basttasche, von der anderen hing eine Plastiktüte mit einer riesigen Melone herab.

«Das muss Schicksal sein, dass ich Sie hier treffe», sagte Elena. «Ich wollte Sie schon anrufen.»

«Dobar dan», sagte Iva. «Gibt's denn was Neues?»

Elenas Blick huschte über die Köpfe der Marktbesucher und blieb an dem Café auf der Galerie unter dem Hallendach hängen. «Lassen Sie uns da oben was trinken, ich muss mit Ihnen reden – dringend.»

Iva warf einen Blick auf ihre Armbanduhr. Es ging schon auf Mittag zu. Sie musste noch ihr Auto im Hafen holen, nach Terra Rossa fahren und das empfindliche Obst loswerden, ehe es in der Hitze verdarb. Außerdem wollte sie mit Matteo, für den sie zuletzt so wenig Zeit gehabt hatte, einmal in Ruhe zu Mittag essen. Geier waren gerade nicht ihre Priorität. Sie setzte eine bedauernde Miene auf.

«Tut mir leid, aber ich muss gleich weiter.»

«Es ist wirklich wichtig.»

«Elena.» Sie schenkte Elena ein Lächeln. «Ich habe leider keine Zeit für Kaffee, ich bin ohnehin schon spät dran.»

Elena kniff den Mund zusammen und wandte den Kopf ab. «Ich verstehe», sagte sie endlich. «Ich melde mich.»

«Schön.» Iva nickte. «Besuchen Sie mich doch einmal auf Terra Rossa.» Vielleicht konnte sie ja Matteo für Gänsegeier begeistern. «Da können wir in Ruhe reden.»

«Ich freue mich.» Elena klang eher besorgt als erfreut.

«Ajde, ciao!»

«Ciao, Iva.»

Es war kurz vor Mittag, als Iva endlich die hohen Pfeiler mit den verwitterten Steinamphoren von Terra Rossa passierte.

Stocksteif überragten die Zypressen wie schwarze Wächter die Weinreben und Olivenbäume zu beiden Seiten der Zufahrt. Kein Blatt regte sich in der windstillen Mittagshitze. Die verblichene Fassade der Villa leuchtete noch in der Sonne, doch hinter dem First des Schindeldaches erhob sich bereits drohend ein Wolkenturm, schwarz und gefährlich. Er kündigte ein Unwetter an, wie es nur Gewitter mit der aufgeladenen Kraft eines heißen Sommers sind.

Iva parkte ihr Auto neben der himmelblauen Vespa im Schatten des grünen Geländewagens, stieg aus und holte ihre Einkäufe aus dem Wagen. Der kurze Augenblick genügte, um sie in Schweiß gebadet sein zu lassen. Vollbepackt ging sie ins Haus. Sofort umfing sie kühle Luft, die die Feuchtigkeit auf ihrer Haut trocknete und sie mit einer Gänsehaut überzog.

«Matteo?» Iva ging in die Küche, wo Marta am Herd stand und Ćevapčići briet und Nikola am Küchentisch eine Doppelflinte reinigte. Es roch nach Knoblauch, gebratenem Fleisch und Waffenöl. Sie stellte ihre Einkäufe zwischen Putzstöcke, Ölflasche und schmierige Putzlappen. «Muss das ausgerechnet hier sein, Dedi? Wo ist Matteo?»

Ungerührt nahm Nikola die Flinte, hob sie vor die Augen und spähte durch den abgekippten Lauf, während er auf das Küchenfenster zielte. «Mate will einen Dachs suchen.» Er brummte zufrieden. «Blitzblank, das neue Mittel ist gut.»

«Einen Dachs? Wieso denn das?»

«Ich habe ihm aus deinem Kinderbuch vorgelesen.» Nikola legte das Gewehr ab. «Nun will er einen Dachs zeichnen.»

Der Wind in den Weiden. Das alte Kinderbuch von Kenneth Grahame. Es war die Geschichte einer Ratte, eines Maulwurfs, einer Kröte und eines Dachses. *Papa Dachs.*

«*The Wind in the Willows* ist auf Englisch, Dedi.»

«Aber die Bilder nicht», sagte Nikola und wischte sich die Hände an einem Lappen ab. «Ich hab's für Mate ein wenig übersetzt.» Er warf den Lappen zu den anderen.

Dass Nikola Englisch verstand, war neu für Iva, aber sie hatte eine Ahnung, dass diese eben entdeckte Fähigkeit mit seiner Vergangenheit zusammenhing, über die er nie ein Wort verlor. Um ihre Überraschung zu überspielen, fragte sie: «Und wo sucht er den? Diesen Dachs, meine ich?»

Nikola zuckte die Schultern. «Irgendwo da draußen.»

«Was heißt – irgendwo da draußen? Allein?»

Nikola warf Iva einen entrüsteten Blick zu. «Natürlich nicht, wofür hältst du mich? Colombina ist bei ihm.»

«Na, dann bin ich ja beruhigt.» Iva hatte das Gefühl, als legte sich ein eiserner Ring um ihre Schläfen und zöge sich unbarmherzig zusammen. Sie versuchte, ihre Nervosität auf das Gewitter zu schieben. «Ich gehe ihn suchen.» Sie wollte gerade loslaufen, als die Tür aufflog und Matteo und der Hund hereinstürmten. «Matteo, verdammt, wo warst du?» Sofort taten ihr ihre schroffen Worte leid. «Entschuldige, ich habe mir Sorgen gemacht. Lauf nicht allein herum, ja?»

Matteo blieb wie angewurzelt stehen und starrte Iva an, als wäre er auf einen seltenen Besuch gestoßen und als könnte er sich dessen Anwesenheit nicht erklären. Colombina wedelte hechelnd zur Begrüßung mit dem Schwanz, dann trabte sie zu ihrem Wassernapf und begann durstig zu trinken.

Marta drehte sich zum ersten Mal um. «Mate, Herzchen, komm, Hände waschen, deine Ćevapčići sind gleich fertig.»

Matteo marschierte zum Waschbecken, stellte sich auf die Zehenspitzen und hielt die Händchen über das Becken. Marta zog die Pfanne vom Herd, ging zu Matteo und machte sich daran, ihm die Hände zu waschen, wobei sie ihm etwas zuflüsterte, was Matteo kichern und glucksen ließ.

Iva kam sich überflüssig vor.

Sie nahm den Rosenstrauß, den sie am Markt gekauft hatte, und ging zum Kamin hinüber. Der Kupferkessel im schwarzen Feuerloch schimmerte rötlich, als glühte er. Die puppenhafte Madonna auf dem kleinen Marienbild schwebte auf ihrer Wolke, starrte mit ausgebreiteten Armen in den türkisfarbenen Himmel und schien entrückt von allen irdischen Sorgen. Iva nahm die weißen Lilien, die seit Lukas Tod jeden Morgen frisch unter dem Bild standen und einen aufdringlichen, süßlichen Geruch verbreiteten, aus der Vase und ersetzte sie durch die Rosen. Zusammen mit dem Madonnenbild wirkten die roten Blüten kitschig, aber auch wie ein Symbol der Unschuld, der Hoffnung und des Friedens.

«So», sagte Iva. «Schluss mit den Friedhofsblumen.»

Marta, die den Tisch deckte und gerade begonnen hatte, Messer aufzulegen, hielt inne und warf einen Blick über die Schulter auf die Rosen. «Doch nicht etwa für Luka?», sagte sie mit hörbarer Verachtung. «Dafür ist es zu spät.»

«Das hier», sagte Iva, wobei sie sich bemühte, neben Matteo die Wut in ihrer Stimme zu unterdrücken, «ist kein Trauerhaus für gewissenlose Leute, die mit Verbrechern Geschäfte machen, statt ehrlicher Arbeit nachzugehen, und andere Menschen ins Verderben stürzen.» Auf einmal war ihr, als sähe Alija sie mit seinen schwermütigen Augen, die sie an Gemälde von Raffael erinnert hatten, an. «Wie viele junge Leute sind dieses Jahr an einer Überdosis gestorben? Offiziell? Dazu die, auf deren Totenschein aus Rücksicht auf den guten Ruf der Familie die wahre Todesursache nicht genannt wird, Hepatitis oder sonst was steht dann drauf.» Jetzt hatte sie sich doch in Rage geredet. «Sollten wir uns nicht alle für diese Jugendlichen verantwortlich fühlen? Ich schon! Ich fühle mich für all diese Toten verantwortlich!» Iva holte Luft. «Ich habe es satt, gegen diese Mafia zu kämpfen und dabei zusehen zu müssen, wie gute Leute ihr Leben verlieren. Leute, die es nicht verdient haben.»

Als hätten ihre Worte einen Schatten über die Anwesenden geworfen, verdunkelte sich das Licht in der Küche. Regenwolken hatten sich vor die Sonne geschoben, und erste schwere Tropfen klatschten gegen die Fenster.

«Und Luka ...?» Marta starrte sie an. «Mein Luka hat es also verdient, ja?» Sie richtete die Spitze eines Messers auf Iva. «Pass auf, was du sagst, ich bin seine Mutter!»

«Dann sieh dir an, was die Freunde deines Sohnes aus deiner Tochter gemacht haben!», schnappte Iva.

«Nicht einmal Lilja kannst du in Ruhe lassen, du ...»

«*Basta!*» Iva rang nach Atem.

Marta schleuderte das Messer quer durch die Küche und schlug die Hände vors Gesicht. Ihre Schultern bebten. Aber diesmal hatte Iva keine Lust, sie zu trösten.

Nikola klopfte ein paarmal mit den Knöcheln auf den Tisch. «Bravo», sagte er, und an Matteo gewandt: «Mate, du hast deine Mutter gehört, du kannst stolz auf sie sein.»

Matteo blickte mit großen Augen von einem zum anderen.

Iva beschloss, gleich reinen Tisch zu machen und den Stier bei den Hörnern zu packen. «Ach, übrigens», sagte sie, wieder ganz ruhig. «Am Montag habe ich ein Fernsehinterview. Slavko Vuković ist auch dabei.»

Ihre Hoffnung, diese Bombe würde nicht in die Luft gehen, erfüllte sich nicht. Nikola donnerte seine Faust auf die Tischplatte, sodass Gläser und Geschirr klirrten.

«Dieser Faschist!», brüllte er.

«Es geht nur um meine Arbeit, Dedi.»

«Bist du wahnsinnig geworden? Unsere Leute sind für deine Freiheit gestorben, als sie die Faschisten aus unserem Land gejagt haben!» Seine schrägen Augen funkelten kriegerisch. «Mit Pack setzt man sich nicht an einen Tisch!»

«Es sind andere Zeiten, Dedi, und ich habe keine Wahl.»

«Und ich verbiete es!»

«Du tust was?» Iva warf den tropfenden Lilienstrauß auf den halb gedeckten Tisch. «Ich habe keinen Hunger mehr.»

«Was soll das heißen? Wo willst du hin?»

«Ich gehe ins Arbeitszimmer hinauf.» Dieser angebliche Maulwurf in der Polizeidirektion würde keine Chance bekommen. «Ab jetzt arbeite ich auch von zu Hause aus.»

Ein Blitz zuckte über den Himmel und tauchte die Landschaft hinter dem Fenster in schwefeliges Licht.

Matteo begann zu schluchzen. Iva wollte zu ihm gehen, aber Nikola zog ihn auf seine Knie. Sofort hörte Matteo auf zu weinen und schnüffelte nur noch leise vor sich hin.

«Marta, wann gibt's endlich Essen?», blaffte Nikola, und an Matteo gewandt, in sanftem Tonfall: «Mate, mein Kleiner, morgen wollen wir doch zu Onkel Tomo fahren und deinen Hund aussuchen. Ist das etwa ein Grund zum Weinen?» Matteo zog die Nase hoch und schüttelte den Kopf. Dann lächelte er unter Tränen, der Kummer war vergessen. «Und einen Namen brauchen wir auch noch.» Matteo nickte eifrig.

«Ich halte das für keine gute Idee, Dedi», sagte Iva.

«Ich weiß, aber noch bin ich der Herr auf Terra Rossa.»

Draußen rollte der erste Donner.

«Ciao, Onkel Viktor!»

«Iva, meine Liebe, was verschafft mir die Freude?»

«Ich möchte mich bei dir ganz herzlich bedanken.»

«Ach ja?»

«Stell dir vor, der Staatsanwalt hat tatsächlich die Durchsuchung der Banka Battaglia genehmigt.»

«Was? Wann?»

«Gestern Abend noch. Ein Anruf von dir hat genügt, und er ist eingeknickt. Wir können alle Konten überprüfen.»

«Das, also ... ja, das überrascht mich tatsächlich.»

«Dein Wort als Justizminister hat eben Gewicht.»

«Du gibst also nicht auf?»

«Natürlich nicht! Wieso? Sollte ich das denn?»

«Nein, nein, du darfst keinesfalls aufgeben! Und – viel Erfolg!»

DREIZEHN

So schnell, wie das Gewitter über der Adria aufgetaucht war, war es auch schon wieder abgezogen. Nach dem Regen, der endlich etwas Abkühlung gebracht hatte, schien die Sonne am frühen Sonntagmorgen durch glasklare Luft auf die grünen Hügel. Die mittelalterlichen Dörfer auf den Bergkuppen leuchteten, und in den Senken löste sich der Nebel auf, als Iva bei offenen Loggia-Türen am Schreibtisch im Arbeitszimmer von Terra Rossa saß. An den Wänden hingen neben alten Stichen und Landkarten auch Urkunden und Medaillen, internationale Auszeichnungen für das grün-goldene Olivenöl von Terra Rossa. Auf Kommoden und Sekretären stapelten sich Fachzeitschriften und Aktenordner.

Nikola führte den Betrieb mit Herzblut, doch es war nur eine Frage der Zeit, bis ihm die Arbeit über den Kopf wachsen würde. Darüber hinaus mussten irgendwann Modernisierungen vorgenommen und Investitionen getätigt werden, die sich jedoch nur lohnten, wenn der Betrieb langfristig weitergeführt wurde. Um den Ankauf einer neuen Ölmühle würde Terra Rossa ohnehin nicht herumkommen. Dazu kam die Sorge um das sich spürbar verändernde Klima. Nicht nur die Lichtintensität, sondern auch die Winterpause mit genügend kalten Tagen, an denen die Durchschnittstemperatur nicht über zehn Grad Celsius steigen durfte, ließen die Olivenbäume blühen und die Früchte reifen. Nur unter einer ausreichenden Anzahl von Kältestunden verfestigten sich die Knospen. Worauf über Jahrtausende hinweg stets Verlass gewesen war, stand auf einmal infrage. Die Zukunft von Terra Rossa lag mehr denn je wie eine Last auf den Schultern seiner Erben.

Iva genoss die Stille in dem großen Haus.

Nikola hatte sich über ihren Protest hinweggesetzt und war mit Matteo und Colombina nach Vodnjan zu seinem Freund Tomislav gefahren, um noch einmal die Welpen von dessen Jagdhündin zu besuchen. Heute war der große Tag, Großvater und Enkel wollten das neue Familienmitglied aussuchen, das in ein paar Wochen auf Terra Rossa einziehen sollte. Iva war zu Hause geblieben, um sich auf das Fernsehinterview mit Ana Matić am nächsten Morgen vorzubereiten.

Gegen zehn Uhr hielt ein Wagen vor dem Haus.

Iva, die nur das Verstummen des Motors und das Schlagen einer Autotür gehört hatte, wartete auf das Läuten der Glocke oder einen Ruf. Als alles ruhig blieb, ging sie auf die Loggia hinaus, blickte auf den Vorplatz hinunter und entdeckte das Dach eines weißen Lieferwagens. Ein kräftiger Mann in Arbeitsanzug und mit gelbem Schutzhelm lief an der Hausmauer auf und ab und blickte zum First hinauf.

«*Dobar dan*», rief Iva. «Kann ich Ihnen helfen?»

«Es gibt Probleme mit dem Fernsehempfang.»

«Wie bitte?»

«Haben Sie heute schon ferngesehen?»

«Nein.»

«Und gestern Abend? Keine Ton- oder Bildstörungen?»

«Nein.» Dann fiel ihr etwas ein. «Heute ist Sonntag.»

«Wir haben einen 24-Stunden-Service.» Der Mann stützte die Hände in die Seiten, wobei die Muskeln an seinen Armen deutlich hervortraten, und blickte sich um. «Das verstehe ich nicht, in der Zentrale steht praktisch das Telefon nicht still, weil's hier angeblich Sendeausfälle gibt.» Er sah zu ihr hoch. «Dann fahre ich besser los und prüfe die Hauptleitung. Danach komme ich wieder und schalte mal eben kurz Ihr Gerät ein.» Er hob eine Hand zum Gruß, stieg ohne auf ihre Antwort zu warten in den Wagen und fuhr davon.

Iva ging in die Bibliothek hinunter.

Deckenhohe, salbeifarben gestrichene Bücherregale, in denen die Klassiker der Weltliteratur in Würde alterten, bedeckten die Wände. Zwischen in Leder gebundenen Folianten und Romanen in bunten Umschlägen standen abgegriffene Taschenbücher, Zeugnisse der Leseleidenschaft der Familie. Auf manchen Brettern lehnten schon ein wenig vergilbte Stiche, die Stadtansichten von Venedig und Landschaftsszenen aus Istrien zeigten und deren Goldrahmen dem Raum eine feierliche, aristokratische und ein wenig einschüchternde Anmutung verliehen. Auf einem Tischchen neben einem mit schon etwas fadenscheinigem Gobelinstoff überzogenen Ohrensessel lag Nikolas aktueller Lesestoff, eine neue Tito-Biografie, und daneben das englische Kinderbuch, das Matteo so liebte. *The Wind in the Willows.* Es roch nach Staub und den abgetretenen Teppichen, die das Fischgrätparkett bedeckten.

Iva spürte, wie sich ein Lächeln auf ihrem Gesicht ausbreitete. Wie oft war sie hier selbst als Kind in fremde Welten eingetaucht. Manchmal fragte sie sich, wer all die Bücher über die Jahrhunderte zusammengetragen hatte. Im Laufe der Zeit hatten sich auch in ihrer Familie Histrier, Venezianer, Slawen und Italiener gemischt, hatten ein Stück ihrer Kultur beigesteuert und hier ihre Spuren hinterlassen.

In der Bibliothek stand auch der Fernseher.

Iva nahm die Fernbedienung und drückte auf die Starttaste. Auf dem Bildschirm erschien ein Kindersender mit einem Zeichentrickfilm, Disneys Susi und Strolch, zwei Hunde, die Spaghetti aßen. Matteo war praktisch der Einzige, der fernsah. Iva nutzte für Nachrichten das Internet, Nikola las die Zeitungen, die der Postbote auf seinem Mofa jeden Tag mitbrachte. Sie zappte noch ein wenig durch die Sender, aber zumindest auf Terra Rossa schien der Empfang einwandfrei zu sein.

Nachdenklich machte Iva sich auf den Weg in die Küche.

Als sie am Küchentisch saß und ihren Espresso trank, wunderte sie sich immer noch über den Mechaniker. Bestimmt nutzte in Kroatien kaum jemand einen 24-Stunden-Service, und wenn, dann war der Dienst telefonisch sicher nur über eine endlos lange Telefon-Warteschleife erreichbar, sodass man lieber den Kumpel eines Kumpels bemühte, der seinerseits einen Kumpel an der richtigen Stelle kannte, der für ein Trinkgeld und ein paar Schnäpse jedes Gerät wieder zum Laufen brachte. Sie hatte nur das Dach des Lieferwagens sehen können. Und keine Aufschrift eines Unternehmens.

Sie brauchen Personenschutz, reden Sie mit Petrović.

Iva ging in das Arbeitszimmer zurück und nahm das Handy, um die Nachbarn anzurufen. Irgendwer musste ja die Störung gemeldet haben – wenn es denn überhaupt eine gab. Aber dann fiel ihr ein, dass sie gar nicht wusste, wer jetzt auf dem Hof wohnte, der sich ein paar Hundert Meter die Straße hinunter befand. Hatte Nikola nicht erzählt, dass er nach dem Tod der alten Milena Jurić von deren Sohn an Ausländer als Ferienhaus verkauft worden war? Möglicherweise hatten die neuen Eigentümer bei der Renovierung ein Kabel beschädigt. Nikola konnte sie nicht anrufen und fragen, der hatte kein Handy. Und wie hieß dieser Tomislav mit den Hunden mit Nachnamen? Sollte sie die Kollegen von der Polizei rufen? Unsinn, damit würde sie sich nur lächerlich machen. Sie sah Petrovićs Gesicht und seine Genugtuung über ihre Panik geradezu bildlich vor sich. Außerdem hatte sie genug Arbeit, um sich abzulenken.

Das ungute Gefühl blieb.

Iva nahm wieder am Schreibtisch Platz, aber sie konnte sich nicht mehr konzentrieren. In der Ferne knatterte ein Motorroller vorbei. Iva stand auf, ging erneut in die Bibliothek hinunter und schaltete noch einmal den Fernseher ein. Die Cartoon-Hunde sangen jetzt ein Duett unter dem Vollmond. Iva drückte die Austaste, lief in ihr Schlafzimmer und holte die Pistole, die für Matteo unerreichbar auf dem Schrank lag. Sie zog den Schlitten zurück und ließ eine Patrone in die Kammer gleiten. Dann schob sie die Waffe in den hinteren Hosenbund.

Jetzt war der Motor des Motorrollers wieder zu hören. Er kam näher, wurde lauter und verstummte vor dem Haus.

Iva lief die Treppe hinunter und riss die Haustür auf.

Draußen saß ein Junge von etwa achtzehn Jahren mit schwarzen Locken auf einer Vespa, die Beine in den Boden gestemmt. Er trug helle Hosen mit großen aufgesetzten Taschen und teure Sneaker und hatte einen Pullover gegen den Fahrtwind um den Hals geknotet. Der Gurt einer großen Kuriertasche verlief quer über sein blütenweißes T-Shirt.

«Willst du zu uns?», fragte Iva.

«Dobro jutro, Gospodja», sagte er. *Guten Morgen.*

«Dobro jutro.»

«Sind Sie die Hausherrin?»

«Ja, und wer bist du?»

«Oh, Verzeihung.» Er zog ein paar Werbezettel aus seiner Kuriertasche, machte Anstalten, sie Iva zu reichen, behielt sie dann jedoch etwas unschlüssig in der Hand. «Es geht um das Open-Air-Konzert im September, in Pula. Sie haben bestimmt schon davon gehört. Eros Ramazzotti kommt.»

«Eros Ramazzotti? Im September? Davon weiß ich nichts.»

«Ein großes Konzert in der Arena.» Er wedelte ein wenig mit den Zetteln. «Deswegen verteilen wir schon mal Flyer in der Gegend. Vorverkaufskarten habe ich auch dabei.»

«Danke, aber ich habe keine Zeit für so was.»

«Keine Zeit für Eros Ramazzotti?» Er starrte sie an.

«Nein, wirklich, auch nicht im September.»

Der Junge blickte an ihr vorbei zur Haustür. «Darf ich dann vielleicht ein anderes Familienmitglied fragen?»

«Außer mir ist niemand im Haus.» Auf einmal hatte Iva eine Idee. «Wie heißt du denn?»

Er zögerte mit seiner Antwort. «Enzo.»

«Pass auf, Enzo, du kannst mir einen Gefallen tun, und danach kaufe ich dir zwei Karten ab. Versprochen.»

«Welchen Gefallen?» Enzo wirkte misstrauisch.

«Fahr schnell zu den Nachbarn.» Iva deutete nach links über Olivenbäume und Weinstöcke hinweg, dorthin, wo der alte Jurić-Hof lag. «Da fragst du, ob der Fernseher geht, ja? Und wenn nicht, ob irgendwer im Haus den 24-Stunden-Service angerufen hat.»

«Was?» Auf seiner Stirn standen Schweißperlen.

«Und wenn die nicht wissen, wovon du redest – dann rufst du sofort die Polizei und schickst sie hierher, klar? Du sagst, Doktorica Markulin braucht Hilfe, verstanden?»

Enzo sah sie verwirrt und ängstlich an. Offensichtlich hielt er sie für verrückt. «Ist was passiert?» Er steckte die Prospekte zurück in die Kuriertasche, und Iva dachte schon, er würde die Flucht ergreifen, doch auf einmal nickte er. «Na gut, aber Sie nehmen drei Karten.»

«Auch vier – und jetzt fahr los.»

Iva wollte ihm anbieten, die Kuriertasche dazulassen, aber er hatte schon die Vespa gewendet und brauste über die Zufahrt davon. Sie hörte, wie er nach links abbog, dann ein Reifenquietschen und Gehupe, dann wieder das Knattern der Vespa, die sich auf der Hauptstraße entfernte. Kurz darauf tauchte der weiße Lieferwagen zwischen den beiden Säulen auf und hielt auf sie zu. Iva holte Luft, suchte festen Stand und stützte die rechte Hand in den Rücken, als hätte sie Kreuzschmerzen. Sie spürte die Pistole. Die Waffe gab ihr etwas Sicherheit, aber sie war trotzdem nervös.

Der Mechaniker stieg aus der Fahrerkabine. Jetzt trug er keinen Bauhelm mehr. Kaum, dass er Iva entdeckt hatte, schimpfte er los. «Dieser verrückte Bengel auf seiner Vespa, rast dahin, als wäre der Teufel hinter ihm her.»

Iva gab die Hoffnung auf, dass der Junge Hilfe holen würde. «Und?», fragte sie. «Was ist nun mit dem Empfang?»

«Versuchen Sie mal, im Sommer am Sonntag jemanden zu Hause anzutreffen», sagte er und stapfte auf die Haustür zu und an ihr vorbei ins Haus. Unter seinem linken Arm steckte jetzt eine lederne Rolle. «Die Leute rufen den Kundendienst, und selbst faulenzen sie am Strand. Wo ist Ihr Fernseher?»

Iva eilte dem Mann hinterher. «Halt, stehen bleiben!»

Der Mechaniker drehte sich um. Ungläubig starrte er auf die Pistole in Ivas Hand. Dann griff er an die Lederrolle.

Iva war schneller. «Hände hinter den Kopf und runter auf die Knie», brüllte sie. «Na los, mach schon!»

«Was?» Er war so geschockt, dass er sich nicht rührte.

Iva zeigte mit dem Lauf zur Küchentür. «Da rein!»

«Sie verwechseln mich ...» Seine Stimme war ein Krächzen.

«Lass die Rolle fallen.»

Wie in Zeitlupe hob der Mann die Hände. Die Lederrolle fiel zu Boden. Dabei löste sich der Verschluss, und ein Sammelsurium an Werkzeug ergoss sich klirrend auf den Marmor – Zangen, Kabelscheren und vor allem Schraubenzieher, scharf wie Stichwaffen, in allen Größen und Längen.

«Rufen Sie doch in der Zentrale an!» Schweiß lief dem Mann aus dem Haaransatz, rann über seine Schläfen. «Ich weiß nicht, worum es geht, aber Sie haben den Falschen.»

«Wozu brauchen Sie das Werkzeug?»

«Manchmal liegt's ja auch nur am Kabel des Kunden.» Seine Verwirrung und seine Verzweiflung schienen echt zu sein. «Warum rufen Sie nicht in meiner Firma an?»

Iva zögerte. «Wie heißt das Satellitenprogramm?»

«Eutelsat 16.0 Grad Ost. Bitte, lassen Sie mich gehen!»

Iva überlegte, dann senkte sie die Pistole und trat einen Schritt zurück. «Heben Sie Ihr Werkzeug auf – langsam! –, und dann sehen wir uns mal die Aufschrift auf Ihrem Wagen an. Ich hoffe für Sie, dass er Ihrer Firma gehört.»

Er hockte sich hin, sammelte das Werkzeug ein und verschnürte die Rolle. Iva konnte hören, wie er leise vor sich hin fluchte. Dann stand er auf, fasste in die Brusttasche seines Overalls und zog eine eingeschweißte Karte heraus. Es war ein Lichtbildausweis mit einem Stempel.

«Können Sie wenigstens lesen?» Er hielt ihr die Karte vor die Augen. «Roko Tadić, Servicetechniker bei *TeleSat.*»

Iva genügte ein Blick. Ihr Herz sank. «Tut mir leid.» Petrović würde sie in der Luft zerreißen.

«So, tut dir leid, ja?» Sein Gesicht war dunkelrot angelaufen vor Zorn. «Ich zeig dich an, du ... du ... Wohnt in einem Palast und glaubt noch immer an Privilegien, was? Hast du die Zeit verschlafen? Hier gibt's keine Herren mehr! Hier schikaniert man keine ehrlichen Arbeiter mehr, nur weil's den gnädigen Herrschaften so passt. Wir haben Gesetze!»

«Ich weiß! Es tut mir leid, ich hatte meine Gründe.»

«Gründe? Mehr hast du dazu nicht zu sagen?»

«Nein.» Iva hielt die Pistole hinter den Rücken.

Tadić starrte sie durchdringend an, schien mit sich zu ringen. «Na schön, erzähl deine Geschichte der Polizei», sagte er endlich. «Ich zeig dich an!» Er marschierte hinaus und knallte die Haustür hinter sich zu.

Iva schloss die Augen und hörte, wie ein schwerer Motor ansprang und der Lieferwagen mit quietschenden Reifen vom Vorplatz raste. Über ihren Rücken kroch eine Gänsehaut.

Eine Viertelstunde später hielt ein Motorroller vor dem Haus. Iva, die gerade in der Küche das zweite Glas von der Limonade trank, die Nikola jeden Tag frisch aus den eigenen Zitronen machte, dachte im ersten Augenblick, der Mechaniker hätte bereits die Polizei gerufen, und fragte sich, wie sie dem Kollegen von der Streife ihr Fehlverhalten erklären sollte. Wenigstens lag die Pistole außer Sichtweite auf dem Küchenschrank. Mit viel Glück erfuhr die Presse nichts. Und Petrović auch nicht. Dann fiel ihr der Junge mit der Vespa ein, und sie lief voll schlechten Gewissens hinaus.

Enzo war bereits abgestiegen. «Ich bin bis zum nächsten Haus gefahren und habe ein paarmal geläutet», rief er. «Wie Sie mir aufgetragen haben. Aber da war niemand zu Hause.»

«Davon habe ich schon gehört. Es tut mir leid.»

«Sieht nach einem unbewohnten Ferienhaus aus.»

«Die Leute werden wohl an den Strand gefahren sein.»

Enzo kam näher. «Was ist denn los? Das darf ich doch fragen, oder?» Glänzende schwarze Augen blickten sie an.

«Es war blinder Alarm.» Iva bemühte sich um ein Lächeln. «Jetzt muss ich dir zwei Karten abkaufen, was?»

«Vier», sagte Enzo wie aus der Pistole geschossen.

«Na, dann komm mal mit», sagte Iva. «Ich hole nur mein Geld.» Schnell lief sie vor ihm ins Haus. Enzo folgte ihr und fing die beinahe zufallende Tür durch eine elegante Körperdrehung mit der Schulter auf.

«Hätten Sie vielleicht was zu trinken?», rief er.

Es war ein heißer Tag. «Klar, magst du Limonade?»

«Sehr gerne, vielen Dank.» Er war wirklich gut erzogen.

Sie gingen in die Küche, und als Iva ein Glas aus dem Küchenschrank holte, steckte Enzo die Hände in die großen aufgesetzten Hosentaschen und sah sich bewundernd um.

«So was sieht man heute nicht mehr oft.» Enzo stieß einen anerkennenden Pfiff aus. In einiger Entfernung war das Nageln eines alten Dieselmotors zu hören, das Geräusch wurde jedoch vom Rattern eines Hubschraubers, der in Richtung Adria flog, überlagert. «Erwarten Sie Besuch?»

«Bestimmt Urlauber, die in der Konoba was essen wollen.» Bisher hatte Marta Antipasti und Strudel für das Wochenendgeschäft beigesteuert. Aber nach Lukas Tod hatte sie erklärt, dass Nikola sich anderweitig Hilfe suchen möge. «Wir öffnen erst wieder im Herbst zur Trüffelsaison.» Nikola verhandelte bereits mit einem jungen, ambitionierten Koch.

Jetzt meinte Iva, jemanden über den Vorplatz gehen zu hören. Das Glas in der einen, den Krug in der anderen Hand lauschte sie. Entweder waren die Schritte verstummt, oder sie hatte sich verhört, und ihre Nerven hatten ihr einen Streich gespielt. Sie ließ das Glas volllaufen.

«Wie alt bist du denn?» *Smalltalk.*

Darüber musste er erst nachdenken. «Siebzehn.»

«Hast du Ferien? Oder Berufspläne?»

Enzo pfiff leise. «Vielleicht studiere ich Musik.»

Aus dem Augenwinkel nahm Iva eine schnelle Bewegung wahr. Sie fuhr herum. Gerade noch rechtzeitig, um zu sehen, wie Enzo auf sie zusprang.

Iva schrie los.

«Doktorica! Doktorica!»

Wie durch Watte drangen die Worte in Ivas Bewusstsein. Ihr Kopf schmerzte, als hämmerte darin ein Teufel auf einen Amboss, und hinter ihren Augenlidern drehten sich Feuerräder. Die Männerstimme hatte sie schon mal gehört.

«Alles in Ordnung? Hören Sie mich, Iva? Hallo, hallo!»

Jemand schlug ihr unsanft auf die Wange. Iva riss die Augen auf. Über ihr schwebte Miroslav Babans angespanntes Gesicht. Seine Haut war schweißbedeckt, das rote Haar klebte feucht an seinen Schläfen. Vorsichtig drehte sie den Kopf zur Seite. Sie lag auf dem Küchenboden auf den kalten Steinplatten. Um sie herum herrschte ein unglaubliches Chaos. Vor ihren Augen glitzerte ein Teppich aus Glassplittern in einem Meer aus Limonade, deren säuerlicher Geruch ihr in die Nase stach. Alle Stühle waren umgestürzt, der Küchentisch stand unter dem offenen Fenster, der große Kupferkessel lag, von seiner Kette gerissen, auf dem Boden, die Vase der Madonna lag in Scherben daneben.

«Was ist passiert?», flüsterte Iva.

«Lassen Sie immer Fremde ins Haus?»

«Mein Kopf ...» Die Augen fielen ihr wieder zu.

«Der ist aus Eisenbeton ... Doktorica? Iva?»

Aber Iva konnte nicht antworten, sie schaukelte auf kleinen Wellen über das Meer und fühlte sich wohl. Da spürte sie, wie Baban einen Arm unter ihre Schultern und einen unter ihre Knie schob und sie hochhob, schnell und leicht, als wäre sie nur ein Federgewicht. Sie schaukelte weiter, und dann wurde es angenehm kühl und roch nach altem Papier. Staub kitzelte ihre Nase, und sie musste niesen.

«*Na zdravlje*», sagte Baban. Gesundheit. «Ich leg Sie aufs Sofa. Geht's so? Ein Glück, dass Sie geschrien haben.»

Iva öffnete die Augen. Ihr Blick fiel auf die Regale in der Bibliothek, auf die vielen Bücher und auf die alten, wasserfleckigen Stiche und – den Fernseher.

Jetzt wusste sie wieder, was passiert war.

«Wo ist das Miststück?», fragte sie und schob sich mit dem Rücken die Lehne hinauf, bis sie saß. Ihr Kopf brummte, und ihr war schwindelig, aber ihre Wut, die Wut auf ihren Angreifer und die Wut auf sich selbst, verlieh ihr Kraft.

«Über den Küchentisch aus dem Fenster», sagte Baban. «Der Kleine ist ein Profi, wendig wie eine Schlange.»

Iva sah wieder die glänzenden schwarzen Augen vor sich. Schlangenaugen. Ihr Instinkt hatte sie umsonst gewarnt. Behutsam tastete sie mit der Hand über ihren Kopf. An der Schläfe konnte sie bereits die entstehende Beule fühlen.

«Ich habe es kommen sehen, aber ... was war denn das?»

«Ein Totschläger», sagte Baban mit Bitterkeit in der Stimme. «Die nehmen jetzt schon Kinder, die im Vorbeifahren von der Vespa schießen.» Er machte eine Pause. «Sie haben jedenfalls ein lautes Organ! Ich bin direkt ins Haus gerannt. Tut mir leid für Ihre Küche.»

«Ich bin eine Idiotin.» Sie schüttelte den Kopf. «Au!»

«Ist Ihnen schlecht?», fragte Baban. «Haben Sie eine Gehirnerschütterung? Soll ich Sie ins Krankenhaus fahren?»

«Nein!», sagte Iva schnell. «Kein Aufsehen!»

Baban zögerte. «Okay, gut, vielleicht haben Sie recht.»

Erst jetzt fielen Iva sein blasses Gesicht, die gespannte Haut und die blutunterlaufenen Augen auf. «Sie haben mir das Leben gerettet», sagte sie. «Aber ... wieso sind Sie hier?»

Baban faltete die riesigen Hände zwischen den Knien und senkte den Blick auf seine verschränkten Finger. «Elena», sagte er. Sein Atem ging schwer, er rang hörbar um Fassung. «Elena hatte einen ... Unfall.»

«Was? Wann?» Ivas Mund fühlte sich trocken an.

Ich muss mit Ihnen reden – dringend! Es ist wirklich wichtig, Doktorica.

Baban hob den Blick. «Gestern Abend», sagte er. «Sie ist zu einem Brutplatz hinauf, dann der Gewitterregen, vielleicht ist sie ja ausgerutscht. Urlauber haben sie am Fuß der Felswand gefunden.» Er fing an zu schluchzen.

Iva spürte, wie ihr schwindelig wurde. Die ganze Welt schien sich um sie zu drehen. «Ist Elena ...?»

«Sie ... sie liegt ... im Krankenhaus.»

VIERZEHN

Meine Studiogäste sind heute Doktorica Iva Markulin, leitende Ermittlerin der Sonderkommission zum Kampf gegen das organisierte Verbrechen in Pula, und Slavko Vuković, Vorsitzender der Partei Schöne Heimat Kroatien.» Ana Matić saß zwischen ihren Gesprächspartnern, trug einen gut geschnittenen beigen Hosenanzug und Sneaker, an ihrem Handgelenk glänzte eine teure Sportuhr, ein Schreibblock lag auf ihren Knien. Sie blickte direkt in die Kamera, während sie das Thema der aktuellen Sendung umriss. «Lassen Sie mich die Gelegenheit nutzen ...»

Iva hörte nicht mehr zu, sondern musterte Slavko Vuković. Die Beine übereinandergeschlagen, die Ellenbogen auf die Armlehnen des Sessels gestützt und die Fingerspitzen vor dem Kinn aneinandergelegt, verströmte Vuković das ihm auch von seinen Gegnern zugeschriebene Charisma. Er war Anfang vierzig, schlank und hochgewachsen, trug sein schwarzes Haar im Nacken etwas länger und an diesem Morgen einen taubenblauen Anzug und ein weißes Hemd ohne Krawatte. Seine Augen waren groß, klar und dunkel, die Augen eines Heiligen auf einer Ikone. Wie die meisten schönen Menschen wirkte er selbstsicher, aber nicht überheblich. Slavko Vuković war auf dem besten Weg, eine Frontfigur der europäischen Rechten zu werden. Er verkündete seine Botschaft aus einer Position der Mitte heraus, gab sich moderat und weltoffen, wobei er die Ansicht vertrat, dass Demokratie nur auf nationaler Ebene möglich war. Iva fragte sich, was ihn bewogen haben könnte, das öffentliche Gespräch mit ihr zu suchen.

«Doktorica Markulin», unterbrach Ana Matić Ivas Gedanken, «viele unserer Zuschauer kennen Sie aus der Presse, erst kürzlich haben Sie bei einer Razzia einen Drogenhändler überführen können. In der kurzen Zeit, die Sie in unserem schönen Istrien tätig sind, haben Sie sich also bereits einen Ruf erworben. Als, wenn ich das so sagen darf – Mafiajägerin?» Sie schenkte Iva ein Lächeln, nickte, übergab das Wort an sie.

«Ich danke Ihnen, dass Sie mir heute die Gelegenheit geben, mich direkt an die Menschen zu wenden, deren tägliches Leben von Vetternwirtschaft und Korruption beeinträchtigt wird.» Iva richtete ihren Blick in die Kamera. Ihre Schläfe schmerzte bei jeder Kopfbewegung von dem Schlag mit dem Totschläger. «Die darunter leiden. Und die nicht gewillt sind, diese Zustände weiter hinzunehmen.» Sie machte eine Pause, als wollte sie ihre Gedanken sammeln. «Als ich nach Pula kam, hatte ich ein einziges Ziel: die Attentäter meines Mannes zu finden. Inzwischen bin ich bei meinen Ermittlungen auf eine Spur gestoßen. Es ist die Spur des Geldes. Sie zieht sich durch Gesellschaft und Geschäft, ob illegal oder legal, ob Drogenhandel oder – Banken. Dieser Spur werde ich weiter folgen, und nichts – absolut nichts – kann mich aufhalten.»

Slavko Vuković nickte zustimmend und klatschte lautlos, demonstrierte seine Anerkennung, ohne die Tonqualität der Sendung zu beeinträchtigen. Er war ein Profi.

«*Gospodin* Vuković», sagte Ana Matić. «Ihre Partei prangert immer wieder die Zustände in Kroatien an. Was kann man, ja was *muss* man tun?»

Vuković breitete die Hände aus und wandte sich direkt an

Iva. «Doktorica Markulin», sagte er, «lassen Sie mich Ihnen zuerst sagen, dass wir, die Mitglieder meiner Bewegung – und ich an erster Stelle! –, Sie seit Langem bewundern. Sie sind eine Heldin. So, wie Ihr Mann ein Held war.»

«Ich mache meine Arbeit», sagte Iva. Igors Erwähnung hatte ihr einen Stich versetzt, sie störte ihre Konzentration und brachte das Gespräch von einer sachlichen auf eine emotionale Ebene. Sie fragte sich, ob das Vukovićs Absicht gewesen war oder ob er sich nur der üblichen Floskeln bediente. In abschließendem Ton setzte sie daher hinzu: «So, wie mein Mann seine Arbeit gemacht hat.»

Auf Vukovićs Gesicht erschien ein anerkennendes Lächeln. «Ich bitte Sie! Schon als Staatsanwältin in Zagreb sind Sie für Recht und Ordnung eingetreten, haben Mut und Haltung bewiesen. Junge Menschen wie Sie sind die Hoffnung Kroatiens.» Seine Miene wurde ernst, jetzt sprach er zu den Menschen an den Bildschirmen. «Unser Land verliert seine Werte und Traditionen, Ehe und Familie bedeuten nichts mehr, unsere Kinder – die Zukunft und der Stolz unserer Heimat – geraten in die Fänge von Verbrechern, Korruption und Kriminalität bedrohen unser schönes Land.» Obwohl er diese Parolen, die seine Partei verbreitete, sicher unzählige Male wiederholt hatte, klangen seine Worte spontan und besorgt. «Wir stehen für den Erhalt unserer Heimat und für die gleichen Ziele, für die Doktorica Markulin sich einsetzt.» Er zog die Brauen zusammen, schien seine nächsten Worte abzuwägen. «An Ihrer Stelle würde ich weggehen, Doktorica.»

Iva meinte, sich verhört zu haben. «Wie bitte?»

«Ich gehe viel unter die Leute.» Vuković beugte sich vor und richtete den Blick seiner geradezu hypnotischen Heiligenaugen auf Ivas Gesicht. «Und wissen Sie, was ich da über Sie höre?» Er hob die Brauen.

Iva wartete ab.

«Die Leute sagen, dass Sie hier vergeudet sind», sagte er, «und dass Sie woanders besser aufgehoben wären. In Zagreb, zum Beispiel. Eine Frau wie Sie sollte an der Spitze des Generaldirektorats der Polizei stehen – und irgendwann Innenministerin werden.» Er lehnte sich zurück. «Gehen Sie zurück in die Hauptstadt. Nur Mut – Sie wären auch nicht auf sich allein gestellt.»

Inzwischen hatte Iva sich wieder gefangen. «Ich sehe meine Aufgabe hier noch nicht als erfüllt an», sagte sie.

«Aber Sie verdienen mehr Einfluss! Sie haben die moralischen Eigenschaften, die unsere Heimat braucht!» Er schüttelte den Kopf über Ivas Uneinsichtigkeit, ja, über ihren mangelnden Willen, der Heimat an den Schaltstellen der Macht zu dienen. «Als Ihre Freunde sehen wir es geradezu als nationale Pflicht an, Sie auf diesem Weg zu unterstützen.»

«Was sagen Sie dazu, Doktorica Markulin?» Ana Matić lächelte Iva zu. *Sie haben die ganz große Bühne.* «Das klingt wie ein Angebot zur Zusammenarbeit. Vor unserer Sendung hatten Sie die Absicht geäußert, alle Kräfte bündeln zu wollen. Hier wäre eine Gelegenheit.» Sie warf Vuković einen schnellen Seitenblick zu, doch der schien die Frage, die darin lag, nicht zu verstehen. Ana Matić wirkte irritiert.

«Meine Arbeit», sagte Iva, nicht gewillt, sich coram publico vor Vukovićs ideologischen Karren spannen zu lassen, «beruht auf Unabhängigkeit und Weisungsfreiheit – und ist nicht mit parteipolitischen Interessen vereinbar.»

Vuković schüttelte bedauernd den Kopf, selten war ein Politiker so missverstanden worden. «Nun, ich mache keinen

Hehl daraus», sagte er, «dass wir überglücklich wären, Sie in den Reihen unserer Bewegung begrüßen und Ihnen als Freunde helfen zu dürfen.» Vuković fixierte Iva. «Ihre Motivation in allen Ehren, Doktorica Markulin, aber Sie brauchen die öffentliche Meinung für Ihre Arbeit, wichtige Presse, Leute an ihrer Seite, deren Wort Gewicht hat.» Er machte eine wirkungsvolle Pause. «Leute wie uns.»

Iva hatte es die Sprache verschlagen. Besaß dieser Mann die Schamlosigkeit, ihr vor laufender Kamera eine aufwendige PR-Kampagne zugunsten ihrer Karriere anzubieten? War der Fernsehauftritt zur besten Sendezeit bei Ana Matić ein erster Schritt? Ein Appetithappen, der ihr zeigen sollte, was möglich war, und der Lust auf mehr machte?

Die Moderatorin schwieg, griff nicht ein.

Iva bekam das Gefühl, Teil einer Inszenierung und in eine Falle gegangen zu sein. *Vuković – vuk, Wolf.* Wie passend. Einerseits war sie geschmeichelt, dass er von ihrem Ruf profitieren wollte, andererseits fühlte sie sich beleidigt, weil er der Welt beweisen wollte, dass jeder Mensch käuflich ist. Auch eine sogenannte Mafiajägerin.

Mit Pack setzt man sich nicht an einen Tisch.

Iva schenkte Vuković ein strahlendes Lächeln, als wünschte sie sich nichts mehr, als ihr Ansehen im Dunstkreis einer rechtsnationalen Partei zu ruinieren. «Was meine Motivation betrifft, Gospodin Vuković», sagte sie liebenswürdig, «so lassen Sie mich mit den Worten des großen russischen Schriftstellers Fjodor Dostojewski antworten: Jeder von uns ist verantwortlich für alles vor allen.» Sie sah mit Freude, dass seine Miene gefror. «Es ist auch mein Motto. Und was Ihr Angebot angeht: Ich fürchte, der – *Preis* – für Ihren Freundschaftsdienst ist mir zu hoch.»

«Ich höre die Botschaft.» Vukovićs Lächeln war schmal. «Wir bitten Sie jedoch nur um eines: Machen Sie weiter! Unsere – *Ihre* – Freunde, einflussreiche Leute, stehen hinter Ihnen. Wir sind an Ihrer Seite in ihrem Kampf gegen die Korruption, gegen die überbordende Bürokratie, gegen das Establishment und die mafiösen Strukturen, die die Zukunft unseres schönen Kroatiens zu zerstören drohen.» Vuković griff in seine Jackentasche und zog eine Visitenkarte heraus, die anscheinend dort auf ihren Einsatz gewartet hatte, und überreichte sie, für die Kamera gut erkennbar, Iva. «Rufen Sie mich an, zu jeder Tages- und Nachtzeit, wenn Sie Hilfe brauchen. Viribus unitis – so lautet mein Motto – mit vereinten Kräften.» Auf seinem Gesicht lag das Lächeln eines Katers, der eine Ratte gefressen hatte. *Touché.*

Der Aufnahmeleiter wies auf das Ende der Sendezeit hin.

Iva hob die Hand, um zu signalisieren, dass sie noch antworten wollte, aber Ana Matić drehte sich zu einer Kamera, die gleich auf sie zufuhr, und sagte: «Liebe Zuschauer, ich denke, dies war eine spannende Sendung mit überraschenden Ergebnissen. Ich danke meinen Gästen – Doktorica Iva Markulin vom Sonderkommando in Pula und Slavko Vuković von der Partei Schöne Heimat Kroatien – für ihr Kommen. Lassen Sie mich den Satz von Gospodin Vuković als Schlusswort nutzen – viribus unitis!»

Slavko Vuković wirkte nachdenklich.

Als Iva aus dem auf winterliche Temperaturen hinuntergekühlten Gebäude des Senders auf die Straße trat, traf sie die Hitze wie ein Keulenschlag. Sie zog den blauen Blazer, den sie für die Fernsehaufzeichnung getragen hatte, aus, aber auch die ärmellose Bluse verschaffte ihr keine Erleichterung.

Im Gegenteil, jetzt brannte die Sonne ungehindert auf ihre bloßen Schultern. Inzwischen ging es auf Mittag zu. Bis zur Polizeidirektion waren es nur etwa zwanzig Minuten, doch bei dem Gedanken an den Fußmarsch durch die aufgeheizten Gassen schien sich Iva die Strecke verdoppelt zu haben. Das Marmorpflaster am Kai blendete in der grellen Hitze, und das Wasser im Hafenbecken spendete keine Kühle, sondern schien sich in ein stillstehendes Gewässer, in dem Seegras und Treibholz zwischen den Booten dümpelten, verwandelt zu haben. Statt einer frischen Brise schickte die Adria nur drückend feuchte Luft.

Viribus unitis.

Im Spiel dieser vereinten Kräfte schien es viele Mitspieler zu geben, und ihr Einfluss reichte bis in hohe Politkreise. Auf einmal hatte Iva das Gefühl, als wäre Vukovićs Angebot zur Zusammenarbeit einerseits ein Bestechungsversuch – und ein allzu demonstrativer Beweis des guten Willens – und andererseits eine Drohung gewesen. Indem sie den Teufelspakt vor aller Augen ausgeschlagen hatte, hatte sie sich gerade mächtige Feinde gemacht.

Du kannst diesen Kraken bekämpfen, aber du kannst ihn nicht besiegen. Seine Arme sind lang. Und sie reichen weit, sehr weit. Viel weiter, als du denkst.

Nikola hatte sie an jenem Abend zu Recht gewarnt.

Sie nennen sich die Bratstvo – die Bruderschaft.

Nachdenklich machte sich Iva auf den Weg.

Sie war erst ein paar Minuten die Riva entlanggegangen, als eine Autohupe ertönte und ein Wagen neben ihr hielt. Es war ein weißes Mercedes-Cabrio mit weinroten Ledersitzen, und hinter dem Steuer saß eine Frau im hellen Leinenkleid. Ein bunter Seidenschal war als Schutz gegen Wind und Sonne um ihren Kopf gebunden, ihre Augen wurden von einer großen Sonnenbrille verdeckt, und an ihren Ohren hingen goldene Creolen. Auf dem Beifahrersitz stand eine teure Handtasche.

«*Iva! Dobro jutro!*» Es war Donatella Battaglia.

Iva trat an den Bordstein und legte eine Hand auf die Beifahrertür. «*Dobro jutro*, Donatella.»

«Großer Gott, wo spazieren Sie denn hin?»

«Ich bin auf dem Weg zur Arbeit.»

«Etwa in die Polizeidirektion?» Donatella schüttelte den Kopf. «Ach, meine Liebe, in dieser Hitze?» Aus ihren Worten klang das pure Unverständnis dafür, bei derartigen Temperaturen eine solch schnöde Tätigkeit überhaupt in Erwägung zu ziehen, statt den Tag bei Kaffee und Cocktails auf einer schattigen Terrasse am Meer zu verbringen. «Dann darf ich Sie aber mitnehmen, ja? Steigen Sie ein.»

Iva wollte das verlockende Angebot schon annehmen, als ihr gerade noch rechtzeitig der Durchsuchungsbeschluss für das Bankhaus Battaglia einfiel, den sie in den nächsten Tagen auf ihrem Schreibtisch liegen hatte. Sie nahm die Hand von der Autotür und trat einen Schritt vom Wagen zurück.

«Vielen Dank, aber ich muss noch etwas erledigen.»

Donatella Battaglia, die gerade ihre Handtasche für Iva vom Beifahrersitz nehmen wollte, hielt inne. «Das macht doch nichts», sagte sie. «Ich fahre Sie. Und dann gehen wir Mädchen noch auf einen Kaffee in eine schöne kühle Bar.»

«Es geht wirklich nicht, leider.»

Donatella Battaglia seufzte und schüttelte den Kopf, so wie eine Mutter mit Resignation auf die Weigerung eines Kindes reagiert, bei Regen Gummistiefel anzuziehen. Sie kramte ein wenig in ihrer Handtasche, zog einen Prospekt heraus, warf einen Blick darauf und reichte ihn Iva.

«Ich hoffe, Sie haben wenigstens Zeit für meine Vernissage», sagte sie. «Am fünften August, am Forum im *Café Cvajner*. Ich würde Ihnen gerne ein paar Leute vorstellen.»

Iva nahm den Flyer, der eher ein Ausstellungskatalog im Taschenformat war. Auf dem lackschwarzen Cover prangte die grelle Darstellung einer barbusigen Meerjungfrau, die aus türkisen Wellen emporstieg und auf deren ausgestreckten Händen Kinder eine Pyramide in einem blauen Himmel mit weißen Wolken bildeten. *Croatian Naïve Art* stand in Großbuchstaben darunter sowie Ort und Zeitraum der Ausstellung. Das Papier war fest, die Bilder hochglänzend, es war ein wunderschönes, hochwertiges Büchlein.

Iva hob den Blick und sah Donatella an. «Danke, ich komme ganz bestimmt.» Sie würde Matteo mitnehmen. Seine erste Ausstellung, mit Bildern, die er verstehen und mit Eifer nachmalen konnte. In letzter Zeit hatte er einen rührenden Fleiß beim Zeichnen entwickelt. «Ich bringe einen jungen Herrn als Begleitung mit.»

«Oh!» Donatella Battaglia lächelte verschmitzt. «Schön, dass Sie sich bei uns bereits so wohlfühlen, Herzchen.» Sie hupte, gab Gas und fuhr, den Arm winkend erhoben, davon.

Iva steckte den Prospekt in ihre Tasche. Die Begegnung mit Donatella hatte ihr nach dem unseligen TV-Duell mit Slavko Vuković gutgetan. Gleichzeitig fragte sie sich, wo sie die Grenze zwischen Privatleben und Beruf ziehen wollte. Und ob sie die nicht vielleicht schon überschritten hatte.

Als Iva ihr Arbeitszimmer in der Polizeidirektion betrat, erwartete sie eine Überraschung. Das Fenster stand offen, und heiße Luft strömte ungehindert in den kleinen, staubigen Raum. An ihrem Schreibtisch saß Miroslav Baban und blätterte in ihren Unterlagen. Iva knallte ihre Tasche auf den Holztisch und warf ihre Jacke darüber.

«Was machen Sie hier?», fragte sie scharf.

Baban hob den Blick. «Ich wollte mit Ihnen reden.»

Iva dachte an den Vortag und daran, dass er ihr das Leben gerettet hatte. «Das ist mein Schreibtisch», sagte sie etwas sanfter und verzichtete darauf, ihm den Arbeitsplatz ihres Assistenten zuzuweisen. Stattdessen ging sie zur Tür, neben der noch immer die Kiste mit Mineralwasser stand, und zog eine Flasche heraus. «Ich habe Durst», sagte sie. «Wollen Sie auch was trinken? Das Wasser ist sicher warm und schmeckt scheußlich, aber es ist besser als nichts.»

Baban zögerte, dann nickte er stumm.

Iva nahm die beiden, nun schon verstaubten, Gläser, die Alija auf ein Regalbrett gestellt hatte, und schenkte das lauwarme Mineralwasser ein. Dann stellte sie eines davon vor Baban auf ihren Schreibtisch und nahm an Alijas hölzernem Küchentisch Platz. Von hier aus wirkte die beeindruckende Gestalt ihres Assistenten geradezu bedrohlich.

«Vielen Dank noch mal für gestern», sagte sie.

«Keine große Sache.» Baban griff nach dem Glas und drehte es im Kreis herum. «Aber ich will Ihnen einen Rat geben. Sie sollten besser nach Zagreb zurückgehen.»

«Das höre ich heute schon zum zweiten Mal.»

«Hier ist es nicht mehr sicher für Sie.»

«Sind Sie gekommen, um mir das zu sagen?»

«Nein.» Baban schüttelte den Kopf. «Ich bin hier, um mit Ihnen über Elena zu sprechen.» Er sah sie an, und Iva bemerkte, dass seine Augen immer noch gerötet waren. «Und ich wollte Sie fragen, ob Sie irgendwas über den Unfall gehört haben.»

«Nein, nichts», sagte Iva. «Aber ich habe Elena einen Tag davor in Pula getroffen.» Sie nahm einen Schluck von dem Wasser. Es war warm und hatte einen metallischen, Übelkeit erregenden Geschmack. «Elena wollte mit mir reden. Es klang wichtig.» Sie stellte das Glas ab. «Ich hatte keine Zeit.»

«Elena war seit ein paar Wochen überhaupt komisch.»

«Hat sie sich bedroht gefühlt?»

«Nein», sagte Baban zögerlich, «ich glaube, es hatte mit diesem Journalisten zu tun, diesem Raffaele Costa.»

«*Dem* Raffaele Costa?» Costa war ein bekannter Investigativ-Journalist, Iva hatte hin und wieder einen seiner Artikel zu einem brisanten Thema gelesen.

Babans Miene umwölkte sich. «Genau der.» Er stürzte den Inhalt seines Glases hinunter und verzog das Gesicht.

«Was hatte Elena mit Raffaele Costa zu tun?»

Baban wich ihrem Blick aus. «Keine Ahnung, sie hat in letzter Zeit mit vielen Leuten telefoniert», sagte er etwas vage. «Mit dem Umweltministerium in Zagreb, ein paarmal. Und sie hat versucht, Silvia Buttignoni zu erreichen.»

«Die Direktorin von Natura Histrica?» Dass Elena mit einer öffentlichen Institution zum Schutz von Naturschutzgebieten Kontakt suchte, klang zumindest nicht ungewöhnlich. «Was wollte Elena von Frau Buttignoni?»

Baban zuckte die Schultern, blieb die Antwort schuldig.

«Sie wissen es nicht?»

«Frau Buttignoni war sowieso auf einem Kongress.»

«Sie wissen also, mit wem Ihre Freundin Kontakt hatte», sagte Iva, «aber Sie wissen nicht, worum es bei ihren Gesprächen ging.» Iva blickte Baban an, sah, dass dessen Gesicht rot angelaufen war, und begriff. «Sie haben ihr hinterherspioniert, was? Haben Sie ihr Handy gefilzt?»

«Wenn, dann überhaupt nur zu ihrem Schutz.»

«Verstehe, sehr löblich.» Iva musterte den eifersüchtigen Kommissar, der da vor ihr mit der Miene eines ertappten Schuljungen saß und so gar nichts mehr von einem keltischen Gladiator hatte. «Haben Sie die Telefonnummern?»

«Was?» Baban schreckte aus seinen Gedanken auf.

«Sie haben Frau Buttignoni angerufen, und die anderen auch. Woher wüssten Sie sonst, wem die Nummern gehören?»

Er räusperte sich. «Ach so, ja, das ist richtig.»

Iva überlegte. Im Umweltministerium in Zagreb würde sie keine Auskunft bekommen, abgesehen davon, dass sie nicht wusste, mit wem Elena dort telefoniert hatte. Silvia Buttignoni konnte sie zwar jederzeit anrufen. Elena hatte aber offenbar nicht mit ihr gesprochen.

«Haben Sie die Nummer von Raffaele Costa?», sagte Iva. «Ein Journalist seines Kalibers ist sicher nicht so leicht zu erreichen.»

«Wozu soll ein Anruf bei ihm gut sein?»

«Er ist im Augenblick unsere einzige Spur», sagte Iva, «wenn wir herausfinden wollen, wer Elena das angetan hat.»

Baban fasste in die Hosentasche, zog sein Handy heraus und tippte darauf herum, dann reichte er es über den Schreibtisch hinweg Iva. «Ich habe schon für Sie gewählt.» Er lehnte sich zurück, faltete die Hände auf dem Bauch und legte den Kopf in den Nacken. Mit unbewegter Miene beobachtete er Iva unter halb geschlossenen Lidern.

Nach mehrfachem Klingeln wurde abgehoben. «Costa?»

«Gospodin Costa, hier ist Iva Markulin.»

«Oh ... was für eine Ehre.»

«Ich rufe wegen eines oder mehrerer Gespräche an, die Sie mit Elena ...?» Wie hieß Elena eigentlich mit Nachnamen?

«Jovanović», zischte Baban.

«Mit Elena Jovanović geführt haben.»

«Sagt mir gar nichts. Sorry, aber kenne ich nicht.»

«Gospodin Costa, ich habe die Anrufliste», log Iva.

Baban hob drei Finger in die Höhe.

«Wie ich sehe ...» Iva machte eine Pause, als sähe sie ihre Unterlagen durch. «Ah, ja, hier – es waren drei Telefonate. Die Länge der Gespräche kennen Sie ja selbst.»

Costa seufzte. «Ich konnte ihr nicht behilflich sein.»

«Erzählen Sie mir trotzdem von diesen Gesprächen.»

Costa zögerte, dann sagte er: «Gut, aber nur, weil ich Hochachtung vor Ihnen habe und Ihren Mut bewundere. Und nicht am Telefon. Ich melde mich.» Costa war weg.

Iva reichte Baban das Handy zurück. «Er ruft uns an», sagte sie. «Da bin ich ja mal gespannt.»

Baban grinste. «Sie sind ja eine richtige Schlange, Doktorica», sagte er anerkennend. «Legen gleich mal zwei Männer rein. Erst mich, dann diesen Kerl von der Zeitung.»

Iva dachte an den Nachmittag in Babans Garten und an Elena, die über die Bauprojekte gesprochen hatte, die ihrer Meinung nach die Natur zerstörten und die kroatischen Geier aus ihren letzten Rückzugsorten vertrieben. Aber ihre Sorge hatte nicht nur den Tieren gegolten, sondern auch den Menschen, die dort oben über der Kvarner-Bucht lebten. Die ihre Heimat verloren und deren Gesundheit sie für bedroht hielt.

Kvarner Exclusive Residence. Exklusiv! Die Fäkalien versickern rund um die Häuser im Erdreich, verwandeln Bäche in Kloaken, verseuchen das Trinkwasser und landen schließlich im Meer.

Iva und Baban hatten Leskovar zu seinem Projekt befragt. *Malo selo – kleines Dorf.* Der Bauunternehmer hatte ihnen bereitwillig Einblick in seine Unterlagen gewährt.

Niemand will Verhältnisse wie in Plitvice. Hier – das hydrologische Gutachten der Firma EcoAqua *in Pula.*

«Vielleicht geht es gar nicht nur um Geier», sagte sie.

«Natürlich nicht.» Baban lehnte sich zurück und steckte die Daumen in den Hosenbund. «Aber es hängt mit den Vögeln zusammen. Wissen Sie, was istrianisches Monopoly ist?»

«Keine Ahnung»

Baban lachte, aber es klang bitter. «In Istrien herrscht kapitalistische Marktverdrängung in Reinkultur.»

«Genau solche Sachen sagt mein Großvater.»

«Und recht hat er.» Baban knallte die Hand auf den Tisch, dass die Unterlagen darauf verrutschten. «Überall können Sie diese aggressiven Aufkäufe sehen. Man leiht sich Fremdkapital, kauft ein Hotel – am besten ein älteres in finanziellen Schwierigkeiten –, renoviert und zahlt die Kreditraten pünktlich aus den Einnahmen. Dann leiht man sich erneut Geld und kauft ein neues Objekt.» Er machte eine Pause. «Gegen die Werbungs- und Preismöglichkeiten der Großen haben die kleinen Hoteliers keine Chance und verkaufen. Am Ende steht ein Monopol, das die Preise diktiert. Da wird auch mal auf Gewinne zugunsten von Erweiterungskäufen verzichtet. Wenn man so die Wettbewerber ausschalten kann?»

Iva dachte an die internationalen Ketten, deren luxuriösen Häusern man in jedem Ort in den schönsten Lagen begegnete. Früher, in den Sommerferien, war sie mit ihren Eltern an Stränden schwimmen gegangen, die jetzt nur noch zahlenden Gästen zur Verfügung standen.

«… die haben zugelassen, dass Fabriken abgerissen werden, die Tausende Arbeitsplätze gesichert hatten», sagte Baban gerade. «Nur damit Hotels und Zweitwohnsitze gebaut werden können. Was ist denn aus *Arenaturist* geworden?»

«Ist verkauft worden, habe ich gelesen.»

Das staatliche istrianische Hotel- und Touristikunternehmen Arenaturist Pula hatte damals ein öffentliches Übernahmeangebot unterbreitet, meist ein Zeichen für finanzielle Schwierigkeiten.

«Und wem gehört Arenaturist jetzt?», fragte Baban.

Iva schüttelte stumm den Kopf.

«Der Goldman-Sachs-Gruppe», sagte Baban. «Renommiert, liquide und, wie kolportiert wird, nun zu 62 Prozent Eigentümer. Wenn Sie sich wie meine Elena für ein paar geschützte Vögel einsetzen, kämpfen Sie gegen Windmühlen.»

«David gegen Goliath», sagte Iva. David hatte ohne Schwert und Rüstung kämpfen müssen, aber der Stein aus seiner Schleuder hatte den Riesen getroffen und besiegt. «Man darf den Kampf trotzdem nicht aufgeben.»

Iva blickte aus dem offenen Fenster in den Hinterhof, hörte das Summen der Wespen im Feigenbaum und den Verkehrsstrom, der sich auf der Riva entlangwälzte. Sie dachte an Terra Rossa, wo nur das Zirpen der Zikaden und der Gesang der Nachtigall in den Nächten voller leuchtender Sterne die Stille durchbrachen und es nach Lavendel und Rosmarin duftete. Ein Großinvestor aus der Toskana hatte Nikola erst letztes Jahr ein ansehnliches Kaufanbot für Terra Rossa unterbreitet, nicht ohne auf den angeblich schlechten Zustand der Olivenbäume hinzuweisen. Er wollte die istrianische Ernte nach Italien exportieren und unter seine eigenen Oliven mischen. *Extra Vergine Olivenöl aus der Toskana.* Das verstieß zwar gegen die EU-Richtlinien, da er das Siegel nur bei 50 Prozent Ernteanteil aus toskanischen Oliven führen durfte. Aber wo kein Kläger, da kein Richter.

Nikola hatte ihr brühwarm davon berichtet.

Komm nach Hause und übernimm endlich den Betrieb! Sonst unterschreibe ich noch bei diesem Schmarotzer!

Auf solche Weise wurden in Istrien aus Olivenhainen auch Golfplätze und aus Golfplätzen wertvolles Bauland.

«Übrigens», ergriff Baban wieder das Wort, «bin ich heute nicht nur wegen Elena hergekommen.»

«Ach ja?»

«Ich habe meinen Standpunkt geändert.»

«Ach – ja? Welchen?»

«Sie sind zwar eine Frau, aber Sie haben die Eier für das, was Sie tun», sagte Baban. «Trotzdem sind Sie blind für die Gefahr, lassen so ein Milchgesicht ins Haus.» Er schüttelte den Kopf. «Sie brauchen mich. Ich werde ab jetzt mit Ihnen zusammenarbeiten.»

Iva, seine Vorgesetzte, benötigte ein paar Sekunden, bis sie die Botschaft erfasst hatte. «Danke, Komesar Baban», sagte sie. «Das weiß ich zu schätzen.» Sie machte eine Pause, rang mit sich, doch wenn sie zusammenarbeiten wollten, durfte sie keine Geheimnisse vor ihrem Partner haben. Egal, was Petrović angeordnet hatte. Oder gerade deswegen. «Und vielleicht übersehe ich wirklich manchmal eine Gefahr. Auf ... auf der Rückfahrt von Ihrem Haus bin ich überfallen worden», sagte sie so sachlich wie möglich. «Ein Mann hat versucht, mich zu entführen.» Baban sog scharf die Luft ein. «Der Angriff auf Terra Rossa war also nicht der erste – und er wird wohl auch nicht der letzte sein.» Baban fuhr auf, aber sie brachte ihn mit einer Handbewegung zur Ruhe. «Wir dürfen uns nicht zu sehr sorgen ... wir müssen jedoch realistisch sein.» Baban schwieg, nickte. «Sollte einem von uns etwas passieren, dann darf sein Wissen nicht verloren gehen. Sonst gehen mit ihm auch die Ermittlungen unter.»

«Verstanden.» Er ließ sie nicht aus den Augen.

«Wenn also einer ...» Iva wählte bewusst das Wort, das sie so verabscheute, das dem ehemaligen Militär Miroslav Baban jedoch den Ernst der Lage verdeutlichen würde, «wenn einer von uns – *fällt*, muss klar sein, dass der andere alle Informationen hat und weitermachen kann.» Sie sah ihm ins Gesicht. «Keine Geheimnisse.»

«Keine Geheimnisse.»

«Wir müssen einander vertrauen können.»

In Babans Augen lag ein Ausdruck neuer Hochachtung. «Auf mich ist Verlass, Doktorica! Hundertprozentig!»

«Das weiß ich, Komesar Baban.»

Baban stand auf und reichte Iva die Hand. «Miro!»

Iva bemühte sich um eine ernste Miene. «Iva!» Sie erhob sich ebenfalls und schüttelte feierlich seine Hand, als wären sie im Begriff, einen Schwur unter Mafiapaten zu besiegeln. «Und jetzt, Miro, fahren wir zu *EcoAqua*.»

Baban salutierte mit zwei Fingern an der Stirn.

FÜNFZEHN

Die Verwaltung und das Labor von *EcoAqua* befanden sich nicht in Pula, sondern ein paar Kilometer südlich in Medulin, einem in Ivas Erinnerung etwas verschlafenen Fischerdorf, dessen Ziegeldächer von zwei markanten Kirchtürmen überragt wurden. Iva war als Kind in Medulin gewesen und erinnerte sich an schattige Pinienwälder und sonnenwarme Klippen, von denen aus sie Krabben und kleine Fische im glasklaren Wasser beobachtet hatte. Kulinarischer Höhepunkt des Badeausflugs war stets der Besuch des Eisverkäufers mit seinem alten Kühlwagen am Strand gewesen oder eine Handvoll knusprig frittierter Sardinen, die man am Hafen kaufte und mitsamt dem Kopf und den Innereien gleich aus dem Zeitungspapier verzehrte. Inzwischen schien in Medulin eine andere Zeit angebrochen zu sein. Iva und Baban fuhren an Eisdielen und Bars vorbei und an Souvenirläden, die auch Badesachen und aufblasbare Schwimmtiere verkauften. Neue Hotelanlagen und Apartmenthäuser verstellten weitgehend den Blick aufs Meer.

Erst als Iva in eine Zypressenallee einbog, lag die Adria vor ihren Augen. Im Schatten ausladender Pinien spielte eine Horde Jungen, barfuß und in Badeshorts, Fußball, und am nun flachen Strand reihten sich in geradezu militärischer Ausrichtung wie an der italienischen Riviera die Liegen der Badegäste unter azurblauen Sonnenschirmen.

Ivas Freunde in Zagreb hatten sie um den Arbeitsplatz am Mittelmeer beneidet. *Gott, was für ein schöner Ort, Mamma mia, was für ein Glück!* Und dabei hatten sie an Tage im Schatten alter Pinien und Abende unter von Bougainvillea überwucherten Pergolen gedacht, an den Duft nach Fisch und reifen Feigen, an grüne Hänge mit Zypressen, Steineichen und Ahorn und alte Steinhäuser, deren Mauern liebevoll mit Töpfen voller Hortensien und Pelargonien dekoriert waren. Doch oft bestanden diese Dörfer inzwischen nur noch aus Ruinen, und die Kirchenglocken im Dachstuhl des Campanile läutete kein Glöckner mehr. Wo waren sie geblieben, die *babe*, die schwarz gekleideten Großmütter ihrer Kindheit, die im Schatten eines Maulbeerbaumes strickten, stickten oder kunstvolle Spitzendecken klöppelten?

Der Sitz von *EcoAqua* erwies sich als lang gestreckter, zweistöckiger Bau auf einem Plateau, dessen Fassade nur aus Beton und Glas zu bestehen schien. Das Gebäude hatte architektonisch nichts mit dem mediterranen Baustil gemein, sondern war klar strukturiert, mit einer fast mathematischen Anmutung. Links und rechts der Auffahrt breiteten sich trotz der Hitze sattgrüne Rasenflächen aus, in deren Mitte eine Palme in einem Blumenrondell wuchs. Hinter dem Firmengebäude reichte der Blick weit über das Meer bis in die dunstige Ferne, hinter der die Küste Afrikas liegen musste.

Iva parkte im Schatten einer mächtigen Schirmpinie. Als Baban und sie ausstiegen, wehte ihnen ein warmer Südwind entgegen. Von Medulin war es nicht mehr weit bis zur Südspitze Istriens und zum Seglerparadies der Kornaten.

«Gibt es hier nicht einen Nationalpark?», fragte Iva.

Baban nickte. «Unter Wasser, direkt vor deiner Nase», sagte er. «Letztens hat ein Tanker mitten in der Nacht seine Ölrückstände dort unten verklappt. Mit Hubschraubern haben sie nach dem Dreckschwein gesucht! Aber da hätten sie auch nach einem Hai in der Adria fahnden können.»

Ja, dachte Iva, *EcoAqua* wachte über die Qualität des Wassers, doch gegen Ignoranz und Geldgier nützten die besten Absichten und das modernste Labor nichts.

Sie stiegen die Stufen zu der gläsernen Eingangstür hinauf, auf der der Name *EcoAqua* in leuchtendem Türkis prangte. Eine Gruppe von Männern und Frauen in weißen Kitteln kam ihnen entgegen. Alle waren ins Gespräch vertieft und schienen einem Ziel zuzueilen. Niemand nahm Notiz von ihnen. Das Erdgeschoss bestand aus dem üblichen Foyer mit niedrigen Tischen und schwarzen Ledersesseln, nur dass diese hier sich um ein deckenhohes, tonnenförmiges Glasbecken gruppierten. Rosa-weiße Quallen wogten zwischen Luftblasen darin auf und ab.

Überwältigt von dem märchenhaften Anblick blieb Iva vor der gigantischen Wassersäule stehen. Die Quallen flimmerten vor ihren Augen, wirkten wie pumpende Herzen an langen Fäden. Leises Rauschen und Plätschern erfüllte den Raum.

«Kann man Ihnen helfen?», rief eine Frauenstimme.

Iva drehte sich um und sah eine schwarzhaarige junge Frau in Jeans, weißem T-Shirt und Turnschuhen, einen Pappbecher in der Hand, die am anderen Ende der Halle in einer offenen Tür stand. Iva machte Baban ein Zeichen, ihr zu folgen, ging zu der Frau hinüber, zog ihren Dienstausweis aus der Tasche und hielt ihn ihr hin.

«Iva Markulin, Polizeidirektion Pula», sagte sie liebenswürdig. «Und das ist Komesar Miroslav Baban.»

«Dobar dan, Gospodična.» Baban nickte zum Gruß. Guten Tag, Fräulein.

«Dobar dan», sagte die Frau, während ihr Blick zwischen ihnen beiden hin- und herging. «Haben Sie denn heute einen Termin?» Ihr Blick und ihr Tonfall waren skeptisch.

«Nicht direkt», sagte Iva. «Aber einer Ihrer Kunden, Gospodin Branislav Leskovar, hat uns versichert, dass wir bei Ihnen jederzeit alle gewünschten Auskünfte bekämen.» Das entsprach zwar nicht ganz der Wahrheit, zeigte aber Wirkung.

«Brane?» Die junge Frau strahlte. «Er ist tatsächlich seit Jahren ein guter Kunde.» Sie reichte erst Iva, dann Baban ihre freie Hand. «Ich bin Marina. Worum geht's denn?»

«Wir haben ein paar technische Fragen», sagte Iva. «Da könnten Sie uns vielleicht weiterhelfen.»

«Okay», sagte Marina. «Dann bringe ich Sie am besten zu unserem Laborleiter, Doktor Bujić. Ich rufe ihn schnell mal an und frage, ob er Sie empfangen kann.» Ohne eine Antwort abzuwarten, verschwand sie in ihrem Büro, und Iva hörte sie telefonieren. Kurz darauf war sie wieder zurück. «Doktor Bujić hat jetzt Zeit für Sie, bitte folgen Sie mir.»

Marina führte Iva und Baban durch lange Flure, vorbei an offenen Bürotüren und großen Fensterscheiben, die aufs Meer hinausgingen. Menschen in heller Freizeitkleidung saßen an Schreibtischen und tippten auf Computertastaturen. Dazwischen liefen Leute in weißen Kitteln herum, Tablets in den Händen. Aus einem Büro erklang Tamburizza-Musik.

«Wir gehen jetzt durchs Hauptlabor», sagte Marina, «bitte bleiben Sie bei mir und berühren Sie nichts.»

Der weitläufige Raum, den sie betraten, war mit Tischen vollgestellt. Darauf standen Geräte, die Iva an ihren Chemieunterricht erinnerten, und darüber hingen mehrstöckige Regale, auf denen sich Ampullen, Flaschen mit durchsichtigen Deckeln und Apparate reihten. Kabel schlängelten sich auf die Tische herab, verknäulten sich und verschwanden in Schubladen mit Steckdosen.

Marina schlängelte sich zwischen den Tischen hindurch.

Ein Gerät neben Iva fing an zu piepsen und erregte ihre Aufmerksamkeit. Ein junger Mann im weißen Kittel mit zum Dutt gebundenem schwarzem Haar erhob sich, klappte den Deckel auf und entnahm ihm eine Glasampulle mit einem blauen Stöpsel. Er hielt sie gegen das Licht, schüttelte ihren trüben Inhalt ein wenig und runzelte die Stirn. Iva sah ihm fasziniert zu. Der Mann sah ihr ins Gesicht, doch noch ehe sie etwas fragen konnte, verschwand er wortlos mit der Ampulle durch eine Tür in einen Nebenraum.

«Doktorica Markulin?» Marina und Baban standen vor einer Tür am anderen Ende des Labors. «Kommen Sie bitte?»

Iva beeilte sich, zu den beiden aufzuschließen.

Marina öffnete, ohne vorher anzuklopfen, die Tür. «Doktor Bujić, hier sind die Leute aus Pula.» Sie gab den Weg ins Büro frei. «Bitte sehr, Doktorica. Komesar.»

Von Baban gefolgt, trat Iva ein und ließ den Blick schnell durch das Zimmer schweifen. Es war ein großes Eckbüro, Traum und Statussymbol aller Manager, und bewies Bujićs herausragende Stellung. Die cremefarbenen Jalousien an den großen Fenstern waren zur Hälfte herabgelassen und sperrten das gleißende Tageslicht aus, eine Klimaanlage spendete, ohne das leiseste Geräusch zu machen, angenehme Kühle.

Bujić saß an einem großen Schreibtisch, auf dem sich Ausdrucke und Bücher stapelten, trug einen Laborkittel und mochte Anfang fünfzig sein. Der Computer, an dem er gerade arbeitete, war das neueste, leistungsfähigste und wohl auch teuerste Modell. Ein paar Regale mit Büchern und diversen Geräten sowie Stahlrohrsessel und eine schlichte Couch vervollständigten die Einrichtung seines Büros.

«Bitte kommen Sie nur herein», sagte Bujić und stand auf. «Danke, Marina.» Die junge Frau ging hinaus und schloss die Tür hinter sich. «Womit kann ich Ihnen behilflich sein?» Er machte eine einladende Handbewegung zu den beiden Sesseln vor seinem Schreibtisch, wartete, bis Iva und Baban sich gesetzt hatten, und nahm selbst wieder Platz.

«Nur aus Neugier», sagte Iva, «ich habe draußen einen Ihrer Mitarbeiter gesehen, der sich den Inhalt einer Glasampulle angesehen hat. Worum handelt es sich da?»

«Im Augenblick untersuchen wir eine Reihe von Brunnen», sagte Bujić. «Wir überprüfen, ob es sich um Trinkwasser handelt oder um Nutzwasser, das jedoch gefahrlos zur Bewässerung oder für Swimmingpools verwendet werden kann.» Er stand auf, ging zu einem Regal, nahm ein leeres Reagenzglas aus einem Holzständer und kehrte damit zurück. «Sehen Sie?» Er deutete auf das beschriftete Etikett. «Hier steht der Name des Grundeigentümers, darunter der Tag, an dem wir die Probe gezogen haben, sowie der Wasserstand des Brunnens.» Er seufzte. «Sie machen sich ja keine Vorstellung davon, was wir alles im Erdreich und in der Folge im Wasser finden.»

«Wie wissen Sie, woher die Probe exakt stammt?»

«Wir vermerken die geografischen Koordinaten.» Bujić stellte die Ampulle auf das Regal zurück und setzte sich wieder an seinen Schreibtisch. «Das ist Aufgabe unserer Techniker.» In Bujićs Stimme schwang Verdruss über ihre mangelnde Kompetenz. «Bei ganz großen Grundstücken», fügte er in dem Tonfall, in dem man Kindern einen schwierigen

Sachverhalt erklärt, hinzu, «brauchen wir natürlich entsprechend viele geografische Messpunkte.»

«Was tun Sie, wenn Sie gefährliche Stoffe finden?», schaltete sich Baban ein. «Welche Schritte unternehmen Sie?»

Bujić wandte sich Baban zu. «Gospodin Komesar», sagte er, «wenn wir einen Hinweis auf Gefahrenstoffe haben, schicken wir selbstverständlich den zuständigen Techniker dorthin, der eine weitere Wasserprobe entnimmt und ins Labor bringt.» Er wies zur Tür, hinter der seine Leute fleißig arbeiteten. «Dann ermitteln wir die Art des Schadstoffes, seine Menge und machen uns – durchaus erfolgreich – auf die Suche nach der Quelle der Einleitung. Wir sind sehr akribisch.»

Iva nickte. «Gospodin Leskovar hat uns Ihren Analysebericht von seinem Bauvorhaben über der Kvarner-Bucht gezeigt», sagte sie. «Soweit wir das beurteilen können, gibt es dort oben im Wassereinzugsgebiet keine Probleme.»

Bujić hob die Schultern und breitete die Hände, die Handflächen nach oben, aus. «Ich bin zwar nicht mit den Einzelheiten dieser Untersuchung vertraut», sagte er. «Aber wenn der zuständige Techniker irgendwelche Zweifel gehabt hätte, wäre er damit selbstverständlich zu mir gekommen.»

«Ist er aber offenbar nicht», sagte Iva.

«Genau, ist er nicht.» Bujić sah demonstrativ auf seine schwere goldene Armbanduhr. «Wenn Gospodin Leskovar Ihnen unseren Analysebericht vorgelegt hat, dann haben Sie sich ja selbst ein Bild von der Wasserqualität machen können.» Seine letzten Worte klangen etwas boshaft, die Polizei stahl hier einem Wissenschaftler wertvolle Zeit. «Haben Sie noch andere Fragen, die ich Ihnen beantworten kann?» Er ließ seinen Blick zwischen Iva und Baban hin- und herwandern.

Baban ließ sich nicht aus der Ruhe bringen. Er lehnte sich zurück, legte den Knöchel des rechten Beines auf sein linkes Knie und hakte die Daumen in den Gürtel. «Und wo steht, ob das Wasser getrunken werden kann oder nicht?»

«Unser Techniker erstellt ein Ergebnisprotokoll», sagte Bujić. «Das auch die Grundlage des Behördenverfahrens ist.»

«Und wenn Ihrem Mitarbeiter ein – *Fehler* – unterläuft?»

«Sie meinen, wenn er sich vom Grundeigentümer bestechen lässt?» Bujićs Lächeln war spöttisch. «Das würde ich ein schlechtes Geschäft nennen. In unserem Zentralrechner sind alle Messstellen, das Datum der Probenentnahme und das Ergebnis der Wasseranalyse gespeichert. Fälschungen oder Unterschlagungen sind ausgeschlossen.»

«Ich bin sicher, Komesar Baban wollte *EcoAqua* keinesfalls eine ungesetzliche Vorgehensweise unterstellen», sagte Iva, aber an Babans Miene war abzulesen, dass genau dies seine Absicht gewesen war. «Doktor Bujić, vielen Dank für die Auskünfte und Ihre Zeit.» Sie stand auf, und Baban tat es ihr gleich. «Sollten sich erneut Fragen ergeben, würden wir uns gerne noch einmal bei Ihnen melden.»

«Selbstverständlich, jederzeit.» Bujić blieb sitzen. «*Dovidjenja.*» Auf Wiedersehen.

Auf der Rückfahrt durch Medulin schwiegen Iva und Baban, jeder schien seinen eigenen Gedanken nachzuhängen. Erst als sie an einer Ampel neben einer von einer hohen Mauer umgebenen rosafarbenen Villa im Toskana-Stil, vor der ein schwarzer Mercedes mit ausländischem Kennzeichen auf die Einfahrt durch ein elektrisches Tor wartete, anhalten mussten, deutete Baban aus dem Fenster und ergriff das Wort.

«Was meinst du – was kostet so eine Bude?», sagte er.

Iva warf einen Blick auf das Tor, das gerade zitternd am Anschlag stehen blieb und den Blick auf ein mediterranes Gartenparadies mit Palmen, Oleander und weißen Kieswegen freigab. Ein Rasensprenger schwenkte Wasserfächer, und ein Regenbogen spannte sich über Lavendel und blühende Agaven. Der Mercedes fuhr an, und das Tor glitt hinter ihm zu.

Iva zuckte die Schultern. «Keine Ahnung.»

«Drei Millionen reichen da nicht», sagte Baban.

«Euro?»

«Na, was denn sonst? Etwa Dinar?»

«Als ich ein Kind war, war das ein Steilhang mit dürrem Gras», sagte Iva. «Da weideten nur Ziegen.»

«Ja», sagte Baban, «aber die Ziegen hatten Meerblick.»

Die Ampel sprang auf Grün, und Iva gab Gas.

Baban starrte aus dem Beifahrerfenster auf die vorbeiziehende Landschaft. «Hab gelesen», sagte er, «dass Leonardo DiCaprio einen Film irgendwo bei Motovun dreht.»

Iva warf ihm einen Seitenblick zu. «Soll heißen?»

«Da geht's um viel Geld», sagte Baban. «Elena mischt sich überall ein. So macht man sich mächtige Feinde.»

Iva dachte über seine Worte nach. «Sieht aber so aus, als liefe bei *EcoAqua* alles korrekt», sagte sie endlich. Nach einer Weile setzte sie hinzu: «Warum werde ich trotzdem das Gefühl nicht los, wir hätten was übersehen?»

«Ermittlerinstinkt», sagte Baban. «Was stört dich?»

«Irgendwas, das ich gesehen habe, hat eine Erinnerung in mir geweckt», sagte Iva nachdenklich. «*It rings a bell,* wie die Engländer sagen. Ich komme nur nicht drauf.»

Babans Handy fing in seiner Hosentasche zu läuten an. Er

zog es heraus, warf einen Blick auf das Display und runzelte die Stirn. Dann reichte er das Gerät an Iva weiter. «Der Wichtigtuer von der Zeitung.»

Es war Raffaele Costa.

SECHZEHN

Die Fähre legte pünktlich am frühen Morgen in Pula ab. Sie pflügte durch den Hafen, vorbei an den Cafés und Bars auf der Promenade, vor denen bereits die ersten Gäste beim Espresso oder Cappuccino die Tageszeitung lasen, und den mächtigen Schiffsrümpfen in den Docks, hinter denen die Stahlskelette der Werftkräne aufragten. Der warme Fahrtwind, der über das Oberdeck strich, roch nach Salzwasser, Schmierstoff und dem Sonnenöl der Passagiere, die mit ihren Handys das immer kleiner werdende Amphitheater fotografierten, dessen Felsblöcke im rosafarbenen Morgenlicht wie mit Wasserfarben gemalt aussahen. Neben dem Abgang zum Unterdeck hing ein Anschlag mit den Abfahrtszeiten des Schiffes: Pula–Mali Lošinj, Abfahrt 7.00 Uhr, Ankunft 9.20 Uhr.

Iva lehnte an der Reling, ließ die Klippen, an denen sich die Brandung weiß schäumend brach, und die Pinienwälder vorüberziehen, und spürte das Vibrieren der Schiffsmotoren mit jeder Faser ihres Körpers. Vor ihr lagen zweieinhalb Stunden Überfahrt. Sie trug einen dünnen, blau-weiß gestreiften Matrosenpullover, weiße Jeans, Turnschuhe und eine große Sonnenbrille – das stilvolle Outfit aller Urlauberinnen am Meer. Nur dass in ihrer Strohtasche die Pistole steckte. Und im Gegensatz zu ihren Mitreisenden würde sie in Lošinj nicht an Land gehen, sondern mit derselben Fähre nach Pula zurückkehren.

Iva schloss die Augen und genoss den Seewind und die gelegentlichen Spritzer Meeresgischt im Gesicht und – wartete. Gestern hatte sich Raffaele Costa gemeldet. «Machen wir einen Ausflug, Iva Markulin.»

«Schön, wohin?»

«Ich schreibe an einem neuen Buch und habe dafür eine kleine Wohnung auf Mali Lošinj. Sie können mich begleiten, aber – ich werde Sie nicht mit zu mir nehmen.»

Sie hatten ein Gespräch auf der Fähre vereinbart, rundherum Urlauber und Tagesausflügler, niemand, der sie kannte oder sich später an sie erinnern würde.

Iva öffnete die Augen.

Zu ihrer Linken glitten die rosa-weiß gestreiften Mauern der alten Seefahrerkirche *Gospe od mora* oder *Madonna del mare* vorüber. Der riesige Bronzeengel, der vom Campanile aufs Meer hinausblickte, hielt den Kopf wie in Trauer gesenkt. Das Kreuz, das ihn noch ein gutes Stück überragte und das er den vorüberfahrenden Schiffen entgegenhielt, wirkte wie eine düstere Prophezeiung. *Schutzengel oder Todesengel?* Matrosen und Marinesoldaten hatten dort, ehe sie auf lange Fahrt gingen oder in den Krieg zogen, unter den Augen der Madonna bei einem letzten Gottesdienst die Sterbesakramente erhalten. *Tote, die noch lebten.* Das Öl, mit dem die Männer gesalbt wurden, bestand aus Rosenöl und – Olivenöl. Einmal war das Gespräch mit Nikola darauf gekommen. Er hatte sogleich über den Kapitalismus und dessen Handlangerin, die katholische Kirche, geschimpft, die die Menschen mit religiöser Hoffnung für weltliche Zwecke missbrauchten. *Wir sind Tote, die noch leben.* Paolo Borsellino hatte diese Worte gesagt, der Staatsanwalt und Mafiajäger, den eine Autobombe in der Nähe von Palermo zerrissen hatte. Ivas Finger schlossen sich um die Reling.

Das Handy in ihrer Strohtasche läutete.

«Markulin?»

«Iva? Hier ist Miro – er ist da!»

«Wie bitte?»

«Er ist da, der Durchsuchungsbeschluss ist da.» Miro klang aufgeregt, aber auch ungeduldig. «Wir haben ihn!»

«Das ging jetzt aber schnell.»

«Wir machen die Razzia innerhalb der nächsten Stunde.»

«Ich bin mitten auf dem Meer und erst am Mittag zurück!»

«Petrović hat die nötigen Leute abgestellt. Wir können nicht länger warten. In Pula wird viel geredet, und in der Polizeidirektion verbreitet sich die Nachricht wie ein Lauffeuer. Und was das bedeutet, weißt du ja.»

«Du meinst also wirklich, dass es einen Maulwurf gibt.»

«Ich weiß nicht, aber ich brauche deine Zustimmung.»

«Ist diese Vorgehensweise mit Horvat abgestimmt?»

«Horvat ist weg.»

«Wie – weg?»

«Hat sich heute vor Dienstbeginn krankgemeldet, irgendwas Ernstes. Kommt wahrscheinlich auch nicht zurück.»

«Ich muss das selbst erledigen, Miro», sagte Iva. «Battaglia soll wissen, dass die leitende Ermittlerin es für nötig hält, persönlich zu erscheinen. Ich will, dass er den größtmöglichen Druck spürt.»

«Für Machtspielchen ist keine Zeit.»

«Ja ... verdammt!»

«Du bist also einverstanden?»

Iva focht einen inneren Kampf mit sich, wohl wissend, dass Baban recht hatte. Ein Maulwurf in der Polizeidirektion war genauso, als würde sie bei Battaglia anrufen und ihren Besuch ankündigen und ihm damit die Gelegenheit geben, belastendes Material verschwinden zu lassen. Baban war zudem ein erfahrener Polizist und würde sich weder von arroganten Anzugträgern noch von prunkvollen Bankräumen beeindrucken lassen. Außerdem machte die Autorität eines älteren Mannes und Ex-Militärs mit seinem Rollkommando sicher mehr Eindruck als das Erscheinen einer jungen Staatsanwältin.

«In Ordnung», sagte Iva. «Du hast mein Einverständnis. Ich komme in die Polizeidirektion, sobald ich kann.»

«Verlass dich auf mich.» Baban legte auf.

Iva ließ das Handy an der Pistole vorbei in ihre Strohtasche gleiten, atmete tief ein und sah nach vorn. Jemand trat hinter sie. Iva konnte ein Rasierwasser mit einer Zitrusnote riechen. Schnell drehte sie sich um.

Vor ihr stand Raffaele Costa.

«Sie müssen dringend nach Pula zurück?» Offenbar hatte er den Rest des Telefonats mitbekommen. «Was ist passiert?»

«Gar nichts – nur ein unerfahrener Mitarbeiter.»

«Verstehe, wie lästig.» Costa glaubte ihr nicht.

Der Journalist sah jünger aus als auf den Bildern in der Zeitung. Er war mittelgroß und zierlich, trug ein kakifarbenes T-Shirt und gleichfarbige, etwas zu weite Shorts und ausgetretene Turnschuhe. Seine schwarzen Locken reichten ihm über die Ohren und hätten einen Haarschnitt vertragen, der Blick seiner dunklen Augen war aufgeweckt. Über seiner linken Schulter hing ein Rucksack. Die legere Aufmachung ließ eher an einen Studenten höheren Semesters als an einen berühmten Investigativjournalisten denken. Er mochte um die dreißig, aber auch an die vierzig sein.

Costa reichte Iva die Hand. «*Drago mi je,* Iva.»

«*I meni,* Raffaele.» Sein Händedruck war fest.

Ein älteres Ehepaar mit Sonnenhüten, das ein Video von der vorüberziehenden Landschaft gedreht hatte, ließ die Handys sinken und sah zu ihnen herüber.

«Lassen Sie uns ganz nach vorne gehen», sagte Costa.

Zwischen den Sitzreihen liefen sie durch den Mittelgang bis zum Bug. Den meisten Touristen blies der Wind hier zu stark. Niemand schenkte ihnen Beachtung, alle hatten ihre Handykameras auf das Meer, auf die Möwen oder auf sich selbst gerichtet. Sonst fragte sich Iva gelegentlich, ob diese Reisenden erst zu Hause feststellten, wo sie gewesen waren. Heute kam ihr deren Unaufmerksamkeit gelegen. Iva schob die Sonnenbrille ins Haar und kniff die Augen zusammen.

«Danke, dass Sie gekommen sind», sagte sie.

«Danke, dass Sie mich nicht in die Polizeidirektion bestellt haben.» Er sprach mit istrianischem Dialekt. «Ich habe gestern Abend Ihren Auftritt in den Abendnachrichten gesehen.» Er grinste. «Cool! Und mutig, muss ich sagen.»

Iva hatte sich die Aufzeichnung mit Nikola zusammen in der Bibliothek angeschaut. Im Fernsehen hatte ihr Auftritt selbstsicherer gewirkt, als sie sich im Studio gefühlt hatte. Auch Vukovićs Mienenspiel hatte bei näherer Betrachtung seine Hilflosigkeit angesichts einer jungen Frau, die er weder durch Schmeichelei gewinnen noch direkt angreifen konnte, offenbart. Insgeheim hatte Iva eine langwierige Auseinandersetzung mit ihrem Großvater befürchtet, doch der war beim Erklingen der Schlussmelodie aufgestanden und hatte zufrieden genickt.

Bist ihm nicht ins Netz gegangen, bravo! Eine echte Pavić! Parasiten, diese Faschisten, alle miteinander!

Aber Iva wusste, dass sie einen mächtigen Mann zurückgewiesen und vor aller Augen brüskiert hatte. Trotzdem fühlte sie sich seit der öffentlichen Konfrontation, aus der sie als Siegerin hervorgegangen war, ziemlich gut.

«Medienpräsenz gehört heute dazu», sagte Iva.

«Wenn Sie den Krieg eskalieren wollten», sagte Costa, «dann haben Sie's jedenfalls geschafft.» Er sah sie von der Seite an. «Es gibt also eine Anrufliste mit meinem Namen?»

Iva musste lächeln. «Ich werde sie löschen lassen.»

«Das würde ich Ihnen auch raten», sagte er und setzte, als er ihre Miene sah, hinzu: «Nicht nur meinetwegen.»

Iva räusperte sich. «Reden wir über Elena Jovanović.»

«Da gibt's nicht viel zu reden, sie ist eine Freundin.»

Iva nickte. «Elena arbeitet mit den örtlichen Umweltschützern in Opatija zusammen», sagte sie. «Aus ihren Telefondaten können wir ersehen, dass sie mehrmals mit dem Umweltministerium in Zagreb telefoniert hat und einmal mit der Nummer von Silvia Buttignoni, der Direktorin von Natura Histrica. Und natürlich mit Ihnen.» Sie sah ihn an. «Warum?»

Costa legte den Kopf zurück, schloss die Augen und ließ den auffrischenden Wind, jetzt, da das Schiff vom Land abgedreht und auf die Inseln Kurs genommen hatte und das Meer offen vor ihnen lag, über sein Gesicht streichen.

«Wie gesagt, ich habe Elena nicht helfen können.»

«Elena ist letzten Sonnabend von einer Klippe gestürzt und liegt schwer verletzt im Krankenhaus», fuhr Iva fort. «Keine Zeugen, anscheinend hat niemand den Unfall gesehen. Können Sie sich vorstellen, was da passiert sein könnte?»

Costa riss die Augen auf. «Was? Großer Gott!»

«Warum hat Elena Sie angerufen?»

«Wird Sie ... wieder gesund?»

«Ich weiß nichts Gegenteiliges, habe aber auch nicht mit dem Arzt gesprochen. Warum hat sie Sie angerufen?»

Costa drehte sich wortlos um, ging zur leeren ersten Stuhlreihe, ließ sich auf einen Sitz fallen und stellte seinen Rucksack auf den Boden. Er verschränkte die Arme vor der Brust, streckte die Beine aus und kreuzte die Knöchel. Seine Miene wirkte verkniffen. Iva setzte sich neben ihn. Jetzt müsste Miro mit seinem Kommando in der Bank sein. Sie bemühte sich um eine höflich interessierte Miene.

«Ich kenne Elena von früher», sagte Costa endlich. «Wir haben uns bei einer Lesung in Rovinj kennengelernt.»

«Goldküste?» Iva hatte ihre Hausaufgaben gemacht.

«Genau», sagte er lächelnd. «Das Buch ist nach meiner Recherche bei einem meeresbiologischen Forschungsprojekt entstanden. Die Wissenschaftler untersuchen Muscheln auf Schadstoffrückstände.» Er ließ seinen Blick über das Meer wandern. «Muscheln wirken wie Filter und sind Indikatoren für die Wasserqualität. Die Forscher haben also Tiere aus dem Limski-Fjord entnommen – und welche von der Südküste.» Er machte eine Pause. «Die aus dem Fjord waren okay, die anderen wollen Sie lieber nicht essen.»

Iva starrte ihn an. Marta hatte erst letztens welche gekocht. Pasta vongole. Mit Knoblauch und Petersilie.

Ein junger Mann in Jeans und blauem Blouson, eine dunkle Sonnenbrille auf der Nase, schlenderte an ihnen vorbei, stellte sich in den Bug und stützte die Ellenbogen auf die Reling. Mit zusammengelegten Händen blickte er in Fahrtrichtung, als wollte er als Erster die Insel sehen.

«Da – die sind einfach überall.» Mit dem gleichen Abscheu, mit dem er Iva wohl einen Schwarm gefräßiger Heuschrecken gezeigt hätte, deutete Costa auf die in der letzten Stunde immer zahlreicher gewordenen Segelschiffe und Motorboote, die um sie herum das Meer weiß sprenkelten. «Seit den Zweitausenderjahren hat sich die Zahl der Jachten um siebzig Prozent erhöht, die Marinas kommen mit dem Ansturm kaum nach. Was glauben Sie, wie viel Müll auf so einem Schiff jede Woche anfällt?»

«Ich weiß nicht.» Sie hätte Miro gerne gebeten, einen Zwischenbericht auf ihr Handy zu schicken. Aber das waren sensible Daten. «Jede Menge, nehme ich an.»

«Eben.» Costa nickte. «Die Urlauber bringen vielleicht noch Plastikflaschen und Restmüll in den Jachthafen zurück. Da wird dann alles säuberlich getrennt. Aber die Fäkalien – das sogenannte Schwarzwasser – verklappen sie in der Adria.»

Iva blickte auf das glitzernde Blau vor ihnen.

«Dabei», fuhr Costa fort, «pumpen fast alle Häfen rund um das Mittelmeer die Tanks aus und entsorgen den Inhalt.»

«Aber die Urlauber nutzen den Service nicht?»

Costa schüttelte den Kopf. «Kostet Zeit und Geld», sagte er. «Und der Jachtverleih schickt auch gleich die wartenden Touristen für den nächsten Törn aufs Schiff. Ich kenne eine Marina in Dalmatien, die fertigt jeden Freitag fünfhundert Boote ab.» Er machte eine Pause. «Die hätten sogar eine topmoderne Entsorgungsanlage.»

Iva richtete ihren Blick nach vorn und schwieg.

Die Sonne stand jetzt höher am Himmel, und sie waren auf allen Seiten von Wasser umgeben, mit einem Schwarm kreischender Möwen als Begleiter. Der Wind war noch stärker geworden, Schaumkronen stoben über die Wellen, und zwei Segeljachten kreuzten vor ihren Augen. Ein Bild wie ein Postkartenmotiv, dachte Iva. Doch in den Wassern der Adria lagen Untiefen und starke Strömungen, lauerten Muränen in Felshöhlen auf Beute, warteten Seespinnen auf langsame Opfer. Es war eine gefahrvolle Welt unter einer harmlosen Oberfläche, ein Universum, das sich den Augen des Betrachters entzog. Die Menschen begnügten sich mit dem Anblick der gleißenden Oberfläche und wollten nicht über Andersartiges, vielleicht Unvorstellbares nachdenken. Was wurde aus dem Mysterium dieser Unterwasserwelt, in dem ein noch unbekanntes Leben tanzte, wenn sich die Adria nach und nach in eine Kloake verwandelte?

Costa ergriff wieder das Wort. «Elena hat mich vor ein paar Wochen angerufen, weil sie mich jemandem empfohlen hatte. Ich war einverstanden, und ein paar Tage später hat sich der Typ tatsächlich gemeldet.»

«Wer war das?»

«Ein Informant.» Costa zuckte die Schultern. «Ante.»

«Dieser Ante war ein Freund von Elena?»

«Ich glaube, sie sind nur irgendwie über das Umweltschutzprojekt am Kvarner in Kontakt gekommen.»

«Was wollte er von Ihnen?»

«Er hatte meinen Artikel in Glas Istre über die Wasserverschmutzung durch eine genehmigte Hotelanlage gelesen», sagte Costa. «Der Hotelier, ein Ausländer, hatte einen alten Palazzo gekauft, zum Hotel umgebaut und keine einzige der behördlichen Auflagen erfüllt. Nicht einmal die alten Bleileitungen hat er entfernt, so egal waren ihm seine Gäste. Der ganze Dreck lief am Ende natürlich ins Meer, tut er ja immer.» Er schüttelte den Kopf. «Ante wollte wissen, ob mich das Thema noch interessiert. Er sagte, er hätte brisante Informationen für mich und dass ich einen Artikel schreiben soll.»

«Er hätte selbst an die Öffentlichkeit gehen können.»

«Das habe ich ihm auch vorgeschlagen», sagte Costa. «Die Sache war ihm jedoch eine Nummer zu groß. Außerdem hatte er Angst um seinen Arbeitsplatz. Wo der war, wollte er nicht sagen. Er wirkte aber wie ein penibler Beamter.»

Der junge Mann im Bug richtete sich auf und legte die Hände auf die Reling. Sein Gesicht war dem Wasser zugewandt.

Jemand fing an zu schreien. «Delfine! Da – Delfine!»

«Haben Sie sich mit Ante getroffen?», fragte Iva.

Die Passagiere an Deck stießen entzückte Rufe aus. Fast alle sprangen von ihren Sitzen auf, rannten auf die linke Seite der Fähre und hielten aufgeregt ihre Handys über die Reling. Iva konnte gerade noch einen Blick auf glänzend graue Rückenflossen erhaschen. Delfine waren zuletzt ein seltener Anblick geworden, doch seit der Pandemie, hieß es, erholten sich die Bestände. Iva hatte gelesen, dass damals sogar in den Kanälen von Venedig Delfine gesichtet worden waren.

Costa schüttelte den Kopf. «Ich habe mir Bedenkzeit erbeten», sagte er. «Anscheinend war die zu lang.»

«Er hatte es sich in der Zwischenzeit anders überlegt?»

«Nein, seine Frau lehnt jeden Kontakt mit mir ab.»

«Wahrscheinlich hat sie Angst um ihren Mann.»

Costa runzelte die Stirn. «Ante hat von irgendwelchen spektakulären Ergebnissen bei sich zu Hause gesprochen», sagte er, als spräche er zu sich selbst. «Aber so reden Informanten eigentlich immer, wenn sie meinen, Brisantes für die Presse herausgefunden zu haben.» Er strich eine Locke zurück, die der Wind ihm immer wieder ins Gesicht wehte.

Der Lautsprecher über dem Kabinenhaus knackte, dann kam die Ansage, dass die Lastavica in etwa zwanzig Minuten im Hafen von Mali Lošinj anlegen würde. Die Passagiere wurden gebeten, sich bereit zu machen und darauf zu achten, keine Gegenstände an Bord zurückzulassen.

«Und Sie haben nie wieder von Ante gehört?», sagte Iva.

Costa schüttelte den Kopf. «Natürlich nicht.»

Der junge Mann an der Reling drehte sich um und setzte sich ans Ende der Sitzreihe, obwohl der Hafen bereits in Sichtweite war. Er zog ein Buch aus der Tasche, schlug die Beine übereinander und vertiefte sich in seine Lektüre.

«Wieso natürlich nicht?»

Costa sah sie erstaunt an. «Er ist tot.»

«Was?» Ivas Stimme war so laut geworden, dass der junge Mann neben ihnen den Kopf hob und kurz zu ihnen herübersah.

«Bald nach unserem Gespräch habe ich gelesen, dass er bei einem Autounfall ums Leben gekommen ist.» Costa zuckte die Schultern. «Ich habe seine Witwe angerufen, aber kaum hatte die meinen Namen gehört, hat sie auch schon wieder aufgelegt. Ich habe die Sache dann nicht weiterverfolgt.» Er zeigte nach vorn auf Mali Lošinj. «Keine Zeit: Ich schreibe an einem neuen Buch und habe einen engen Abgabetermin.»

Ein tödlicher Autounfall nach dem Kontakt mit einem Investigativjournalisten, dachte Iva, kein Wunder, dass die Frau Angst hatte. Und Elena hatte Costa auch gekannt.

«Wie ist denn dieser Unfall passiert?», fragte sie.

Die Fähre verlangsamte ihre Fahrt. Ein Schwarm Möwen stürzte sich kreischend auf das Schiff und umkreiste es aufgeregt flatternd. Immer wieder stießen die Vögel auf das Wasser herunter, wenn Passagiere ihnen Reste ihres Proviants hinunterwarfen. Der Luftkampf war ohrenbetäubend.

Costa beugte sich zu Iva hinüber. «Ante ist abends von

der Küstenstraße abgekommen», rief er, um den Lärm der Möwen zu übertönen. Der junge Mann mit dem Buch sah wieder zu ihnen herüber, offensichtlich störte ihn die laute Nachbarschaft. «Vielleicht war er müde oder betrunken. Es hatte auch geregnet, und der Asphalt war nass. Sie haben das Autowrack irgendwann am Meeresboden entdeckt.»

Am Horizont von Ivas Gedanken tauchte eine Erinnerung auf. Ein Autowrack im Meer, erst Tage später gefunden. Wo hatte sie darüber gelesen? Dann fiel ihr der Abend auf der Küstenstraße ein, der BMW, der so dicht aufgefahren war, dass er ihren Wagen mühelos über die Klippe hätte stoßen können. Ihre Nackenmuskeln verspannten sich. Wie weit Miro wohl jetzt mit seinen Leuten war?

«Wie hieß dieser Ante mit Nachnamen?», fragte sie.

«Habe ich das nicht erwähnt? Er hieß Filipović.»

Das Schiff fing an zu dröhnen, die Lastavica ging am Kai längsseits, wo Männer in blauen Jacken und Schiffermützen herumstanden, rauchten und palaverten, sich mit Netzen bedeckte Kisten mit Obst und Gemüse zum Verladen stapelten und neue Fahrgäste darauf warteten, dass die dicken Taue der Fähre um die Poller gewickelt waren, um an Bord gehen zu können.

Costa warf sich seinen Rucksack über die Schulter, stand auf und blickte auf Iva hinab, die verabredungsgemäß sitzen geblieben war. Der junge Mann am Ende der Sitzreihe erhob sich ebenfalls, streckte sich und steckte sein Buch in die Tasche, ehe er sich auf den Weg zum Ausgang machte. Iva und Costa strafte er mit Missachtung.

Iva ergriff die Gelegenheit, wenn sie schon nicht bei der Razzia dabei sein konnte. «Eine letzte Frage noch», sagte sie. «Können Sie mir etwas über eine Bratstvo sagen?»

Costa sah sie nachdenklich an. «Hören Sie, Iva», sagte er schließlich. «Ich bewundere Ihren Mut, aber ich muss Sie warnen. Wenn Sie weiter in diesem Sumpf graben, bringen Sie sich in ernste Schwierigkeiten. Denken Sie an meine Worte.»

«Schwierigkeiten sind mein zweiter Beruf.»

«Diese nicht! Nehmen Sie sich in Acht.»

Der Lärm der Motoren erstarb, das Schiff schwankte unter den Tritten der Passagiere, die die Fähre verließen.

«Es ist meine Arbeit. Und auch meine Verantwortung.»

«Sie werden schon wissen, was Sie tun.» Costa schob den Rucksack höher auf die Schulter. «Wenn ich was Neues höre, melde ich mich. Wenn Sie was erfahren, kriege ich die Informationen, exklusiv. Deal?»

«Kein Deal, ich unterliege der Schweigepflicht.»

«Schade.» Costa hob die Hand. «*Ajde*, ciao, Iva.»

«Ciao, Raffaele.»

Nachdenklich blickte Iva Costa nach, wie er durch die Stuhlreihen eilte, um noch rechtzeitig vor Ablegen an Land zu gehen. Während die neuen Passagiere an Bord kamen, überlegte sie, woher sie den Namen Ante Filipović kannte.

Erst als die Fähre bereits wieder Kurs auf Pula genommen und sie das offene Meer erreicht hatten, fiel Iva auf, dass sich im Vorschiff nicht nur gut gelaunte Urlauber und Inselbewohner, die Geschäfte auf dem Festland zu erledigen hatten, drängten.

Der junge Mann saß wieder auf seinem Platz und las.

SIEBZEHN

Als Iva die Fähre verließ, herrschte am Hafen das übliche Gedränge, Sprachen aus aller Herren Länder schwirrten durch die Luft, die Riva war durch den Mittagsverkehr verstopft, Autos hupten. Einem ersten Impuls folgend, wollte Iva direkt ins Büro gehen, Baban wartete sicher schon auf sie, und sie hielt es kaum noch aus vor Spannung, wollte wissen, was die Hausdurchsuchung bei Battaglia ergeben hatte. Aber dann bemerkte sie den jungen Mann, der ein paar Meter von ihr entfernt an Deck der Fähre gesessen und sich während der ganzen Überfahrt nicht von seinem Platz gerührt hatte. Jetzt stand er etwas unschlüssig am Kai und schien auf jemanden zu warten. Sein Blick schweifte über die Passanten, streifte kurz Iva, kehrte zur Menschenmenge zurück. Die warnende Stimme, die sich auf der Rückfahrt leise bei Iva gemeldet hatte, kehrte nun laut und deutlich vernehmbar zurück.

Iva fasste ihre Tasche fester und schlenderte, als hätte sie alle Zeit der Welt, zu dem Zeitungskiosk, der sich am Beginn der Giardini befand. Der weißhaarige Inhaber entfernte gerade alte Zeitungsausgaben von den Ständern vor seiner Auslage, klemmte sie sich unter den Arm und ersetzte sie durch die neuesten Nachrichten aus aller Welt.

«Doktorica Markulin», rief er. *«Dobar dan!»*

Iva warf einen Blick über die Schulter. Der junge Mann war nicht zu sehen. Die warnende Stimme in ihrem Kopf blieb.

«Sie waren ja im Fernsehen!», rief der Kioskbetreiber.

Iva beschloss, aus Höflichkeit eine Zeitung bei ihm zu kaufen. Seit sie im Fernsehen aufgetreten war, war sie so etwas wie eine lokale Berühmtheit. Wobei ihr Ansehen, da gab sie sich keinen Illusionen hin, eher ihrem telegenen Auftritt als ihrem beruflichen Anliegen geschuldet war.

«*Dobar dan,* Gospodin Ibrahim», sagte Iva. «Wie geht es Ihnen heute? Wieder ein besonders heißer Tag, was?»

«Was für ein schöner Sommer.» Der alte Mann musterte sie. «Und das richtige Wetter für einen Schiffsausflug.» Er ging in seinen Kiosk und legte die alten Zeitungsausgaben auf die Ablage. «Möchten Sie eine Zeitung kaufen?»

«Die *Glas Istre* von heute, bitte.» Iva bezahlte die Zeitung. «*Hvala i dovidjenja.*» Danke und auf Wiedersehen.

Der alte Mann sah sie nachdenklich an. «Warten Sie.» Er zog eine Schublade vor sich heraus, warf die Münzen hinein, entnahm ihr stattdessen einen fingerlangen Gegenstand und reichte ihn Iva. «Nehmen Sie den hier zu Ihrem Schutz.»

Auf Ivas Hand lag ein steinerner Gecko, ein beliebter Glücksbringer seit jeher im ganzen Mittelmeerraum. Er musste sehr alt sein, denn seine Konturen waren durch zahlreiche Berührungen verschwommen, und sein Kopf war rund geschliffen.

«Gospodin Ibrahim, das kann ich nicht annehmen.»

Ein feines Lächeln umspielte seinen Mund. «Dieser Gecko hat meiner Familie Glück und meinem Geschäft Erfolg beschert», sagte Gospodin Ibrahim.«Ich habe ihn vor langer Zeit beim Tauchen im Meer gefunden. Er wollte eben zu mir. Nun möchte er weiterziehen.» Er seufzte. «Man kann das Glück nicht erzwingen, man kann ihm nur folgen.»

Iva betrachtete den kleinen Gecko. Sie war nicht abergläubisch, aber jemand hatte ihn mühevoll aus dem Stein geschnitten, vielleicht stammte er aus römischer oder sogar keltischer Zeit. Sie schloss die Finger fest um die Figur.

«Danke, Gospodin Ibrahim, den kann ich gebrauchen.»

Der Alte nickte. «Ich weiß, Doktorica, ich weiß.»

Die Tageszeitung unter dem Arm und den Talisman in der Tasche, fuhr Iva mit dem Lift zum Büro des Staatsanwalts hinauf. Vor der Tür zu Franjo Horvats ehemaligem Arbeitszimmer standen zwei Uniformierte Wache. Einer war der Polizist, der sie an ihrem ersten Arbeitstag mit *Commissaria* begrüßt hatte. Bei Ivas Anblick salutierten beide Männer, traten beiseite und gaben den Weg frei.

Anders als in den Gängen der Polizeidirektion, in denen sich die feuchtheiße Luft zu einem atemberaubenden Gemisch aufgeladen hatte, herrschte in Franjo Horvats ehemaligem Reich eine geradezu paradiesische Atmosphäre. Die Jalousien waren noch immer herabgelassen und schräg gestellt, so wie Horvat es für sich als angenehm empfunden hatte. Die Sonne, die durch die Lamellen blinzelte, zeichnete ein Streifenmuster auf die Schwarz-Weiß-Drucke über dem Sofa und die hohe Zimmerpalme. Der große Ventilator lief auf Hochtouren und drehte sich von einer Seite zur anderen, sodass ein kühler Luftstrom gleichmäßig durch den Raum zog.

An den Wänden stapelten sich die Kartons.

Miro Baban stand, die Ärmel seines weißen Hemdes hochgekrempelt, hinter Horvats Schreibtisch und wühlte sich durch Berge von Papier. Bei Ivas Eintreten hob er den Blick.

«Ciao, Iva!» Er machte eine weit ausholende Armbewegung. «Sieh dir das an! Was sagst du dazu? Alles von der Banka Battaglia. Ich sichte seit einem halben Tag nur Material.»

Iva schlenderte zu der schwarzen Ledergarnitur hinüber, stellte ihre Strohtasche ab und ließ sich auf das Sofa fallen. Das Leder war kühl, der Luftstrom des Ventilators streichelte ihren Nacken. Iva spürte, wie ihre Lebensgeister zurückkehrten. Sie hatte es geschafft, den jungen Mann von der Fähre abzuhängen. Wenn er ihr denn überhaupt hatte folgen wollen und nicht einfach zum Mittagessen verabredet war. Nach dem Überfall auf Terra Rossa sah sie Gespenster.

«Was für eine Ausbeute», sagte sie. «Gratuliere.»

Baban nahm Haltung an, sagte jedoch nichts, sondern fixierte sie nur erwartungsvoll. In seinen Augen lag ein eigenartiger Glanz. Iva hatte das Gefühl, als hielte er noch eine Erfolgsmeldung bereit und wartete auf ihre Frage.

«Schieß los», sagte sie. «Was habe ich verpasst?»

«Barba Nikola hat mich angerufen», sagte Baban.

Iva brauchte ein paar Sekunden. «Mein Großvater?»

«Ja!» Der Stolz in Babans Stimme war unüberhörbar. «Barba Nikola hat mir für deine Lebensrettung gedankt und mich ...», er suchte anscheinend nach dem passenden Wort, «... mich beauftragt, ab jetzt über dich zu wachen.»

«Er hat dich beauftragt?», echote Iva.

Baban quittierte ihre Frage mit einem knappen Nicken.

«Mein Großvater beauftragt niemanden», sagte Iva. «Er befiehlt nur. Und du als Beamter der Republik Kroatien ...»

«Ich tue, was ich für richtig halte», sagte Baban.

Iva dachte an die viele Arbeit und die offenen Fragen. Wollte sie dieser Haarspalterei wirklich Zeit opfern?

«Hast du was zu trinken für mich?», fragte sie.

Baban sah zur Tür und brüllte: «Andreotti!»

Im nächsten Augenblick erschien der Kopf eines der Uniformierten durch den Türspalt. «Commissario?»

«Bring der Doktorica Wasser, und zwar subito!»

«Aqua fredda?» Andreotti war offensichtlich ein Mitglied der italienischsprachigen Volksgruppe und bediente sich lieber der zweiten Amtssprache. «Commissario?»

«Natürlich kaltes Wasser!», schnappte Baban. «Und vergiss das Glas nicht! Bin ich denn hier nur von Idioten umgeben?» Er scheuchte Andreotti aus der Tür.

Iva verkniff sich ein Grinsen. «War Battaglia dabei?»

«Die ganze Zeit.» Baban stemmte die Fäuste in die Seiten, streckte seinen Rücken und machte mit dem Kopf Rollbewegungen. Offensichtlich hatte er schon längere Zeit über den Unterlagen gebrütet. «Hat sofort nach dir verlangt.» Er äffte den autoritären Ton des Bankiers nach: «Ist Doktorica Markulin über diese Aktion informiert? Damit ist Doktorica Markulin sicher nicht einverstanden, ich kenne sie persönlich. Bevor Sie hier irgendwas anfassen, verlange ich ein Gespräch mit Doktorica Markulin.» Er verdrehte die Augen. «Du hättest ihn hören sollen.»

«Was hast du gesagt, wo ich bin?»

«Nichts – was geht's ihn an?»

Die Tür flog auf, und Andreotti erschien mit einer Flasche Radenska in der einen und einem Wasserglas in der anderen Hand. Im Laufschritt durchquerte er das Büro, stellte beides vor Iva auf den Sofatisch und salutierte.

«Prego, Commissaria!»

Iva wollte dem hilfsbereiten Polizisten gegenüber nicht schulmeisterlich wirken und akzeptierte wortlos die unangemessene Anrede. Wenn sie für Andreotti die Commissaria war, konnte sie damit leben. Sie drehte den Verschluss auf, es schäumte, und eine kohlensäurehaltige Wasserfontäne spritzte durch den Raum. Andreotti musste den Befehl seines Vorgesetzten im Renntempo ausgeführt haben. «Grazie.» Iva ließ das Glas volllaufen.

Über Andreottis Gesicht huschte ein ganz und gar unprofessionelles Lächeln, ehe er sich zackig umdrehte und beschwingten Schrittes das Büro verließ.

«Battaglia hat sich aufgeführt wie ein Bulle, den man zur Schlachtbank führt», sagte Baban. «Natürlich hat er volles Verständnis für unseren Einsatz für die Gerechtigkeit und so weiter – aber seine Kunden, die von den Krediten abhängig sind, werden das natürlich anders sehen.»

«Hat er was über diese Kunden verlauten lassen?» Iva trank durstig und beobachtete Baban über den Rand ihres Glases hinweg. «Igor hatte eine Liste angefertigt, aber mir haben die Namen darauf kaum etwas gesagt.» Sie stützte das Glas in die Fläche ihrer freien Hand.

Baban ließ sich in den Schreibtischsessel fallen, lehnte sich zurück und verschränkte die Hände im Nacken. «Weil du nicht von hier bist», sagte er und drehte den Sessel hin und her. «Aber ich kenne diese Leute.» Er deutete mit dem Kinn auf den Papierwust auf dem Schreibtisch. «Handwerker und Geschäftsleute, in letzter Zeit aber auch dank des zunehmenden Tourismus Handyshops und Läden, die alle Internettelefonate in die ganze Welt anbieten. Und natürlich Geldtransfer über Zahlungsanbieter wie Western Union. Die lassen ihre Gewinne – und noch etwas geliehenes Geld – bei Battaglia arbeiten. Und werden auf einmal reich.»

«Die Banka Battaglia ist eine Investmentbank.»

«Hat dein neuer Freund Edi auch gesagt.» Baban schüttelte den Kopf. «Hat herumgejammert, dass seine Kunden die istrianische, ja wenn nicht die kroatische Wirtschaft am Laufen halten.» Er richtete seinen Blick zur Decke hinauf.

«Wenn ich mich richtig erinnere, hat er die Bauwirtschaft erwähnt, die Landwirtschaft, den Tourismus, den Großhandel und ... den Rest habe ich vergessen. Kurz gesagt, dass wir die Wirtschaft Istriens zugrunde richten.» Er nahm die Hände herunter und ließ sich nach vorne schnellen. «Das Interessante ist, dass diese fleißigen kleinen Leute ihr Geld in immer dieselben Unternehmen pumpen.» Er klopfte mit dem Zeigefinger auf einen Computerausdruck. «Hier: Rikard Brosić, Juwelier und Goldhändler aus Rovinj, hat seine Ersparnisse in einen Fonds der Banka Battaglia gesteckt. Und er hatte so viel Vertrauen in sein Investment, dass er noch zweimal dieselbe Summe aufgenommen hat.»

«Und auch in den Fonds investiert.»

Baban verneinte mit dem Zeigefinger. «Nicht direkt», sagte er. «Das Geld fließt, zusammen mit dem Anlagegeld anderer Bankkunden, zunächst auf ein neues, gemeinsames Konto. Von diesem Konto geht eine gewisse Summe in einen Fonds namens *Poseidon*, der von der Banka Battaglia verwaltet wird und Beteiligungen an diversen Unternehmen – gerne Bauträger oder Immobilien-Entwickler – und Hotels an der Adria hält. Poseidon investiert mit den Krediten auch selbst in Grundstücke, die dann in Bauland umgewidmet werden, noch durch ein oder zwei Hände gehen und jedes Mal teurer verkauft werden – und am Ende steht ein ordentlicher Profit.» Baban tippte noch einmal auf den Ausdruck. «Die Gewinne aus diesen Geschäften gehen nun wieder auf ein neues Konto bei der Banka Battaglia, von dem ein Teil an die Investoren – unsere fleißigen kleinen Arbeitsbienen – fließt. Wir reden hier von Gewinnen von bis zu hundert Prozent! Doch den Löwenanteil bekommt das Bankhaus.» Er breitete die Arme aus. «Was sagst du dazu?»

«Ein bisschen Spargeld», sagte Iva, «ein paar Kredite, ein paar Investments, und du machst nicht nur Gewinn, sondern schleust auch Schwarzgeld in den Wirtschaftskreislauf ein.»

«Bravo!» Baban nickte. «Und aus Schwarz wird Weiß. Aber Battaglia investiert auch in Florida und auf der Insel Aruba in Finanz- und Immobiliengesellschaften.»

«So wie damals Michele Sindona», sagte Iva. «Eigentümer einer privaten Investmentbank und Freund von Papst Paul VI., weshalb es einen Zusammenschluss mit der Vatikanbank gab.»

Baban nickte. «Du weißt ja, was ihm passiert ist?»

«Tod durch Zyanid im Gefängnis», sagte Iva. «Ob Mord oder Selbstmord wurde nie geklärt, vielleicht auch gar nicht untersucht. Battaglia spielt jedenfalls mit hohem Einsatz.» Sie überlegte. «Wir müssen mit den Investoren reden.»

«Mit dem Metzger und dem Juwelier?» Baban gab einen verächtlichen Laut von sich. «Ich bitte dich! Alles, was du hören wirst, ist: Das macht alles mein Geschäftsführer oder mein Banksachbearbeiter oder mein Steuerberater. Oder: Mein Schwiegersohn hat mir dazu geraten, ich verstehe ja nichts von Fonds und so Zeugs.» Er schüttelte den Kopf. «Sinnlos.»

«Dafür kennst du dich ja gut aus.»

«Hab vor fast zwanzig Jahren im *Hypo-Alpe-Adria*-Skandal ermittelt», sagte Baban. «Intransparente Geldflüsse waren mein Spezialgebiet.» Er schüttelte den Kopf. «Damals hatte ich noch Illusionen, was meine Karriere betraf.»

Iva starrte ihn verblüfft an. «Nein! Wirklich?»

Das Luxus-Ferien-Projekt Skiper in der Bucht von Piran war ein zwölf Quadratkilometer großes Resort aus einem Hotel, Villen, Restaurants und einem Golfplatz im kroatischen Albieri. Auf Wunsch der katholischen Kirche war sogar ein kleines Gotteshaus errichtet worden. Vorstände der *Hypo Alpe Adria* hatten das Projekt eigenartigerweise ohne die nötige Prüfung finanziert, dazu kamen Korruptionsgelder, Investitionen und aufgelaufene Zinsen. Am Ende standen eine wirtschaftliche Pleite und der Blick in einen Sumpf aus politischen Verflechtungen und Geldgier. Unter den Gläubigern waren zahlreiche deutsche Banken und Versicherer, allein die Österreicher hatten nach einem Schuldenschnitt Anleihen für 6,2 Millionen Euro zurückzahlen müssen.

«Jetzt fragst du dich natürlich, warum ich nicht statt Darko Petrović in dessen Eis-Hölle da oben sitze.» Babans Lächeln wurde verlegen. «Es sind in meiner Laufbahn eben auch Dinge schiefgelaufen.» Er zuckte die Schultern.

Darauf wusste Iva nichts zu antworten, sie hatte Babans Personalakte gelesen. Ohnehin musste ihm klar sein, dass sein Temperament, sein Umgang mit Autoritaten und sein Hang zum Alkohol jeder Karriere in der Polizei entgegenstanden.

«... siehst du?» Baban hatte weitergesprochen. «Diese Akten hier», er deutete auf die Unterlagen auf dem Schreibtisch, «stehen alle im Zusammenhang! Es sind immer dieselben Namen, die darin auftauchen. Das ist cin ausgefeiltes System.» Dann kam ihm offensichtlich ein neuer Gedanke, denn er fragte: «Und? Was ist nun mit Costa?»

«Wie geht es Elena?», fragte Iva.

«Ist noch nicht über den Berg.»

«Hat sie gesagt, wie's passiert ist?»

«Elena liegt im künstlichen Koma», sagte Baban düster. «Kann sein, dass die Erinnerung zurückkommt, wenn die Ärzte sie da rausholen. Kann aber auch sein, dass nicht.»

Iva schenkte sich Mineralwasser nach. «Costa war leider keine Hilfe», sagte sie. «Elena und er kennen sich von einer Lesung, er hat ein Buch über Umweltskandale geschrieben.» Sie nahm einen Schluck, aber das Wasser war inzwischen lauwarm, und so stellte sie das Glas weg. «Später hat sie ihm einen Mann empfohlen, der ihm Material für einen Artikel liefern wollte.» Woher kannte sie bloß den Namen Filipović? «Costa war zuerst nicht interessiert, und als er es sich anders überlegt hatte, war dieser Filipović mit dem Auto von der nassen Straße abgekommen und ins Meer gestürzt – tot.»

Baban runzelte die Stirn. «Filipović?»

«Ante Filipović – sagt dir der Name was?»

Baban blies die Backen auf und schüttelte den Kopf.

«Ich glaube, dass ich den Namen irgendwo gelesen habe», sagte Iva, «ich weiß nur nicht mehr, in welcher Zeitung.»

Baban sah zum Fenster hinüber. «Regen», sagte er.

Erst jetzt fiel Iva auf, dass die Sonne nicht mehr zwischen den Lamellen der Jalousie hindurchschien und die hellen Streifen im Zimmer verschwunden waren. Sie sah auf die Uhr. Gleich fünf. Sofort meldete sich ihr schlechtes Gewissen als Mutter. Sie war am frühen Morgen, als Matteo noch geschlafen hatte, losgefahren. Wenn sie mit ihrem Kind zu Abend essen wollte, musste sie schleunigst aufbrechen.

Baban musterte sie. «Hast du noch was vor?»

«Ich habe einen kleinen Sohn», sagte Iva.

«Und wo ist der jetzt?»

«Bei seinem Urgroßvater.»

Baban pfiff leise. «Bei Barba Nikola?»

«Genau.» Iva stand auf und schnappte sich ihre Tasche.

«Kann er schon schießen? Bald ist Jagdsaison.»

Iva warf ihm einen bösen Blick zu. «Das ist nicht witzig», sagte sie. «Matteo kriegt bereits einen Jagdhund.»

Baban musste ihre Miene gelesen haben, denn er fing an zu lachen. «Du bist eine kluge Frau», sagte er, «dass du die Erziehung deines Sohnes dem alten Löwen überlässt.»

«Das tue ich nicht!» Sie musste sich mehr Zeit nehmen.

«Barba Nikola wird schon einen Mann aus ihm machen.»

«Ja», sagte Iva bissig. «Das fürchte ich auch.» Um ihren Ärger zu überspielen, zeigte sie auf die Kartonstapel. «Bleibt das jetzt etwa so?»

Baban nickte. «Staatsanwalt Nemec übernimmt hier am Montag, bis dahin lasse ich zwei Leute vor der Tür.» Listig setzte er hinzu: «Natürlich nur mit deiner Zustimmung.»

«Ist hiermit erteilt», sagte Iva. «Bis nächste Woche.»

Mit diesen Worten verließ sie erhobenen Hauptes das Büro. Andreotti strahlte Iva an, dann zwinkerte er ihr zu.

Als Iva vor das Polizeipräsidium trat, war es überraschend kühl geworden. Der Uniformierte neben dem Haupteingang grüßte sie und zeigte in Richtung Hafen. Eine schwarze Wolke hing über den vorgelagerten Inseln, das von leichten Wellen gekräuselte Meer hatte die Farbe flüssigen Bleis angenommen.

«Holen Sie sich lieber noch einen Schirm, Doktorica.»

«Schon wieder Jugo?», sagte Iva.

Der Mann zuckte die Schultern. «Wer weiß das schon?» Er sah sie an. «Wie steht's auf Terra Rossa mit den Oliven?»

Iva hatte keine Ahnung. «Wir können Regen gebrauchen», sagte sie sachverständig und meinte, Nikola zu hören.

Er nickte. «Gut, dass Sie nach Istrien zurückgekommen sind, Doktorica», sagte er, «und sich Ihrer Heimat annehmen. Es gehen zu viele von uns weg, und das Land braucht Leute wie Sie. Darüber sind sich meine Kollegen und ich einig. Sie genießen großen Respekt hier bei der Polizei, wissen Sie?»

Iva bemühte sich um ein diplomatisches Lächeln. Leute wie dieser Polizist, die versuchten, mit einem gefährlichen Beruf und einem kleinen Einkommen das Pensionsalter zu erreichen, gehörten zur Zielgruppe politischer Bewegungen wie Schöne Heimat Kroatien. Einem Seelenfänger wie Slavko Vuković konnte man nur das Wasser abgraben, wenn man die Verhältnisse änderte, die sie in seine Arme trieben. Auch wenn sie wollte, konnte sie die Machenschaften eines Vuković und seiner Freunde nicht einfach ignorieren.

Mit Pack setzt man sich nicht an einen Tisch.

Nein, aber man überlässt ihnen auch nicht das Feld.

«Na», sagte Iva, «dann laufe ich mal zu meinem Auto. Das Wetter wird ja wohl nicht mehr besser, was?»

Der Polizist tippte zum Abschied an den Mützenschirm.

Im Hafen hatte gerade ein Ausflugsschiff aus Venedig angelegt. Eine Urlauberkarawane zog über den Kai und weiter zu den Reisebussen, die mit laufender Klimaanlage auf dem Parkplatz unterhalb des Amphitheaters standen. Iva wollte gerade ihren Wagen aufschließen, als sie von hinten einen Stoß bekam und ihr der Autoschlüssel entglitt. Er fiel zu Boden und schlitterte über das glatte Steinpflaster auf den Beckenrand zu. Iva stürzte los und schaffte es gerade noch, ihn aufzuheben. Als sie sich umdrehte, entdeckte sie das ältere Ehepaar in Shorts und Birkenstock-Sandalen, das sie angerempelt hatte und nun, ohne ein Wort der Entschuldigung, die Tür ihres Autos blockierte, während es Handy-Fotos von den Schiffen im Jachtklub, die angesichts der drohenden Schlechtwetterfront dort in Sicherheit vor Anker lagen, schoss.

«Lassen Sie mich bitte einsteigen», sagte Iva mühsam beherrscht und verdrängte die bildhafte Vorstellung ihres Autoschlüssels auf dem Grund des Hafenbeckens.

Das Paar nahm keine Notiz von ihr.

«Lassen Sie mich durch, verdammt!»

Nun starrten die beiden Iva entgeistert an, machten jedoch Platz. Das Gesicht des Mannes war rot angelaufen, auf seiner Glatze schälte sich die Haut vor lauter Sonnenbrand.

«Wir kommen seit den Siebzigerjahren nach Jugoslawien», zischte er, «damals wart ihr froh ...»

«Bleiben Sie doch in Österreich-Ungarn!» *Jugoslawien.*

Iva riss die Tür auf, setzte sich hinters Steuer, legte den Rückwärtsgang ein und gab Gas. Die Beschimpfungen des Mannes gingen im Motorlärm unter, Ivas Laune hatten sie nicht gehoben. Erste Tropfen klatschten auf die Scheiben.

Iva hatte kaum die Stadt hinter sich gelassen und befand sich auf der Landstraße bei Fažana, als das Unwetter mit aller Macht über sie hereinbrach. Ein greller Blitz fuhr über den Pinienwald zu ihrer Rechten, der darauffolgende Donnerschlag ließ ihren Wagen erbeben. Die Oleanderbüsche am Straßenrand bogen sich im Wind. Irgendwann sah Iva gar nichts mehr, folgte nur noch der weißen Bodenmarkierung. Ihr Gesprächspartner vor der Polizeidirektion hatte recht gehabt, diese häufigen, heftigen Unwetter waren neu für Istrien.

Wie steht's auf Terra Rossa mit den Oliven?

Das Gut lebte und erhielt sich seit Jahrhunderten von seiner reichen Ernte. Iva hatte Terra Rossa immer als einen Ort wahrgenommen, der so unverwüstlich war wie diese herzförmige Halbinsel Istrien, und zwar für alle Zeiten. Was aber, wenn der Klimawandel den Olivenbäumen und Weinstöcken zu sehr zusetzte?

Einmal wird dies alles Mate gehören.

Würde Matteo als Erwachsener überhaupt noch eine Wahl haben? Sie musste mit Nikola über die Aussichten von Terra Rossa sprechen, und zwar möglichst ohne ihre eigene Zukunft mit dem Gut zu verknüpfen. Es wurde höchste Zeit.

Als sie zwischen den beiden Pfeilern durch das große Einfahrtstor fuhr, hatte sich das Unwetter in einen soliden Landregen verwandelt. Auf dem Vorplatz parkten außer dem grünen Geländewagen mehrere Autos mit Kennzeichen aus Pula und Rijeka, und direkt an der Eingangstür stand Martas hellblauer Fiat Cinquecento, den sie an den Tagen benutzte, an denen sie Einkäufe auf dem Markt erledigte und nicht mit dem Fahrrad fuhr. Alle Fenster des Hauses waren offen, um nach der Hitze der letzten Tage frische Luft hereinzulassen. Beim Aussteigen konnte Iva durch das Küchenfenster die erhobene Stimme von Marta und die einer anderen Frau hören. Aus dem Arbeitszimmer im ersten Stock übertönte durch die geöffneten Loggiatüren ein Chor von nicht mehr ganz sicheren Männerstimmen das Rauschen des Regens.

Po šumama i gorama …
Durch Wälder und über Berge …

Nikola und die anderen Mitglieder des Tito-Fanklubs sangen, von ausreichend Teran befeuert, Partisanenlieder. Wobei Nikola der einzige Partisan unter den Männern war. Seit dem Überfall bewachte er das Haus und verließ es kaum noch. Stattdessen empfing er seine alten Freunde auf Terra

Rossa. Soviel Iva wusste, tagte der Klub heute zur Planung des nächsten Brioni-Ausflugs im September.

Prije ćemo mi umrijeti
Nego svoje zemlje dat ...
Eher werden wir sterben
Als unser Land herzugeben ...

Iva knallte die Autotür zu und rannte ins Haus.

In der Küche, die inzwischen wieder so aussah, als wäre nie etwas passiert, saß eine hochgewachsene junge Frau mit schwarzer Lockenmähne und einem blassen Madonnengesicht. Die hochgekrempelten Ärmel ihres weißen Leinenhemdes gaben mit Silberarmreifen geschmückte Arme frei, die langen schlanken Beine steckten in weißen Jeans, an den Füßen trug sie Römersandalen. *Leona, das Model.* Es war Liljana. Matteo hatte es sich auf ihrem Schoß bequem gemacht. Vor ihm auf dem Küchentisch waren Buntstifte ausgebreitet, er kritzelte heftig auf einem Bogen Zeichenpapier und war so in seine Arbeit vertieft, dass seine Zungenspitze zwischen den Lippen hervorlugte und er Ivas Erscheinen gar nicht bemerkte.

Marta, wie immer seit Lukas Tod ganz in Schwarz – jedermann ging davon aus, dass sie bis zu ihrem Lebensende Trauer tragen würde –, lehnte mit verschränkten Armen am Kamin. Schweigen lastete über der Szenerie, anscheinend hatte Iva einen Mutter-Tochter-Wortwechsel unterbrochen.

Iva ging zu Matteo und küsste ihn auf die Wange. «Ciao, mein Kleiner, Mama ist wieder da.» Matteo blickte nicht auf. «Was malst du da Schönes?» Sie strich ihm durch die Locken.

Aber der Künstler schien über sein noch unvollendetes

Werk nicht sprechen zu wollen. Soweit Iva sehen konnte, befand er sich noch mitten in seiner maritimen Phase, denn das Tier, das auf dem Zeichenblatt erstaunlich lebendig wirkte, erinnerte an eine löwenköpfige Seeschlange.

Iva griff in ihre Tasche, holte den Gecko heraus und legte ihn auf das Zeichenblatt. Matteo riss die Augen auf. Er griff nach der Figur, drehte sie in den Händen und betrachtete sie, ehe er sie hastig an seine Brust drückte.

«Ciao, Iva.» Liljana lächelte Iva schüchtern an.

«Lilja wollte gerade gehen», ließ sich Marta vernehmen.

«Muss sie nicht», sagte Iva, und an Liljana gewandt: «Ich freue mich, dich kennenzulernen. Isst du mit uns?»

«Nein», sagte Marta. «Tut sie nicht. Lilja hat mir nur beim Einkaufen geholfen. Das ist alles.»

Iva drehte sich zu ihr um. «Was soll das heißen?», sagte sie scharf. «Deine Tochter kann für sich selber sprechen.»

Liljana warf ihrer Mutter einen ängstlichen Blick zu und schlang die Arme wie Halt suchend um Matteos Mitte, was der Kleine mit einem verschmitzten Grinsen quittierte. Schöne Frauen schienen ihm nicht gleichgültig zu sein.

«Ich habe dich im Fernsehen gesehen», sagte Liljana. «Du warst toll. Deswegen bin ich auch mitgekommen.» Sie holte tief Atem. «Ich habe gehofft, dass ich dich treffe.»

«Das ist gelungen», sagte Iva und ging zum Herd, von wo es nach Fisch, Tomaten und Knoblauch roch. Erst jetzt fiel ihr auf, dass sie den ganzen Tag nichts gegessen hatte und wie hungrig sie war. «Mhm – ist es das, was ich vermute?»

«Ja», sagte Marta. «Brodetto.» Fischeintopf.

«Haben wir keine Polenta dazu?»

«Ist jetzt etwa Winter?»

Iva dachte an Raffaele Costas Worte. «Mit Muscheln ...?»

«Nein», sagte Marta und zu Lilja: «Setz dich ins Auto, ich bin gleich fertig. Dann fahre ich dich nach Hause.»

Iva ließ den Kochlöffel, mit dem sie soeben nach einem Stück Seeteufel in der Tomatensauce geangelt hatte, in den Topf zurückfallen. «Was wird hier eigentlich gespielt?»

«Ich möchte mit dir reden», sagte Liljana.

«Ja», sagte Iva. «Gut.»

«Kommt nicht infrage», sagte Marta.

Iva bekam ein Gefühl von Unwirklichkeit. «Warum nicht?», fragte sie Marta und bemerkte deren dunkle Augenringe.

«Ich habe schon meinen Sohn verloren», sagte Marta, «und meine Tochter ist gerade dabei, Selbstmord zu begehen.»

«Worüber sollen wir denn reden?», fragte Iva Liljana.

Auf Liljanas schönem Gesicht erschien ein trotziger Ausdruck. «Über Luka», sagte sie. «Nein, kein Wort, Mama!»

Marta gab einen schmerzlichen Laut von sich, stieß sich vom Kamin ab und rannte aus der Küche. Augenblicke später konnte Iva sie hinter dem Fenster auf und ab marschieren und dabei wild gestikulieren sehen, ein schwarzer Hexenschemen vor grauen Regenschleiern.

Iva ging zum Küchenschrank, holte Nikolas halb volle Flasche Teran und zwei Weingläser heraus und setzte sich zu Liljana und Matteo an den Tisch. Sie schenkte den fruchtigen Wein, dessen warmes Rot an die Erde Istriens und gleichzeitig an sein Blut denken ließ, ein.

«*Živjeli*», sagte sie und schob Liljana ein Glas hin.

«*Živjeli.*» Liljana nahm einen großen Schluck.

Draußen klappte die schwere Eingangstür, dann stapften energische Schritte die Treppe hinauf. Marta war zurück und widmete sich, statt in die Küche zu kommen, anscheinend lieber ihrer Hausarbeit. Jetzt war nur noch das Rauschen des Regens vor dem Fenster zu hören und der entfernte Gesang der Männer im Arbeitszimmer, die inzwischen *Ciao, Bella, Ciao* auf Kroatisch angestimmt hatten.

Jer smrt me neće čekati ...

Denn der Tod wird nicht auf mich warten ...

Es ging immer um Partisanen, Abschied und Tränen.

Iva bemerkte, dass Liljana den Versen lauschte, und sagte: «Also, dann erzähl mal.» Sie lehnte sich zurück.

«Ich habe Luka im Gefängnis besucht.»

«Man hat ihn wegen Drogenhandels verurteilt.»

Liljana nickte. «Als die Polizei ihn erwischt hat, haben die anderen ihn gezwungen, die ganze Schuld auf sich zu nehmen. Die Polizei hat ihm natürlich nicht geglaubt und – so ist er eben zwischen die Mühlen geraten.»

«Ich verstehe, und wer sind *die* anderen?»

Liljana zuckte die Schultern. «Weiß ich nicht.»

«Okay, gut, weiter. Was weiß ich noch nicht?»

Liljana schluckte. «Luka», sagte sie, «Luka hat auch Geld gewaschen, in den Wechselstuben, gar nicht viel.»

«Den Erlös aus seinen Drogengeschäften?»

Liljana nickte wortlos.

«Immer das alte Spiel», sagte Iva.

Wechselstuben waren für Täter besonders interessant, und wie in jedem touristisch gut genutzten Land gab es auch in Istrien noch genügend von ihrer Sorte. Für ihre Dienste bekam die Wechselstube eine Kommission. Natürlich konnte man behaupten, eine hohe Bargeldsumme gewechselt zu haben. Woher die angebliche Kommission in Wahrheit stammte, ob aus Geldwechsel, Prostitution oder eben Drogenhandel, war nicht zu beweisen. Das Gleiche galt für Geldtransaktionen über Zahlungsanbieter wie Western Union in Länder außerhalb des EU-Raumes, wo am anderen Ende oft nicht einmal Bankkonten vorhanden waren, sondern Zahlungen in bar entgegengenommen werden konnten. Der Handel mit Kokain war deshalb so beliebt, weil er in der Zeit des gut überwachten digitalen Zahlungsverkehrs eine der letzten Möglichkeiten war, an Bargeld zu kommen, das nicht nur zu rascher Liquidität verhalf, sondern auch in Immobilien, Luxusgüter oder Kunst gesteckt und weißgewaschen werden konnte. Und die tödliche Spur des Geldes verlor sich in legalen Anlagen.

«Sie haben ihm versprochen, dass sie ihn schnell wieder rausholen», fuhr Liljana fort, «aber sie haben ihr Versprechen nicht gehalten. Als klar war, dass man ihn im Stich lässt, hat er es mit der Angst bekommen, dass die ihn im Knast umlegen. Deshalb habe ich Luka bei meinem letzten Besuch überredet auszusagen.» Sie sah Iva ins Gesicht. «Ich habe gesagt, du bist eine berühmte Staatsanwältin aus Zagreb, mit dir kann er reden, dir kann er vertrauen. Und dass wir außerdem verwandt sind.»

Ivas Herz war schwer, aber sie nickte.

«In meiner Familie gibt's nämlich sonst nur Mitläufer und Feiglinge», sagte sie. «Aber Luka war keiner.»

Iva dachte an das Schicksal, das Verrätern der Mafia blühte. Sie beugte sich vor, legte ihre Hand auf Liljanas und streichelte sie. «Du bist auch kein Feigling, Lilja», sagte sie. «Warum bist du nicht früher gekommen?» Sie zögerte. «Hat ... hat Luka dir Drogen gegeben?»

«Niemals! Das war Daniele, dieser ...!»

«Rossi sitzt in Untersuchungshaft.»

«Daniele ist ein Schwein», zischte Liljana. «Ich hoffe, die Mörder da drinnen, die Luka ans Messer geliefert haben, ficken ihn, bis er ...» Matteo hörte auf zu malen.

«*Schon gut!* Was hat Rossi dir gegeben? Kokain?»

Liljana schnaubte verächtlich. «Er hat behauptet, das nehmen alle, dann würde ich keinen Hunger mehr haben und wäre lockerer vor der Kamera.» Sie nahm ihr Weinglas und leerte es auf einen Zug. «Ich bin sowieso weg. Hab schon einen Vertrag bei einer ganz großen Agentur in Mailand unterschrieben.» Sie stellte das Glas mit einem Knall ab.

«Lilja, der gilt nicht, du bist minderjährig.»

«Meine Mutter lässt mich machen, oder ich rede.»

Iva stand auf, holte vier Teller und Löffel aus dem Küchenschrank und fing an, den Tisch zu decken. Liljana gab Matteo einen Kuss auf die Wange, den dieser mit einem strahlenden Lächeln beantwortete, und setzte ihn auf den Stuhl neben sich. Dann holte sie *Brodetto* und Brot und verteilte etwas von dem Eintopf geschickt auf drei Teller.

«*Dobar tek*», sagte sie. Guten Appetit.

Matteo schob Lilja den vierten, noch leeren Teller hin.

«Für Igor», sagte Iva, legte ein Stück Fisch darauf und ignorierte Liljanas überraschten Blick. «Familientradition.»

Matteo tauchte seinen Löffel eifrig in die Tomatensauce seiner eigenen Portion, und alle begannen zu essen. Das *Brodetto* war so gut wie immer. Nach einer Weile nahm Iva das Gespräch wieder auf, als hätten sie es nie unterbrochen.

«Wusste Luka, wohin die ... Kommissionen gegangen sind?»

«Battaglia», sagte Liljana mit vollem Mund.

Iva starrte sie an. «Was?»

«Na, viele haben doch dort ein Konto, oder?»

Iva bemühte sich, ihre Aufregung zu verbergen. Diese Sorte Bankkunden hatte Baban erst vor ein paar Stunden erwähnt. Hier war sie wieder, die Spur des Geldes, die in das kriminelle Dickicht der Geldwäsche führte und die renommierte Privatbank Battaglia mit der Unterwelt verknüpfte. Auf einmal machten Igors Konto, das Aktiendepot und das Villenangebot Sinn. Was hatte er gewusst? Battaglias Weste schien makellos weiß zu sein, immerhin war Geldanlage das Geschäft einer Investmentbank. Liefen über sein Bankhaus finanzielle Transaktionen für Korruption, wurden Gewinne aus Drogen- und Menschenhandel und vielleicht Schwarzgeld aus dem Jugoslawienkrieg gewaschen? Edoardo Battaglia, Kunstmäzen und Wohltäter karitativer Organisationen und mit öffentlich zelebrierter Ehe und drei wohlgeratenen Kindern, fühlte sich aufgrund seines Wohlstands und seiner guten Kontakte bestimmt unangreifbar.

Sie beschloss, Baban mit der Beschaffung der Unterlagen zu sämtlichen Umtauschgeschäften ausländischer Währungen – vor allem von Dollars und Schweizer Franken – der Banka Battaglia, möglicher Filialen und aller Bankinstitute, die mit Battaglia zusammenarbeiteten, zu beauftragen.

«Ich bin froh, dass du gekommen bist», sagte Iva. «Ich weiß, was dein Bruder riskiert hat. Luka war ein Held.» Auch das Verbrechen hatte seine Gesetze, und Drogenhandel und Geldwäsche basierten auf Vertrauen. Es gab keinen Schutz, keine zweite Chance für den, der die Regeln brach. Am Ende war die Art von Lukas Tod wohl noch eine Gnade gewesen.

«Danke, Iva, ich danke dir!»

Als Iva eine halbe Stunde später Marta und Liljana in dem hellblauen Fiat Cinquecento von der Haustür aus nachwinkte, hatte es aufgehört zu regnen. Die Wolkendecke war aufgerissen, und das letzte Abendlicht ergoss sich über das grün schimmernde Hinterland und die Weingärten, die in sanften Schwüngen den Hügellinien folgten. Die Luft war warm und noch schwer von Feuchtigkeit, und die Schwalben fingen an zu fliegen. Die Möchtegern-Partisanen sangen ein Lied zu Titos Ehren.

Sivi sokole daj mi krila ...
Grauer Falke, schenk mir Flügel ...

Iva sah zu den goldgeränderten Wolkengebilden hinauf.

Kannst du mich hören, Igor? Kannst du uns sehen, von da, wo du bist? Heißt du gut, was ich hier tue?

Iva suchte den Himmel mit Blicken ab, ob sie nicht einen Greifvogel entdecken konnte, doch außer den Schwalben flogen keine Vögel mehr in der hereinbrechenden Dämmerung.

ACHTZEHN

Als Iva am Montag in aller Frühe auf die Riva zum Hafen einbog, lag rosenfarbenes Morgenlicht über den Steinquadern des Amphitheaters, über den Marmorplatten des Kais und den glatten Flanken der Schiffe.

Den Sonntag hatte Iva mit der Familie verbracht. Sie hatte mit Matteo gemalt und ihm das Büchlein zu Donatella Battaglias Vernissage geschenkt. Matteo war hingerissen gewesen. Sie hatte ein Risotto mit den Steinpilzen, die Nikolas Freunde als Gastgeschenk mitgebracht hatten, gekocht, sich beim Espresso Nikolas politische Ansichten angehört und danach die widerstrebende Colombina auf einen Spaziergang zwischen dem mattsilbernen Laub der Olivenbäume, die ihre Blätter zur Sonne hin ausrichteten, mitgenommen. Nikola war natürlich dagegen gewesen. *Nur der Teufel geht in der Mittagshitze raus.*

Iva hatte nicht auf ihn hören wollen, aber mit dem Gesang der Zikaden als einzigem Laut in der stehenden Luft waren die alte Hündin und sie nur bis zu der Halle hinter dem Zypressenhain, in der sich die Maschinen für die Ölproduktion befanden, gekommen. Iva war seit Jahren nicht mehr hier gewesen und hätte sich mit plötzlich erwachtem Interesse gerne die alte Ölmühle und all die anderen Geräte angesehen, doch sie hatte keinen Schlüssel für das Hallentor mitgenommen. Als ihr gar nichts anderes mehr eingefallen war, hatte sie eine Feigentarte gebacken, Igors Lieblingsdessert, nach einem Rezept aus dem *Stari Zagreb*.

Die ganze Zeit über war Iva versucht gewesen, auf einen Sprung ins Büro zu fahren und die Unterlagen in den Kartons auf der Suche nach einer Spur zu Battaglia zu durchsuchen, aber sie war standhaft geblieben. *Du bist eine kluge Frau, dass du die Erziehung deines Sohnes dem alten Löwen überlässt.* Die Worte steckten in ihrem Fleisch wie die Widerhaken einer Harpune. Miro wusste nicht, was er sagte.

Mit Erstaunen hatte Iva am Montag festgestellt, wie sehr sie der gemächliche Tag auf Terra Rossa erfrischt hatte. Ihr Körper war erholt, ihr Geist hatte Segel gesetzt.

Iva stellte ihr Auto auf der zu dieser frühen Stunde fast leeren Parkfläche am Hafen ab und machte sich auf den Weg zur Polizeidirektion. Noch waren die Gassen nahezu menschenleer. Die Geschäfte zogen ihre Rollläden hoch, vor den Bars, aus denen bereits das Zischen der Espressomaschinen drang, wurden die Stehtische abgewischt. Kaffeeduft mischte sich in die morgendliche Meeresbrise.

In ihrem Büro riss Iva als Erstes das Fenster auf, um etwas von der frischen Morgenluft in das Zimmer zu lassen. Sie nahm einen tiefen Atemzug von der salzigen Brise, die vom Hafen heraufwehte, dann legte sie den steinernen Gecko auf ihren Schreibtisch und setzte sich in den Drehstuhl. Sie schwang ein wenig hin und her und ließ ihren Blick über die Regale wandern. Inzwischen stapelte sich dort fast der gesamte Inhalt der Kartons. Sie beschloss, noch einmal Igors gesammelte Unterlagen zur Banka Battaglia durchzugehen, und nahm den Stapel mit der blauen Mappe, der grünen Akte und dem DIN-A4-Umschlag von ihrem ersten Arbeitstag zur Hand.

Eine Stunde später hatte Iva die Mappe und die Akte wieder und wieder gelesen, ohne zu neuen Erkenntnissen gelangt zu sein. Sie würde wohl warten müssen, was die Razzia im Bankhaus erbracht hatte. Weil der Umschlag in Griffweite lag und sie aus Pflichtbewusstsein nichts unbeachtet lassen wollte, nahm sie ihn zur Hand. Wieder fiel ihr Igors Unterschrift auf, die er wie ein Siegel über die Klappe gesetzt hatte.

Nachdenklich betrachtete sie die vertraute Signatur.

Igor musste dem Inhalt große Bedeutung beigemessen haben. Warum hatte sie der Sache nicht gleich beim ersten Mal mehr Beachtung geschenkt? Weil es ihr erster Arbeitstag gewesen war, weil man sie mit einem unerfahrenen Jungen in diese Kammer verbannt hatte, weil sie vor Trauer und Schmerz schier vergangen war, gab sie sich selbst die Antwort.

Außer ihr schien sich auch sonst niemand für das große Kuvert interessiert zu haben. Die drei Verhörprotokolle lagen immer noch in derselben Reihenfolge darin, dazu der Unfallbericht, den Igor warum auch immer aufgehoben hatte.

Iva warf einen flüchtigen Blick darauf, stutzte und spürte, wie sich ihr Herzschlag beschleunigte. Der Mann war einem Autounfall zum Opfer gefallen und hieß – Filipović.

Hier hatte sie also den Namen gelesen!

Ante Filipović war vor ein paar Wochen von der Küstenstraße bei Lovran von der Fahrbahn abgekommen und über die Klippen ins Meer gestürzt. Man hatte seine Leiche erst vier Tage später, hinter dem Steuer des Wracks sitzend, auf dem Grund des Meeres gefunden und geborgen.

Iva warf den Unfallbericht auf den Schreibtisch zurück. Eigentlich hatte sie Miro Baban schonend beibringen wollen, dass sie die Untersuchung des Unfalls seiner Freundin vorerst zurückstellen mussten, um sich ganz den Geschäften von Edoardo Battaglia zu widmen. Sie sah auf die Uhr. Kurz vor halb neun, wann hatte ihr Assistent denn Dienstbeginn? In diesem Augenblick läutete ihr Handy und störte ihren Gedankengang. Widerwillig zog sie es aus ihrer Tasche.

«Iva, mein Herz, *dobro jutro!*» Es war Lorenzo.

«Lorenzo, was gibt's?»

«So förmlich? Gehst du heute Abend mit mir essen?»

«Ich stecke bis über beide Ohren in Arbeit.»

Eine kurze Pause, dann: «Ja, davon habe ich gehört.»

Sein Ton machte sie hellhörig. «Was hört man denn?»

«Dass du vielen Leuten Ärger machst», sagte Lorenzo im sachlichen Ton eines Anwalts, der seinem Mandanten die Probleme seiner Causa darlegt. «Leuten, die nichts verbrochen haben, sondern nur in Ruhe arbeiten wollen.»

«Und damit meinst du deinen Freund Edi Battaglia?»

«Nein, damit meine ich kleine Handwerker», sagte Lorenzo, «Geschäftsleute, aber auch einfache Arbeiter, die von Aufträgen genauso abhängen wie ihre Arbeitgeber.» Er machte eine Pause. «Du schießt in deinem Kampf, gegen wen auch immer, über das Ziel hinaus. Was sollte diese Razzia?»

Iva schob den Unfallbericht beiseite. «Wie ich gesehen habe, berät Battaglia dich nicht nur bei Geldanlagen», sagte sie. «Du hältst auch Vorträge für seine Kunden.» Sie machte eine Pause. «In wessen Auftrag rufst du an?»

«Mein Anruf hat mit Edi nichts zu tun», sagte Lorenzo. «Gestern habe ich jedoch zufällig meinen lieben Freund Brane Leskovar getroffen. Battaglia investiert das Geld der Anleger auch in sein Unternehmen. Ein florierendes Unternehmen, nebenbei bemerkt, das beste Erträge erbringt! Brane sagt, dass seine Bauarbeiter streiken wollen, sollte wegen deiner Umtriebe das Baugewerbe in Mitleidenschaft gezogen werden und er gezwungen sein, Baustellen mangels Finanzierung stilllegen zu müssen.»

«Brane, ja?» Iva machte sich im Geist eine Notiz.

«Ja, Brane!», sagte Lorenzo. «Er ist einer der größten kroatischen Steuerzahler. Mit viel harter Arbeit hat sich Brane zu einem der mächtigsten Bauherren und Auftraggeber in ganz Istrien entwickelt. Sein Unternehmen gibt fast tausend Menschen Arbeit. Was du machst, Iva, ist wirtschaftliche Erpressung. Jag doch lieber die echten Verbrecher!»

«Wer sind, deiner Meinung nach, die echten Verbrecher?»

Die Tür flog auf, und Miro Baban stand im Zimmer. Er trug Kaki-Shorts, ein grünes Leinenhemd spannte sich über seine breiten Schultern und hing an seinem Körper herab. Iva legte schnell den Finger auf den Mund, und er setzte sich an den kleinen Tisch. Sie stellte das Handy auf Lautsprecher.

«Pass auf, Herzchen», sagte Lorenzo. «Du solltest hier den Job machen, für den sie dich hergeschickt haben. Sonst fängst du dir am Ende noch Schwierigkeiten ein. Denk auch mal an deine Familie.» Iva sah Baban an, der formte den Mund zu einem stummen Pfiff. «Ist dir deine Karriere das wert?»

Baban grinste und schüttelte den Kopf.

«Soll das eine Warnung oder eine Drohung sein?»

«Du bist auf dem Holzweg – ich bin dein Freund.»

«Ich schätze deine Sorge als Freund um mich und werde sorgfältig über deine Worte nachdenken – *dragi prijatelj*.»

«So ist's recht.» Sie hörte sein Lächeln. «Und was ist jetzt? Gehst du heute Abend mit mir aus? Essen? Tanzen ...?»

Baban verdrehte demonstrativ gelangweilt die Augen.

«Tut mir leid, Lorenzo, aber ich habe wirklich zu viel zu tun», sagte Iva und fügte hinzu: «Ach, und übrigens – sag deinen Freunden, wenn sie was zu besprechen haben, dann sollen sie mir das in Zukunft selbst sagen. Ich bin immer zu erreichen. Addio, Lorenzo!»

Iva warf das Handy auf den Tisch und sah Baban an. Sie hatte einen bitteren Geschmack im Mund.

«Enttäuscht?», sagte Baban. «Dein Freund?»

«Lorenzo Kos.»

«Der Anwalt? Den kennst du?»

Iva nickte. «Lorenzo ist ein alter Studienkollege.» Sie sah auf den Gecko in ihrer Hand hinunter. «Wir sind uns letztens in Rovinj zufällig wieder über den Weg gelaufen.»

«Letztens.» Baban wiegte den Kopf. «Zufällig, ja?»

Iva blickte auf. «Lorenzo wollte mir bei der Wohnungssuche helfen», sagte sie, «und mich ein paar Leuten hier unten vorstellen.» Iva sah Lorenzo vor sich, wie er sich auf der Hafenpromenade umsah. Wie er auf das Café zusteuerte. *Du lernst ein paar wichtige Leute kennen.* Sie hatte an das glückliche Wiedersehen unter alten Studienfreunden glauben wollen.

«Hat dein Freund einen letzten Rest von Gewissen in seiner schwarzen Anwaltsseele?», sagte Baban. «Der Name Lorenzo Kos taucht in den Bankunterlagen mehrmals auf.» Er beugte sich vor, stützte die Ellenbogen auf die Knie, faltete die Hände und sah Iva eindringlich an. «Ich habe das ganze Wochenende in Finanztransaktionen, Girokonten und öffentlichen Aufträgen gewühlt. Du machst einen fantastischen Job, Iva, aber du hast es gehört – die betrachten dich inzwischen als ernste Bedrohung.» Er machte eine Pause, ließ seine Worte wirken. «Die finden einen Weg, dir das alles heimzuzahlen.»

Iva spürte, wie wieder die Wut in ihr aufstieg, die Wut auf sich selbst. Wie ein Lämmchen war sie Lorenzo in den Jachtklub gefolgt, hatte Brane Leskovar kennengelernt und Donatella Battaglia, Freundschaften geschlossen. Freundschaften! Sie fühlte sich verraten.

«Wir brauchen lückenlos alle Erwähnungen von Kos und seiner Kanzlei in den Battaglia-Akten», sagte sie.

Um die Spur des Geldes zu verschleiern, wurden meist komplizierte Transaktionen auf verschiedenen Konten durchgeführt, bis der Ursprung des Geldes vollkommen intransparent geworden war. Um diesen Vorgängen einen seriösen Anstrich zu verleihen, bediente man sich gerne angesehener Personen mit Berufsgeheimnis – Anwälte, Steuerberater, Notare. Iva wollte glauben, dass Lorenzo Kos einer dieser Anwälte war. Und keiner der Initiatoren.

Um das unerfreuliche Thema zu wechseln, schnappte Iva sich den Unfallbericht und warf ihn auf Babans Tisch. «Das war auch unter Igors Unterlagen – Ante Filipović.»

Baban nahm den Bericht und las ihn in aller Ruhe durch. Als er fertig war, stand eine steile Falte zwischen seinen Brauen. «Dieser Filipović taucht in den Bankhaus-Akten nicht auf», sagte er. «Weder als Kontoinhaber noch als Kreditnehmer, da gibt es keinen Zusammenhang. Der Name wäre mir sicher aufgefallen.» Baban reichte Iva den Bericht über den Tisch. «Keine Ahnung, warum dein Mann den aufgehoben hat.» Er zuckte die Schultern. «Ist wohl zufällig unter die anderen Papiere geraten. Die Kisten da sind ja kein Archiv.»

Iva dachte an ihren ersten Arbeitstag, an die vielen unbeschrifteten Kartons und Petrovićs süffisantes Lächeln.

Der Anruf des Innenministeriums kam ziemlich kurzfristig. Da blieb leider keine Zeit für eine Inventur.

Wenn in allen Unterlagen so ein Chaos herrschte, dann verloren sie viel wertvolle Zeit mit Suchen. Aber vielleicht war ja genau das die Absicht gewesen.

«Wir sollten uns nicht verzetteln», sagte Baban.

«Die Arbeit eines Staatsanwalts ist nun mal umfangreich und akribisch», sagte Iva und zitierte damit Franjo Horvat. «Alles, was wir wissen, ist, dass Elena Filipović an einen Journalisten, den sie zufällig aus ihrer Umweltschutzarbeit kannte, weitervermittelt hat. Und dass es zwischen Filipović und Igors Arbeit vielleicht einen Zusammenhang gab.»

«Und was ist mit Battaglia?», sagte Baban.

«Ich suche die Mörder meines Mannes.» Sie zeigte auf den Unfallbericht. «Das könnte eine Spur sein.»

«Du suchst Rache», sagte Baban, «und das ist in dem Fall gefährlich. Frauen nehmen alles zu persönlich.»

«Natürlich nehme ich Igors Tod persönlich!» Iva knallte mit ihren flachen Händen auf den Schreibtisch. *Schlag dir diesen Rachefeldzug aus dem Kopf.* Das waren Nikolas Worte. «Ich möchte diese Unfallsache abhaken und zu den Akten legen können. Ich glaube nämlich nicht an Zufälle.»

Baban wirkte nachdenklich. «Gut», sagte er endlich. «Dann fahren wir am besten zu Nives Lombardo.»

«In die Rechtsmedizin?»

Baban nickte. «Nives hat das Protokoll abgezeichnet, aber wer weiß, wer die Autopsie von Filipović durchgeführt hat.» Er sprang auf. «Los, komm, mein Wagen steht vor der Tür.»

Iva ergriff ihre Tasche.

«Kos?»

«Avvocato, *Dobar dan*! Wie ist es gelaufen?»

«Leider hatte ich keinen Erfolg.»

«Sie hat den Rat eines Freundes nicht angenommen?»
«Stur wie ein Maulesel, wenn ich das sagen darf.»
«Könnten wir die Dame ... irgendwie anders überzeugen?»
«Mit Geld? Da beißen wir bei Iva auf Granit.»
«Dann brauchen wir wohl einen ganz neuen Ansatz.»
«Möglich. Sehen wir uns übrigens bei Donatella?»
«Selbstverständlich, *dragi prijatelj,* ich freue mich.»

NEUNZEHN

Der alte Land Rover Defender parkte tatsächlich unweit des Haupteingangs der Polizeidirektion, direkt neben einem Halteverbotsschild und anscheinend bewacht von einem älteren Polizisten, der bei Babans und Ivas Anblick sofort respektvoll vom Bordstein zurücktrat und Haltung annahm.

«Komesar!» Der Polizist grüßte zackig.

«Irgendwelche besonderen Vorkommnisse?», fragte Baban.

«Ich habe der diensthabenden Kollegin gesagt, sie könne sich ihren Strafzettel ... oh, Verzeihung, Doktorica!»

«Gut gemacht, Tomo.» Baban klopfte dem Mann auf die Schulter, schloss den Land Rover auf und ließ Iva einsteigen.

«Was war denn das?», fragte Iva, als sie sich in den Verkehr eingefädelt hatten. «Gut gemacht, Tomo?»

«Wir waren im Krieg in derselben Einheit.»

«Ach ja – und?»

«Nichts – und.»

Iva schenkte sich ihre Antwort und sah aus dem Fenster.

Inzwischen herrschte in der Altstadt ein absurdes Gedränge. Die Massen, Einheimische und Urlauber in schöner Eintracht, schienen nur eine Richtung zu kennen, vorwärts, egal wohin. Wer jetzt Glück hatte, arbeitete in einem klimatisierten Büro oder lag am Strand oder am Hotelpool. Alle anderen mussten ihren täglichen Geschäften in der Stadt nachgehen oder Pulas berühmte Denkmäler besichtigen. Bewaffnet mit

Sonnenhüten und Wasserflaschen zog eine Karawane über den Korso zum Palazzo des Archäologischen Museums, hinter dem sich das Halbrund des griechischen Theaters verbarg.

Iva mochte an Pula diese einzigartige Mischung aus Antike und Gegenwart, der ein Hauch von Unsterblichkeit innewohnte. Ganz besonders liebte sie die festliche Atmosphäre im Amphitheater, wenn hinter den großen Bögen die Sonne im Meer versank, man auf den noch vom Tag warmen Steinquadern saß und unten in der Arena die Lichter für ein Konzert oder eine Opernaufführung aufflammten. Das waren magische Momente, die sie so gerne mit Igor geteilt und bei denen sie oft gemeint hatte, zwischen Beethoven und Verdi noch immer das Raunen längst erloschener Stimmen, die Schreie der Gladiatoren und das Brüllen der wilden Tiere hören zu können.

Das staatliche Krankenhaus von Pula war ein mächtiger Neubau, der in seiner architektonischen Anspruchslosigkeit an die Plattenbauten in jeder Großstadt erinnerte. Baban ignorierte den unter der Sonne brütenden Parkplatz, auf dem Autos mit Kennzeichen aus praktisch allen europäischen Ländern standen, und stellte seinen Land Rover im Schatten des großen roten Vordachs neben dem Haupteingang ab.

Iva ließ sich von dem hohen Sitz gleiten und folgte Baban, der mit forschen Schritten die Treppe hinaufstieg. Im Inneren des Gebäudes, das wie jedes Krankenhaus versuchte, des üblichen Ansturms von Patienten Herr zu werden, war es heiß und stickig von den Ausdünstungen zu vieler Menschen.

Baban nickte dem Pförtner über die Köpfe der Wartenden hinweg dienstlich knapp zu und wurde höflich zurückgegrüßt. Dann führte er Iva durch Gänge und Türen zu einem Hinterhof und durch eine Allee mit efeuüberwucherten Bäumen und zwischen vertrockneten Rasenflächen zu einem kleinen, ebenerdigen Gebäude, das eher an eine Garage als an einen zentralen Teil des Krankenhauses erinnerte. Seine hohen Fenster wurden von Außenjalousien verdeckt, und von der hellgelben Fassade löste sich großflächig der Putz.

«Du kennst dich ja hier gut aus», sagte Iva.

«Die Kriminalpolizei hat öfter mit der Rechtsmedizin zu tun», sagte Baban. «Ist nicht meine Lieblingsaufgabe.»

Die Sekretärin, die in einem kleinen Büro am Computer saß und ein Headset für ihr Diktat trug, teilte ihnen mit, dass Frau Doktor Lombardo *hinten* wäre, Komesar Baban und Doktorica Markulin einfach durchgehen könnten. Eigentlich hätte Iva, die auf einmal eine Kälte zu spüren meinte, die nichts mit der laufenden Klimaanlage zu tun hatte, lieber im Büro auf die Rechtsmedizinerin gewartet, aber Baban war schon auf dem Weg zu einer doppelflügeligen Milchglastür, vor der eine Krankenbahre stand. Er drückte auf einen Knopf, und die Türen glitten auseinander.

Hinter der Tür lag ein heller Gang mit blank gewischtem Fliesenboden, in dem es noch einmal ein paar Grad kälter zu sein schien. Es roch nach Desinfektionsmitteln, frischer Wäsche und etwas Ekelhaftem, einem Geruch, den Iva aus dem Rechtsmedizin-Pflichtpraktikum während ihres Studiums kannte und der ihr stets Übelkeit verursacht hatte.

«Sollten wir nicht lieber draußen warten?», sagte Iva. «Wir stören Frau Doktor Lombardo bestimmt bei der Arbeit.»

Statt einer Antwort rief Baban: «Nives! Ich bin's!»

Doktor Nives Lombardo trug einen weißen Kittel, stand gebeugt über einem der tiefen Waschbecken im Autopsieraum und wusch sich die Hände. Hinter ihr befand sich ein blank polierter Stahltisch, daneben stand ein Rolltischchen mit Metallschalen, diversen Plastikflaschen und chirurgischem Besteck. Ein langes weißes Brett, auf dem sich Akten stapelten und ein Computer und ein großes Mikroskop standen, zog sich über eine Wand. Darüber hing ein Regal mit Fachliteratur und mit Glasampullen bestückten Laborständern sowie das Modell eines altägyptischen Segelschiffs.

Nives Lombardo war Ende vierzig, klein und drahtig, und ihre Haut war tief gebräunt. Ihr krauses schwarzes, von grauen Fäden durchzogenes Haar trug sie kurz geschnitten, und auf ihrer Nase saß eine modische Hornbrille, durch deren Gläser sie ihre Besucher eingehend musterte.

«Miro», sagte sie, «habe ich etwa eine Leiche von dir?»

Baban grinste. «Wird sich zeigen», sagte er. «Darf ich dir unsere leitende Ermittlerin Iva Markulin vorstellen?»

Auf Lombardos Gesicht erschien ein breites Lächeln, das perfekte weiße Zähne entblößte und sich bis in ihre Augen ausbreitete. «Iva, das freut mich jetzt aber», sagte sie. «Du kannst Nives zu mir sagen.» Sie nahm das oberste der auf Kante gestapelten Handtücher, die neben dem Waschbecken lagen, und trocknete sich sorgfältig die Hände ab. «Wurde auch langsam Zeit, dass Miro mal eine Chefin bekommt», fügte sie grinsend hinzu. Sie warf das Handtuch in einen Edelstahl-Abfalleimer. «Wen vermisst ihr denn, Freunde?»

«Einen Mann», sagte Iva. «Er hieß Ante Filipović.»

Lombardo steckte die Hände in die Taschen ihres Kittels und schob die Unterlippe vor. «Filipović, Ante ...» Sie überlegte, dann schüttelte sie den Kopf. «Habe ich nicht.»

«Ein Autounfall», sagte Iva. «Schon ein paar Monate her. Der Mann ist mit seinem Wagen ins Meer gestürzt.»

«Passiert leider ziemlich oft», sagte Lombardo.

«Wir haben Ihren, ich meine, deinen Obduktionsbericht», sagte Iva. «Demnach ist der Mann ertrunken.»

«Und was wollt ihr dann von mir?» Sie sah Baban an.

«Weitere sachdienliche Hinweise», sagte Baban.

«Ach, Herzchen, wie rührend», sagte Lombardo zu dem Kommissar, dem sie kaum bis zur Brust reichte. «Na gut – werfen wir mal einen Blick in unsere Datenbank.»

Lombardo nahm vor dem Computer Platz und rief mehrere Seiten auf, eine Tätigkeit, die ein paar Minuten in Anspruch nahm. Dann stützte sie den Ellenbogen neben der Tastatur auf und legte das Kinn in die Hand, während sie sorgfältig die Angaben auf dem Bildschirm durchging. Endlich richtete sie sich auf und schwang mit ihrem Sessel herum.

«Filipović, Ante», sagte sie, «hatten wir zur Autopsie hier, er ist tatsächlich ertrunken. Seine Lungen waren voll Salzwasser. Die inneren Organe waren unauffällig, das Herz sah gut aus. Der Mann war kerngesund, keine Spuren von Alkohol oder Drogen im Blut. Wenn ihr mich fragt, dann war es Sekundenschlaf. Beim Unfall ist er jedenfalls wieder wach geworden. Dafür sprechen die herabgelassenen Seitenfenster. Er muss versucht haben, den Wagen wegen des Wasserdrucks volllaufen zu lassen, um die Tür öffnen zu können. Eigentlich ein Zeichen für einen kühlen Kopf. Leider reicht in den meisten Fällen der Atem dann nicht mehr.»

Iva stellte sich vor, wie es sein musste, festgeschnallt auf dem Meeresboden zu sitzen, die Luft wurde immer knapper und die Panik immer unbeherrschbarer. Wann gab ein Mensch auf? Wann machte er den letzten, tödlichen Atemzug, nach dem es keine Hilfe mehr gab?

«Er kann also nicht bewusstlos geworden sein», sagte sie, «und die Herrschaft über seinen Wagen verloren haben?»

«Theoretisch wäre das möglich, doch», sagte Lombardo. «Es hätte auch Selbstmord sein können, ohne Weiteres.»

«Und dann hat er das Fenster geöffnet?», sagte Baban.

«Der menschliche Lebenswille wird oft unterschätzt», sagte Lombardo. «Ertrinken ist kein schöner Tod. Der Leichenfraß war jedenfalls schon weit fortgeschritten.» Lombardo warf einen Blick in den Computer. «Wollt ihr Fotos sehen? Kein Anblick, den man Angehörigen zumutet.» Sie sah zwischen Baban und Iva hin und her. «Solche Toten präsentiert man nicht im offenen Sarg, die werden gleich eingeäschert.»

«Leichenfraß?», fragte Iva.

«Fische», sagte Lombardo. «Und vor allem Krabben.»

«Die Biester fühlen sich in Höhlen und Wracks ganz wie zu Hause», fügte Baban hinzu. «Ob Schiffswrack oder Auto. Und wenn dann noch so ein fetter Brocken drin liegt ...»

«Schon gut», sagte Iva eilig. «Das reicht.» Sie verdrängte das Bild eines bleichen Gesichts ohne Nase und mit leeren Augenhöhlen und ließ ihren Blick über die seelenlosen Gerätschaften auf dem Regal wandern. An dem Ständer mit den Glasampullen blieb er hängen.

«Das heißt, es gibt keine Leiche mehr», sagte Iva.

Lombardo nickte. «Davon ist auszugehen.»

Iva dachte an jenen Abend auf der Küstenstraße, als sie fast das Opfer einer Entführung geworden war. Dort in der Nähe, zwischen Opatija und Lovran, war Ante Filipović verunglückt. Ihr fiel der BMW ein, die riesigen Scheinwerfer, die immer schneller immer näher kamen, bis ihr gleißendes Licht die Heckscheibe ihres Wagens ausfüllte ...

«Wo ist das Autowrack jetzt?» Iva sah Baban an.

«Auf dem Autofriedhof, wo sonst?»

«Ich will es haben», sagte Iva. «Die Spurensicherung soll jeden Zentimeter Blech unter die Lupe nehmen. Innen und vor allem außen. Und zwar gleich.»

«Was?» In Babans Miene spiegelte sich Widerspruch.

Iva warf einen Blick auf ihre Uhr. «Du kümmerst dich bitte darum, ehe das Ding noch in der Schrottpresse landet.»

Lombardo wandte hastig das Gesicht ab und schloss das Programm auf ihrem Computer. Iva hatte den Eindruck, als feixte sie oder als müsste sie ihr Lachen unterdrücken.

«Noch was», sagte Iva und deutete auf den Laborständer mit den Glasampullen auf dem Regalbrett. «Ich habe Anfang Juli zwei davon zur Untersuchung herschicken lassen. Es ging um eine Drogensache, die mein Mann verfolgt hatte. Kannst du mir schon sagen, was für Stoff du gefunden hast, Nives?»

«Was für Proben?», fragte Lombardo.

«Drogenproben», sagte Iva. «Mein damaliger Assistent, Alija Karahasan, hatte die Anweisung, zwei unbeschriftete Ampullen herzuschicken oder vorbeizubringen.»

Lombardo schüttelte den Kopf, diesmal nicht zögerlich wie bei der Frage nach Filipović, sondern mit Bestimmtheit. «Ich habe keine Sendung und keinen Laborauftrag erhalten», sagte sie. «Und ich kenne auch keinen Gospodin Karahasan.»

Auf der Rückfahrt holte Iva ihr Handy aus der Tasche. Lorenzo hatte angerufen – und Onkel Viktor. Sie drückte auf die Wiederwahltaste. Viktor nahm nach mehrmaligem Läuten ab.

«Iva – ich habe dich in den Abendnachrichten gesehen», sagte er. «Dich und Vuković. Ich muss sagen, ich finde dein Verhalten nicht sehr diplomatisch, höflich ausgedrückt.»

«Vuković hat versucht, mich für seine Clique zu gewinnen», sagte Iva. «Er hat den Eindruck erweckt, als hätte er genügend Einfluss an den richtigen Stellen, um über meine Karriere mitzuentscheiden. Er und seine Freunde.»

«Nun, er schien mir eher ein Idealist zu sein.»

«Du meinst, ich sollte über sein Angebot nachdenken?»

«Ich meine, der Mann will dir helfen», sagte Viktor. «Ich habe nicht gehört, dass er eine andere Gegenleistung von dir verlangt hätte, als deine Arbeit fortzusetzen.» Er machte eine Pause. «Schön, mag sein, dass Vuković ein Wichtigtuer ist. Einen Versuch wäre es auf alle Fälle wert.»

Onkel, Onkel. «Dann soll ich mich mit ihm einlassen?»

«Das ist deine Entscheidung, aber – sei klug.»

«Ich denke drüber nach, Onkel, danke für deinen Rat.»

Iva schaltete das Handy auf lautlos und starrte schweigend auf den Armeetransporter, der vor ihnen fuhr. Auf der offenen Ladefläche saßen junge Marinesoldaten, die ihr etwas zuschrien und fröhlich winkten. Iva winkte zurück.

«Der Onkel Justizminister?», erkundigte sich Baban.

«Er hat mir die Zusammenarbeit mit Vuković empfohlen.»

Baban schüttelte den Kopf. «Komm in meine Höhle, sagte der Fuchs zum Hasen, und lass uns spielen», knurrte er.

«Erst Lorenzo, dann Viktor ... vor allem Viktor! Ich habe denen vertraut!» Sie überlegte. «Dieser Vuković ... sein Angebot ... ich glaube, das war nur oberflächlich die Einladung in seine Bewegung, seine Partei. In Wirklichkeit ging es um diese Bruderschaft, die Bratstvo. Er ist der Kontaktmann – wenn nicht mehr.»

«Ich mache ihr ein Angebot, das sie nicht ablehnen kann», krächzte Baban, und als Iva keine Antwort gab, fuhr er fort: «Was ist? Das ist aus *Der Pate*, ich mag den Film.» Er setzte den Blinker und bog in die Giardini ein. «Apropos Pate – ich war gestern Abend mit einem Kumpel was trinken. Zlatko ist ein alter Kriegskamerad, lebt in Vrsar.»

«Ach wirklich.» Iva dachte an Viktors Anruf.

«Er meint, dass er gestern Karlo Matera gesehen hat.»

Iva hatte nicht richtig zugehört. «Wen?»

«Matera ist ein gesuchter Kriegsverbrecher», sagte Baban. «Hat eine Zeit lang bei Arkan gedient.»

Irgendwo in Ivas Gedächtnis meldete sich eine Erinnerung. «Ach ja – da habe ich Fotos gesehen.» Željko Raznatović, genannt Arkan, hatte seine kriminelle Karriere als jugendlicher Handtaschendieb begonnen und hatte es bis zum Kriegsverbrecher und Warlord des Jugoslawienkrieges gebracht. Sein Name war im Zusammenhang mit Raubüberfällen und Auftragsmorden genannt worden. «Der Internationale Strafgerichtshof für das ehemalige Jugoslawien hat ihn wegen Verbrechen gegen die Menschlichkeit angeklagt.» Im Jahr 2000 war Raznatović alias Arkan zusammen mit seinem Leibwächter erschossen worden. «Ich kenne Fotos von ihm, es gab da ein Rechtshilfeersuchen in Zagreb. Karlo Matera war der mit der Narbe auf der Stirn. Hat als Leibwächter gearbeitet.»

«Und als Auftragskiller», sagte Baban. «Der ist vom Fach.» Er machte eine Pause. «Matera war untergetaucht. Was will er jetzt hier? Der übernimmt sicher nur große Jobs.»

Das Handy vibrierte in ihrer Hand. Eine Nachricht von Petrović. *Kommen Sie in mein Büro! Sofort! P.* Iva seufzte.

«Vorladung zu Petrović», sagte sie. «Es wird ernst.»

Baban warf ihr einen Seitenblick zu. «Du könntest doch mit Leichtigkeit woanders eine Arbeit finden. An deiner Stelle würde ich weggehen. Denn hier machen sie dich kalt.»

ZWANZIG

Vor dem Eingang der Polizeidirektion parkten schwere Limousinen, ihre Fahrer lehnten, Wasserflaschen und Handys gezückt, an den Wagen und warteten auf ihre Arbeitgeber.

Baban stellte seinen staubigen Land Rover vor das erste auf Hochglanz polierte Auto in der Reihe, der Polizist am Straßenrand salutierte, und Iva und Baban betraten den überfüllten Wartebereich. Schweigend bestiegen sie den Lift und ließen sich in das oberste Stockwerk bringen. Schon auf dem Gang konnten sie erregte Männerstimmen hören.

Es war eine eindrucksvolle Versammlung, die sie in Petrovićs Arbeitszimmer empfing. Männer in dunklen Anzügen mit Krawatten, Aktenköfferchen zu Füßen, saßen auf dem Sofa, in den Sesseln und auf den Stühlen, die man zusätzlich hereingebracht hatte, bei Espresso und Wasser. Die Klimaanlage verteilte den bitteren Kaffeegeruch mit ihrem eisigen Luftstrom im ganzen Raum.

Bei Iva und Babans Eintreten wandten ihnen alle Anwesenden die Gesichter zu. Iva kannte nur zwei der Versammelten, den Polizeidirektor und Edoardo Battaglia.

«Ah!», sagte Petrović. «Endlich!»

«Dobar dan», sagte Iva freundlich.

Baban nickte knapp, dann stellte er sich breitbeinig, mit auf dem Rücken verschränkten Armen und vorgerecktem Kinn neben die Tür. Es war nicht klar, ob er das Büro gegen Eindringlinge sichern oder die Anwesenden an der Flucht hindern wollte. Hätte er einen Brustpanzer und Sandalen angehabt, hätte er eine perfekte Besetzung für einen Hollywood-Film, *Ben Hur* oder *Gladiator*, abgegeben.

«Doktorica, Komesar», sagte Petrović und warf Baban einen scharfen Blick zu, den dieser mit ausdrucksloser Miene erwiderte, «Sie wissen vermutlich, weshalb wir Sie zu diesem Meeting eingeladen haben?» Er machte eine Handbewegung, die den Raum umfasste. «Ich nehme an, Sie kennen die Herren?»

«Nein, noch nicht», sagte Iva. «Leider.» Sie erntete höfliches Gelächter. Ein jüngerer Mann im hellblauen Anzug stand auf und brachte ihr einen Stuhl. «Sehr nett, danke.» Sie schenkte ihm ein Lächeln und setzte sich. «Also – worum geht es denn?» Sie wählte mit Absicht einen Ton, der irgendwo zwischen Neugier und Nachsicht lag, um die Sinnhaftigkeit ihrer Vorladung höflich infrage zu stellen.

Schweigen breitete sich aus.

«Ich helfe Ihrem Gedächtnis gerne auf die Sprünge», sagte Petrović, für seine Verhältnisse ungewöhnlich freundlich, und wirkte damit wie der sprichwörtliche Wolf, der Kreide gefressen hat. Er griff zu einem Papier, das vor ihm auf dem Schreibtisch lag. «Ich zitiere: Im Rahmen der laufenden Untersuchung des Bombenattentats zum Nachteil von Dr. Igor Markulin», las er laut vor, «ergeht hiermit die Anordnung der Staatsanwaltschaft Pula, der leitenden Ermittlerin der Sonderkommission bei der Polizeidirektion Pula, Dr. Iva Markulin, unverzüglich vollständige Listen sämtlicher Finanztransaktionen, die durch das von Ihnen geleitete Kreditinstitut in den letzten drei Jahren durchgeführt wurden, vorzulegen.» Er schmiss den Brief auf den Tisch zurück. «Unterfertigt – Franjo Horvat!»

Iva hob die Brauen. «Ja – und?»

«Und? Und!?» Petrović sah aus, als stünde er kurz vor einem Herzanfall. «Gospodin Matičević, bitte!» Er streckte die flache Hand aus, erteilte Sprecherlaubnis.

Ein älterer Mann, drahtig wie ein Marathonläufer, mit kurz geschorenen grauen Haaren, teurer Armbanduhr und goldenen Manschettenknöpfen, stand auf. Er knöpfte das Jackett seines blauen Anzugs zu und verbeugte sich vor Iva.

«Liebe Freunde», sagte er, an alle Anwesenden gewandt, «wir sind heute hier, weil es um unsere Existenz geht.» Allgemeines Kopfnicken. «Haben wir der Polizei jemals Ärger bereitet?» Kopfschütteln. «Im Gegenteil – auf unsere Kooperation konnte die Staatsmacht immer zählen.» Er machte eine Pause. «Genau wie auch ihre Staatsdiener, nicht wahr?»

Petrović räusperte sich und wich Ivas Blick aus.

«Aber jetzt richtet man pures Chaos an», fuhr Matičević fort. «Bei all den Ermittlungen, Vorladungen, *Razzien* ...», er sah zu Battaglia hinüber, der bekümmert nickte, «kommt unser Tagesgeschäft vollkommen zum Erliegen. Unsere Mitarbeiter sind nur noch damit beschäftigt, Unterlagen rauszusuchen und zusammenzustellen – ganze Tage vergehen mit diesen Nachforschungen! Das ist nicht länger hinnehmbar.» Er schüttelte den Kopf, setzte sich.

«Bei uns wird kaum noch gearbeitet», sagte ein Mann.

«Alles kommt zum Erliegen!», pflichtete ein anderer bei.

Petrović beugte sich vor, verschränkte die Finger auf der Anordnung des Staatsanwalts. «Mir sind die Hände gebunden, meine Herren», sagte er, und sein Ton machte deutlich, wie sehr er diese Tatsache bedauerte. «Ich kann weder die Ermittlungsabteilung schließen noch unsere hochgeschätzte Sonderermittlerin entlassen.»

Die Männer schwiegen, denn das hatten sie erhofft.

«Die Sonderkommission wurde auf persönlichen Wunsch des Herrn Innenministers eingerichtet», sagte Petrović und schob damit jede Verantwortung für den ganzen Ärger von sich. «Ich hatte damals sofort meine Bedenken geäußert.»

Die Männer sahen sich mit ernsten Mienen an.

Battaglia hüstelte und schlug ein Bein über das andere, wobei ihm sein Bauch ein wenig im Wege schien. «Niemand würde das von dir verlangen, Darko», sagte er, und Iva bemerkte, dass er das Du-Wort dem Polizeichef gegenüber betonte. «Alles, was wir wollen, ist – ein wenig Luft.»

«Luft?», fragte Iva. «Sie meinen – freie Hand?»

Battaglia sah sie mit teilnahmsvoller Miene an. «Wir wissen, wie sehr Sie durch den Tod Ihres Mannes getroffen wurden», sagte er milde. «Und wir fühlen mit Ihnen. Der Verlust von Doktor Markulin war ein Schlag für uns alle, und wo immer wir Sie bei Ihren Nachforschungen unterstützen können – bitte zögern Sie nicht, uns um Hilfe zu bitten.» Er blickte sich Zustimmung heischend um und erntete eifriges Kopfnicken. «Aber ...», sein Ton wurde scharf, «wir sind Banker, keine Mörder. Und wir alle hier verlangen, dass Sie Ihre Kompetenzen nicht länger überschreiten.» Er ließ seine harten Worte wirken. «Ihnen ist vielleicht nicht klar, dass Sie gerade dabei sind, in Ihrem Übereifer das Lebenswerk ehrlicher Männer zu zerstören und gleichzeitig die Wirtschaft Istriens zugrunde zu richten.»

Jetzt hätte man eine Stecknadel zu Boden fallen hören.

Petrović nahm einen Stift und drehte ihn in den Händen.

«Ich», sagte Battaglia sanft, «ich habe eine wunderbare Familie, die mehr meiner Zeit verdienen würde. Und ich bin so vermögend, dass ich heute in Pension gehen könnte. Vielleicht tue ich das ... Aber sollen alle anderen Anwesenden den Beruf wechseln? Schafe züchten? Werftarbeiter werden?»

Gelächter erhob sich, Battaglia wirkte zufrieden.

Um Petrovićs Mund spielte ein Lächeln. Er schüttelte den Kopf, so geistreich und witzig, dieser Edi Battaglia.

«Aber meine Herren», sagte er in jovialem Ton. «Wir alle kennen Doktorica Markulin als hervorragende Juristin, ihre Arbeit wird in diesem Haus hoch geschätzt. Doch sie ist erst vor Kurzem aus Zagreb zu uns gestoßen und ist mit den Verhältnissen bei uns in Istrien noch nicht so vertraut. Wir hier», er fixierte Iva, «reden miteinander und lösen Herausforderungen auf amikale Weise.» Er machte eine Pause. «Sie werden sich die Argumente der Herren bestimmt anhören, Doktorica, und sich ihnen nicht verschließen, nicht wahr?»

Ehe Iva etwas darauf entgegnen konnte, räusperte sich Baban laut und vernehmlich, ging mit großen Schritten in die Mitte des Raumes und baute sich dort auf.

«Ich störe dieses Treffen unter lieben Freunden nur ungern», sagte er, «aber ich muss Doktorica Markulin daran erinnern, dass ihr Onkel dringend auf ihren Rückruf wartet.» Baban sah sich unter den teils verärgerten, teils verwirrten Mienen der versammelten Herren um. «Professor Rodin? Unser Justizminister ist über jeden Schritt seiner Nichte informiert.» Er klang erstaunt über so viel Unwissen.

Iva, die in den letzten Minuten dieser Schmierenkomödie zunehmend um ihre Beherrschung gekämpft hatte, stand auf.

«Danke, Komesar Baban», sagte sie mühsam gefasst. «Ich werde meinem Onkel vorschlagen, unsere Ermittlungen auszuweiten und zu intensivieren.» Sie nickte Petrović zu, als wäre dieser konstruktive Vorschlag ganz in seinem Sinne. «Je eher wir Ergebnisse haben, desto weniger wird Ihr Geschäft noch länger beeinträchtigt, meine Herren.»

Iva drehte sich um und marschierte unter den Blicken der Männer zur Tür, wobei sie spürte, dass ihr Herz noch immer vor unterdrückter Wut gegen ihre Rippen schlug.

Ihr Ärger begleitete sie bis ins Untergeschoss, wo sie die Tür zu ihrem Büro aufriss und gleich wieder hinter sich zugeschmettert hätte, wenn Baban, der ihr gefolgt war, die Tür nicht aufgefangen und ruhig geschlossen hätte.

Iva setzte sich an ihren Schreibtisch, stützte die Ellenbogen auf und vergrub das Gesicht in den Händen. Sie hörte, wie Baban zum offenen Fenster ging und die Flügel schloss. Als sie aufblickte, sah sie, dass er das Festnetztelefon ausstöpselte und den Apparat auf den Flur hinausstellte, ehe er sich an seinen winzigen Tisch setzte.

«Was soll denn das?», fragte Iva irritiert. «Willst du uns hier wie in einem Bunker einschließen?»

«Du hast in ein Hornissennest gestochen», sagte Baban, «und die Hornissen schwärmen. Lass dich nicht von teuren Anzügen und kultiviertem Geplänkel täuschen. Das war deren letztes Friedensangebot, und du hast abgelehnt. Irgendwer plant genau in diesem Augenblick deine Beseitigung.» Er stach mit dem Zeigefinger wie mit einer Schwertspitze in Ivas Richtung. «Du darfst auf keinen Fall mehr ungeschützt herumlaufen, und deine einzigen Wege sind ab jetzt nur noch von zu Hause zum Büro und vom Büro nach Hause. *E basta!*»

Iva schüttelte den Kopf. «Die können mir nichts mehr tun», sagte sie. «Dafür ist es längst zu spät. Die Mühlen der Justiz mahlen schon.» Sie wollte an ihre Worte glauben, aber die Erleichterung stellte sich nicht ein. «Danke, dass du mich vor diesen Geldsäcken da oben gerettet hast.»

«Du brauchst Personenschutz», sagte Baban. «Nirgends geht ein Mafiaermittler allein auch nur aus dem Haus.»

«Personenschutz von Petrović?» Iva schüttelte den Kopf. «Ich glaube zwar nicht, dass er mich tot sehen will, aber er hofft, dass ich unter dem Druck zusammenbreche und mich nach Zagreb flüchte. Deshalb auch gerade das Theater bei ihm.»

«Trag wenigstens eine schussfeste Weste.»

Iva nahm ihr Handy aus der Tasche. Auf dem Display war ein Bild von Igor und Matteo zu sehen, Wange an Wange, lachend – und einander so ähnlich. Eine warme Welle der Zuneigung durchlief Iva. Sie drückte die Kurzwahl.

«Was machst du da?», fragte Baban misstrauisch.

«Mir reicht's für heute, ich brauche Landluft», sagte Iva und lauschte dem Läuten des Telefons am anderen Ende der Leitung. «Ich fahre nach Terra Rossa.» Sie machte eine tugendhafte Miene. «Vom Büro nach Hause.» Es läutete.

Baban lehnte sich zurück. «Ich gebe dir Begleitschutz.»

Statt einer Antwort schüttelte Iva nur den Kopf.

Das Telefon läutete und läutete, aber auf Terra Rossa hob niemand ab. Iva sah auf die Uhr. Es war kurz vor vier. Normalerweise saßen jetzt alle bei Kaffee und Martas Gebäck des Tages. Iva wurde heiß. Sie legte auf, machte einen tiefen Atemzug und wählte dann erneut. Das Telefon läutete und läutete, und Iva meinte, den Nachhall in den leeren Räumen von Terra Rossa zu hören. Ihr Mund wurde trocken.

Einer von Falcones Mördern hat den elfjährigen Sohn eines Verräters entführt. Er hat das Kind getötet. Um sich für höhere Aufgaben zu empfehlen. Für den Mord an Borsellino.

Warum kamen ihr ausgerechnet jetzt Viktors Worte, mit denen er sie vor einem Schicksal wie dem der sizilianischen Mafiajäger hatte warnen wollen, in den Sinn?

Baban sah sie scharf an. «Was ist los?»

Iva schaltete das Handy aus. «Ich muss weg!» Sie sprang auf, warf den Apparat in ihre Tasche, lief an Baban vorbei aus dem Büro, hörte nur noch, dass er ihr etwas nachschrie.

Iva stürzte ins Freie, rannte die Straße hinunter.

Vorbei an Bars, deren Gäste an den Stehtischen ihr nachsahen, und mit Einkäufen beladenen Menschen, die ihr im letzten Augenblick auswichen. Sie rempelte ein Urlauberpaar an, das mit Handykameras Fotos machte und beiseitestolperte, und scheuchte eine Katze von ein paar Fischköpfen auf einer Zeitungsseite weg.

Der heiße Wind, der vom Hafen heraufwehte, brachte eine Mischung aus Abgasen und dem Geruch nach schmelzendem Asphalt und salziger Feuchtigkeit mit sich. Iva hatte das Gefühl, als drückte ihr jemand ein öliges Tuch auf Mund und Nase. Sie rang nach Atem, verdrängte den stechenden Schmerz hinter ihren Rippen und lief unbeirrt weiter. Als sie endlich vor ihrem Auto stand, bekam sie kaum noch Luft. Schweiß lief ihr Rückgrat hinunter, rann über ihre Stirn und brannte in ihren Augen, während sie mit fahrigen Händen in ihrer Tasche den Autoschlüssel suchte.

Endlich hatte sie ihn gefunden, öffnete die Tür, glitt hinter das Lenkrad und warf ihre Tasche auf den Beifahrersitz. Ohne auf den dichten Verkehr auf der Riva zu achten, stieß sie rückwärts aus der Parklücke und ignorierte Reifenquietschen, Hupen und Gebrüll. Dann hatte sie sich auch schon zwischen den anderen Autos eingefädelt und nahm die Ausfallstraße nach Norden in Richtung Flughafen.

Auf der Landstraße herrschte noch kaum Verkehr, die Einheimischen waren bei der Arbeit, und die Urlauber lagen am Strand oder bevölkerten die Eiscafés und Bars. Iva überholte einen Lastwagen, auf dessen offener Ladefläche sich Wassermelonen wie Kanonenkugeln in Pyramiden stapelten.

Jetzt lag die Straße frei vor ihr.

Iva biss die Zähne zusammen, beschleunigte, sah, dass der Tacho achtzig, neunzig, über hundert Stundenkilometer anzeigte. Das war zu schnell für die schmale Straße, auf der noch dazu Gegenverkehr herrschte, aber sie hatte Angst, dass es nicht schnell genug war. Bei diesem Tempo brauchte sie immer noch fast eine halbe Stunde nach Terra Rossa.

Während die Straßenschilder an ihr vorüberflogen, steigerte sich ihre Furcht ins schier Unermessliche, sodass sie den weißen Transporter, der auf der Gegenfahrbahn hinter einem Kleinwagen ausscherte, um zu überholen, und direkt auf sie zufuhr, fast übersehen hätte. Erst im letzten Augenblick riss Iva das Lenkrad nach rechts, ihr Wagen schlitterte über das Bankett, der Transporter raste mit lautem Gehupe an ihr vorbei, aber sie schaffte es, ihren schlingernden Wagen am Straßenrand zum Stehen zu bringen.

Iva schaltete den Motor aus, umklammerte das Lenkrad mit beiden Händen, legte ihre fieberheiße Stirn darauf. Sie kniff die Augen zusammen und versuchte, das Zittern ihres Körpers unter Kontrolle zu bekommen. Das war knapp gewesen. Wenn sie so weiterfuhr, würde sie es niemals bis nach Terra Rossa schaffen. Sie hob den Kopf. Vor ihr lag eine von verfallenen Steinmauern durchzogene und von der Hitze ausgedörrte Grasfläche, dahinter erhob sich ein Pinienwald. Sie ließ das Fenster herunter und versuchte, sich zu sammeln. Es roch nach Thymian, nach Harz und Heu.

Die Uhr auf dem Armaturenbrett zeigte auf halb fünf.

Iva holte ihr Handy aus der Tasche und wählte die Nummer von Terra Rossa. Es begann zu läuten. Ihr Herzschlag beschleunigte sich, ihre Nerven waren zum Zerreißen gespannt. Gleich, jetzt gleich, würde sich jemand melden.

Am anderen Ende der Leitung hob immer noch niemand ab.

Iva schleuderte das Handy in den Fußraum vor dem Beifahrersitz, ließ den Motor an und legte den Rückwärtsgang ein. Mit quietschenden Reifen setzte sie den Wagen auf die Straße zurück und trat das Gaspedal bis zum Anschlag durch.

Endlich tauchten vor ihren Augen die Zypressen und die alten Pinien, die die Ziegelmauer von Terra Rossa überragten, auf. Gleich darauf passierte sie die Pfeiler mit den Steinamphoren. Ein Teil ihrer Angst, die, auf der Straße zu verunglücken, im Krankenhaus zu landen oder nie mehr zu Hause anzukommen, fiel von ihr ab. Hier kannte sie jeden Meter Asphalt und jeden Baum, jede Weinrebe, und diese Vertrautheit gab ihr wider besseres Wissen Zuversicht.

Vor dem Haus standen der grüne Pick-up und die Vespa. Martas Fahrrad lehnte neben der Küchentür. Iva würgte den Motor ab, stürzte aus dem Wagen und rannte zum Eingang.

Die Haustür war nicht verschlossen.

Iva atmete auf, irgendwer war zu Hause.

«Matteo? Dedi? Marta?»

Ihre Rufe hallten im Treppenhaus, schwangen sich in die Luft empor und verliefen sich unter der dunklen Kassettendecke des dritten Stocks. Eine Antwort erhielt sie nicht. Die Familie musste das Haus fluchtartig verlassen haben, ohne noch Zeit zu finden, die Eingangstür abzuschließen.

Mit klopfendem Herzen betrat Iva die Küche.

Wie erwartet, war auch hier niemand.

Das schwarze Feuerloch des Marmorkamins gähnte ihr entgegen, die Delle im Kupferkessel, die für immer an den Überfall erinnern würde, stach ihr ins Auge. Vor dem Madonnenbild stand eine neue Vase, wieder mit weißen Lilien. Totenblumen. Iva spürte, wie sich ihr Magen hob, und wandte sich hastig ab.

Dabei fiel ihr Blick auf den Küchentisch.

Zwischen Kaffeegeschirr und einer Platte mit *Fritule* lagen eine leere Patronenschachtel und das aufgeklappte Futteral eines Jagdgewehrs. Die Waffe fehlte. Ivas Magen fing an zu schlingern.

Das Telefon an der Wand schrillte.

Mit zwei Sätzen war Iva am Apparat, riss den Hörer herunter, presste ihn ans Ohr. «Ja?!» Sie bekam kaum Luft.

«Dein Sohn ist bei uns.» Eine unbekannte Männerstimme. «Komm nicht auf die Idee, darüber zu reden. Kein Wort, verstanden? Sonst ist dein Kleiner tot. Wir melden uns.»

Iva fing an zu zittern. Halt suchend lehnte sie sich mit dem Rücken gegen die Wand, rang nach Atem, versuchte, einen klaren Gedanken zu fassen. Doch dann verließen sie die Kräfte. Ihre Knie wurden weich, gaben nach. Langsam glitt Iva die Wand hinunter und sackte auf dem Boden zusammen.

EINUNDZWANZIG

Ich habe gewusst, dass so was passieren wird», sagte Nikola. Es war bald Mitternacht, und sie saßen zu dritt auf der Terrasse, die sich über die ganze Rückseite des Gebäudes zog. Hinter der steinernen Balustrade, die auf kleinen Säulen ruhte und auf deren Geländer in Steinschalen Agaven und Stechpalmen wuchsen, fiel der Berghang, ein Urwald aus wild wuchernden Feigenbäumen, zwischen denen sich die schwarzen Schatten der Zypressen erhoben, zum Meer hin ab. Darüber spannte sich ein Himmel voller leuchtender Sterne.

Wenn keiner von ihnen sprach, herrschte eine geradezu unirdische Stille, die nur hin und wieder vom Zirpen einer Grille oder dem entfernten Heulen eines Hundes in den Hügeln angesichts des fast vollen Mondes unterbrochen wurde.

Es roch nach Lavendel und Rosmarin und der salzigen Brise, die von der im Mondlicht glitzernden Adria heraufwehte.

Iva starrte in die Nacht hinaus und versuchte, das Grauen, das sich binnen weniger Stunden über ihr Leben gesenkt hatte, mit ihrem Verstand zu erfassen. Doch je weiter die Stunden fortschritten und je tiefer die Dunkelheit wurde, desto mehr umwölkte sich ihr Geist.

Matteo war wie so oft mit Colombina unterwegs gewesen. Doch nur der Hund war von dem Ausflug nach Hause gekommen. Das war gegen drei viertel vier am Nachmittag gewesen. Eine halbe Stunde nachdem Iva das Tribunal in Petrovićs Büro verlassen hatte. Baban, der Ex-Militär, hatte die Schrift an der Wand gesehen und noch versucht, sie zu warnen.

Lass dich nicht von teuren Anzügen und kultiviertem Geplänkel täuschen. Das war deren letztes Friedensangebot, und du hast abgelehnt. Irgendwer plant genau in diesem Augenblick deine Beseitigung.

Nein, dachte Iva bitter, sie hatten nicht einfach ihre Beseitigung geplant, sondern Folter und Vernichtung. Hatte einer der Täter bereits auf Terra Rossa gelauert und für den Fall, dass die Verhandlungen scheiterten, auf den Befehl aus Pula gewartet? Hatte sich einer der vornehmen Herren höflich entschuldigt und Petrovićs Büro für einen kurzen, aber leider unaufschiebbaren Anruf verlassen? Seit Wochen mussten sie den Tagesablauf der Familie ausgespäht und von Matteos und Colombinas Streifzügen gewusst haben.

Du darfst auf keinen Fall mehr ungeschützt herumlaufen, und deine einzigen Wege sind ab jetzt nur noch von zu Hause zum Büro und vom Büro nach Hause. E basta!

Doch da war es für eine Warnung schon zu spät gewesen.

«Ich wusste es», setzte Nikola hinzu, «als du diesen Igor geheiratet hast. Dieser Mann wird dir Kummer machen und dein Leben zerstören, habe ich gesagt. Ich hatte recht.» In seinen letzten Worten lag die Bitterkeit der Genugtuung.

Marta, die wie Iva und Nikola in einem der alten Rattansessel an dem verwitterten Marmortisch saß, gab einen zustimmenden Laut von sich. Sie nahm die fast leere Rotweinflasche, schenkte allen nach und schob den unberührten Teller mit Antipasti, die in der Hitze der Nacht ölig glänzten, in die Mitte. Marta schien in jeder Krise Kraft aus unerschütterlicher Pflichterfüllung zu schöpfen.

In Iva stieg eine Welle des Zorns auf. «Du hast Igor nie leiden können, Dedi», zischte sie. «Völlig egal, wen ich geheiratet hätte, dir wäre keiner gut genug gewesen.»

«Jetzt siehst du, wie es ist, einen Sohn zu verlieren», ließ sich Marta vernehmen. «Der arme Kleine, was werden sie ihm nur antun?» Sie blickte Iva an, und das Weiß in ihren Augen schillerte im Mondlicht. «Du meinst, dass du besser bist als unsereins. Aber du – du bist eine Gefahr für uns alle.» Marta schlug die Hände vors Gesicht. «Ach, Matteo», lamentierte sie. «Mein Herzchen, mein Augenstern.»

Iva zwang sich zur Ruhe. Sie hatten die letzten Stunden mit gegenseitigen Schuldzuweisungen verbracht, in dem vergeblichen Versuch, die Stimme der Angst, die in ihrer aller Innersten schrie, zu übertönen.

«Zu niemandem ein Wort», presste Iva heraus. «Hast du verstanden, Marta? Auch nicht zur Polizei.»

«Ich?» Marta unterbrach ihr Gejammer und sah Iva hasserfüllt an. «Ich rede nicht mit dieser korrupten Truppe. Da macht man sich Feinde bei den eigenen Leuten, und am Ende wird man noch verraten und ans Messer geliefert! Luka ...»

«Dosta!», brüllte Nikola. Es reicht!

Im Feigenwald schrie ein von seinem plötzlichen Ausbruch aufgeschrecktes Tier, etwas raschelte, und die langen Finger der Blätter bewegten sich, als führe ein Windstoß durch sie hindurch, dann herrschte wieder Ruhe.

Iva dachte an Matteo, der nicht entführt worden war.

Matteo kam in die Schule und fand nette Freunde, bei deren Familien er ein und aus ging, so wie die Jungen freie Tage auf Terra Rossa verbrachten, und mit denen er Fußball spielte. Mit zehn ging er ins Gymnasium, und sein Kunstlehrer erkannte seine ungewöhnliche Gabe zum Malen und förderte ihn. Natürlich war er ein Schwimmtalent und einer der Besten in seiner Schulmannschaft. Später, auf der Universität …

Marta fing in die Stille hinein an zu schluchzen.

«Nicht weinen», sagte Iva, aus Angst, selber die Fassung zu verlieren. Wenn sie jetzt ihren Gefühlen nachgab, dann würde sie zusammenbrechen. «Nicht weinen, Marta.»

Aber Marta schluchzte weiter – sie konnte nicht anders.

ZWEIUNDZWANZIG

Um sechs Uhr wachte Iva im goldenen Licht eines weiteren heißen Sommertages auf. Ihre Arme umklammerten das Kopfkissen, ihre Augenlider fühlten sich heiß und geschwollen an. Sie hatte geweint, das Kissen war nass von ihren Tränen. Der Schmerz in ihrem Körper schwoll an und ab. Als hätte sich der Albtraum der vergangenen Stunden in ihren Schlaf geschlichen und sich in ihren Gliedern festgesetzt.

Das Läuten des Telefons schrillte durch das Haus.

Iva sprang aus dem Bett, rannte ins Arbeitszimmer, warf sich über den Schreibtisch und riss den Hörer vom Apparat.

«Markulin?!»

«Tust du, was wir wollen?» Eine Männerstimme.

Ivas Mund war trocken. «Was wollt ihr denn?»

«Erst eine Antwort.»

Iva schloss kurz die Augen. «Ja ... ja, natürlich.»

«Dann fährst du jetzt ins Büro, so wie immer, klar?»

«Ich will mit Matteo sprechen.»

«Erst einmal stellst du die Ermittlungen ein, klar?»

«Vorher will ich mit Matteo sprechen.»

«Klar?»

«Klar.»

«Spiel dich auf, das kannst du ja, gib Befehle.» Kurze Pause. «Nur – dass die Befehle ab jetzt von uns kommen.»

«Was ist mit Matteo?»

«Deinem Sohn geht's gut bei uns. Wir melden uns.»

«Halt, warten Sie – Matteo!»

Aber sie hörte nur noch das Freizeichen.

Iva schleppte sich in ihr Schlafzimmer zurück und warf ihren Kimono über. Barfuß tappte sie die Treppe hinunter und in die Küche, wo Nikola bereits beim Kaffee saß. Colombina lag in ihrem Korb neben dem Herd und hob den schlanken Kopf, doch sie wedelte nicht wie sonst zur morgendlichen Begrüßung mit dem Schwanz. Nikola mochte noch so beherrscht wirken, der Hund spürte, wie es um seinen Herrn stand. Sein Verhalten war kein gutes Zeichen.

«Ich muss mit dir reden, Dedi.»

Statt eine Antwort zu geben, sah ihr Nikola nur mit rot unterlaufenen Augen entgegen. Seine Haltung war aufrecht, aber an diesem Morgen wirkte er zerbrechlicher als sonst, sah man ihm das Alter an. Mate war verschwunden, während er sich für ihn verantwortlich gefühlt hatte. Nach Jahrzehnten waren die ihm Anvertrauten erneut in Gefahr, nur dass er, der alte Kämpfer, sie diesmal nicht hatte schützen können. Doch mit welchen Dämonen auch immer Nikola in der Nacht gerungen haben mochte – sein starker Unterkiefer war vorgereckt und verlieh ihm mehr denn je das Aussehen eines kampfbereiten, alten Löwen. Er trug ein grünes T-Shirt und seine Jagdweste, als wollte er gleich zur Pirsch in die Hügel aufbrechen. Statt einer Jagdflinte lag an diesem Morgen jedoch, neben schmutzigen Putzlumpen und der Flasche mit Waffen-Öl, ein schwerer Revolver auf dem Tisch.

«Wo ist Marta?», fragte Iva.

«Schläft im Gästezimmer, sie kann uns nicht hören.»

Iva ging zur Kaffeemaschine, stellte eine Espressotasse unter den Auslauf und drückte auf den Knopf. Die Maschine schaltete sich ein, es zischte, und heißer, dampfender Kaffee lief in die Tasse. Iva nahm die Tasse und ließ sich auf einen Stuhl am Küchentisch fallen. Sie blickte auf die Crema. Beim Gedanken an das bittere Getränk hob sich ihr leerer Magen. Sie stellte die Kaffeetasse auf den Tisch und schob sie von sich weg.

«Die Entführer haben sich gemeldet», sagte sie.

Nikolas Blick wurde scharf. «Was wollen sie?»

Iva ließ die Schultern sinken. «Die haben gesiegt, Dedi. Die haben einen Weg gefunden, um mich zu brechen.»

Nikola legte eine Hand auf den Revolver.

Iva holte tief Luft. «Sie haben nicht gesagt, was sie von mir wollen», sagte sie. «Aber ich bin ganz sicher, dass sie ein Verbrechen von mir verlangen werden. Denn nur so haben sie mich für immer in der Hand.»

Nikola nickte, widersprach nicht.

«Also ...» Iva schluckte. «Also muss ich mich jetzt entscheiden, ob ich von nun an eine Marionette in den Händen der Bratstvo sein möchte – oder ...» Iva fühlte ein Kratzen im Hals, das ihre Kehle hinaufstieg, und spürte, wie sich in ihren Augen die Tränen sammelten. «Ich werde ein Verbrechen begehen, Dedi, jedes Verbrechen.»

Nikola räusperte sich. «Wir finden einen Weg.»

Iva schüttelte den Kopf. «Wenn auch nur ein Hinweis auf meine Lage öffentlich wird», sagte sie, «muss Petrović eine Großfahndung ansetzen, ob er will oder nicht. Dann sehen wir Matteo nie wieder.» Wahrscheinlich musste sie das dann noch als Gnade betrachten, fügte sie bitter in Gedanken hinzu. «Was ist mit Marta? Wird sie den Mund halten?»

«Ich spreche mit ihr», sagte Nikola, und Iva hörte eine neue Ruhe in seiner Stimme. Dies war nicht ihr leicht aufbrausender Großvater, sondern ein kühl kalkulierender Mann. «Marta schwört auf die Bibel, ohne die dieses Weib ja keinen Tag leben kann, oder sie schweigt eben für immer.»

Nikolas letzte Worte klangen so selbstverständlich, als wäre eine derartige Entscheidung nicht neu für ihn. Iva hatte das Gefühl, als sähe sie ihren Großvater zum ersten Mal. Aber zu welchen Handlungen auch immer er sich bei den Partisanen gezwungen gesehen hatte, damals war Krieg gewesen. Wie hoch war der Preis, den sie selbst bereit war, für Matteos Leben zu zahlen? Verzweiflung ergriff sie. «Was soll ich bloß tun, Dedi?», flüsterte Iva.

«Mate kommt wieder nach Hause», sagte Nikola, und in seiner Stimme lag grimmige Zuversicht. «Tu alles, was die sagen. Die sollen sich nur in Sicherheit wiegen, die Schweine. Am Ende grillen wir sie bei lebendigem Leib.»

«Ich spreche mit den Entführern», sagte Iva. «Ich kann nicht warten, bis die sich melden. Da werde ich verrückt.»

«Diese Verbrecher stehen im Telefonbuch, ja?»

«Nein, aber ich kenne einen davon persönlich.»

Iva sprang auf und eilte die Treppe, zwei Stufen auf einmal nehmend, zu ihrem Schlafzimmer hinauf. Sie riss den blauen Blazer, den sie bei dem TV-Interview mit Ana Matić getragen hatte, aus dem Schrank und durchwühlte die Taschen mit fliegenden Händen. Kurz darauf hatte sie das Gesuchte gefunden und lief wieder in die Küche zurück.

«Vuković hat mir seine Visitenkarte gegeben», sagte sie atemlos. «Ich rufe ihn an, jetzt gleich, ich will wissen ...»

«Man verhandelt nicht mit Pack!» Nikola legte seine zweite Hand auf die erste, die die Waffe bedeckte.

Iva sank auf einen Stuhl. «Wozu der Revolver?»

«Habe ich noch von früher, aus dem Krieg», sagte Nikola

und meinte damit sicher nicht den Jugoslawienkrieg. «Funktioniert noch einwandfrei und ist nicht registriert.»

«Bist du vollkommen verrückt geworden?» Iva warf die Visitenkarte auf den Tisch, wo sie neben der Einladung zu Donatella Battaglias Vernissage zu liegen kam. Anscheinend hatte Matteo gestern noch darin geblättert. «Das ganze Haus ist voller Waffen, und was hat es genützt? Nichts ... *nichts!*»

Draußen am Gang klappte eine Tür. Marta war aufgestanden, aber Iva fühlte sich nicht in der Verfassung, neue Schuldzuweisungen und düstere Prophezeiungen zu ertragen. Sie stand auf, nahm die Visitenkarte und, nach einem Blick auf das Büchlein mit der Meerjungfrau, auch die Einladung. Heute war Donatella Battaglias Vernissage. Die sie mit Matteo hatte besuchen wollen. Iva steckte beides in die Tasche ihres Kimonos und verließ die Küche.

Eine Stunde später fuhr Iva vor der Polizeidirektion vor und stellte ihren Wagen neben Babans Land Rover direkt vor dem Eingang ab. Andreotti, der anscheinend an diesem Tag vor dem Gebäude stationiert war, salutierte und machte dienstlich Meldung, dass der Commissario schon im Haus sei.

Iva, in einem bunten Sommerkleid und mit Make-up im Gesicht, um die Spuren der Nacht und der Verzweiflung zu übertünchen, nickte nur kurz zum Gruß.

«Una bella giornata», wünschte Andreotti und bedachte sie mit einem bewundernden Blick. «Commissaria Markulin.»

Iva durchquerte die Eingangshalle mit schnellen Schritten. Heute störten sie weder die lauten Stimmen noch die Ausdünstungen der Menschen in den Warteschlangen, sie bemerkte beides nicht einmal. Den Blick starr geradeaus gerichtet, um nicht die Aufmerksamkeit der Leute auf sich zu ziehen, eilte sie in ihr Arbeitszimmer.

Miro Baban brütete an seinem Tisch über aufgeschlagenen Ordnern, Computerausdrucken und Notizzetteln. Obwohl es schon Vormittag war und die Sonne heiß durchs offene Fenster stach, brannte die Schreibtischlampe. Bei Ivas Eintreten blickte er hoch und stieß einen Pfiff aus.

«Gibt's was zu feiern?», fragte er.

Iva biss die Zähne zusammen. «Den Sommer», sagte sie, ging zu ihrem Platz und stellte die Tasche auf ihren Schreibtisch. «Seit wann bist du schon da?»

Baban lachte, er wirkte ausgesprochen gut gelaunt. «Ich war noch gar nicht weg», sagte er. «Schau mal, hier!»

Iva ließ sich in ihren Schreibtischsessel fallen und ignorierte den Computerausdruck, den er ihr hinhielt.

Baban zog das Papier zurück. «Alles in Ordnung?»

«Migräne», log sie.

«Aha.» Er hob die Brauen. «Also: Ich habe gestern noch mal über das nachgedacht, was du von deiner Nichte über ihren Bruder erfahren hast. Ljubica oder so.»

«Liljana.»

«Meine ich ja.» Baban tippte mit dem Zeigefinger ein paarmal auf den Ausdruck. «Deswegen bin ich heute Nacht noch mal die Unterlagen durchgegangen. Und – bingo!»

«Bingo?»

«Es scheint, dass die Aussage dieses Mädchens eine Spur ist, die zu Größerem führt. Man nennt es – Smurfing.»

«Das weiß ich ...»

«Beim Smurfing wird illegales Geld in kleinen Beträgen, meist auf verschiedene Bankkonten, eingezahlt», sagte Baban. «So wird aus Bargeld Buchgeld. Es dürfen nur kleine

Beträge sein, weil es Bargeldeinzahlungsgrenzen gibt und die Banken dann verpflichtet sind, die Einzahler zu identifizieren.»

«Hör mal, Miro ...»

Baban hob die Hand und brachte jeden möglichen Einwand zum Schweigen. «Liegen Verdachtsmomente vor», sagte er, «ist die Bank verpflichtet, den zuständigen Behörden Meldung zu machen. Das Gleiche gilt bei untypischen oder verdächtigen Transaktionen unterhalb des Schwellenwerts. Und nun rate, bei welchem Bankhaus sich solche Kleineinzahlungen häufen?»

«Battaglia.»

«Und wer macht – laut Unterlagen – nie eine Meldung?»

«Battaglia.»

«Bravo!» Baban warf den Ausdruck vor sich auf den Tisch. «Aber das ist noch nicht alles.» Er machte eine Miene wie ein Zauberer, der gleich ein weißes Kaninchen aus dem Zylinder zieht. «Eine andere Möglichkeit des Placements ist das sogenannte Structuring. Da verwenden unsere Betrüger ihr illegales Geld aus Drogengeschäften, Prostitution oder Menschenhandel, um Luxusgüter wie teure Autos, Jachten oder Kunstobjekte zu kaufen, die dann später – meist im Ausland – weiterveräußert werden.» Er hob den Zeigefinger. «Dein Freund Lorenzo ist Eigentümer einer Luxusjacht, zumindest sagen das die bei Battaglia als Sicherheit hinterlegten Versicherungsunterlagen.» Baban wiegte den Kopf. «Wir sind aber noch nicht fertig. Am Ende wird das Geld in den legalen Wirtschaftskreislauf eingeschleust, um vorzutäuschen, dass es aus legalen Geschäften stammt. Investiert wird in kleine Unternehmen, die erneut eine Rolle bei der Geldwäsche und kleinen Gewinnen spielen – Waschsalons,

Restaurants, Wechselstuben. Womit wir wieder bei Ljubica wären.»

«Liljana.» Iva setzte sich gerade hin. «Hör mal ...»

«Das Modell funktioniert auch mit Immobilien.»

«Miro! Hörst du mir zu?»

Baban breitete die Arme aus. «Ja, natürlich, immer.»

Iva holte tief Luft. «Also», sagte sie, «erstens ist Lorenzo ein erfolgreicher Wirtschaftsanwalt in Triest. Weißt du, was so einer verdient?» Baban zuckte die Schultern. «Lorenzo nutzt sein Boot nur privat und zur Erholung.»

Das Boot ist eine De Cesari 62, eine Da Vinci. Hat mich die Kleinigkeit von zwei Mille gekostet.

Lorenzos beruflicher Erfolg hatte Iva schon bei ihrem ersten Treffen in Rovinj beeindruckt, es war der Erfolg des Tüchtigen. Hatte sie zumindest damals noch gedacht.

«Die Undine liegt vor aller Augen im Jachthafen», fuhr sie fort. «Wie Lorenzo sie finanziert, geht uns nichts an.»

In Babans Miene spiegelte sich Widerspruch.

«Und was Liljana betrifft», Iva schüttelte bekümmert den Kopf, «die ist ein drogensüchtiger Teenager mit einer anderen Realitätswahrnehmung, so wie alle Suchtkranken. Außerdem hat sie Flausen von einer Karriere als Fotomodell im Kopf und gerade einen Vertrag mit einer Agentur in Mailand unterschrieben. Die hat lieber einen Helden zum Bruder als einen Kriminellen und lügt, was das Zeug hält.»

Baban lehnte sich zurück und hakte die Daumen in den Gürtel. «Neulich klang das anders.» Er glaubte ihr nicht.

«Ich kenne die Kleine gut genug.» *Verzeih mir, Lilja, mutiges Mädchen, verzeih mir.* «Die können wir vergessen.»

Baban stand auf und begann, in dem kleinen Raum auf und ab zu gehen. Seine Miene war umwölkt, er war mit dem

Verlauf des Gesprächs sichtlich unzufrieden. Endlich blieb er stehen, stemmte die Hände in die Seiten und fixierte sie.

«Wir haben endlich belastbares Material, Iva!»

«Ja, natürlich! Für wie blöd hältst du mich?»

Baban blies die Backen auf und schwieg.

«Und das ist auch gut so, aber ...» Iva überlegte fieberhaft. «Aber wir sollten nichts überstürzen, nicht wahr? Ich meine, was ist, wenn wir in eine Falle gehen?»

«Wie bitte?»

Iva schüttelte den Kopf. «Wir müssen das Material zunächst genau prüfen», sagte sie, hatte einen sachlichen Ton gefunden. «Ich habe nachgedacht, und wir fangen noch mal von vorne an. Wenn es sich als echt herausstellt, verhaften wir demnächst die ganze Chefetage. Bis dahin ...»

«Ich glaub's ja nicht!» Baban klatschte in die Hände.

Er wandte sich ab, marschierte zum Fenster und starrte hinaus. Die Werftsirene verkündete die Mittagsstunde, das metallische Hämmern und Dröhnen erstarb. Jetzt war nur noch das Summen der Wespen im Hinterhof zu hören.

Iva räusperte sich. «Wie geht's eigentlich Elena?»

«Stabil», sagte Baban, ohne sich umzudrehen. «Die Ärzte wollen sie nächste Woche aus dem Tiefschlaf holen.»

Iva nickte, obwohl er das nicht sehen konnte. «Schön.»

Baban fuhr herum. «Was ist mit dir los, Iva?!»

Aber Iva hatte sich inzwischen im Griff. «Nichts», sagte sie freundlich. «Ich möchte nur, dass wir keinen Fehler machen und unsere Beweislage wasserdicht ist.» Sie begann, auf ihrem Schreibtisch herumzukramen. «Bis dahin ... bis dahin gehen wir der Unfallsache Filipović nach.»

«Was?», fragte Baban ungläubig.

«Willst du nicht wissen, was mit Elena passiert ist?»

Baban zwinkerte. «Doch, natürlich, aber ...»

«Siehst du.» Iva nickte verständnisvoll. «Und ich will wissen, warum Igor den Unfallbericht aufgehoben hat. Ich bin sicher, da gibt es eine Spur, die wir verfolgen sollten.»

Baban lehnte sich mit dem Rücken ans Fensterbrett, kreuzte die Fußknöchel und verschränkte die Arme vor der Brust. «Die Battaglia-Leute werden beiseiteschaffen, was sie können», sagte er, «während wir einen Autounfall aufklären.»

«Die Filipović-Sache geht ab jetzt vor.»

Baban schüttelte den Kopf. «Nicht mit mir, vergiss es.»

«Ich erteile dir hiermit die dienstliche Anweisung.»

Sein Gesicht überzog eine tiefe Röte. «Hör zu, mein Mädchen», sagte er. «Einem Miroslav Baban erteilt man keine dienstliche Anweisung. Ich treffe meine Entscheidungen allein, und das hat mir schon ein paarmal das Leben gerettet.» Er betonte jedes Wort. «Keine Ahnung, was dich zum Umschwenken gebracht hat. Du wirst Gründe haben, es mir nicht zu sagen. Aber vielleicht sitzt ja *du* in der Falle.»

Ivas Augen fingen an zu brennen, und sie war sich bewusst, dass Baban ihren Kampf um Fassung bemerkte.

«Costa hat Filipovićs Witwe erwähnt», sagte sie und verschwieg, dass diese jeden Kontakt ablehnte. «Wir müssen mit ihr reden. Finde raus, wo sie lebt, und sprich mit ihr.»

Babans Blick wurde scharf, und Iva hatte das Gefühl, als wären ihre Gedanken ein offenes Buch für ihn. Oder als könnte er hinter ihre Maske sehen. «Also gut», sagte er auf einmal, als hätte es keine Meinungsverschiedenheit gegeben, ließ die Arme sinken und stieß sich vom Fensterbrett ab, «dann kümmere ich mich mal gleich um Filipović! Was tust du als Nächstes?»

«Ich», sagte Iva, etwas misstrauisch wegen seines plötzlichen Einlenkens, «ich besuche heute Abend eine Ausstellung.»

DREIUNDZWANZIG

Die *Galerija Cvajner*, die sich auch *KunstKafe* nannte, befand sich direkt am Forum, dem antiken römischen Hauptplatz, unweit des zweitausend Jahre alten Augustustempels. Hier trafen sich die Kreativen der Stadt bei Espresso oder Drinks, tranken elegante Damen am Morgen ihren Cappuccino oder an Hitzetagen einen Cappuccino freddo und bestellten Urlauber unter den großen Sonnenschirmen Eiskaffee, während sie dem Treiben auf dem Platz zusahen und die mediterrane Leichtigkeit des Seins, kurz, das Dolcefarniente genossen.

Das Innere des *Cvajner* bestand aus einer Mischung von bunten Sofas, Sesseln, Stühlen und Tischchen aus allen Stilepochen, die auf den ersten Blick wie ein zufällig zusammengewürfeltes Durcheinander erschienen, auf den zweiten Blick jedoch kunstvolle Ensembles bildeten und den Retro-Schick der Boheme verbreiteten. Die Bilder der wechselnden Ausstellungen hingen an den ockerfarbenen Wänden, die mit römischen Mosaiken und Fragmenten mittelalterlicher Fresken geschmückt waren. Über all dem bunten Miteinander wölbte sich eine Kassettendecke aus dunklem Holz, die dem heutigen Café eine ernste Note verlieh und an seine Zeit als Bankhaus erinnerte, als in den hohen Räumen über Geld und Gold und menschliche Schicksale entschieden wurde.

An diesem Abend schob sich das Vernissagenpublikum an der bunten Welt der naiven Malerei Kroatiens vorbei. Es war viel Presse vor Ort, denn viele bekannte Gesichter aus Wirtschaft und vor allem Politik waren erschienen. Alle Besucher einte der gute Zweck. Wenn Donatella Battaglia zur jährlichen Sommer-Vernissage lud, um Spenden für ihr Kinderhilfswerk zu sammeln, konnte es sich niemand, der auf der Kunstbühne oder dem politischen Parkett in Zagreb reüssieren wollte, leisten, der Veranstaltung fernzubleiben.

Als Iva das *Cvajner* betrat, hatte Donatella Battaglia, die zwischen ihrem Ehemann und einem Mann mit langem Haar und Seidenschal – offenbar der Galerist – stand, bereits ihre Eröffnungsrede vor versammeltem Publikum begonnen. Sie trug einen violetten Seidenkaftan mit üppiger Goldstickerei, ihr weißes Haar war zu einer Löwenmähne geföhnt, und von ihren Ohren hingen riesige Barockperlen herab. Sie sah wie aus einem venezianischen Gemälde entsprungen aus.

«... und wenn wir diese Bilder sehen, liebe Freunde, diese so ganz eigenständigen Bilder», sagte Donatella Battaglia gerade, «dann lassen Sie mich an die Worte des großen Franz Kafka erinnern: *Ich schreibe anders als ich rede, ich rede anders als ich denke, ich denke anders als ich denken soll.* Die Künstler dieser Ausstellung mit ihrer einzigartigen Weltsicht malen anders als ...»

Iva hörte nicht mehr zu, ließ ihren Blick über die Köpfe der Anwesenden wandern. Es war das übliche kunstinteressierte Publikum, das man auch in Zagreb auf derartigen Veranstaltungen traf. Iva war ein paarmal im Museum für Naive Kunst gewesen, das in einem kleinen gelben Biedermeier-Palais, ähnlich der Villa, in der Viktor Rodin wohnte, untergebracht war. Unter den Besuchern erkannte sie den einen oder anderen Politiker und Diplomaten, von dem sie wusste, dass er ein Sommerhaus in Istrien hatte. Ana Matić im schwarzen Kleid stand mit einem großen Mikrofon neben einem Fotografen mit Kameratasche, hatte den Kopf leicht in den Nacken gelegt und überflog mit professionellem Blick die Anwesenden. Als sie Iva entdeckte, lächelte sie ihr zu und hob das Mikrofon. Iva grüßte zurück. Mit etwas Abstand zu einem großformatigen Bild entdeckte sie Branislav Leskovar im sandfarbenen Businessanzug. Er sprach leise mit einem eleganten älteren Ehepaar, wobei er in einer Hand ein Champagnerglas hielt und mit der anderen nacheinander auf mehrere Bilder deutete. Anscheinend gab er Erklärungen zu den ausgestellten Künstlern und ihrem Werk.

«Lassen Sie mich auch mit Kafka schließen», sagte Donatella Battaglia. «*Wege entstehen dadurch, dass man sie geht.* In diesem Sinne wünsche ich uns allen einen langen schönen Abend unter lieben Freunden.» Die Rede war vorbei.

Applaus brandete auf. Zustimmung und Lob schwangen in den Satzfetzen, die zu Iva herüberwehten. Donatella Battaglia schüttelte in der ersten Besucherreihe Hände.

Iva ging zur nächsten Wand und besah sich die ausgestellten Gemälde und Skulpturen. Sie bemerkte, dass neben manchen Bildern Preisschilder hingen, auf denen schon rote Punkte klebten. Es war also nicht nur eine Vernissage mit Leihgaben, sondern auch eine Verkaufsausstellung.

Sie blickte sich um, suchte Ana Matić.

Die Journalistin und der Fotograf standen vor einem bekannten Bild von Ivan Lacković Croata, einer ländlichen Szene, das wohl nur eine Leihgabe war, denn es hatte kein Preisschild. Das Gemälde zeigte einen barfüßigen Mann mit Bart, der ein braunes Pferd am Halfter führte. Um ihn herum waren Dorfbewohner versammelt. In ihren Gesichtern spiegelte sich Entsetzen, sie tuschelten miteinander oder verbargen die Augen hinter den Händen. Das Pferd hatte zwei Köpfe.

Iva ging zu Ana Matić hinüber.

«*Dobra večer*», sagte Iva. «Darf ich Sie sprechen?»

Der Pressefotograf erfasste ihr langes weißes Kleid und die goldenen Römersandalen mit einem Blick, lächelte, trat einen Schritt zurück und hob schussbereit die Kamera, doch Iva hielt schnell die Hand vor die Linse.

«Keine Fotos», sagte sie. «Danke.»

Ana Matić nickte, und der Fotograf wandte sich um und suchte ein anderes Motiv, wohl einen Käufer, der sich mit seinem frisch erworbenen Bild in der Zeitung sehen wollte.

«Ich brauche nur einen Kontakt», sagte Iva, als ginge es um ein Kochrezept. «Gospodin Vuković hatte mir seine Handynummer gegeben, sie scheint nur nicht besetzt zu sein.»

Iva hatte Vuković zweimal angerufen und, als nicht abgehoben wurde, ihren Namen hinterlassen. Nachdem kein Rückruf erfolgte, war ihr klar geworden, dass ihre Anrufe ein Fehler gewesen waren. Nun kannte er ihre Nummer und würde für sie ab jetzt unerreichbar sein.

«Slavko ist in seinem Ferienhaus», sagte Ana Matić.

«Und wo finde ich das?»

Ana Matić musterte sie. «Worum geht es denn?»

«Es ist persönlich», sagte Iva. «Ich habe meine Nummer hinterlassen und um Rückruf gebeten, aber …» Sie brach ab.

Auf dem runden Gesicht der Journalistin erschien ein wissendes Lächeln. Offensichtlich hatte sie die Adresse des Politikers. «Wenn Slavko Ihre Nummer hat», sagte sie, «wird er sich schon melden. Haben Sie einfach etwas Geduld.»

«Es ist äußerst wichtig, dass ich mit ihm spreche.»

«Das ist es immer.» Ihr Ton war mitfühlend.

Iva konnte ihre Enttäuschung fast körperlich spüren. Sie nickte wortlos, ließ Ana Matić stehen und drängte sich blind durch die gut gelaunte, Champagner trinkende Menge.

Neben der Holzskulptur eines Paares, das den Betrachter ansah, sich umschlungen hielt und am Oberkörper miteinander zu einer Person verwachsen schien, blieb sie stehen und versuchte, sich zu sammeln. Um keine unnötige Aufmerksamkeit zu erregen, beugte sie sich vor und las den Text auf dem Sockel. Der Künstler hieß Stjepan Kičin.

«Iva, Herzchen, kaufst du Kunst?»

Sie richtete sich auf, holte Luft und drehte sich um. «Lorenzo, dich hatte ich gar nicht gesehen», sagte sie.

«Die Kleinen übersieht man eben gern.» Lorenzo trug ein blaues Leinenhemd mit aufgekrempelten Ärmeln, das locker über eine sandfarbene Hose hing, und Wildlederslipper an den nackten Füßen und sah so entspannt und attraktiv aus wie in Rovinj. «Donatella ist bewundernswert, findest du nicht?» Er führte das Champagnerglas in seiner Hand an den Mund und betrachtete Iva bewundernd über den Rand hinweg. «So schön wie eine griechische Göttin. Heute Abend bist du Artemis, die Göttin der Jagd. Nein, warte – Athene, die Kriegerin.» Lorenzo nahm lächelnd ein paar Schlucke. «Geh mit mir aus.»

Iva blickte sich um, aber niemand schien sich für sie zu interessieren. «Lorenzo», sagte sie mit gesenkter Stimme, «hör mir gut zu! Ich weiß, dass du zu Battaglia und seinen – Freunden – gehörst.» Iva sah ihm ins Gesicht. «Oder soll ich lieber – Brüder – sagen? Wo ist mein Sohn?»

Lorenzo setzte das Glas ab. «Ich habe keine Ahnung, wovon du redest. Da muss ein Missverständnis vorliegen.»

«Dein Anruf war nicht misszuverstehen», zischte Iva.

«Das hoffe ich, ich bin schließlich Anwalt.»

«Lass diese Spielchen, Lorenzo.» Iva konnte sich kaum noch beherrschen. Seine Ironie reizte sie zum Äußersten. «Wenn du weißt, wo mein Sohn ist, musst du mir das sagen.»

«Ich weiß nicht, wovon du redest», sagte Lorenzo. «Was ist mit deinem Sohn?» Er überlegte. «Matteo, nicht wahr?»

Ein Kellner kam und hielt ihnen ein Silbertablett mit Fischhäppchen in Porzellanlöffeln hin. Lorenzo streckte die Hand aus, aber Iva winkte den Mann ungeduldig weiter.

«Du bist noch genauso karrierebesessen wie zu Studienzeiten», sagte Iva bitter. «Dafür lässt du dich mit den Leuten ein, die dir nützlich sind, und verrätst deine Freunde. Geld regiert die Welt, nicht wahr?»

Lorenzo zuckte die Schultern. «Ich bin eben ein überzeugter Neoliberaler und Kapitalist, was willst du?»

«Du schaust weg, dich geht's nichts an», sagte Iva, «aber am Ende bist du nur eine Marionette dieser Mafia.»

Lorenzo richtete seinen Blick über ihre Schulter. «Edi, *dragi prijatelj*», rief er. Lieber Freund. Er hob den Arm und winkte. «Sieh nur, wer hier ist und uns die Ehre gibt!»

Iva drehte sich um und entdeckte Edoardo Battaglia im hellen Anzug, der direkt auf sie zusteuerte. Er blieb vor Iva stehen, ergriff ihre Hand und deutete einen Handkuss an.

«Doktorica Markulin», sagte er. «Donatella fühlt sich geehrt, dass Sie Zeit für ihre Charity gefunden haben. Und wie ich sehe, unterhalten Sie sich bestens.» Battaglia deutete mit einem Kopfnicken auf Lorenzo. «Nachdem Sie mir so zusetzen, muss ich einen der besten und, wenn ich das so sagen darf, auch teuersten Anwälte beschäftigen.» Lorenzo gab ein geschmeicheltes Brummen von sich.

«Sie interessieren sich für die naive Malerei Kroatiens?»

«Ich suche meinen Sohn», sagte Iva.

«Ach ja?» Battaglia sah sich um. «Wo ist er denn?»

«Ich bin sicher, Sie können mir das sagen.»

Battaglia wirkte irritiert. «Ich wusste nicht mal, dass Sie einen Sohn haben.» Er wandte sich an Lorenzo. «Du etwa?»

Lorenzo zuckte die Schultern und trank Champagner.

Auf einmal fühlte Iva eine bleierne Müdigkeit. Es war dumm und naiv von ihr gewesen herzukommen. Alles, was sie mit ihrer Unbedachtheit erreicht hatte, war, dass ihre Feinde sich an ihrem Leid ergötzten und nun wussten, dass sie ihr Ziel erreicht hatten. Sie riss sich zusammen.

«Richten Sie Donatella meine Grüße aus», sagte Iva. «Ich muss gehen.» Lorenzo war ihr keinen Blick wert.

Battaglia deutete eine Verbeugung an, keiner der Männer sagte ein Wort oder versuchte, sie zurückzuhalten.

Iva ging in Richtung Ausgang, wo die Türen weit offen standen und die warme, feuchte Nachtluft hereinließen. Als sie Branislav Leskovar entdeckte, der jetzt allein mit dem Rücken zu einem großen Gemälde stand, Champagner trank und seinen Blick unschlüssig über die Gästeschar schweifen ließ, beschloss sie, trotz allem einen letzten Versuch zu machen.

«*Dobra večer,* Brane», sagte sie und trat zu ihm.

«*Dobra večer,* Iva.» Er lächelte erfreut. «Ich wusste gar nicht, dass Sie sich für *Naive Malerei* interessieren.»

Das Bild, vor dem Leskovar stand, leuchtete in allen Rottönen. Bauernhäuser in einer Hügellandschaft, Menschen in kroatischer Tracht – nur die Tiere, springende Pferde, eine Entenschar und ein Gespann istrianischer Ochsen vor einem voll beladenen Heuwagen, strahlten weiß. Als hätte der Künstler die Tiere in der Farbe der Unschuld als Kontrast zum blutigen Rot der gemalten Menschheit zeigen wollen.

«Pero Mandić, gefällt es Ihnen?», sagte Leskovar.

«Ja. Bei Ihnen habe ich abstrakte Bilder gesehen.»

«Stimmt, ich kaufe nur moderne Kunst.» Leskovar deutete mit seinem Glas auf das ältere Ehepaar, mit dem er zuvor gesprochen hatte und das jetzt bei Donatella Battaglia stand. «Ich bin mit Kunden hier. Schweizer, sehr nett. Wir planen gerade ein modernes Haus mit Meerblick für sie. Die beiden interessieren sich für unser Land und wollen Bilder kaufen. Der Kontrast zwischen unserer urbanen Architektur und dieser geradezu archaischen Kunst wird großartig sein – *spannend*. Ich sehe schon die internationalen Magazine ...»

«Brane?»

«Wollen Sie mit mir über diese mysteriöse Immobilien-Mafia reden, die unsere schöne Küste verhökert?» Er klang scherzhaft. «Da wüsste ich auch gern mehr.»

«Brane, wissen Sie, was passiert ist?»

Leskovar hob die Brauen. «Nein? Was ist denn passiert?»

Iva drehte sich um und ließ ihn einfach stehen.

Draußen war es inzwischen dunkel geworden. Über dem Forum blinkten die Sterne am Nachthimmel. Vor der *Galerie Cvajner* hatten sich Ausstellungsbesucher in kleinen Gruppen zusammengefunden, redeten und rauchten. Die Gastgärten waren voll, Urlauber und Einheimische flanierten nach einem langen heißen Tag über den Platz. Der angestrahlte Augustustempel mit seinen hohen Säulen leuchtete in stummer Erhabenheit.

Iva war bereits ein paar Schritte in Richtung Hafen gegangen, wo sie zwei Stunden zuvor ihr Auto geparkt hatte, als ein Anblick, der vor ein paar Minuten flüchtig ihre Aufmerksamkeit erregt hatte, in ihr Bewusstsein drang.

Sie blieb stehen und drehte sich noch einmal um.

Etwas abseits von den Rauchern standen Lorenzo und Ana Matić. Lorenzo gestikulierte und sprach lebhaft auf die Journalistin ein. Ana Matić hörte aufmerksam zu. Dann nickte sie, und beide kehrten Seite an Seite in die Galerie zurück.

Nachdenklich setzte Iva ihren Weg zum Hafen fort, um nach Hause zu fahren. Zu einem leeren Kinderbett und Nikola, der bestimmt mit einer schussbereiten Pistole in der Hand in der Küche saß und auf ihre sichere Rückkehr wartete. Der mit Kriegserinnerungen und Dämonen kämpfte, die nur er kannte.

VIERUNDZWANZIG

Sie fuhren die Ostküste entlang nach Plomin.

Baban hatte Iva an diesem strahlenden Morgen, der auf die Vernissage folgte, im Büro mit Neuigkeiten erwartet.

Ich habe mit Nada Filipović gesprochen.

Mit wem?

Filipovićs Witwe, sie wirkt am Telefon etwas wortkarg, aber ich habe gesagt, wir kommen zu ihr. E basta!

Er war auch sofort aufgestanden und hatte seinen Autoschlüssel aus der Tasche gezogen, sodass Iva keine Zeit hatte, einen genaueren Blick auf seinen Schreibtisch zu werfen. Aber anscheinend hatte er seinen anfänglichen Widerstand aufgegeben und sich dem Fall Filipović gewidmet.

Nachdem Iva Baban per Dienstanweisung auf den Fall angesetzt hatte, war ihr auf die Schnelle keine plausible Ausrede eingefallen, weshalb sie ihn nicht begleiten sollte. So saß sie auf dem Beifahrersitz des Land Rover und starrte, während sie ihren Gedanken nachhing, auf die vorbeiziehenden Dörfer, die in Kroatien, in Slowenien oder in Italien in gleicher Wehrhaftigkeit auf den Hügelkuppen saßen.

Einst standen hier dichte Eichenwälder. Doch Venedig sah in ihnen nur eine wichtige Rohstoffquelle für den Schiffsbau und die Pfähle, auf denen ihre Stadt gründete, so wie es die Steinbrüche im Hinterland ausbeutete, um mit dem hellen Kalk Kirchen, Palazzi und seine zahlreichen Brücken zu errichten. Übrig blieb der Karst. Eine herbe Landschaft, die Wälder abgeholzt, der Boden mager und das Gras karg. Wer hier lebte, trotzte seit Jahrhunderten allen Eroberern und der Bora, diesem kalten Landwind, der über Istrien fegte.

In der Nacht hatte Iva versucht, die Angst, die sie seit Matteos Verschwinden im Würgegriff hielt, zu bekämpfen. Doch Angst lässt sich nicht einfach so besiegen, sie stellt sich höchstens tot. Unversehens taucht die Angst aus dem Herzen auf, vergiftet die Gedanken und baut sich in jeder Körperzelle ein Nest. Angst hat viele Masken – Lust und Lachen, Übermut und Unverfrorenheit, Geselligkeit und Einsamkeit. Und Angst träufelt ihren Opfern das Gift der Feigheit ein. Ivas Angst war erst verstummt, als ihre Sorgen für ein paar gnädige Stunden durch den Beruf verdrängt zu werden versprachen.

Iva holte ihr Handy hervor und warf einen Blick darauf. Sollten sich die Entführer auf Terra Rossa melden, würde Nikola deren Botschaft entgegennehmen und unverzüglich Iva darüber informieren. Doch das Handydisplay war schwarz.

Baban warf ihr einen Seitenblick zu. «Muss ja enorm wichtig sein, die Nachricht, die du da erwartest, wenn du alle paar Minuten aufs Handy schaust.»

Ivas Finger schlossen sich fester um den Apparat. «Ja.»

«Vielleicht kann ich dir helfen.»

«Kannst du nicht ... aber danke.»

Baban nickte, und sie fuhren, rechts unter ihnen die Adria und vor ihnen das Učka-Gebirge, schweigend weiter.

Endlich tauchten auf einer Bergkuppe der Campanile von Plomin auf, die abweisenden Steinmauern der Häuser, in denen nur noch gut hundert Menschen lebten, und die von schroffem Felsgestein durchzogenen grünen Hänge, die zu einem langen Fjord steil abfielen, dort, wo die Adria ins Land schnitt.

Das alte Haus, in dem Nada Filipović nach dem Tod ihres Mannes allein lebte, lag am Ortsrand. Dahinter erhoben sich die Hügel des Učka-Gebirges, und darüber wölbte sich ein wolkenloser Himmel, der heiter zu nennen gewesen wäre, wenn nicht eine sengende Sonne herniedergebrannt hätte.

Nada Filipović war Anfang sechzig, wirkte drahtig und arbeitete trotz der Hitze in einem kleinen Gemüsegarten, der auf einer von einer niedrigen Natursteinmauer umgebenen Terrasse über dem Meer lag. Sie trug eine blaue Kittelschürze und ein Kopftuch, unter dem der graue Haaransatz hervorlugte. Ihr Gesicht war fein geschnitten, und die gebräunte Haut spannte sich straff über ihre hohen Wangenknochen wie bei allen Menschen, die viel Zeit im Freien verbringen. Sie wirkte wie jemand, der sich in das Klima fügte, in das er hineingeboren war, und der auch jede Wendung zum Schlechteren als schicksalsgegeben hinnahm. Als Iva und Baban auf sie zugingen, warf sie ihnen nur einen kurzen Seitenblick zu und fuhr dann fort, das Unkraut zwischen den roten Stielen des Mangolds zu entfernen, wobei sie die langen welligen Blätter zur Seite bog und das ausgerissene Grünzeug neben sich in einen Korb schmiss.

«Gospodja?», rief Iva.

Sie gab keine Antwort, sondern widmete sich, nun mit noch mehr Energie, weiter ihrer Gartenarbeit.

«Gospodja Filipović?» Iva und Baban standen jetzt neben ihr. «Ich bin Iva Markulin, und das ist Komesar Baban von der Polizei in Pula. Wir untersuchen den Tod Ihres Mannes.» Sie sagte mit Absicht nicht Unfall. «Wir wollen herausfinden, was mit ihm passiert ist.»

Nada Filipović drehte sich weg, packte eine Hacke, die hinter ihr im Gras lag, und schlug sie in die steinige Erde.

Mit einem Ruck riss sie ein Stück Fels, das fest zwischen dem Mangold in der roten Erde steckte, heraus und schleuderte es mit einer einzigen Bewegung auf einen Haufen anderer Steine, die bereits am Rande des Beetes lagen.

«Ich weiß nicht, was Sie von mir wollen», sagte sie.

Nada Filipović legte die Hacke nieder, drehte sich um, ging zu einem Schuppen am anderen Ende des Gartens und packte eine Schubkarre mit Komposterde, die davorstand und auf der quer eine Schaufel lag, an den Griffen.

«Wir suchen die Schuldigen am Tod Ihres Mannes», sagte Iva. «Aber wir finden sie nur, wenn Sie mit uns reden.»

Baban ging Nada Filipović entgegen, nahm ihr die Schubkarre aus den Händen und schob sie zum Gemüsebeet. Er packte die Schaufel und begann, die fette schwarze Erde zwischen den Mangoldpflanzen zu verteilen. Iva beobachtete ihn, wie er sich, den Rücken gebeugt und die Schaufel fest in den großen Händen, mit ruhigen, kraftvollen Bewegungen voranarbeitete, ein Bauer, der seinen Acker bestellte. Unwillkürlich fühlte sie sich an die Bilder erinnert, die sie am Vorabend gesehen hatte, und an die wohlhabende Gesellschaft, in deren Villen die Dorfszenen bald hängen würden. Was wussten diese Leute, was wusste sie selbst, Iva, vom harten Leben der Bauern in Istrien. Sie dachte an Terra Rossa, an Nikola und an Matteo, der vielleicht nie die Gelegenheit haben würde, sein Land bearbeiten zu können. Eine kalte Hand legte sich über ihr Herz und drückte unbarmherzig zu.

Schnell wandte Iva sich an Nada Filipović. «Wir glauben nicht, dass Ihr Mann durch einen Unfall gestorben ist.»

Nada Filipović beobachtete Baban, der unerschütterlich Schaufel um Schaufel von der Komposterde im Gemüsebeet verteilte und ihr keine Beachtung schenkte. Sie stützte eine

Hand in die Taille und wischte sich mit dem Rücken der anderen den Schweiß vom Gesicht. «Na schön, was wollen Sie wissen?» Sie blies sich eine Strähne aus der Stirn und zog das Kopftuch ein wenig herab, um ihr Gesicht zu beschatten.

«Was hat Ihr Mann beruflich gemacht?», fragte Iva.

«Ante war Wasserbauingenieur.»

Iva bemerkte, dass die Schaufel in Babans Händen für einen Moment in der Luft schwebte, ehe sie ihren Inhalt über dem Beet abwarf.

«Gewässerbau war sein Haupteinsatzgebiet», fuhr Nada Filipović fort. «Küsten- und Hochwasserschutz, Stauanlagenbau und dergleichen.»

Iva fiel das Gespräch mit Raffaele Costa ein. Filipović hatte Angst um seinen Arbeitsplatz gehabt, hatte ihn nicht nennen wollen. *Er wirkte aber wie ein penibler Beamter.*

«Heißt das, dass Ihr Mann bei einem großen Bauprojekt mitgearbeitet hat?», fragte sie freundlich. «War er im öffentlichen Dienst, bei einer Kommune zum Beispiel? Oder bei der Wasser- und Schifffahrtsverwaltung?»

Nada Filipović schüttelte den Kopf. «Nein», sagte sie. «Ante hatte Bauingenieurswesen studiert und hier im Haus ein eigenes Ingenieurbüro. Er hat Aufträge von verschiedenen Umweltorganisationen oder Unternehmen angenommen. Manchmal wurde er auch bei Prozessen als gerichtlich beeideter Sachverständiger mit der Erstellung von Gutachten betraut.»

Sie zeigte auf das Gebirgsmassiv hinter ihrem Haus. «Mein Mann und ich sind hier aufgewachsen», sagte sie. «Das ist alles Karst, Ante ist schon als Kind da oben herumgeklettert.» Ihre Augen nahmen einen entrückten Ausdruck an, als wanderten ihre Gedanken ein halbes Jahrhundert zurück, zu einer Kindheit in Freiheit und mit zahlreichen Abenteuern zwischen Felsen und Macchia. «Wir wollten auch nie wegziehen, so schön, wie's hier ist.»

Iva nickte verständnisvoll, obwohl sich ihr der Charme dieser kargen Landschaft entzog. «Ja», sagte sie. «Klar.»

«Der Karst», fuhr Nada Filipović fort, «das war seine Arbeit. Da oben gibt es Höhlen und unterirdische Seen und Wasserströme, und das Gestein enthält Gips und Kalk. Wenn etwas säurehaltiges Wasser darauf trifft, dann zerlegt es den Felsen und sickert immer weiter in die Tiefe. Das ist gefährlich, weil lockeres und poröses Geröll nachrutscht und die Decken der Höhlen einstürzen können.» Ein Lächeln erschien auf ihrem Gesicht. «Aber Ante kannte sich aus.»

«Der Karst ist wie ein Sieb», sagte Iva.

Elena hatte diese Worte gebraucht. Und konnte man nicht immer wieder von Höhlenforschern oder leichtsinnigen Freizeitsportlern lesen, die, von Starkregen überrascht, vom Wasser in einer dieser Höhlen eingeschlossen waren?

Baban unterbrach seine Arbeit und sah zu ihnen herüber.

Nada Filipović hob die Hand, als wäre ihr gerade etwas eingefallen. Sie drehte sich um und eilte ins Haus. Kurze Zeit später kehrte sie mit einem gläsernen Bierkrug zurück, in dessen klarem Wasser Limettenscheiben und Minzblätter schwammen und den sie Baban reichte.

«Trink, mein Sohn, trink.»

Baban lächelte sie dankbar an, nahm den Krug, stützte sich auf den Schaufelstiel und leerte das Getränk fast auf einen Zug. Er gab ihr den leeren Krug zurück und nahm seine Arbeit wieder auf. Offensichtlich hatte er nicht vor, sich an dieser dienstlichen Befragung zu beteiligen. Endlich richtete er sich auf und stieß das Schaufelblatt in die Erde. «So», sagte er. «Ich glaube, das war's.» Er sah Nada Filipović an. «Hat Ante vor irgendwas Angst gehabt? Hat ihn jemand bedroht? Wir sind hier, um Ihnen zu helfen, Nada.»

Nada Filipović fuhr sich mit der Hand über die Augen, als wollte sie dunkle Gedanken wegwischen. Oder Tränen. «Ante war ein guter Mensch», sagte sie endlich. «Seine Arbeit war die Überprüfung der Wasserqualität, er war ein Perfektionist. Er konnte Unrecht nicht ertragen, und er hätte niemals was Gesetzloses getan.» Sie holte tief Luft. «Ante war gerade im Außendienst unterwegs, als der Unfall passiert ist.»

«Glauben Sie denn, dass es ein Unfall war?», sagte Iva.

Nada Filipović gab keine Antwort.

«Oder hat man bei seinem Tod – nachgeholfen?»

Nada Filipović sog scharf die Luft ein. «Ja», sagte sie fest, «so war es. Ante hatte nur noch ein paar Monate bis zur Pension und keine Angst mehr um seine Aufträge.»

«Deswegen hat er sich an Raffaele Costa gewandt?»

«Wir dachten, dann fällt der Verdacht nicht auf uns.»

«Der Verdacht, einen Auftraggeber verraten zu haben?»

Nada Filipović nickte stumm.

«Hatte Ihr Mann vielleicht Angst um sein Leben?»

Nada Filipović nickte erneut. «Aber er wollte nicht, dass weiter Unrecht geschieht, wenn er in Pension ist.»

«Was war denn dieses – *Unrecht*?»

Sie zuckte die Schultern. «Das weiß ich nicht.»

«Er hat nie über seinen Verdacht mit Ihnen gesprochen?»

«Nein, nie.» Das klang nach der Wahrheit. «Ante wollte nicht, dass die Familie in irgendwas hineingezogen wird. Unser Sohn arbeitet als Schiffbauingenieur auf Uljanik, auf der Werft in Pula. Er hat eine gute Anstellung, und wenn ...»

«Ich verstehe», sagte Iva schnell. «Natürlich.» Sie war enttäuscht. Es blieb ihr nur noch eine Frage. Doch die zu stellen, kostete sie Kraft. «Kannten Sie Igor Markulin?»

«Markulin? So wie Sie?»

«Ja, kannten Sie ihn?»

«Nein, den Namen habe ich noch nie gehört.»

«Er hat ebenfalls den Tod Ihres Mannes untersucht.»

«Also, hier war dieser Markulin jedenfalls nicht.»

Baban legte die Schaufel wieder quer auf die Schubkarre und kam aus seinem Gemüsebeet. «Nada», sagte er und wischte die Handflächen gegeneinander ab, Erdkrumen rieselten zu Boden, «dann hatte Ante sein Büro also hier im Haus.»

Sie runzelte die Stirn. «Das habe ich doch gesagt.»

«Dieser Costa», Baban legte Verachtung in seine Stimme, und Iva hatte den Verdacht, dass ihm das nicht schwerfiel, «hat irgendwas von Unterlagen gesagt, die Ante ihm geben wollte. Ante hat es sich dann aber wohl anders überlegt.» Iva fiel auf, dass Baban nicht erwähnte, dass es der Tod war, der Ante Filipovićs Pläne durchkreuzt hatte. «Sind die Unterlagen vielleicht noch in Antes Arbeitszimmer?»

Nada Filipović gab keine Antwort.

«Nada», sagte Baban sanft. «Wenn diese Unterlagen etwas mit Antes Tod zu tun haben, dann ist es besser, wenn sie nicht hier im Haus herumliegen. Wo sie nichts mehr nützen.» Dass sie eine Gefahr für sie darstellten, erwähnte er nicht.

Nada Filipović dachte über seine Worte nach. Ihr Blick wanderte über das Gemüsebeet, wo die fettglänzende schwarze Erde jetzt die roten Stiele des Mangolds umschloss.

«Na gut», sagte sie. «Ich hole seine Aktentasche.»

Nada Filipović verschwand im Haus, kam aber kurz darauf

wieder zurück und reichte Baban eine abgeschabte braune Ledertasche. Sie musste sie griffbereit aufbewahrt haben.

«Wissen Sie, was darin ist?», fragte Iva.

Nada Filipović nickte. «Ja, Ante hat gesagt, ich sollte die Ergebnisse Gospodin Costa geben, wenn ...» Sie brach ab, fuhr aber tapfer fort: «Sollte ihm etwas zustoßen.»

«Ihr Mann hat sich doch bedroht gefühlt», sagte Iva.

«Es war kein Unfall», sagte Nada Filipović, und ihre Stimme klang bitter. «Das wissen Sie doch so gut wie ich, sonst wären Sie ja nicht extra hergekommen, oder?»

«Warum haben Sie diese – *Ergebnisse* – nicht Raffaele Costa gegeben?», sagte Iva. «Er hatte Sie doch angerufen?»

Nada Filipović sah sie an, als zweifelte sie an Ivas Verstand. «Glaubst du, dann wäre ich noch hier, Mädchen?»

Auf Babans Gesicht erschien ein unprofessionelles Grinsen. Als er Ivas Miene bemerkte, ließ er schnell die Verschlüsse der Aktentasche aufschnappen und klappte den Deckel hoch. Mit zwei Fingern zog er eine Plastikflasche mit Schraubverschluss und bedrucktem Aufkleber hervor.

«Was ist das?», sagte Iva und zeigte auf die Flasche.

«Eine Polyethylen-Flasche», sagte Nada Filipović. «Darin wird eine Wasserprobe ins Labor transportiert. Man muss die Flasche ein paarmal mit dem zu untersuchenden Wasser ausspülen, erst dann kann man eine Probe einfüllen.»

«Sie kennen sich gut aus», sagte Iva.

«Vor meiner Pensionierung habe ich am Gymnasium Biologie unterrichtet», sagte sie. «Ich wusste also, was Ante tat, wir haben immer über alles gesprochen ... fast alles.» Sie ließ Iva stehen und ging zum Gemüsebeet. Dort zog sie ein kleines Küchenmesser aus der Kitteltasche, bückte sich und kappte ein paar von den roten Stielen. Mit einem dicken

Strauß Mangold im Arm kehrte sie zurück und überreichte ihn Iva. «Ich bin froh, dass Sie gekommen sind.» Sie strich mit dem Zeigefinger über eines der welligen Blätter. «Machen Sie ihn mit Olivenöl und Knoblauch und essen Sie ihn zu Fisch. Mangold enthält Eisen und ist gesund für Kinder.»

Iva spürte, wie sich ihr Hals zuschnürte. Sie konnte nur nicken und die harten Stiele an die Brust drücken.

«Da liegt noch was drinnen», verkündete Baban. Er zog eine durchsichtige Plastikhülle aus der Aktentasche hervor, in der ein Blatt Papier steckte. Nachdem er den Text überflogen hatte, las er den Aufkleber der Flasche. Zum Schluss drehte er das Papier noch um. *«Das gibt's ja nicht!»*

Iva riss ihm das Blatt förmlich aus der Hand. Darauf standen der 31. März, als Uhrzeit 5.07 sowie verschiedene Parameter. Ein Code bezeichnete wohl die Entnahmestelle.

«Ein Laborbericht», sagte sie. «Eine Wasseranalyse.»

«Die gleichen Daten stehen auf der Flasche», sagte Baban und zeigte auf das Papier. «Lies mal die Rückseite. Jetzt wissen wir auch, in wessen Auftrag Ante Filipović zuletzt gearbeitet hat.»

Mit einem unguten Gefühl drehte Iva das Papier um.

Dort prangte der Stempel von *EcoAqua*.

FÜNFUNDZWANZIG

Marina nahm sie in der großen Halle in Empfang. Inzwischen war es früher Nachmittag geworden, und junge Leute in weißen Kitteln saßen um die Wassersäule, in der die Quallen wie an Fäden gezogen auf und ab schwebten, Getränkedosen zu Füßen und Fast-Food-Kartons auf den Knien, und unterhielten sich ungezwungen und mit lautem Lachen. Das Betriebsklima bei *EcoAqua* schien gut zu sein.

«Unsere Studenten», sagte Marina mit einer Kopfbewegung in Richtung der fröhlichen Runde. «Im Sommer haben wir hier viele Praktikanten.» Sie ließ ihren Blick zwischen Iva und Baban hin und her wandern. «Was kann ich heute für Sic tun?»

«Wir würden gerne noch einmal mit Doktor Bujić sprechen», sagte Iva. «Leider ohne Termin, aber dringend.»

«Doktor Bujić ist auf einer Tagung in Piran», sagte Marina. «Kommt heute auch nicht mehr ins Haus.»

«Wer ist sein Stellvertreter?», sagte Baban.

«Doktor Bujić hat keinen Stellvertreter.»

«Wir haben ein paar Fragen zu Gospodin Filipović», sagte Iva. «Was und wo hat er denn für *EcoAqua* gearbeitet?»

Marinas Miene umwölkte sich. «Der arme Ante», sagte sie und seufzte. «Er hat seit Jahren Aufträge für uns übernommen, wir konnten die Todesnachricht erst gar nicht fassen. Alle haben Ante geschätzt.» Sie überlegte. «Dann bringe ich Sie wohl am besten zu Vinko ins Hauptlabor, der hat meistens mit Ante zusammengearbeitet.»

Wieder gingen sie durch lange Flure und an offenen Bürotüren vorbei, hinter denen jedoch in der Mittagspause hauptsächlich verwaiste Schreibtische zu sehen waren.

Auch im Hauptlabor arbeiteten zu dieser Stunde nur zwei Menschen in weißen Kitteln. Eine junge Frau mit kurzen blonden Locken stand an einer großen Glasfront, hinter der man einen weiten Blick über die Adria und auf den Horizont, der sich um diese Tageszeit in den Spiegelungen des Meeres zu verflüssigen schien, hatte. Motorjachten und Segelboote sprenkelten die azurblaue Wasserfläche und zogen weiße Schaumkronen hinter sich her, ein Frachter mit roten Aufbauten fuhr nach Süden. Die blonde Frau sortierte Reagenzgläser in bunte Ständer und schenkte ihnen keine Beachtung. Der junge Mann mit dem zum Dutt gebundenen Haar saß am Computer, hatte das Kinn in eine Hand gestützt und tippte mit der anderen auf der Tastatur herum.

«Vinko», rief Marina. «Besuch für dich.»

Der junge Mann löste seinen Blick nur zögerlich vom Bildschirm, aber schließlich wandte er sich mitsamt seinem Drehstuhl um. Er nickte Iva und Baban zu, und Iva meinte, Zeichen des Wiedererkennens in seinen Augen zu sehen.

«Die Leute sind von der Polizei», sagte Marina. «Es geht um Ante, irgendwelche Fragen zu seiner Arbeit.»

«Ja?» Vinko sah zwischen Iva und Baban hin und her.

Marina schenkte ihnen noch ein Lächeln und verschwand.

Vinko deutete auf zwei hölzerne Drehhocker, die vor einer langen weißen Resopalplatte mit Laborgerätschaften standen. «Setzen Sie sich doch. Was wollen Sie denn wissen?»

«Mein Name ist Markulin», sagte Iva und setzte sich vorsichtig auf den wackeligen Holzteller. «Von der Polizei in Pula. Das ist Komesar Miroslav Baban, Gospodin …?»

«Lovrić, Vinko Lovrić.»

«Gospodin Lovrić», sagte Iva. «Alles, was wir wissen, ist, dass Ante Filipović zuletzt für *EcoAqua* gearbeitet hat. Der Unfall ist wohl bei einem Auswärtstermin passiert.»

Vinko nickte. «Ante hatte schon länger einen Auftrag für Feldanalysen in einem bestimmten Gebiet», sagte er. «An dem Tag hat er wohl auch da draußen gearbeitet.»

«Das heißt, er hat im Gelände Untersuchungen gemacht?»

«Feldanalysen.» Vinko nickte. «Vor Ort werden zunächst organoleptische und physikochemische Parameter bestimmt.»

«Organo... was?», sagte Baban.

«Färbung, Geruch, Trübung, Bodensatz – bei der Überprüfung der Trinkwasserqualität auch der Geschmack – sind Organoleptik», sagte Vinko. «Physikochemische Parameter sind Wassertemperatur, Sauerstoffgehalt oder pH-Wert.»

«Dachte ich mir's doch gleich», brummte Baban.

Vinko blickte ihn freundlich an. «Das haben Sie bestimmt alles in der Schule gelernt und nur vergessen.»

«Genau so wird's sein», sagte Baban.

«Filipović war Wasserbauingenieur», sagte Iva.

«Sie meinen, die Aufgabe ist zu simpel für so einen?» Vinko schüttelte den Kopf. «Wir bewerten ja nicht nur das Grundwasser, sondern auch Quellwasser, ja sogar Heilwasser. Bei Trinkwasser und Rohwasser lastet viel Verantwortung auf dem zuständigen Techniker. Da sind Zahl und Umfang der Analysen übrigens auch gesetzlich vorgeschrieben.»

«Ich verstehe», sagte Iva. «Was finden Sie denn so?»

Vinko seufzte. «Durch das Umweltbewusstsein, die strengen Gesetze und die praktisch lückenlose Überwachung ist vieles besser geworden», sagte er. «Da ist in der Vergangenheit leider zu viel passiert. Inzwischen ist es für einen Betrieb fast unmöglich, Industrieabwässer wie Sulfate, Nitrate, Chloride oder Ähnliches in den Wasserkreislauf einzuleiten.» Er zog die Brauen zusammen und überlegte. «Sorgen macht uns heute eher die Verunreinigung des Grundwassers mit coliformen Keimen.» Er blickte Baban an. «Die Verschmutzung durch menschlichen oder tierischen Kot.»

«So wie in Plitvice?», sagte Iva. «Wo der Gestank angeblich nicht aus einer illegalen Senkgrube für Tausende von Touristen stammt, sondern von einer Schweinefarm?»

Vinko nickte. «Überall da, wo zu viele Menschen das System überfordern und Abwässer, die Fäkalien enthalten, nicht ordnungsgemäß entsorgt werden. Oder man veraltete oder beschädigte Rohrleitungen nicht rechtzeitig austauscht.»

Iva war, als hörte sie Raffaele Costa. *Der Hotelier, ein Ausländer, hatte einen alten Palazzo gekauft, zum Hotel umgebaut und keine einzige der behördlichen Auflagen erfüllt. Nicht einmal die alten Bleileitungen hat er entfernt, so egal waren ihm seine Gäste.* Am Horizont ihrer Gedanken tauchte eine Überlegung auf, aber ehe sie ihre Frage stellen konnte, sprach Vinko schon weiter.

«So gelangen die Bakterien ins Oberflächenwasser», sagte er, «ins Grundwasser und am Ende in Ihr Trinkwasser und verursachen ziemlich widerliche Durchfallerkrankungen.» Er zuckte die Schultern. «Selbstverständlich können auch Naturereignisse, Erdbeben, Überschwemmungen oder ...»

«Filipović war immer für dasselbe Gebiet zuständig?»

Vinko nickte. «So lautete sein Auftrag.»

«Und warum ist das so?»

«Doktor Bujić hat dieses System eingeführt», sagte Vinko. «Wir testen Proben von Hunderten von verschiedenen Orten. Da ist es besser, wenn jeder sein Gebiet im Blick hat und auf Veränderungen schnell reagieren kann. Laboranalysen sind nicht alles. Der menschliche Faktor ist nicht zu unterschätzen.»

«Klingt plausibel», sagte Iva und überlegte. «Ihr Kunde Branislav Leskovar errichtet gerade eine große Wohnanlage – Malo Selo – über der Kvarner-Bucht. Kennen Sie das Projekt?»

«Ich kenne sogar die Untersuchungsergebnisse», sagte Vinko. «Ist ein spektakuläres Bauvorhaben, da wird man auch als Fachmann neugierig und wirft mal einen Blick drauf.»

«War Gospodin Filipović dafür zuständig?»

Auf Vinkos Gesicht erschien ein Lächeln. «Wir machen tatsächlich die Wasseranalysen für Malo Selo», sagte er. «Alle Parameter sind im grünen Bereich. Die Analysen sind in unserem System gespeichert und können jederzeit eingesehen werden. Aber nein, Ante Filipović hatte nie was mit diesem Gebiet oder diesen Untersuchungen zu tun.» Er machte eine Pause. «Als Ante den tödlichen Unfall hatte, herrschte an den Tagen zuvor an der ganzen Küste Starkregen. Sie kennen doch die Kurven in der Straße – wenn Sie mich fragen, war's Aquaplaning.»

Die junge Frau am Fenster war mit den Reagenzgläsern fertig und brachte ein Tablett mit Glasampullen mit hellblauen Deckeln, das sie neben der Computertastatur auf Vinkos Schreibtisch abstellte. In den Röhrchen schwappte trübes Wasser, in dem kleine Flusen schwammen. Sie steckte die Hände in die Kitteltaschen und lehnte die Hüfte gegen die Tischkante.

Vinko stand auf. «Wenn Sie dann keine weiteren Fragen haben», sagte er und nickte seiner Kollegin zu, «dann würden wir gerne weiterarbeiten. Wir haben ein ziemliches Pensum.»

Iva, die die Glasampullen angestarrt hatte, stand sofort auf und bedankte sich für seine Zeit. Mit Baban im Schlepptau verließ sie das Labor und kurz darauf *EcoAqua*.

«Hast du die Glasröhrchen gesehen?», sagte Iva auf der Rückfahrt nach Pula. «Die, die diese Labormitarbeiterin gebracht hat? Genau solche hatten wir im Büro!»

«Woher willst du das wissen?», sagte Baban.

«Weil ich den Verschluss kenne: *EcoAqua*-Türkis.»

«Und wieso hatten? Wo sind die Dinger jetzt?»

«Dein Vorgänger hätte sie in die Rechtsmedizin schicken sollen», sagte Iva. «Nives Lombardo behauptet jedoch, sie habe weder die Ampullen noch meinen Laborauftrag bekommen.» Sie überlegte. «Ich wollte die Proben auf Drogen untersuchen lassen, aber vielleicht ging es ja bei Igors Ermittlungen gar nicht um Rauschgift.»

Baban gab keine Antwort, sondern fuhr eine Weile schweigend weiter. Endlich sagte er: «Wenn, dann hatte dein Mann jedenfalls die richtige Nase.»

Iva sah ihn von der Seite an. «Ach ja?»

Baban nickte. «Ich war heute etwas früher im Büro», sagte er. «Mir sind diese Namenslisten und Kontenaufstellungen aus der Banka Battaglia nicht aus dem Kopf gegangen. Langsam kann ich sie schon fast auswendig.» Schnell setzte er hinzu: «Und natürlich wollte ich am Fall Filipović arbeiten!»

«Widersetzt du dich Anweisungen grundsätzlich?»

«Nein», sagte Baban, und Iva konnte sein Grinsen hören. «Nur wenn ich eben anderer Meinung bin.»

«Ich bin deine Vorgesetzte, meine Meinung zählt!»

«*EcoAqua*-Bujić hat ein Konto bei Battaglia», sagte Baban ungerührt, und Iva verstummte. «Und zwar ein richtig gut gefülltes, auf das in regelmäßigen Abständen Bareinzahlungen erfolgen, und ein Wertpapierdepot, das die Bank für ihn verwaltet. Ich wusste ja, dass ich den Namen von irgendwoher kenne.» Sie passierten das Ortsschild von Pula, und er nahm die Einfallstraße zur Altstadt. «Ich habe Filipovićs Wagen vom Schrottplatz holen lassen. Die Spurensicherung ist schon dran. Wir sollten bald die Ergebnisse haben.»

«Das ging ja schnell», sagte Iva.

Baban räusperte sich. «Ich kenne da wen von früher.»

Freunde von Freunden. «Was du nicht sagst.»

Baban bog auf den Korso ein. Unter den alten Bäumen waren alle Tische vor den Cafés und Bars besetzt.

«Hör mal», sagte Baban und fuhr am Eingang der Polizeidirektion vor. «Vielleicht sollten wir unsere nächste Lagebesprechung nicht ausgerechnet hier abhalten.» Er stellte den Land Rover neben Ivas Wagen ab.

«Du glaubst an diesen Maulwurf, ja?», sagte Iva. Sie dachte an die verschwundenen Ampullen. «Danke, dass du der Meinung bist, dass Igor das Richtige getan hat.»

Baban blickte zu dem Uniformierten hinüber, der gelassen zusah, wie der Kommissar sein Auto neben dem dieser Leiterin der neuen Sonderkommission im Halteverbot parkte.

«Nur eine Vorsichtsmaßnahme.» Baban klang ausweichend.

Iva überlegte. «Wie wär's mit Frühstück?», sagte sie. «Morgen um neun im *Augustus e Roma*? Ich lade dich ein.»

Baban zögerte. «Treffen wir uns um elf», sagte er. «Ich will vorher noch ein paar Sachen überprüfen. *Dobro?*»

«*Dobro!*»

Die hohen Fenster der Bibliothek standen offen, und die Abendbrise trug laue Luft und das Zirpen der Zikaden herein.

Iva hatte sich zu Nikola zu einem Glas Wein und einem Teller mit Trauben und Feigen in die Bibliothek gesellt, bewachte das Telefon, für den Fall, dass die Entführer sich melden sollten, und verfolgte zunehmend nervöser die Nachrichten. Warum hatten sie seit gestern nichts von Matteo gehört? Die Angst, die den ganzen Tag in ihrer Brust geschlummert hatte, erwachte gestärkt zum Leben und gewann die Oberhand.

Ein Beitrag von Ana Matić wurde direkt im Anschluss an die Hauptnachrichten gesendet, hatte nicht im Programm gestanden, sondern war kurzfristig angekündigt worden.

Breaking News, sozusagen.

«Nachdem wir bereits aufschlussreiche Gespräche mit Doktorica Iva Markulin zu ihrer Arbeit gegen Korruption und organisiertes Verbrechen führen durften», sagte Ana Matić in die Kamera, «freue ich mich, heute einen Gast begrüßen zu dürfen, der uns Auskunft aus seiner fachlichen Sicht geben wird.» Studioapplaus brandete auf, und begleitet vom Fokus der Kamera wandte sie sich nach links zu ihrem Gast. «Avvocato Kos, wie beurteilen Sie die Arbeit und die Erfolge der Leiterin der neuen Sonderkommission in Pula?»

Iva fühlte sich vollkommen überrumpelt, bis ihr das Gespräch vor der *Galerija Cvajner* einfiel, dessen Zeugin sie zufällig geworden war. Lorenzo hatte auf Ana Matić eingeredet, er hatte also um dieses Interview gebeten.

«Danke für die Einladung, Frau Matić.» Lorenzo lächelte und schaffte es, nicht nur attraktiv, sondern auch sachlich und kompetent auszusehen. «Nun, ich kenne Doktorica Markulin schon seit Langem, wir sind Studienfreunde», sagte er. «Ich fürchte jedoch, hier wird viel Lärm um nichts gemacht.»

«Die Vorwürfe von Doktorica Markulin sind – *nichts*?»

Lorenzo runzelte bekümmert die Stirn, wirkte besorgt um die gute Freundin. «Nun, ich schätze Iva als ausgezeichnete Juristin, aber – vielleicht lässt sie sich in dieser Angelegenheit zu sehr von persönlichen Motiven leiten.»

Iva schnappte nach Luft. «So ein Mistkerl.»

«Dein Studienfreund?», sagte Nikola. «Ist das etwa dieser Lovro, mit dem du ausgehst? Bravo, sage ich, bravo!»

«Ich gehe mit niemandem aus! Ich ...» Iva verstummte.

«Mit anderen Worten – sie ist nicht objektiv», sagte Ana Matić. «Lassen Sie mich etwas anderes fragen, Avvocato, gibt es eine Mafia, gegen die es eine Jägerin braucht?»

«Natürlich gibt es das organisierte Verbrechen», sagte Lorenzo mit ernster Miene, hier sprach der Anwalt. «Wer wollte das bestreiten? Und wir haben eigene Gesetze dagegen. Was die Mafia betrifft, ist härtestes Vorgehen geboten, und unsere Justiz und unsere engagierte Exekutive leisten hier hervorragende Arbeit.» Studioapplaus unterbrach seine Worte. «Ich bin überzeugt davon, dass Doktorica Markulin auch mehr weiß. Ihr Mann ist vor ein paar Wochen durch eine Explosion ums Leben gekommen, durch – *eine Autobombe.*» Er machte eine Pause, ließ seine Worte wirken. Im Auditorium erhob sich Gemurmel. «Wer tötet auf diese Weise? So mordet die Mafia! Das weiß jeder!»

«Ich bringe ihn um», zischte Iva.

Nikola nickte und brummte zustimmend.

Ana Matić lehnte sich zurück, legte den Kugelschreiber, den sie in der Hand hielt, ans Kinn. «Verstehe ich Sie etwa richtig, Avvocato Kos», sagte sie, «dass Sie Doktor Igor Markulin eine Nähe zur Mafia unterstellen wollen? Und den Anschlag auf ihn als Racheakt der Mafia betrachten?»

Iva sprang auf, aber Nikola packte ihren Arm wie mit einem Schraubstock und drückte sie in den Sessel zurück.

«Hör dir an, was dieser Lovro zu sagen hat», sagte er.

«Lorenzo verbreitet Lügen!»

«Hör zu und pass auf!» Nikola funkelte sie an.

«Das ist die Unterwelt», sagte Lorenzo, «die wir als normale Bürger nicht kennen und hoffentlich auch nie kennenlernen werden. Ich kann mir nicht vorstellen, in welche Tiefen sich meine Kollegin Iva hinabbegeben hat oder wie weit sie bereit ist zu gehen, um den Ruf ihres Mannes zu retten.» Er überlegte. «Ihr Verhalten ist vielleicht menschlich verständlich. Aber nichts rechtfertigt diesen Feldzug gegen unsere Banken und Unternehmen, gegen rechtschaffene Leute, die dieser fixen Idee zum Opfer fallen.» Lorenzo blickte eindringlich in die Kamera, und Iva konnte sich des Eindrucks nicht erwehren, er wüsste, dass sie auf der anderen Seite des Bildschirms saß. «Es ist eine Sucht, diese kompromisslose Suche nach der Wahrheit. Und sie ist gefährlich. Wenn man sie zur Maxime seines Handelns macht, sollte man sehr vorsichtig sein!» Er lehnte sich zurück und lächelte, hatte seine Botschaft überbracht.

Iva stand auf und schaltete den Fernseher aus.

«Rodin?»

«Professor, es ist mir äußerst unangenehm, Sie zu so später Stunde zu stören, aber es geht um Ihren Schützling. Sie macht uns nach wie vor Ärger.»

«Nun ja, das bedauere ich. Ich weiß, ich habe sie auf diesen Posten empfohlen. Also sie – das ist natürlich nur eine

Vermutung von mir – scheint tatsächlich blindwütig ihre Karriere zu verfolgen und dabei über das Ziel hinauszuschießen und sogar ihre Dienstpflicht zu verletzen.»

«Wir glauben, es wäre besser, wenn Sie herkämen und persönlich mit ihr sprächen.»

«Ich bitte Sie, lieber Freund, ich habe in Zagreb alle Hände voll zu tun. Und ich halte ein Gespräch in diesem Stadium auch nicht mehr für zielführend. Darüber hinaus hat Doktorica Markulin ja inzwischen zur Genüge bewiesen, dass sie nicht bereit ist, den Rat eines wohlmeinenden Freundes anzunehmen. Lösen Sie Ihr Problem da unten also bitte selbst. Sie werden schon wissen, wie.»

«Vielleicht sollten wir die Modalitäten ...»

«Ich will es gar nicht wissen, hören Sie?!»

SECHSUNDZWANZIG

Die Tische im *Augustus e Roma* waren am späten Vormittag nahezu alle besetzt. Viele Leute hatten sich vor der Hitze, die Istrien, abgesehen von ein paar sintflutartigen Regenfällen, im Griff hielt, in die angenehm temperierte Bar geflüchtet. Auch wenn die weißen Spaliere, die den Raum teilten, nur von künstlichem Efeu überrankt waren, vermittelten seine Blätter doch die Illusion von frischem Grün, und das sanfte Licht der Spots war eine Erholung für die Augen nach der grellen Sonne draußen. Zwei Kellner in weißen Jacken eilten mit Tabletts durch die Gänge, die Espressomaschine auf der langen Theke zischte, als der Barista die nächsten Tassen füllte und auf ein Tablett stellte. Der Duft nach Kaffee und frischen Hörnchen lag in der Luft.

Um keine unnötige Aufmerksamkeit auf einem Fensterplatz mit Blick auf die Riva zu erregen, steuerte Iva einen Tisch im Hintergrund der Bar an. Sie bestellte einen Espresso und einen halben Liter Mineralwasser und genoss das leise Geplauder und die Hintergrundmusik, die sie wie in einem Kokon einschlossen.

Baban verspätete sich.

Während Iva ihren Kaffee trank, vertrieb sie sich die Wartezeit, indem sie das Kommen und Gehen der Gäste beobachtete. Ein junges Paar setzte sich an den Nebentisch. Ein Mann in Jeans und Polohemd stand eine Weile wartend in der Tür, blickte sich um und setzte sich dann, als er wohl keinen Bekannten entdecken konnte, mit einer Zeitung in eine

Nische und verschwand hinter seiner Lektüre. Eine ältere Frau betrat die Bar mit zwei kleinen Pudeln, ein Kellner geleitete sie an einen Tisch und brachte den Hunden Wasser.

Als Baban endlich erschien, trug er eine Aktentasche.

Er ließ sich auf den Stuhl gegenüber von Iva fallen, hob die Hand und bestellte Kaffee und Wasser. Dann klappte er die Aktentasche auf, zog ein paar Blatt Papier heraus und legte sie auf den Tisch. «Ich war noch mal bei *EcoAqua*», sagte er und fügte, als er Ivas Miene bemerkte, schnell hinzu: «Also nicht direkt, ich habe Marina getroffen.»

«Marina? Die Empfangssekretärin?»

«Marina, die IT-Spezialistin.» Baban grinste.

Der Kellner kam mit einem Tablett und brachte Kaffee und Wasser. *«Izvolite!»* Bitte schön. «Tramezzini? Hörnchen?» Baban schüttelte den Kopf, und der Kellner drückte das Tablett an die Brust und entschwand in Richtung Tresen.

«Sie kann zwar keine chemischen Analysen machen», sagte Baban. «Aber sie weiß, was die Angaben im Computer bedeuten.» Er nahm einen Schluck von seinem Espresso.

«Und das sagt sie dir so einfach?»

«Da gibt's keine Geheimnisse», sagte Baban. «Allerdings kann jemand, der kein Chemiker ist, die Gefährlichkeit der Schadstoffe nicht beurteilen und kennt auch die Grenzwerte nicht.» Er drehte das oberste Blatt so hin, dass Iva es lesen konnte, und tippte mit dem Finger darauf. «Das ist das Analyseblatt, das wir in Filipovićs Aktentasche gefunden haben.» Iva nickte, obwohl sie sich nur das Datum, den 31. März, gemerkt hatte. «Filipović hat diese Probe am Ostersonntag um fünf Uhr gezogen. Und nun rate mal, wo!» Er goss sich Wasser ein und trank durstig, wobei er Iva nicht aus den Augen ließ.

Iva zuckte die Schultern. «Mach's nicht so spannend.»

Baban stellte sein Glas auf den Tisch, nahm ein zweites Blatt und legte es neben das erste. «Im Gebiet der Wohnanlage von unserem Freund Leskovar», sagte er. «Und das hier ist der Ausdruck aus der Datenbank von *EcoAqua*.»

Iva blickte auf. «Den hat sie dir einfach überlassen?»

«Einfach nicht», sagte Baban, «aber ich bin der Komesar.»

Iva versuchte, die Parameter zu lesen, verglich sie miteinander, verstand sie jedoch nicht. «Was heißt das nun?»

Baban tippte wieder auf die Zahlen. «Es wurden keine chemischen Schadstoffe gefunden», sagte er. «Und alle Proben aus dem Gebiet hatten gleichbleibend gute Wasserqualität.» Er hob den Zeigefinger, als wollte er sich Ivas besondere Aufmerksamkeit sichern. «Aber am 30. März hatte Filipović routinemäßig eine Wasserprobe genommen, die eine erhöhte Belastung mit Fäkalien ergab. Daraufhin ist er am 31. März morgens noch mal rausgefahren und hat eine weitere Probe gezogen, die jedoch wieder einwandfrei war und auch exakt die gleichen guten Werte wie die Proben aus den Wochen zuvor aufwies – und die auch so ins System eingegeben wurde. Die Probe vom 30. März wurde als fehlerhaft eingestuft und vernichtet. Entweder ist diese Polyethylen-Flasche, die Filipović zum Transport benutzt hat, nicht ganz sauber gewesen, oder er hat sie nicht mit dem Probenwasser ausgespült. Oder die Verunreinigung ist im Labor geschehen. Wo Menschen arbeiten, passieren Fehler.» Er machte eine Pause. «Ich glaube, dass das Datenblatt, das wir bei Nada Filipović gefunden haben, die Verunreinigung dokumentiert.»

«Das verstehe ich nicht», sagte Iva. «Kurz vor dieser Verunreinigung und gleich nachher waren die Werte doch in Ordnung. Und Filipović hat alle drei Proben selbst gezogen.»

«Nives kennt sich mit den chemischen Bezeichnungen aus», sagte Baban. «Ich fahre jetzt im Anschluss gleich zu ihr.»

«Gut ... gut.» Iva überlegte. «Dann war das Gebiet um Malo Selo also doch Filipovićs eigenes Einsatzgebiet. Anders als dieser Vinko behauptet hat.»

Baban lachte und schenkte sich Wasser nach. «Wo denkst du hin?», sagte er. «Brane – so nennt ihn Marina – ist ein langjähriger, guter Kunde. Und daher natürlich – Chefsache.»

«Bujić?»

Baban nickte, während er sein Wasser trank.

Iva dachte an den Besuch bei *EcoAqua*. Damals hatte sie nach Leskovars Bauvorhaben über der Kvarner-Bucht gefragt.

Ich bin zwar nicht mit den Einzelheiten der Untersuchung vertraut. Aber wenn der zuständige Techniker irgendwelche Zweifel gehabt hätte, wäre er damit selbstverständlich zu mir gekommen.

«Bujić betreut dieses Gebiet also höchstpersönlich», sagte sie. «Warum hat er geleugnet, darüber Bescheid zu wissen? Und wieso war dann Filipović vor Ort?»

Baban schüttelte den Kopf. «Keine Ahnung», sagte er, sammelte die Blätter wieder ein und steckte sie in die Aktentasche. «Aber ich habe noch andere Neuigkeiten.» Er sah Iva ins Gesicht. «Die Spurensicherung hat sich gemeldet. Sie haben nicht nur ein paar Dellen im Heck von Filipovićs Wagens gefunden – die könnten auch beim Absturz über die Klippen entstanden sein –, sondern noch dazu Lackspuren auf der rechten Seite. Filipović ist von der Straße abgedrängt worden. Und zwar von einem blauen Auto.»

«Weshalb erfahren wir das erst jetzt?», sagte Iva.

Baban überlegte. «Könnte mit Absicht nicht untersucht

worden sein», sagte er. «Oder es war einfach Schlampigkeit. Die Kollegen sind ja nur von einem Unfall ausgegangen und haben den Abschleppdienst gerufen.» Er zuckte die Schultern.

«Ein blaues Auto ... Modell? Baujahr?»

«Erfahren wir noch, wird aber ein paar Tage dauern.»

«Gut, wie wär's mit Frühstück? Meine Einladung steht.»

Auf Babans Gesicht erschien ein etwas verlegenes Lächeln. «Ich habe schon eine Kleinigkeit mit Marina gegessen», sagte er. «Die haben bei *EcoAqua* eine tolle Cafeteria – mit Terrasse über dem Meer und mit Fernblick.» Baban schlug mit der Hand auf den Tisch. «Ich bin bei Nives. *Ajde, ciao!*»

Baban stand auf und durchquerte das Café. Gleich darauf konnte ihn Iva durch die Fenster sehen, wie er sich auf der Riva unter die Menge mischte. Für eine kurze Weile überragte seine Gestalt die anderen Menschen, dann war sie weg.

Der Mann, der an der Tür auf Bekannte gewartet und bis jetzt hinter einem der Wandschirme gelesen hatte, stand auf, faltete seine Zeitung zusammen und warf sie auf den Tisch. Dann schlenderte er den Gang entlang auf Iva zu. Er trug Jeans und ein beiges Polohemd, in dessen Ausschnitt eine dunkle Sonnenbrille hing. Iva nahm ihn erst bewusst wahr, als er sich ungefragt neben sie an den Tisch setzte.

«Doktorica Markulin», sagte er, «ich soll mit Ihnen reden.» Er machte dem Mann hinter dem Tresen ein Zeichen und rief: «Noch einen Espresso für mich.»

Iva sah ihm ins Gesicht und begegnete einem prüfenden Blick aus schwarzen Augen. Der Mann war um die fünfzig, sein drahtiges Haar war von weißen Fäden durchzogen, und seine Haut war sonnenverbrannt, bis auf eine helle Narbe, die quer über die Stirn verlief. In seinem markanten

Kinn saß ein Grübchen wie ein Schnitt. Der Mann kam Iva bekannt vor. Sie wünschte, Baban hätte sie nicht allein gelassen. Mit dem Gedanken an Baban kam die Erinnerung. Baban und sie hatten auf der Rückfahrt von *EcoAqua* über diesen Mann gesprochen. Sie kannte sein jüngeres Gesicht aus ihren Akten. Der Internationale Strafgerichtshof für das ehemalige Jugoslawien hatte ihn wegen Verbrechen gegen die Menschlichkeit angeklagt – einen untergetauchten Killer, einst als Handlanger in den Diensten des Kriegsverbrechers Željko Raznatović, genannt Arkan.

Der Mann an ihrem Tisch war Karlo Matera.

Iva machte Anstalten aufzustehen.

«Denken Sie nicht einmal daran», sagte Matera. «Denken Sie lieber an Ihren Sohn. Es geht ihm gut, wie ich höre.»

Der Kellner brachte den Espresso, und Matera wartete, bis er außer Hörweite war. Dann nahm er seine Tasse mit dem heißen Kaffee, warf einen Blick hinein, schwenkte sie etwas.

«Was wollen Sie?» Ivas Mund war trocken.

Matera stellte die Tasse ab, noch zu heiß. «Es geht um Ihren Assistenten», sagte er. «Diesen Kommissar.»

«Um Miroslav Baban? Was ist mit ihm?»

«Man hatte eine Abmachung mit Ihnen», sagte Matera. «Aber inzwischen fragt man sich, ob Ihr Wort gilt.»

Iva hatte das Gefühl, als schnürte sich ihr der Hals zu. «Ich habe mich an die Abmachung gehalten», hauchte sie.

Matera zog eine Zigarettenpackung aus der Hosentasche und klopfte eine Zigarette heraus. Er drehte sie eine Weile zwischen Daumen und Zeigefinger, ehe er sie wieder zurücksteckte. *Rauchverbot.* «Aber Ihr Kommissar nicht.» Er sah Iva an. «Er macht uns Ärger – eine Menge Ärger.»

Iva brauchte ein paar Sekunden, bis sie den Inhalt von

Materas Worten begriffen hatte. Vor ihrem inneren Auge erschien das Bild von Baban, der am Vortag bei ihrem Auftauchen im Büro verdächtig schnell aufgesprungen war und seinen Autoschlüssel aus der Tasche gezogen hatte. Sodass sie keine Gelegenheit gehabt hatte, einen Blick auf seinen Schreibtisch zu werfen. Die Erkenntnis traf Iva wie ein Schlag. *Ich war heute etwas früher im Büro.* Baban hatte sich ihrer Anweisung widersetzt und weiter ermittelt. *Mir sind die Namenslisten und die Kontoaufstellungen aus der Banka Battaglia nicht aus dem Kopf gegangen.*

Iva wollte nur noch weg.

«Komesar Baban tut seine Arbeit», flüsterte sie.

«Ja, und er tut sie gut – zu gut», sagte Matera. «Es wäre also besser, wenn ... verstehen Sie?» Er sah Iva an.

«Nein.» Sie bekam kaum noch Luft. «Was – wenn?»

Das Paar am Nebentisch wandte ihnen die Gesichter zu, Matera schien sich nicht an der Aufmerksamkeit zu stören.

Er beugte sich über den Tisch zu ihr. Iva roch den kalten Zigarettenrauch in seinem Atem. «Schicken Sie Ihren Kommissar heute Abend zum alten Hafen. Den Rest machen wir.»

Ivas Herz fing an zu rasen. Ihr erster Gedanke lautete Flucht. Ihr zweiter, dass es für sie kein Zurück mehr gab. *Ich werde ein Verbrechen begehen, Dedi, jedes Verbrechen.* Sie wollte nichts mit diesen Mordplänen zu tun haben. Jetzt würde man sie jedoch nicht mehr aus den Fängen lassen. Wenn sie nicht kooperierte, würde man sie wahrscheinlich gleich mit Baban aus dem Weg räumen. Sie dachte an Matteo. Was wäre, wenn sie sich widersetzte? Und was, wenn sie nachgab? Ihr Leben wäre in jedem Fall vorbei.

«Alles klar», sagte Iva so ruhig, als gehörte Mord zu ihrem Tagesgeschäft. «Sag deinen Bossen, ich werde sie grillen, und zwar bei lebendigem Leib. Jeden einzelnen von ihnen, und wenn es mich den Rest meines Lebens kostet.» Auf Materas Gesicht zeichnete sich Überraschung ab. «Und du – *du* – wirst der Erste sein.» Ehe er etwas entgegnen konnte, sprang Iva auf, ergriff seine volle Tasse und schüttete ihm den heißen Kaffee ins Gesicht. *«Ab jetzt tue ich nichts mehr für euch!»*, brüllte sie, sah mit Genugtuung seine zusammengepressten Augen. *«Eher bringe ich mich um!»*

Irgendwo ging Geschirr zu Boden und zerbrach.

Vorbei an den lachenden Gästen, die sie wohl für ein streitendes Liebespaar hielten, stürmte sie aus dem Café.

Als Iva kurz darauf, halb blind vor Wut und Tränen, nach Terra Rossa fuhr, wusste sie, dass gerade der Boden unter ihren Füßen wegbrach und das Dach über ihrem Kopf zusammenstürzte. Genau wie ihre Ermittlungen in Pula.

SIEBENUNDZWANZIG

Nikola saß, die Hände auf dem Griff seines Stockes gefaltet, auf der Steinbank vor dem Haus. Colombina lag neben ihm, eine Pfote untergeschlagen und die Nase witternd im Wind. Als sie Iva aus dem Wagen steigen sah, legte sie die Ohren an, wedelte zur Begrüßung und bellte zweimal kurz.

Iva schlug die Autotür zu, schleppte sich zu ihrem Großvater, ließ sich an seiner Seite auf die Bank fallen und stellte ihre Tasche neben sich ab. Sie brauchte eine ganze Weile, bis sie nicht mehr zitterte. Ihre Augen brannten, ihre Muskeln, ihr ganzer Körper schmerzte vor Anspannung. Seit der Begegnung mit Karlo Matera hatte Iva das Gefühl, alle Lebenskraft verloren zu haben.

Die Wärme des aufgeheizten Marmors breitete sich in Ivas Körper aus und entspannte sie. Dankbar lehnte sie ihren Rücken gegen die Hausmauer und schloss die Augen. Sie nahm den Geruch des Rosmarins und des Salbeis wahr, hörte das Brummen der Hummeln zwischen den Lavendelblüten und das Zirpen der Zikaden, das die Stimme von Karlo Matera in ihrem Kopf übertönte und endlich zum Schweigen brachte.

Iva öffnete die Augen. «Ist Marta in der Nähe?»

«Nein», sagte Nikola. «Schleicht irgendwo draußen rum und redet nicht. Weiß der Teufel, was die Frau umtreibt.»

«Gut ... Dedi?»

«Mhm?»

«Die wollten, dass ich einen Mord begehe.»

Nikola umschloss mit beiden Händen den Griff seines

Gehstocks und richtete den Blick auf die Hügel in der Ferne, die grüngolden im Nachmittagslicht herüberschimmerten. Eine Eidechse huschte aus dem Schatten der Hausmauer hervor und blieb vor ihren Füßen auf den weißen Steinen sitzen. Ihr schlanker Leib schillerte smaragdfarben, und die schwarzen Knopfaugen blickten starr und ungeblendet ins Sonnenlicht.

«Und?», brummte Nikola. «Hast du?»

«Nein.» Iva seufzte. «Aber ab jetzt werde ich bei jeder Vespa, die auf der Straße an mir vorbeifährt, bei jedem Geräusch, das mich überrascht, zusammenzucken.»

«Du bist der Fuchs, auf den man schießt», sagte Nikola grimmig, «damit er nicht den Hühnern die Köpfe abreißt. Aber es ist noch jeder Fuchs in jedes Hühnergehege gekommen.»

Colombina knurrte, ob wegen der hörbaren Wut in der Stimme ihres Herrn oder wegen der Erwähnung des Fuchses.

«Möglich, Dedi», sagte Iva. «Aber ich habe sie so satt, diese Battaglias und Leskovars. Diese Baugenehmigungen, die immer auf dieselbe Handvoll Leute ausgestellt werden. Die Änderungen im Flächenwidmungsplan, damit Grundstücke nach Belieben teuer als Bauland verkauft werden können und damit Immobilienspekulanten Apartment- und Hotelanlagen in Naturschutzgebieten aus dem Boden stampfen können.»

Nikola griff hinunter und kraulte Colombina.

«Die Namen wechseln», fuhr Iva fort. «Es kommen immer neue hinzu, und alte tauchen wieder auf. Jeder ist mit jedem verbunden, organisierte Kriminalität, Politik und Organisationen sind gut vernetzt, handeln mit Geldern für öffentliche

Aufträge. *Mit Kokain.* Aber sie leugnen schamlos in aller Öffentlichkeit, dass es diese Bruderschaft, die Bratstvo – *diese Mafia* – gibt.» Sie schüttelte den Kopf. «Jeder einigermaßen skrupellose Anwalt wie Lorenzo kann unsere Ermittlungen und unsere Vorwürfe lächerlich machen.»

Nikola wandte den Kopf und blickte an Iva vorbei auf das Meer hinaus, das kalt und blau unter dem wolkenlosen Himmel lag, wie seit Jahrtausenden ungerührt von den menschlichen Schicksalen an seinen Küsten.

«Die werden immer weitermachen», sagte er. «Wer glaubt denn noch an den Staat? An Verantwortung? An Solidarität?»

Iva blickte zu Boden. Die Eidechse war verschwunden, und nur noch der heiße weiße Stein leuchtete in der Sonne.

«Vielleicht hattest du recht, Dedi», sagte sie, «und ich hätte die Finger von der Bratstvo lassen sollen. Aber inzwischen habe ich eine Schwelle überschritten, hinter der es kein Zurück mehr gibt.» Sie legte den Kopf in den Nacken und ließ den Blick über die Rebstöcke und die Olivenbäume mit ihrem schillernden Laub schweifen. Eine Schwalbe schoss zwischen den Ästen hindurch. Die Bäume haben einen guten Schnitt, dachte sie. *Gott, was für ein schöner Ort, Mamma mia, was für ein Glück.* «Olivenbäume», flüsterte sie, «wachsen viele Jahrhunderte, man bewahrt sie nur für die nächste Generation.» *Wo bist du jetzt, Matteo?*

Nikola beschattete seine Augen mit einer Hand und widmete seine ganze Aufmerksamkeit dem Tanz der Schwalbe.

«Ich mache weiter», sagte Iva. «Vielleicht bin ich ja wie Sisyphos, der sich den Berg hochschleppt und nie am Gipfel ankommt. Das Gewicht auf meinen Schultern ist zu schwer, und ich kann die Zeiten nicht ändern, aber ...»

Das Handy in Ivas Tasche fing an zu läuten. Sie holte es

heraus und blickte auf das Display. *Nummer unbekannt.* Ihr Herz fing an zu rasen. Hastig drückte sie die Annahmetaste.

«Ja ...?» Iva hörte selbst, wie heiser ihre Stimme klang.

«Deinem Sohn geht es gut, und du bekommst ihn zurück.»

«Ja.»

«Aber wir müssen die Sache jetzt zu Ende bringen.»

«Was wollt ihr?»

«Eine Erklärung, eine überzeugende Ehrenerklärung.»

«Was?»

«Du gehst heute ins Fernsehstudio in Pula, um achtzehn Uhr, vor den Hauptnachrichten. Die Matić wartet auf dich, sie weiß Bescheid. Wir haben ein paar Studiogäste besorgt. Du nimmst alles zurück, klar? Die ganzen Anschuldigungen und so. Und sieh zu, dass du glaubhaft wirkst. Weil sonst ...»

«Ich habe schon verstanden.»

«Dann ist dein Sohn morgen Abend wieder bei dir.»

«Ach ja?! Erst will ich mit Matteo sprechen.»

«Du hast unser Ehrenwort.»

Iva schwieg.

«Ach, und – vergiss die Sache mit dem Kommissar.»

Der Anrufer legte auf, das Gespräch war zu Ende.

Iva ließ das Handy sinken, starrte vor sich hin.

«Was verlangen die?», fragte Nikola.

Iva schluckte. «Ich soll öffentlich eine Ehrenerklärung abgeben», sagte sie. «Für diese Verbrecher, diese Mörder.»

«Gut, wir kennen den Preis», sagte Nikola. «Gib ihnen, was sie wollen! Und dann holen wir unseren Mate zurück.»

«Ich gehe heute Abend in die Löwengrube, Dedi.» Ivas Augen brannten. «Dann bekommen wir Matteo wieder. Aber dann habe ich umsonst gekämpft, dann habe ich kapituliert.»

«Das ist keine Kapitulation, sondern eine Kriegslist!»

Iva sah ihn von der Seite an. «Meinst du?»

Nikola ballte die Faust und schüttelte sie. «Es geht doch nicht darum, die Front zu verlassen», schimpfte er. «Sondern darum, sie zu wechseln, für eine Weile in Deckung zu gehen, unterzutauchen. Neue Waffen zu schultern. Wenn man schon gezwungen ist, Krieg zu führen, macht man das besser mit Kanonen als mit Pfeil und Bogen!» Seine Augen blitzten.

«Ich bin keine Partisanin, Dedi, und ich bin kriegsmüde», sagte Iva. «Ich will auch nicht mehr siegen. Alles, was ich will, ist Matteo.»

«Meine sehr verehrten Zuschauer und Zuschauerinnen, nachdem wir in unserer letzten Sendung zu den brisanten Ermittlungen in Pula Avvocato Lorenzo Kos bei uns begrüßen durften, freue ich mich, heute Doktorica Iva Markulin persönlich zu einer Stellungnahme bei uns im Studio zu haben.» Ana Matić wandte sich an Iva, die zu ihrer Rechten an einem kleinen Tisch saß. Der Stuhl zu ihrer Linken war frei. «Doktorica Markulin, mit Ihrem Antritt als Leiterin einer Sonderkommission haben Sie hier in der Stadt einiges Aufsehen verursacht. Die Menschen haben mit Interesse Ihre Interviews und Ihre Ankündigungen verfolgt. Nun fragen sie sich natürlich – was ist aus Ihren großen Worten geworden? Wollten Sie nicht die Korruption und das organisierte Verbrechen in unserem schönen Istrien bekämpfen?»

Iva trug einen schwarzen Hosenanzug und eine weiße Bluse und hatte fast eine Stunde in der Maske verbracht. Die Maskenbildnerin hatte ihr Bestes gegeben, die Spuren der Tränen und Angst in ihrem Gesicht zu überschminken und ihr Haar in weiche Wellen zu legen. Jetzt sah sie wie eine glamouröse Schauspielerin in einer dieser amerikanischen Anwaltsserien aus. Die Optik war nicht unpassend, dachte Iva bitter. Sie wusste zwar nicht, was auf sie zukam, aber sie würde glaubhaft ihre Rolle spielen müssen.

«Die Menschen hatten erwartet, dass Sie ein Netz der – *Mafia* – aufdecken», sagte Ana Matić. «Und dass wir hier von Ergebnissen und Anklagen berichten können.»

«Wir haben Unterlagen bei einer Razzia sichergestellt», sagte Iva, «die Fragen aufwerfen.» Das war unbestimmt genug.

«Entschuldigung – die Fragen aufwerfen?» Ana Matić hob die Brauen. «Wo sind die sicheren Beweise für – Straftaten?»

«Wir haben keine ... sicheren Beweise.»

«Ich verstehe», sagte Ana Matić. «Sie haben also gegen diese bis jetzt unbescholtenen Bürger nichts in der Hand?»

«Nein.»

«Die Bürger, gegen die Sie ermitteln, sind unschuldig?»

«Bis zum Beweis des Gegenteils, ja.»

«Dann erlauben Sie mir eine Frage, Doktorica», sagte Ana Matić. «Wie soll denn das jetzt weitergehen?»

«Wir werden alle Unterlagen eingehend prüfen», sagte Iva. «Wenn wir das Beweismaterial für ausreichend halten, werden wir die entsprechenden Leute verhaften, und die Staatsanwaltschaft wird Anklage erheben.»

«Beweismaterial? Wie bei Daniele Rossi?»

«Genau.» Was sollte die Erwähnung von Rossi? Iva bekam langsam ein Gefühl der Unwirklichkeit. Sie hatte das Gefühl, als bewegte sich das Gespräch auf einen Höhepunkt zu, den sie nicht erkennen konnte. Als säße sie in einem Flugzeug, das im Nebel auf einen Berggipfel zusteuerte.

«Nur zur Sicherheit: Bei der Hausdurchsuchung im Studio von Gospodin Rossi haben Sie Drogen gefunden», sagte Ana Matić. «Kokain, wenn ich mich recht erinnere? Richtig?»

«Richtig.»

Ana Matić sah auf den Block auf ihren Knien, als müsste sie ihre nächste Frage nachlesen, aber durch diese Geste erhöhte sie auch die Spannung für das Kommende.

«Doktorica Markulin», sagte Ana Matić und hob den Blick. Ihre Miene war mitfühlend, aber der Ausdruck ihrer Augen war kalt. «Wir haben natürlich unsere journalistische Pflicht erfüllt und – eigene Recherchen angestellt.»

Iva neigte höflich den Kopf. «Selbstverständlich.»

Ana Matić machte wieder eine Pause. «Meine Redaktion ist zu anderen Ergebnissen gekommen», sagte sie endlich.

«Wie bitte? Etwa im Fall Rossi?»

Ana Matić streckte die Hand in Richtung Kulissen aus. «Ich darf Polizeianwärterin Stefanija Draganić zu uns bitten», sagte sie. «Gospodja Draganić hat sich – nach einigem Zögern – bereit erklärt, uns Auskunft zu geben.»

Eine blasse junge Frau in Bikerjacke, Jeans und Cowboystiefeln, das lange schwarze Haar zum Pferdeschwanz gebunden, durchquerte mit festen Schritten das Studio und setzte sich auf den freien Stuhl zur Linken von Ana Matić.

Iva sah sie an und überlegte, ob und woher sie diese Frau kannte. Stefanija Draganić wich ihrem Blick aus.

Ana Matić schenkte ihrem neuen Talkgast ein beruhigendes Lächeln. «Gospodja Draganić», sagte sie freundlich, «danke, dass Sie den Mut aufgebracht haben, heute Abend zu uns ins Fernsehstudio zu kommen. Es kann nicht einfach für Sie gewesen sein. Aber die Öffentlichkeit hat ein Recht auf die Wahrheit, stimmt's?»

Stefanija Draganić kniff den Mund zusammen und nickte.

«Sie waren bei der Hausdurchsuchung bei Gospodin Rossi anwesend?», sagte Ana Matić, und die junge Frau nickte erneut. «Bitte erzählen Sie unseren Zuschauern, was dort passiert ist und was Sie mit eigenen Augen gesehen haben.»

Stefanija Draganić verkrampfte die Finger auf ihren Knien und rutschte unsicher auf ihrem Stuhl herum, als suchte sie mehr Halt für das, was sie sagen wollte.

«Ich war an dem Tag als Fahrerin eingesetzt», sagte sie endlich, und als Iva sie sich in Uniform vorstellte, erinnerte sie sich an die junge Frau. «Ich meine, bei der Hausdurchsuchung bei Gospodin Rossi.»

«Sind Sie auch im Atelier gewesen?», fragte Ana Matić.

«Als ich den Wagen geparkt hatte, bin ich zu den anderen Kollegen reingegangen, so lautete die Anweisung.»

«Und was – haben Sie da gesehen?»

Die junge Frau hob das Kinn. «Ich habe gesehen», sagte sie mit fester Stimme, «wie Doktorica Markulin mit Gospodin Rossi gesprochen hat. Sie standen etwas abseits. Doktorica Markulin – mit dem Rücken zu mir – wirkte sehr aufgeregt, sie war richtig wütend. Gospodin Rossi wollte die Kollegen wohl nicht mit der Durchsuchung anfangen lassen.»

Ana Matić beugte sich zu ihr hinüber. «Und dann?»

Stefanija Draganić räusperte sich. «Dann habe ich gesehen, wie Doktorica Markulin ein Plastiktütchen mit weißem Pulver aus ihrer Handtasche gezogen und es Gospodin Rossi vor die Augen gehalten hat.»

Das verdammte Backpulver, dachte Iva.

«Aus ihrer Handtasche?!» Ana Matić war fassungslos.

Die junge Polizistin nickte, wirkte trotzig.

«Und ... ja, und dann?» Ana Matić fehlten fast die Worte.

«Dann hat Rossi nachgegeben», sagte Stefanija Draganić, «und die Kollegen konnten die Durchsuchung durchführen.»

Ana Matić schüttelte den Kopf. «Sind Sie ganz sicher?», hakte sie nach. «Sie wissen, was Sie da sagen?» Erneutes Nicken. «Was, glauben Sie, war das weiße Pulver in dem Tütchen aus Doktorica Markulins Handtasche?»

Was haben sie dir gezahlt oder versprochen, dachte Iva. Du hast dein Leben weggeworfen, Mädchen. Ab jetzt werden sie dich nie mehr aus den Klauen lassen, immer mehr und immer Schlimmeres von dir verlangen. Die junge Frau tat ihr leid.

«Natürlich Kokain, was sonst?» Die junge Polizistin sah Iva gerade ins Gesicht. «Doktorica Markulin hat Gospodin Rossi falsches Beweismaterial untergeschoben.» Ihr Tonfall schwang zwischen Herausforderung und Verachtung.

Iva stand auf und verließ das Fernsehstudio.

ACHTUNDZWANZIG

Polizeidirektor Petrović legte gerade den Telefonhörer auf, als Iva sein von der auf Hochtouren laufenden Klimaanlage unterkühltes Büro betrat. Mit einer knappen Handbewegung wies er ihr einen der beiden Stühle vor dem Schreibtisch zu.

«Ich habe eben mit dem Innenministerium telefoniert», sagte er, kaum dass Iva Platz genommen hatte. «Man hat dort Ihren Auftritt in der gestrigen Sendung verfolgt. Langsam scheint sich in Zagreb die Auffassung durchzusetzen, dass wir hier unten unsere Aufgaben nicht mehr im Griff haben.»

«Es tut mir leid.» Iva gab die Zerknirschte. Es fiel ihr nicht schwer. Wenn alles gut ging – sie musste lediglich darauf vertrauen, dass Verbrecher ihr Wort hielten –, war Matteo heute Abend wieder zu Hause. Alles andere zählte nicht. «Ich werde selbstverständlich die Konsequenzen ziehen und noch heute meinen Rücktritt als Leiterin ...»

«Wovon, zum Teufel, reden Sie denn da?»

Iva hatte die ganze Nacht über ihre nächsten Schritte nachgedacht. Sie musste jetzt alle Verantwortung übernehmen.

«Ich fürchte, ich verstehe nicht ganz», sagte sie.

Petrović schüttelte den Kopf und blickte gereizt von so viel Unverstand zum Fenster hinüber. Endlich wandte er sich, sichtlich mühsam beherrscht, wieder Iva zu. Er beugte sich vor und fixierte sie mit seinem Blick.

«Hören Sie, Doktorica», sagte Petrović, wobei er keinen

Hehl aus der Tatsache machte, dass Iva seine Geduld einmal mehr überstrapazierte, «erst die Schießerei auf der Landstraße, jetzt dieser Fernsehauftritt – ich kann keinen Skandal gebrauchen.» Iva nickte. «Deshalb habe ich die Polizeianwärterin Draganić gleich heute Morgen vom Dienst suspendiert. Die junge Kollegin ist den Anforderungen der Polizei nicht gewachsen. Sie teilen sicher meine Ansicht.»

In Anbetracht der Tatsache, dass sie am Vorabend verleumdet worden war, musste Iva zustimmen. «Durchaus.»

«Dann sind wir ja wie immer einer Meinung, schön.» Petrović lehnte sich in seinem Sessel zurück. «Diese Matić, habe ich mir sagen lassen, ist vom Ehrgeiz zerfressen und will weg vom Privatsender zum staatlichen Fernsehen, nach Möglichkeit ins Hauptstadtstudio wechseln, die braucht einfach Aufsehen. Ich habe die Presseabteilung angewiesen, alle einschlägigen Anfragen abzuschmettern.» Er schüttelte den Kopf. «Sie haben vollkommen richtig gehandelt, die Sendung zu verlassen und damit dieses unwürdige Schauspiel zu beenden.»

«Ach ... tatsächlich?»

«Natürlich», sagte Petrović. «Solchen haltlosen Anschuldigungen muss man entschieden entgegentreten.» Er griff nach einem Stift, wirbelte ihn wie einen Trommelstab in seinen Fingern. «Wie ist denn der Stand der Ermittlungen im Fall Ihres Mannes? Woran arbeiten Sie gerade?»

Iva überlegte schnell. «An einem Verkehrsunfall, Herr Polizeidirektor», sagte sie. «Aquaplaning, wie's aussieht.»

Auf Petrovićs Gesicht malte sich ein wohlwollendes Lächeln. «Sehr schön», sagte er. «Unsere Bürger haben ein Recht darauf, dass auch unspektakuläre Fälle von uns mit der nötigen Sorgfalt untersucht werden.» Er fasste Iva ins

Auge. «Dann konzentrieren Sie sich jetzt auf diesen Unfall – und lassen Edi Battaglia und die Bauwirtschaft in Frieden, ja? Sollte Komesar Baban diesbezüglich anderer Meinung sein ...»

«Das wird er nicht», sagte Iva hastig.

«Gut zu hören», sagte Petrović süffisant. «Sie sind anscheinend die Einzige, die diesen Mann im Griff hat.»

«Darf ich Ihre Worte als Dienstanweisung verstehen?»

Petrović warf den Stift vor sich auf den Tisch. «Sie wissen genau, dass ich Ihnen keine Anweisungen erteilen kann, Doktorica», sagte er freundlich. «Betrachten Sie meinen Rat als den eines – guten Freundes.»

Als Iva Petrovićs Büro verließ, war ihr klar, dass Cäsar noch einmal den Daumen hochgehalten hatte. Erst als sie schon die Klinke ihrer Bürotür in der Hand hielt, fiel ihr auf, dass Petrović gar keine Frage zu dem gegen sie erhobenen Vorwurf gestellt hatte. Im Gegenteil, er hatte durchaus zufrieden gewirkt. Iva war jedoch nicht so naiv, das Gespräch als Beginn einer neuen Freundschaft zu sehen. Petrović hatte elegant gleich mehrere Fliegen mit einer Klappe geschlagen. Er hatte nicht nur ein Exempel statuiert, sondern sich auch vom Druck der Banker befreit und vor allem – die lästige Ermittlerin aufs Abstellgleis geschoben.

Iva öffnete die Tür. *«Dobro jutro!»* Guten Morgen.

Baban saß am Schreibtisch.

Bei Ivas Eintreten drehte er sich zu ihr um und hielt ihr eine Ampulle mit einem trüben, wässrigen Inhalt entgegen, als wollte er mit einem Sektglas mit ihr anstoßen.

«Ich habe die Dinger gefunden», sagte er triumphierend.

Iva ging zu ihrem Schreibtisch und stellte ihre Tasche ab. «Von Filipović? Etwa die Wasserproben für *EcoAqua*?»

«Wasser ist gut.» Baban zog die Nase kraus. «Ich habe mal den Deckel aufgemacht und dran gerochen. Das stinkt wie ein Schwefelgebräu aus der Hölle.» Er legte die Ampulle auf den Tisch. «Dieser Karahasan hatte ein wattiertes Kuvert vorbereitet, aber anscheinend nicht mehr geschafft, es abzuschicken.» Baban deutete auf einen Karton in einer Ecke. «Ich habe Hinweise auf Aktiendepots gesucht, die ...»

«Wir lassen Battaglia ab jetzt links liegen.»

«Was? Ich denke gar nicht dran! Endlich machen wir Fortschritte, haben wir belastbares Material!»

«Miro!» Iva holte Luft. «Die haben meinen Sohn.»

Baban zwinkerte. «Wie bitte?»

Auf einmal fühlte Iva sich müde. «Ich könnte dich jetzt anlügen.» Sie schüttelte den Kopf. «Du hast richtig gehört.»

Babans Miene war ausdruckslos, nur ein Muskel trat auf seiner Wange hervor. «Ich wusste, dass da was nicht stimmt», sagte er schließlich. «Deswegen diese Komödie im Fernsehen.»

«Ja.»

«Und jetzt?»

«Jetzt warte ich darauf, dass Matteo nach Hause kommt.»

«Und wann soll das sein?»

«Die haben versprochen, heute Abend.»

«Versprochen, ja?», sagte Baban. Als er ihre Miene bei seinen Worten bemerkte, setzte er schnell hinzu: «Dann schlage ich vor, dass wir die Zeit mit Arbeit totschlagen.»

«Totschlagen?», sagte Iva.

Sie mussten beide lachen, und das Lachen tat Iva gut.

Baban lehnte sich zurück und verschränkte die Finger auf seinem Bauch. «Warum war die eine Probe, die Filipović genommen hat, auffällig – und die davor und danach nicht?»

Iva überlegte. «Da muss etwas übergelaufen sein», sagte sie. «Hätte man die Abwässer nach und nach abfließen lassen, dann wäre die Belastung langsam angestiegen. Das hätte sich in der Dokumentation niedergeschlagen und wäre nicht zu übersehen gewesen. Aber an dem fraglichen Tag, als Filipović die sogenannte verunreinigte Wasserprobe entnommen hat, hatte es seit Tagen stark geregnet. Die Fäkalien sind ausgeschwemmt worden und durch den siebähnlichen Karst nach unten nicht gesickert, sondern geradezu geströmt.»

«Und auf einmal – peng!», sagte Baban.

Iva nickte. «Es muss wie in Plitvice eine Senkgrube da oben geben», sagte sie, «die aber in Leskovars Plänen nirgends auftaucht, vielleicht, um in Spitzenzeiten die Abwässer aufzufangen und sie später, wenn die Belastung gesunken ist, kontrolliert in das Kanalnetz einfließen zu lassen. Das hätte die normalen Tageswerte nicht erhöht. Aber dank der Klimaveränderung haben wir hier neuerdings diese sintflutartigen Regenfälle bekommen.»

«Dann läuft die Scheiße über.»

«Genau.» Iva nickte. «Auch als Filipović angeblich auf der Küstenstraße ins Schleudern gekommen ist, hatte es seit Tagen stark geregnet. Was sagt uns das?»

«Dass er zur Sicherheit noch mal raufgefahren ist.»

«Filipović wollte mit der gleichen Versuchsanordnung die gleichen Ergebnisse erzielen», sagte Iva. «Um zu beweisen, dass die ersten Messdaten kein Ausreißer waren.» Sie dachte an das Gespräch mit Bujić zurück, der betont hatte, dass die Parameter aller Untersuchungen korrekt im Zentralrechner des Unternehmens gespeichert waren. Fehler oder Fälschungen waren demnach praktisch ausgeschlossen.

«Warum ist Filipović nicht zu Bujić gegangen?» Ivas Gedanken wanderten weiter zu der Villa Galeb, die so unerreichbar wie ein Möwennest an der Felswand über der Adria klebte, zurück. «Brane Leskovar hat uns ungefragt den Analysebericht zur Wasserqualität vorgelegt. Ich bin keine Chemikerin – aber die Behörde, die die Baugenehmigung erteilt hat, hat wegen der Werte keine Bedenken gehabt.»

Baban blies die Backen auf. «Korruption, was sonst?»

«Wozu sollte Leskovar Bestechungsgeld ausgeben», sagte Iva, «wenn alle Messdaten im Rechner von *EcoAqua* hinterlegt sind?» Iva schüttelte den Kopf. «Wir übersehen irgendwas.»

«Es gibt nur einen Weg, das festzustellen.»

Sollten sich noch Fragen ergeben, würden wir uns gerne noch einmal bei Ihnen melden.

Selbstverständlich, jederzeit.

«Nehmen wir das Angebot von Doktor Bujić an», sagte Iva, «und statten wir ihm einen Überraschungsbesuch ab.»

Diesmal dauerte die Fahrt nach Medulin länger als sonst. Anscheinend hatte ein weiteres Land irgendwo in Europa Sommerferien bekommen, eine lange Schlange von Autos, Wohnwagen und Wohnmobilen wälzte sich über die Landstraße gen Süden, während auf der Gegenfahrbahn bereits starker Rückreiseverkehr nach Norden eingesetzt hatte.

So war es schon Mittag, als Iva und Baban endlich bei *EcoAqua* ankamen. In der Halle herrschte wie bei ihren letzten Besuchen Hochbetrieb. Menschen in weißen Kitteln eilten an Iva und Baban vorbei. Ein paar junge Leute in Jeans und T-Shirts, offensichtlich Studenten, saßen mit Laptops auf den Knien in den Sitzgruppen um die gläserne Wassersäule herum und schienen ganz in ihre Arbeit versunken.

Iva steuerte, Baban im Schlepptau, direkt das Büro der Empfangssekretärin an. Marina saß an ihrem Schreibtisch und sortierte die Post. Bei Ivas Eintreten blickte sie auf.

«Oh», sagte Marina erfreut. «Doktorica Markulin.» Sie zwinkerte Baban zu. *«Zdravo, Miro.»* Hallo, Miro.

«Dobar dan», sagte Iva. «Es haben sich nun doch noch Fragen ergeben. Bitte melden Sie uns bei Doktor Bujić an.»

«Ich denke, Doktor Bujić ist noch in der Cafeteria», sagte Marina, legte den Brieföffner und den großen Umschlag, den sie gerade aufgeschlitzt hatte, weg und warf einen Blick auf ihre Uhr. «Da verbringt er immer seine Mittagspause. Kommen Sie, ich bringe Sie zu ihm.»

Die Cafeteria befand sich auf der Rückseite des Gebäudes und war kurz vor zwei Uhr nur noch spärlich besucht. Hinter einer Glasfront lag eine Terrasse direkt über dem Meer. Gelbe Sonnenschirme leuchteten wie kleine Sonnen vor dem Blau der Adria.

Doktor Bujić saß etwas abseits von zwei jungen Leuten mit iPads und College-Blöcken, die Kaffee und Cola tranken und sich lebhaft unterhielten, und verzehrte offenbar sein Mittagessen, Tramezzini und eine Flasche Mineralwasser.

«Doktor Bujić», sagte Marina. «Die Leute von der Polizei sind wieder da. Es gibt anscheinend noch ein paar Fragen. Ich habe gesagt, dass Sie in der Mittagspause sind.»

«Schon gut, danke, Marina.» Bujić wischte sich mit einer Papierserviette den Mund ab, stand auf und reichte Iva und Baban die Hand. «Doktorica ... Komesar.» Er zeigte mit der Serviette auf den Tisch. «Haben Sie schon gegessen?»

Iva wollte gerade höflich ablehnen, als Baban wie aus der Pistole geschossen sagte: «Für mich das Gleiche, bitte, und ein Viertel Malvazija, aber schön kalt.» Er zog einen Stuhl vom Tisch, wartete, bis Iva Platz genommen hatte, und ließ sich dann auf den nächsten fallen.

«Marina, sag Zoran bitte, er soll Tramezzini, Wein und Wasser bringen», sagte Bujić und setzte sich wieder. «Das ist ja eine Überraschung, was führt Sie denn heute zu mir?»

«Es geht um eine Wasseranalyse», sagte Iva.

«Ach! Um welche? Und was ist damit?»

«Das wollen wir von Ihnen wissen», sagte Baban.

«Es geht um die Messergebnisse bei Gospodin Leskovars Bauprojekt über der Kvarner-Bucht», sagte Iva. «Die Daten, die Ihr Mitarbeiter Ante Filipović erhoben hat.»

«Filipović?» Bujićs Bestürzung war echt. «Ante?» Er schüttelte traurig den Kopf. «Ante ist von uns gegangen.»

«Das wissen wir», sagte Iva. «Gospodin Filipović ist einem Mordanschlag zum Opfer gefallen.»

«Unsinn», sagte Bujić. «Filipović war einer meiner zuverlässigsten Auftragnehmer. Nie, aber auch wirklich nie, hätte er sich etwas zuschulden kommen lassen.» Er gab einen verächtlichen Laut von sich. «Wer hätte einen solchen Mann umbringen wollen?» Es war schlicht undenkbar.

Zoran kam und brachte ein Platte mit Tramezzini, Teller, Gläser und Besteck und stellte eine Flasche Mineralwasser und eine kältebeschlagene Karaffe mit Weißwein dazu. Bujić nickte, und Zoran ging zurück in die Cafeteria.

«Wir haben den Autopsiebericht von Professor Nives Lombardo», sagte Baban, wobei er verschwieg, dass im Befund Tod durch Ertrinken vermerkt war. Er nahm sich ein Tramezzino mit Thunfisch und, nach kurzer Überlegung, noch eines mit Schinken und Ei. «Das ist die Rechtsmedizinerin.» Er biss in sein Brot und nickte anerkennend.

«Sowie ein Kfz-Gutachten», ergänzte Iva und goss sich

Mineralwasser ein. «Der Sachverständige, der das Wrack untersucht hat, ist auf fremde Lackspuren an Filipovićs VW Passat gestoßen. Zum Glück konnten wir das Wrack sichern, ehe es in der Schrottpresse gelandet ist. Wir gehen davon aus, dass jemand auf den Wagen aufgefahren ist und ihn über die Klippe gedrängt hat.» Sie nahm ein paar Schlucke und stellte das Glas wieder hin.

Bujić starrte Iva an, seine Überraschung und sein Erschrecken waren zweifellos echt. Er warf einen schnellen Blick zu dem Tisch hinüber, an dem vor ein paar Minuten noch die Studenten gesessen hatten, doch die waren offensichtlich wieder an ihre Arbeitsplätze zurückgekehrt. Es musste bereits nach zwei Uhr sein, die Mittagspause war vorüber. Die drei waren die letzten Gäste auf der Terrasse der Cafeteria.

«Gut», sagte Bujić, «was wissen Sie bereits?»

«*Wir* fragen, *Sie* antworten», sagte Baban, schenkte sich Malvazija ein und legte ein Tramezzino mit Artischocken auf seinen Teller. «Ich wünschte, wir hätten in der Direktion auch so eine Kantine. Volle Geschäftsbücher, was?» Seine Worte klangen harmlos, doch der Unterton war es nicht. Die Frage, wie ein wassertechnisches Institut einen derart repräsentativen Firmensitz finanzierte, schwang darin mit.

Bujić seufzte. «Ich nehme noch Kaffee – Sie auch?»

«Gerne», sagte Iva.

Baban nickte mit vollem Mund.

Bujić drehte sich zu der Glasscheibe um und machte Zoran hinter der Theke mit drei Fingern ein Zeichen. Zoran hob die Hand und ging zu der großen Kaffeemaschine.

«Ich schlage Ihnen ein Geschäft vor», sagte Bujić zu Iva. «In unser aller Interesse.» Er sah Iva eindringlich an.

«Wir haben auch Filipovićs Wasserprobe von Leskovars

Gelände und dazu den Laborbericht von Professorin Lombardo», sagte Baban freundlich, wischte sich die Hände an seiner Papierserviette ab und warf sie auf seinen Teller. An Iva gewandt, setzte er hinzu: «Ich wollte es nur erwähnt haben.»

«Die Proben sind doch kein Geheimnis», sagte Bujić ärgerlich. «Die Daten sind in unserem Rechner hinterlegt.»

«Diese nicht», sagte Iva.

«Was wollen Sie damit sagen?» Bujić klang ungeduldig.

Zoran erschien mit einem silbernen Tablett, auf dem drei blaue Espressotassen und ein kleiner Teller mit Zucker-Briefchen standen. Er servierte den Kaffee, stellte den Teller in die Tischmitte und entschwand mit einem Nicken.

Bujić griff nach dem Zucker und riss das Papier auf. Iva bemerkte, dass er Linkshänder war und dass an seinem Handgelenk eine goldene Patek Philippe glänzte. Aber vielleicht war das Prunkstück nichts Besonderes für Bujić, sondern lediglich ein Gebrauchsgegenstand, nichts als ein Zeitmesser für einen akribischen Wissenschaftler.

«Spielen wir mit offenen Karten», sagte Bujić und ließ den Zucker in seinen Espresso rieseln. Die Crema bekam ein Loch, zersetzte sich. Auf einmal sah der Kaffee wie Abwasser aus. «Ich wusste nicht, dass es mehr als eine Probe gibt.»

«Filipović wollte sie Raffaele Costa geben», sagte Iva.

«Ich verstehe.» Bujić warf ihr einen Seitenblick zu, dann leerte er die Tasse auf einen Zug. «Ich habe nicht den ganzen Tag Zeit», sagte er. «Wichtige Arbeit wartet. Also – machen wir einen Deal und schließen das Verfahren hier ab.»

Iva nahm einen kleinen Schluck Kaffee. «Soll heißen?»

«Hier gibt's keinen Kuhhandel», sagte Baban.

Bujić ignorierte seinen Einwurf und wandte sich an Iva.

«Vielleicht möchten Sie das Gespräch ohne Ihren Kollegen fortsetzen, Doktorica. Ich würde Ihnen dazu raten.»

«Warum sollte er nicht hören, was Sie zu sagen haben?»

«Vertrauen Sie mir, Doktorica», sagte Bujić. «Es gibt ein russisches Sprichwort. Ein Wort ist kein Vogel, einmal freigelassen, lässt es sich nicht mehr einfangen.»

«Ich vertraue Komesar Baban vollkommen.»

Bujić zuckte mit den Schultern. Wenn diese sture Frau nicht auf seinen Rat hören wollte, musste sie eben die Konsequenzen tragen. Seine Schuld war das nicht. «Was hätte ich denn vom Tod eines guten Geschäftspartners gehabt?»

«Sie haben ein Konto bei der Banka Battaglia», sagte Baban, «und füttern es mit Bargeld. Wusste Filipović davon?»

Bujić bedachte ihn mit einem abfälligen Blick. «Nein.»

«Hätte er Sie ins Gefängnis bringen können?»

«Hören Sie, Doktorica», sagte Bujić, er wirkte genervt, war ein vielbeschäftigter Mann. «Ich erzähle Ihnen, was passiert ist. Sie machen damit, was Sie wollen, und ich werde über die Umstände schweigen. Dafür geben Sie mir das Wasser und den Laborbericht der auffälligen Probe.»

«Sie haben die Daten frisiert», sagte Iva.

«Was Sie nicht beweisen können, aber ich will ab jetzt meine Ruhe vor Ihnen haben.» Er warf einen Blick in seine Tasse und trank dann genussvoll die letzten Tropfen Kaffee. «Schauen Sie», begann er in jovialem Ton. «Das Problem ist doch nicht neu. Als ich den Posten als Direktor vor fünf Jahren hier angetreten habe, hat sich ein Beamter einer Behörde – der Name tut nichts zur Sache – bei mir gemeldet und mir eine Beratertätigkeit bei Bauverfahren angeboten, um die Baugenehmigungen, sagen wir, etwas zu beschleunigen.»

Baban griff nach der Weinkaraffe, wollte nachschenken, stellte sie dann aber wieder hin und widmete sich Bujić.

«Tatsache ist», sagte Bujić, «und das gilt auch für das Karstgebiet über der Kvarner-Bucht, von dem hier die Rede ist, dass viel potenzielles Bauland ohnehin durch Waldbrände nicht mehr anderweitig nutzbar ist. Im Fall von Malo Selo gab es keine zentrale Wasserversorgung, eine Kanalisation ist erst in Planung. Die Gegend ist kaum bewohnt, die letzten Bauern verkaufen gerade ihre Höfe.» Er breitete die Hände, Handflächen nach oben, aus, hatte nichts zu verbergen. Den wirtschaftlichen Druck auf die genannten alten Bauern ließ er unerwähnt. «Am 31. März, also dem Ostersonntag, war ich in Rijeka, mein Patensohn hatte Erstkommunion. Die Proben aus dem Karst sollte Filipović nehmen und die Ergebnisse selbst ins System eingeben.»

«Aber die Ergebnisse waren schlecht», sagte Baban.

«Ganz richtig.» Bujić neigte zustimmend den Kopf. «Leider hatte es unerwartet das ganze Wochenende geregnet. Sie können sich ja vorstellen, was das für die Feier zur Erstkommunion bedeutet hat. Die Wasserprobe war jedenfalls verunreinigt. Nachdem mich Filipović ganz außer sich angerufen hatte, bin ich sofort ins Labor zurückgefahren und habe die Daten im Rechner auf das übliche, vereinbarte Niveau korrigiert, die Probe als fehlerhaft klassifiziert und entsorgt.» Er schüttelte den Kopf und seufzte. «Leider habe ich übersehen, dass Filipović noch im Haus war. Er muss etwas mitbekommen haben, denn ein paar Tage später hat er mir von Wasserproben erzählt, die er angeblich gleich nach meiner Korrektur gezogen hatte, und mich des Betruges bezichtigt. Die Proben und die Auswertung wären an einem sicheren Ort. Was hätte ich tun sollen?»

«Sie kassierten ja schon Bestechungsgeld», sagte Baban.

Bujić legte den Kopf zurück und verlor sich in Gedanken. «Tatsächlich hatte ich zunächst gewisse, sagen wir, Vorbehalte», sagte er schließlich, «aber Komesar Igor Markulin – Ihr Mann, Doktorica – hielt ja die Hand schützend über das Bauvorhaben unseres guten Kunden Branislav Leskovar. Er hat meine Bedenken persönlich zerstreut. Hier, wo wir jetzt miteinander reden, hat er vor einem guten Jahr gesessen. Ich habe Ihren Mann sehr geschätzt, Doktorica.»

«Mein Mann war hier?» Iva erfasste ein Gefühl der Unwirklichkeit. «Und er hat Sie zu Ihrem Tun überredet?»

«Nun ja, er stand auch auf der Honorarliste, nicht?»

Iva hatte den Eindruck, als begänne der Boden unter ihren Füßen zu schwanken, als befände sie sich auf einem Boot auf hoher See. Es drängte sie, zu widersprechen, aufzustehen, wegzulaufen. Aber sie war sich sicher, dass Bujić die Wahrheit sprach. Ein gut gefülltes Bankkonto bei der Banka Battaglia, ein dickes Aktienpaket und vor allem eine Villa über dem Meer aus den Händen des bekannten Bauunternehmers Branislav Leskovar – so bekamen die Unterlagen, die ihr seit ihrem ersten Arbeitstag in Pula Kopfzerbrechen bereiteten, einen Sinn. Immerhin war der Preis, um den sich Igor von der Bratstvo hatte kaufen lassen, hoch gewesen. *Er stand auch auf der Honorarliste.* Ein Anfall von Heiterkeit ergriff Iva, doch sie verkniff sich das Lachen aus Angst, dass daraus ein Weinkrampf werden würde. Wie viele Geschäfte hatte Igor gedeckt? Wie oft hatte er weggesehen, Beweise unterschlagen oder Zeugen unter Druck gesetzt? Sie bemerkte, dass Bujić sie beobachtete, und verschränkte die Arme vor der Brust.

«Was dann?», fragte sie in dienstlichem Ton.

«Vielleicht hat sich Filipović jemandem anvertraut oder ihn bedroht», sagte Bujić. «Er war so ein Prinzipienreiter.»

«Wen sollte er bedroht haben?»

Bujić sah sie lange nachdenklich an. Es sah aus, als läge ihm die Antwort auf der Zunge. Aber dann zuckte er nur mit den Schultern. «Keine Ahnung», sagte er freundlich. «Tragisch, dieser Unfall, wirklich.» Er klatschte in die Hände. Gleich darauf erschien Zoran in der Tür, um eine neue Bestellung aufzunehmen, aber Bujić winkte ihn wieder zurück in die Cafeteria. «So leid es mir tut – Doktorica, Komesar –, die Pflicht ruft mich. Adieu!»

«Mach dir nichts draus», sagte Baban auf der Rückfahrt, «wir kriegen ihn früher oder später. Und seine Kumpane auch.» Er warf ihr einen Seitenblick zu. «Habe ich dir schon erzählt, dass ich später mit Elena telefonieren kann?»

Iva gab keine Antwort, fühlte sich wie eingefroren.

«Es geht ihr gut, sie wird demnächst entlassen.»

Igor hatte sich korrumpieren lassen, hatte sie verraten und damit alles, woran sie bis dahin geglaubt und wofür sie gearbeitet hatte. Die Autobombe nach dem Abendessen in Zagreb hatte also nicht nur Igor, sondern auch seiner Frau, der unbestechlichen Staatsanwältin und Vertrauten des lästigen Zeugen, gegolten. Er hatte ihrer beider Leben aufs Spiel gesetzt. Aber vielleicht hatte Igor schon vor langer Zeit sein Leben verloren. Wenn man einmal, ein einziges Mal, anfing, das korrupte Spiel mitzuspielen, hatte man bereits verspielt. Iva war am Boden zerstört.

«Igor war einer von denen», flüsterte Iva. «Er hat für diese Bruderschaft gearbeitet. Ich habe es geahnt, aber ...», sie räusperte sich. «Ich habe belastendes Material auf seinem

Schreibtisch gefunden – *Beweise!* Nur habe ich nicht wahrhaben wollen, dass mein Mann korrupt war.»

Baban runzelte nur die Stirn, gab keine Antwort. Inzwischen war es Nachmittag geworden, und die Luft flirrte über den Oleanderbüschen am Straßenrand und dem Buschwerk, das zwischen den verfallenden Steinmauern wucherte.

«Hast du dich mal gefragt», sagte Baban endlich, «warum ein erfahrener Ermittler wie Komesar Markulin Beweise gegen sich selbst in der Polizeidirektion hat herumliegen lassen? Warum hat er sie nicht an einem sicheren Ort aufbewahrt?»

Iva schwieg, darüber hatte sie gar nicht nachgedacht.

«Und wozu eine Autobombe für einen loyalen Mitläufer?»

«Du meinst …?» Iva war, als fiele eine schwere Last von ihren Schultern. «Dann hat Igor also doch gegen die Bratstvo ermittelt! Ich wusste es ja!» Sie fühlte sich ganz leicht.

Baban schüttelte den Kopf. «Dein Mann hatte nur die Seiten gewechselt», sagte er nicht ohne Bitterkeit in der Stimme. «Die Sache ist ihm am Ende wohl doch zu heiß geworden. Und er hat es durchaus geschickt angestellt.» Baban nahm die Abfahrt in Richtung Pula. «Erst mal hat er das Beweismaterial gegen sich unter seine offiziellen Akten gemischt, zu denen jeder Zugriff hatte. So sah's aus, als wäre er die ganze Zeit undercover unterwegs gewesen.» Er machte eine Pause. «Vielleicht hat er sich sogar eingeredet, dass er seine Haut retten kann, wenn er seine feinen Freunde verrät. Aber für die war er auf einmal kein Mitläufer mehr, sondern ein gefährlicher Mitwisser.»

«Unsinn – Igor hat sich nicht bestechen lassen!»

«Doch», sagte Baban. «Leider hatte er in seiner Panik schon eine rote Linie überschritten. Das hat ihn kopflos gemacht, und deshalb hat er die Konsequenzen seines Verrats außer Acht gelassen. Korruption ist eine Sache, aber ...»

«Wovon, zum Teufel, redest du eigentlich?»

Baban musste abbremsen, als ein Viehtransporter auf die Straße einbog und sich vor den Land Rover setzte. Feuchte Kuhmäuler pressten sich gegen die schmalen Luftschlitze, rangen um die letzten Atemzüge auf dem Weg zum Schlachthaus.

«Was für ein Auto hat dein Mann gefahren?», sagte Baban.

«Einen Audi», sagte Iva. «Quattro.»

«Welche Farbe?»

«Mitternachtsblau», sagte Iva. «Aber der Wagen hatte einen Motorschaden. Igor hat ihn irgendwem zum Ausschlachten überlassen.» Sie schluckte. «Deswegen musste er ja in Zagreb meinen Alfa nehmen. Wieso fragst du?»

«Die Spurensicherung hat die Lackspuren an Filipovićs Passat untersucht», sagte er. «Das Ergebnis steht fest.»

«Ja, und? Was war's für ein Wagen?»

«Ein blauer Audi.»

Iva hatte Babans Worte noch nicht begriffen, als ihr Handy zu läuten begann. Wie ferngesteuert zog sie es hervor.

«Mar...»

«Komm schnell!» Es war Nikola. «Mate ist wieder da!»

NEUNUNDZWANZIG

Matteo saß am Küchentisch, baumelte mit den Beinen und malte. Neben ihm trank Nikola bestimmt nicht den ersten Schnaps, neben seinem Glas stand eine halb volle Flasche selbst gebrannter *Rakija*, den er sich sogar den Gästen in der Konoba gegenüber weigerte, Grappa zu nennen. Bei Ivas und Babans Eintreten schenkte er das Glas noch einmal voll und hielt es Baban hin, der es auf einen Zug leerte. Baban hatte darauf bestanden, Iva nach Terra Rossa zu chauffieren.

Ich bringe dich nach Hause, so kannst du nicht fahren.

Iva stürzte zu Matteo und riss ihn in ihre Arme.

«Mama», protestierte Matteo, «du tust mir weh.»

Ivas Augen brannten, aber sie wollte nicht weinen. «Wo warst du denn?», sagte sie mit nicht ganz fester Stimme.

Matteo befreite sich energisch aus ihrem Griff. «Na, bei Tante Nedelka und Onkel Jakov», sagte er. Kroatische Kinder nannten alle Erwachsenen Tante oder Onkel. «Du hast sie doch extra angerufen, damit sie mich abholen kommen.»

«Das ...», Iva räusperte sich, «haben sie dir erzählt?»

Matteo nickte. «Weil du doch gerade so viel arbeiten musst, hat Tante Nedelka gesagt, und so wenig Zeit hast.» In seiner Kinderstimme schwang ein altkluger Ton, etwas zwischen Nachsicht und Verständnis.

«Tante Nedelka und Onkel Jakov freuen sich, dass ich jetzt hier wohne und nicht mehr in Zagreb. Und dass wir uns jetzt öfter sehen können.»

Die Drohung war unmissverständlich. «Ich verstehe.»

«Onkel Jakov hat ein Boot, weißt du, Mama?», fuhr Matteo fort. «Wir waren sogar fischen!» Bei der Erwähnung dieses aufregenden Ausflugs fingen seine Augen zu leuchten an.

Baban knallte das Glas auf den Küchentisch und schob es Nikola hin, der es sofort nachfüllte. «Onkel Jakov, ja?»

Matteo nickte eifrig. «Wir haben Sardinen gefangen, und ich habe einen Delfin gesehen», plapperte er in ungewohnter Gesprächigkeit. «Und Tante Nedelka macht Pizza! Mama, können wir Onkel Jakov und Tante Nedelka auch mal einladen?»

«Wir werden sehen, Schätzchen.» Iva richtete sich auf, strich sich die Haare aus dem Gesicht und wischte sich möglichst unauffällig eine Träne aus dem Augenwinkel. «Hat dich Onkel Jakov hergebracht? Oder Tante Nedelka?»

Matteo kratzte sich mit seinem Zeichenstift am Kopf. «Onkel Jakov und ...» Er zögerte. «Und noch ein anderer Onkel. Und – ach ja!» Er zog einen kleinen Gegenstand aus der Hosentasche und gab ihn Iva. «Onkel Jakov gefällt er auch.»

Es war der kleine Gecko, der Glücksbringer, abgegriffen von zahlreichen Händen und sicher Hunderte von Jahren alt.

Iva dachte an Viktors Warnung, an jenem Frühlingstag nach Igors Begräbnis. *Einer von Falcones Mördern hat den elfjährigen Sohn eines Verräters entführt. Er hat das Kind getötet. Um sich für höhere Aufgaben zu empfehlen.* Sie schloss ihre Finger so fest um den noch körperwarmen Stein, dass seine harten Konturen ihr ins Fleisch drückten.

«Und alle waren immer lieb zu dir?», sagte sie.

Matteo nickte. «Ich darf bald wieder zu Besuch kommen.» Er kritzelte weiter. «Können wir nicht Tante ...?»

«Nein, können wir nicht!» Nikola stand auf und hielt sich an der Tischkante fest. «Weiß der Teufel, was die mit unserem Mate angestellt haben. Marta ist auch verschwunden.» Er blickte sich um. «Colombina?» Der Hund sprang von seinem Platz am Herd auf und lief schwanzwedelnd auf seinen Herrn zu. «Wir machen einen Spaziergang, wir brauchen Luft.» Nikola ergriff seinen Gehstock, der wie immer an einem Stuhl lehnte, und verließ, Colombina im Schlepptau, die Küche. Kurz darauf knallte die Haustür zu.

«Ich habe Hunger», sagte Matteo. «Tante Nedelka ...»

«Was willst du essen?», sagte Iva.

Matteo schürzte die Lippen. «Was gibt's denn?»

Baban ließ sich auf den Stuhl fallen, auf dem vor wenigen Augenblicken noch Nikola gesessen hatte. «Ja», sagte er. «Was gibt's?» Die Erleichterung war ihm anzuhören.

Iva blickte sich um. «Ich weiß nicht ...»

Anscheinend hatte Marta, ehe sie gegangen war, nicht wie üblich das Abendessen vorbereitet. Oder sie hatte das Haus schon am Nachmittag verlassen. Iva legte den Gecko, den heidnischen Talisman, behutsam auf den Kaminsims unter das Bild der Madonna. Dann ging sie zum Kühlschrank und öffnete die Tür. Neben einem Stück Käse und einer halben Stange Salami stand ein Teller mit Sardinen. Die Fische verströmten den kalten, salzigen Hauch des Meeres. Der Gedanke an jenen Tag in Rovinj schoss ihr durch den Kopf. Als sie für Matteo Sardinen zum Abendessen hatte kaufen wollen. Aber der Fischer Andrija hatte nur zwei Seespinnen für sie gehabt. Im Rückblick betrachtet, erschienen ihr die Spinnentiere, die mit ihren langen Beinen zielstrebig über den Meeresboden auf ihre zu langsamen Opfer zukrochen, nun als Vorboten der drohenden Gefahr. Kurz darauf hatte sich Lorenzo über die Caféterrasse einen Weg zu ihr gebahnt.

Iva verdrängte die düsteren Gedanken.

«Wer will frittierte Sardinen?», sagte sie munter.

Matteo jauchzte auf. «Ich, Mama, ich ...»

«Ich!», sagte Baban und grinste. «Tante Iva.»

Iva nahm die Sardellen aus dem Kühlschrank, wusch sie unter fließendem Wasser und trocknete sie mit Küchenkrepp. Dann drehte sie den Fischen die Köpfe ab. Mit dem Daumennagel fuhr sie, wie Marta es sie gelehrt hatte, bis zur Schwanzflosse entlang, öffnete die Bauchseite und entfernte die Eingeweide. Sie klappte die Fische auf, säuberte sie von innen, trocknete sorgfältig beide Seiten und schüttete Mehl in ein Sieb, in dem sie die Sardinen so lange schüttelte, bis alle Fischchen mit Mehl bedeckt waren.

«Matteo, sei so lieb, deck den Tisch», sagte Iva.

Matteo rutschte von seinem Stuhl und rannte zum Küchenschrank. Auf Zehenspitzen öffnete er die Schranktür, nahm vier Teller heraus und stellte sie auf den Tisch. Dann legte er Messer, Gabeln und Servietten dazu.

Iva warf einen Blick auf den Tisch. «Onkel Miroslav isst mit uns», sagte sie, goss Öl in eine Pfanne und stellte sie auf den Herd. «Da fehlt noch ein Teller.»

«Wieso?», sagte Baban. «Wir drei und Barba Nikola.»

Iva wollte schon etwas von Familientradition erzählen, sagte aber nur zu Matteo: «Du hast den Teller für Tata vergessen.» Sollte Baban doch denken, was er wollte.

Matteo legte den Finger an den Mund, musterte den Tisch und schüttelte den Kopf. «Tata kriegt keinen Teller.»

«Ach, und warum auf einmal nicht?» Iva warf drei Sardellen, die jetzt, so aufgeklappt, wie kleine Teller mit Schwänzchen aussahen, ins heiße Fett. Es schäumte, und augenblicklich verbreitete sich der Geruch nach frittiertem Fisch und Sommerferien in der Küche.

«Tata braucht kein Essen», sagte Matteo.

«Richtig», sagte Baban. «Tote haben keinen Hunger.»

«Tata ist nicht tot, Onkel», sagte Matteo tadelnd.

«Ich glaube, doch, Kleiner», sagte Baban.

«Quatsch», sagte Matteo.

Iva drehte sich um. «Du sollst nicht Quatsch sagen.»

Matteo lief zum Fenster, streckte den Arm aus und zeigte mit seinem Finger auf die Olivenhaine, die Weinberge und den Zypressenwald. «Wenn man stirbt», sagte er in dem Ton, den man einer ausnehmend begriffsstutzigen Person gegenüber anschlägt, «dann wird man begraben, in der Erde. Später wachsen Gras und Bäume aus einem, und daraus steigt Nebel in den Himmel. Wenn es regnet, fällt man auf die Erde zurück.» Er überlegte kurz. «Ins Meer auch. Die Fische können einen aber nicht fressen, weil man ja unsichtbar ist.» Matteo sah Baban an. «Dann ist man nicht tot, oder?»

«Stimmt», sagte Baban. «Woher weißt du das?»

«Von Dedi.» Matteo blickte erneut zu den Weinbergen hinüber. «Da draußen steht ein Mann», verkündete er.

Iva, die gerade die Sardellen im Fett umdrehen wollte, erstarrte. Der Bratenwender in ihrer Hand zitterte. Baban erhob sich in aller Ruhe, schlenderte zu Matteo, stellte sich neben ihn und fuhr ihm spielerisch durch die Locken.

«Ein Mann?», sagte er freundlich. «Ich sehe keinen.»

Iva wendete die im Fett schwimmenden Sardinen und legte die fertig frittierten Fische auf eine mit Küchenkrepp bedeckte Platte. Matteo hatte schon immer eine lebhafte Fantasie gehabt. Offensichtlich hatte der Aufenthalt bei seinen Entführern einen emotionalen Knoten in ihm gelöst. Iva hatte erst kürzlich ein Interview mit Professor Petar Mlinar aus Ljubljana, dessen Name ihr bekannt vorgekommen war, gelesen. Er behandelte Kinder, denen Kriegstraumata die Worte geraubt hatten. Wie ein Schock einen Menschen zum Verstummen brachte, so Mlinar, konnte eine neue Erfahrung ihm seine Sprache zurückgeben. Wahrscheinlich hatte sie selbst Matteo mit ihren Gefühlen und ihrer Trauer nach Igors Tod noch zusätzlich belastet. Und überfordert. Iva salzte die Fische und arrangierte Zitronenschnitze um sie herum.

«Jetzt ist der Mann ja auch weg», sagte Matteo, drehte sich um und flitzte zum Tisch. «Gibt's Essen?»

Iva stellte die Fischplatte auf den Küchentisch.

Baban kehrte von seinem Platz am Fenster zurück. Seine Miene war nachdenklich. «Wie ich Barba Nikola kenne, hat er bestimmt irgendwo eine gute Flasche Malvazija», sagte er jedoch betont sorglos und setzte sich an den Tisch.

«Im Kühlschrank», sagte Iva. «Ich hole den Wein.»

Draußen zerriss ein Knall die ländliche Stille.

Baban sprang so schnell auf, dass sein Stuhl umfiel und als hätte er nur auf den Schuss gewartet. Mit einem lauten Fluch stürmte er aus der Küche und hinaus ins Freie.

«Der Krach kommt von einem Bootsmotor», sagte Matteo sachverständig. «Onkel Jakov sagt, das heißt Fehlzündung.»

Iva fühlte sich am Rande eines Nervenzusammenbruchs.

Eine Stunde später saß Iva auf der Terrasse an dem alten Marmortisch und starrte über den Feigenbaum-Wald hinaus auf das Meer und die Sonne, die wie auf einer Postkarte rot in der Adria versank. Sie hatte Matteo ins Bett gebracht und es sogar geschafft, ihm ein paar Seiten aus *The Wind in the Willows* vorzulesen. Auf Englisch, denn für eine Übersetzung hatten ihre Kraft und ihre Nerven nicht gereicht. Matteo war auch so zufrieden gewesen und ermattet von den Aufregungen des Tages bald eingeschlafen. Nun wartete Iva auf Baban, mit dem sie nicht mehr gesprochen hatte, seit er aus der Küche gerannt war. Sie hatte sich die schlimmsten Szenarien ausgemalt, bis Nikola von seinem Spaziergang zurückgekommen und sofort kommentarlos in der Bibliothek verschwunden war.

Endlich hörte sie, wie Baban im Haus das letzte einer ganzen Reihe von Telefonaten beendete, dann seine Schritte, die näher kamen und schließlich in der Tür verharrten.

«Ich bin hier, Miro», sagte Iva, ohne sich umzudrehen.

Baban trat auf die Terrasse hinaus und setzte sich zu Iva an den Tisch. «Die Kollegen sind unterwegs», sagte er. «Ich habe ihnen den Sachverhalt geschildert.» Er räusperte sich. «Wird keine große Sache werden.»

Iva starrte ihn an. «Keine große Sache?»

«Da draußen zwischen deinen Weinstöcken liegt Matera», sagte Baban. «Mit einem ordentlichen Loch in der Brust.»

«*Karlo Matera?* Ist er ...?»

«Tot.» Baban nickte. «Ein Stück von der Leiche entfernt habe ich einen alten Militär-Revolver gefunden.»

Ivas Herz sank. «Einen ...? *Bist du sicher?*»

«Natürlich bin ich sicher.» Baban fasste in die Jackentasche und legte einen schweren Revolver auf den Tisch. «Zweiter Weltkrieg, würde ich sagen. Anscheinend geht den Gangstern schon das moderne Gerät aus.»

Iva starrte auf die altertümliche Waffe. Sie wusste genau, wo – und bei wem – sie sie schon gesehen hatte.

Marta kam auf die Terrasse geschlichen und stellte leise

einen Teller mit Keksen auf den Tisch. Dann setzte sie sich, kerzengerade und mit im Schoß verkrampften Händen. In all der Aufregung hatte sie keiner zurückkehren hören.

Iva holte tief Luft. *«Du hast die Tatwaffe – das wichtigste Beweismittel – vom Tatort entfernt?»*

«Die Beweislage steht außer Zweifel.»

«Das Gericht sieht den Fall möglicherweise anders.»

Baban nahm einen Keks. «Welches Gericht?» Er steckte den Keks in den Mund. «Welcher Fall?», sagte er kauend und nickte Marta anerkennend zu. «Meine Großmutter hat auch immer solche gebacken. *Complimenti, Gospodja!* Da schmeckt man richtig, dass die Aprikosenmarmelade hausgemacht ist.» Als wäre Gebäck gerade das Thema.

Marta reagierte nicht, wirkte wie versteinert.

«Sein Alter wird bestimmt mildernd bewertet werden», sagte Iva. Sie überlegte fieberhaft, suchte einen Ausweg, fand keinen. «Außerdem sieht er nicht mehr gut.»

«Von wem redest du?», fragte Baban.

«Von meinem Großvater, von wem sonst?»

«Von Barba Nikola?» Baban wischte die Handflächen aneinander ab. «Glaubst du etwa, dass Nikola Pavić Karlo Matera erschossen hat?» Er schüttelte nachsichtig den Kopf.

«Miro, ich weiß zu schätzen, was du da tust», sagte Iva. «Aber so wollen wir gar nicht erst anfangen.»

«Womit?» In Babans Stimme lag pures Unverständnis.

Iva beugte sich vor und sah ihm ins Gesicht. «Ich will nicht, dass diese Sache vertuscht wird», sagte sie. «Mein Großvater wird selbstverständlich zu seiner Tat stehen.»

Baban blickte zu Marta hinüber, als erwartete er von ihr eine Erklärung für Ivas seltsames Verhalten. Aber Martas einziges Lebenszeichen waren Tränen, die ungehindert aus ihren blicklosen Augen rannen. Anscheinend war der Schock über Matteos Entführung von ihr abgefallen, und ihre Gefühle brachen sich endlich Bahn.

«Niemand will hier was vertuschen», sagte Baban.

«Die Leute werden reden», beharrte Iva. «Dass die Staatsanwältin es geschafft hat, einen Mörder in der Familie vor der Justiz zu bewahren. Ich will nicht, dass dieser Schatten auf Matteos Leben liegt. Die Sache mit seinem Vater wird schwer genug für ihn. *Verstehst du das nicht?*»

Marta senkte den Kopf und starrte auf ihre Finger.

Baban schüttelte den Kopf. «Ich bin mir sicher, dass Matera der zweite Mann war, der Matteo hergebracht hat.» Er machte eine Pause. «Und dass er noch einen Auftrag hatte.»

Marta gab einen erstickten Laut von sich.

Iva stand auf, ging zur Balustrade und legte die Hände auf den noch von der Tageshitze warmen Stein. Auf dem Meer lagen Fischerboote, ihre Lampen leuchteten wie Glühwürmchen in der hereinbrechenden Dämmerung. Aus der Ferne starrte das Positionslicht eines großen Schiffes wie ein rotes Auge zu ihr herüber. Im Westen zeigte der Horizont noch einen hellen Streifen, am Himmel flimmerte bereits der Abendstern.

«Miro», sagte Iva, «ich muss meinem Sohn ein Vorbild sein.» Sie wandte sich zu Baban um. «Wie soll Matteo mir jemals vertrauen können, wenn ich diese Lüge zulasse?»

«Matera hatte einen Unfall», sagte Baban ungerührt. «Ich hab's den Kollegen bereits mitgeteilt. Nives Lombardo ist auch meiner Meinung. Sie wird die Autopsie persönlich durchführen. Wir haben vorhin miteinander telefoniert.»

«Nives?» Dass die Autorität eines Miroslav Baban, Kriegsheld und Kommissar, von seinen Untergebenen nicht in

Zweifel gezogen wurde, konnte sie verstehen. Aber das Verhalten der Rechtsmedizinerin warf Fragen auf. «Sie hat den Toten doch noch gar nicht gesehen.» Ihr Misstrauen wuchs. «Was ist das hier für ein abgekartetes Spiel?»

«Nives vertraut meiner langjährigen Erfahrung.»

«Willst du mich auf den Arm nehmen?»

«Außerdem kann ich den Tathergang beweisen.»

«Was?»

«Karlo Matera war auf einem Pfad im Weinberg unterwegs und muss ihn dann verlassen haben», sagte Baban. «Vielleicht hat ihn einfach die Blase gedrückt. Jedenfalls liegt seine Leiche am Hang, eingekeilt zwischen zwei Rebstöcken. Völlig unmöglich, dass ein gehbehinderter Mann von dreiundneunzig Jahren allein dort hinkommt.» Er schüttelte den Kopf. «Barba Nikola hätte sich mit beiden Händen festhalten und durchs Astwerk quetschen müssen. Noch dazu mit der schweren Waffe in der Hand? Das schafft auch kein alter Partisan.»

Iva schwieg, ihr widerstrebte alles, was Baban sagte.

«Außerdem», fuhr Baban fort, «glaubst du, ein Profi-Killer wie Matera lässt einen alten Kämpfer, der mit so einer Kanone vor seiner Nase herumfuchtelt, an sich heran, damit der ihm einen Trichter in die Brust sprengt?»

«Und wenn du dich nun irrst?»

Marta schlug die Hände vors Gesicht. Sie weinte nicht mehr, sie wurde von heftigen Schluchzern geschüttelt. Die letzten Tage hatte sie mit bewundernswerter Fassung und Haltung ertragen. Jetzt versagten ihre Nerven.

«Da mache ich nicht mit», sagte Iva.

«Verdammt noch mal», brüllte Baban. *«Es geht nicht immer nur um dich und deine Familie! Begreif es endlich!»*

Iva konnte keinen klaren Gedanken mehr fassen. Sie verstand Baban einfach nicht. Was wollte er ihr mitteilen?

«Du hast in letzter Zeit viel durchgemacht», sagte Baban hörbar genervt. «Du bist erschöpft, schon klar. Aber spätestens morgen wirst du einsehen, dass ich recht hatte.»

Von der anderen Seite des Hauses war Motorenlärm zu hören, der lauter wurde und erstarb. Autotüren klappten.

«Die Kollegen», sagte Baban und stand auf. «Um es kurz zu machen, Iva, für diesen Fall bin ich als Kommissar zuständig, nicht etwa die Leiterin einer Sonderkommission. Es ist allein meine Entscheidung.» Er fasste die Pistole am Griff und wendete sie, ohne Rücksicht auf mögliche Fingerabdrücke zu nehmen, ein paarmal in den Händen. «Dein Großvater hat Matera nicht erschossen. *Basta!*»

Die Klingel an der Haustür schallte bis auf die Terrasse. Nikolas Stimme und die von zwei Männern waren zu hören, dann hallten schwere Schritte durchs Haus. Kurz darauf standen zwei Uniformierte in der Tür. Bei Ivas und Martas Anblick nahmen sie die Mützen ab.

«Dobra večer», sagte der eine von ihnen. Guten Abend.

«Buona sera, Commissaria», sagte der andere.

«Ah», sagte Baban. «Nikolić, Andreotti – gut, dass ihr da seid.» Er reichte Nikolić den Revolver. «Karlo Matera liegt tot draußen im Weinberg. Hat's nicht besser verdient.»

Andreotti strahlte. *«Che buona notizia, Commissario!»*

«Wirklich eine gute Nachricht», pflichtete Nikolić ihm bei. «Wollte Karlo reden? Hätte ich nicht von ihm gedacht.»

«Entweder ein Unfall», sagte Baban, «oder die haben ihn tatsächlich kaltgemacht und uns zur Ansicht liegen lassen.»

«Typisch Mafiamord», sagte Nikolić.

Baban klatschte in die Hände. «Jetzt können jedenfalls

ein paar Mütter wieder ruhig schlafen», sagte er. «Ich habe bereits mit Professorin Lombardo telefoniert, sie wird sich unseren guten Karlo gleich morgen früh als Ersten vornehmen. Also seht zu, dass ihr den Kerl nach Pula kriegt.»

Nikolić nahm den Revolver in seiner Hand genauer in Augenschein. «Typisch, nicht registriert.» Er zückte sein Handy, drückte eine Kurzwahl und hielt es sich ans Ohr. «Željko, bist du's? Ja, hör mal, wir haben hier draußen auf Terra Rossa eine Leiche. Komesar Baban ist schon vor Ort. Klarer Fall, keine Spurensicherung nötig, der Tote kann direkt in die Rechtsmedizin.» Nikolić ging ins Haus, und Iva hörte, wie er einen Leichenwagen bestellte.

«Das entspricht nicht der Vorschrift», sagte sie.

«Ich wette, Petrović wird dieses eine Mal meiner Meinung sein», entgegnete Baban. «Ein gesuchter Mörder weniger, Fall gelöst, dafür kann er sich feiern lassen.» Er steckte die Hände in die Hosentaschen und wippte auf den Füßen vor und zurück. «Übrigens – ich habe vorhin auch mit Elena telefoniert, morgen hole ich sie aus dem Krankenhaus.»

Iva starrte ihn an. «Hat sie ihren Angreifer erkannt?»

Baban schüttelte den Kopf. «Nein.»

«Wir werden ihn finden!»

Baban lachte, es klang etwas schuldbewusst. «Es gibt keinen», sagte er. «Meine Elena ist bei Starkregen zu ihren Geiern rauf, auf den nassen Felsen ausgerutscht und abgestürzt. Frauen eben! Was willst du? *Ajde, ciao, Iva.*» Er verbeugte sich vor Marta. *«Laku noć, Gospodja.»* Gute Nacht.

Baban drehte sich um und verschwand, von Andreotti gefolgt, im Haus. Kurz darauf sprang ein Dieselmotor an.

«Was hältst du von der Geschichte, Marta?», sagte Iva.

Statt eine Antwort zu geben, sah Marta ihr nur ins Gesicht.

Und auf einmal begriff Iva, was Baban getan hatte. Es waren Familien wie die von Marta, die die ersten Opfer des organisierten Verbrechens wurden. Deren Kinder davon träumten, um jeden Preis den Ruhm und den Reichtum zu erlangen, den sie tagtäglich im Jachthafen oder im Fernsehen sahen. Der anderen von Geburt aus zustand, der ihnen jedoch versagt schien. Auch Luka war der Illusion und der Verlockung vom schnellen Geld erlegen und hatte mit seinem Leben dafür bezahlt. Liljana war den Drogen – hoffentlich – entkommen. Einen Beruf aber hatte auch sie nicht gelernt.

Karlo Matera hatte im Weinberg gelauert. Wollte er nur sie, Iva, die unbestechliche Mafiajägerin, töten? Oder hätte er zur Abschreckung das Leben aller Menschen auf Terra Rossa ausgelöscht?

Iva spürte, wie eine Gänsehaut über ihren Rücken lief.

Sie sah Marta an, die erwiderte ungerührt den Blick, und Iva erkannte in ihren Augen einen stillen Triumph. Marta musste, kaum dass Matteo im Haus und in Sicherheit war, den Revolver geschnappt haben und ins Freie gelaufen sein, um die Entführer zu stellen. Und war dabei auf Matera getroffen. Marta hatte ihre Kinder gerächt und Iva gerettet. Zum ersten Mal im Leben war sie nicht hilflos gewesen, hatte das Gesetz des Handelns in ihren Händen gelegen, hatte sie gesiegt.

Draußen fuhren Autos vor, Türen klappten, und Kommandos überlagerten sich. Der Leichenwagen war eingetroffen.

«Ich danke dir, Marta», flüsterte Iva. Sie nahm einen Keks, steckte ihn in den Mund und kaute andächtig. «Miro hat recht, deine Kekse sind wirklich die besten. Im Herbst probieren wir die auch mal mit deiner Pflaumenmarmelade.»

Um Martas Mund spielte ein schmales Lächeln.

Viel später, als alle Einsatzkräfte abgezogen waren, Marta sich im Gästezimmer niedergelegt hatte und auf Terra Rossa Ruhe eingekehrt war, suchte Iva nach Nikola und fand ihn auf der Marmorbank vor dem Haus sitzend, Colombina zu seinen Füßen, die Hände auf dem Knauf seines Gehstocks gefaltet.

Iva setzte sich zu ihm und ließ den Blick schweifen.

Die Oliven schimmerten prall und glänzend zwischen dem Laub. Die neue Hitze hatte sie früher reifen lassen. In diesem Herbst würden auf Terra Rossa bereits zwei Wochen eher als in den anderen Jahren die Netze unter den Bäumen ausgelegt und die Früchte von den Ästen gekämmt werden. Was auch mit den Menschen passierte, die Natur entwickelte sich nach ihrem eigenen Plan.

Iva dachte an ihre Wohnung in der Zagreber Altstadt. An die Antiquitäten, die Igor und sie zusammengetragen und mit viel Liebe um moderne Designerstücke ergänzt hatten. Die Wohnung würde für immer mit den Erinnerungen an Igor und ihre gemeinsame glückliche Zeit erfüllt sein. Bei diesem Gedanken zog sich Ivas Herz zusammen. Ungebeten tauchte der Schlager wieder in ihrem Kopf auf, den sie auf der Rückfahrt von Rovinj im Auto gehört hatte. An dem Tag, als sie Lorenzo getroffen und die Geschehnisse ihren Anfang genommen hatten. *Zagrli mi sad, na kraju našeg sna.* Umarme mich jetzt, am Ende unseres Traumes. *Ostaj mi zbogom, nedaj se – i hvala ti za sve divne godine.* Behüte dich Gott, gib nicht auf – und danke für all die wunderbaren Jahre.

Iva lehnte den Rücken an die warme Mauer und schloss die Augen. Der Rosmarin und der Lavendel in den Steintöpfen neben ihr verströmten ihren Duft in der milden Abendluft.

Ja, Igor, am Ende unseres Traumes bin ich aufgewacht. Aber ich habe noch Träume – und ich gebe nicht auf.

Iva öffnete die Augen. Sie versuchte, in dem Weinberg, in dem Matera gelegen haben musste, zu erkennen, ob die Polizei oder die Bestatter Spuren hinterlassen hatten, doch die Schatten unter den Rebstöcken waren schon zu tief.

War die Gefahr vorüber? Iva glaubte es nicht.

Mit der Öffnung nach Europa hatten kriminelle Machenschaften und Korruptionsfälle auch in Kroatien zugenommen. Die Presse nannte seit Jahren in diesem Zusammenhang die Namen von Politikern, die sich damit rechtfertigten, dass sie die Wirtschaft ankurbelten, den Weg aus dem Sozialismus zum Kapitalismus ebneten und die Umwandlung einer Staats- in eine Marktwirtschaft förderten. Neue Namen kamen hinzu, und alte tauchten wieder auf. Der Kampf gegen die Bratstvo – oder wie immer eine derartige Geheimorganisation in anderen Teilen der Welt hieß –, diese Bruderschaft des Verbrechens, würde niemals enden.

Iva sah zu den Hügeln hinüber, die in der Dämmerung blau schimmerten, betrachtete diese Landschaft, die immer wieder neu hatte entstehen müssen und allen Fährnissen getrotzt hatte. Von den römischen Kolonialherren über die Ausbeutung durch Venedig bis zu den Kriegen des letzten Jahrhunderts, die tote Dörfer und unbestellte Felder hinterlassen hatten. Nichts davon hatte Istrien zerstören können. Inzwischen wuchsen wieder Steineichen aus der Macchia zu dichten Wäldern, und auf allen Hängen bedeckten selbst in den steilsten Lagen Olivenhaine und Weinberge die rote Erde und formten diese unverwüstliche Landschaft.

Auch wenn sie nicht in Istrien aufgewachsen war, so waren Iva die Stimmen und Gesten hier vertraut, fühlte sie sich nicht fremd. In Istrien fragte niemand, woher man kam.

In den Dörfern auf den Hügeln strahlten die Lichter der Häuser als winzige Punkte in der Dämmerung. In Zagreb trafen sich ihre Freunde um diese Zeit in den hell erleuchteten Straßencafés, in den Bars und Restaurants. In Zagreb konnte Matteo unter vielen guten Schulen wählen.

«Am Montag fahre ich mit Matteo nach Zagreb», sagte Iva.

Nikolas Hände schlossen sich fester um den Knauf.

«Ich habe einen Termin mit einer Maklerin», fuhr Iva fort. «Sie meint, es wird nicht allzu schwer sein, einen Käufer für eine große Altstadtwohnung zu finden.»

Eine Fledermaus tauchte aus dem Halbdunkel auf, gaukelte wie ein Nachtfalter vor Ivas Augen, jagte ihrer Beute nach und verschwand im Schatten der Zypressen.

«Du verkaufst deine Wohnung?» Nikolas Stimme klang rau.

«Sie bringt gutes Geld», sagte Iva. «Und du weißt doch – wir brauchen endlich eine neue Ölmühle.» Sie machte eine weit ausholende Armbewegung, die die Konoba, die Olivenhaine, die Weinreben, den Zypressenwald und die alte Halle mit den Maschinen einschloss. «Einmal wird dies alles Mate gehören.»

Als Erstes hörte Iva ein Räuspern neben sich, dann nahm sie aus dem Augenwinkel eine Bewegung wahr. Nikola löste eine Hand vom Knauf seines Stocks und legte sie auf Ivas Knie. Iva ergriff seine Finger und hielt sie fest gedrückt.

Über den Hügeln ging der Mond auf, und Glühwürmchen begannen ihren Tanz in der stillen, nur vom Gesang der Zikaden und dem Schlagen der Meereswellen erfüllten Luft.

EPILOG

Sie fuhren am Zagreber Flughafenterminal vorbei und direkt auf das Rollfeld zu einem großen Privatjet, dessen Triebwerke bereits liefen. Es war eine blau lackierte Gulfstream, auf deren hoher Schwanzflosse ein Logo prangte, ein goldener Globus mit den Initialen des Firmeninhabers. Die Limousine kam nahezu geräuschlos neben dem Flugzeug zum Stehen. Als Erstes stieg der Gastgeber aus und eilte an Bord. Ihm folgte der Politiker. Am Ende kletterte Viktor Rodin aus dem Wagen. Die Luft war erfüllt vom Lärm der startenden und landenden Maschinen, die in einer Kette über der Stadt schwebten, und dem Geruch von heißem Gummi und Kerosin.

Durch die Fenster des Cockpits konnte Viktor im blauen Licht der Armaturen Pilot und Co-Pilot mit Headsets sehen, die Köpfe über Klemmbretter gebeugt. Zwei Bodyguards standen am Fuß der Gangway, an der Flugzeugtür wartete ein Steward.

Viktor stieg die Stufen hinauf.

Die Kabine war für zehn Personen ausgelegt. Der Investor und der Politiker saßen sich auf Zweisitzersofas, die entlang der Rumpfwand standen, gegenüber. Auf dem kleinen Tisch zwischen ihnen standen Gläser und kleine Mineralwasserflaschen. Der Investor hielt bereits ein volles Whiskyglas in der einen Hand, mit der anderen machte er eine einladende Bewegung zu jenem der sechs großen Armsessel am Fenster, der ihm am nächsten stand. Viktor nahm Platz. Er war beeindruckt. Die Ausstattung erinnerte ihn an eine Luxusjacht, sandfarbene Lederpolster, viel poliertes Mahagoni und Messing. Die Fenster waren größer als üblich.

Der Steward kam durch den Gang auf Viktor zu.

«Darf ich Ihnen auch etwas bringen, Herr Minister?»

«Tonicwater, bitte, mit Eis und Zitrone.» Viktor musste klaren Kopf bewahren. «Wie lange dauert der Flug?»

«Die Flugzeit vom Flughafen Zagreb International zum Flughafen Rijeka beträgt etwa 55 Minuten, Herr Minister.»

Die Gulfstream vibrierte, setzte sich in Bewegung.

«Nicht länger?»

«Es sind lediglich 81 Meilen, also etwa 130 Kilometer.»

«Sehr schön», sagte Viktor und bedauerte, dass sein erster Flug in einem Privatjet nur so kurz war. Aber wenn sich die Dinge so weiterentwickelten wie erhofft, dann würde ihm ja in naher Zukunft die Regierungsmaschine zur Verfügung stehen. «Ich danke Ihnen für die Auskunft.»

«Sehr gerne, Herr Minister.»

Der Triebwerkslärm wurde lauter. Das Flugzeug rollte, wurde schneller, raste über die Startbahn und hob mit einem deutlich spürbaren Ruck ab. Während es sich in die Luft schraubte, wurde Viktor in die Rückenlehne seines Sitzes gepresst. Aus dem riesigen Fenster zu seiner Linken sah er, wie sich das Dächermeer von Zagreb hinter der Scheibe erst ausbreitete, bis es den Anblick ganz ausfüllte, und dann plötzlich wegkippte, als die Maschine nach Süden abdrehte, in Steigflug überging und schließlich in die Wolken tauchte.

Viktor war so fasziniert von diesem Flugerlebnis, dass er das Gespräch der anderen nicht mitgehört hatte.

«... hat ein spektakuläres Wochenendhaus», sagte der Politiker, Slavko Vuković, gerade zu dem Investor. «Ein Beispiel für die herausragende Ästhetik und Qualität seiner Bauweise. Sie werden begeistert sein. Branislav Leskovar ist nicht nur ein guter Freund, sondern auch ein Partner mit Handschlagqualität. Dafür verbürge ich mich.»

Der Steward kam und stellte ein hohes Glas mit Tonicwater, in dem Eiswürfel und eine Zitronenscheibe schwammen, vor Viktor hin. Dazu ein Tablett mit Crackern, Käse und dunklen Oliven, die lila glänzten. Künstlich eingefärbt, dachte Viktor verächtlich und bedankte sich.

«Sehr gerne, Herr Minister.» Der Steward drehte sich um und verschwand wieder hinter dem Vorhang zur Galley.

Der Investor musterte Vuković. «Handschlagqualität? Eine seltene Eigenschaft heutzutage», sagte er. In seinen Augen lag ein belustigtes Funkeln. «Meine Assistentin hat mir allerdings Informationen zusammengestellt, nach der Ihr Freund Leskovar Probleme mit den Behörden hat.»

«Hatte», sagte Vuković hastig. «Hatte! Alle gegen ihn erhobenen Anschuldigungen waren gegenstandslos. Branislav ist das Opfer des Aktionismus dieser Staatsanwältin.»

«Ich sehe Nachrichten», sagte der Investor. «Starke Frau, diese Markulin, und attraktiv. Ich bin immer auf der Suche nach guten Leuten. Machen Sie mir mal einen Kontakt.»

Vuković schüttelte den Kopf. «Ich habe Iva Markulin selbst schon ein Angebot zur Zusammenarbeit gemacht», sagte er. «Damals war sie gerade medienwirksam auf der Suche nach den Mördern ihres Mannes. Sie hat jede Hilfe ausgeschlagen – und ihren Mann am Ende über die Klinge springen lassen.»

«Ja, den Skandal habe ich in der Presse verfolgt», sagte der Investor. «Hat sie wirklich ihren Mann als Täter in dieser

Mordsache angegeben?» Er lachte. «Respekt, sage ich, die hat Eier. Ich will sie kennenlernen.»

Viktor fand, dass sich das Gespräch in eine gefährliche Richtung zu entwickeln begann. «Iva Markulin ist eine Moralistin», sagte er. *Hände weg,* hieß das. «Ich muss gestehen, dass auch ich sie falsch eingeschätzt habe.» Er schüttelte den Kopf. «Sie war eine meiner Studentinnen, intelligent, eine hervorragende Juristin. Markulin erschien mir vielversprechend. Deshalb habe ich sie auch auf den Posten in Pula empfohlen. Damit sie sich in der Provinz ein paar Sporen verdient.»

«Sie wird uns keine Probleme bereiten», sagte Vuković.

Viktor teilte diese Ansicht keineswegs. Iva war wie ein Jagdhund, der, hatte er einmal Blut gewittert, nicht mehr von der Fährte abzubringen war. Vielleicht hätte er der Tatsache, dachte er selbstkritisch, dass Iva die Enkelin von Nikola Pavić war, mehr Beachtung schenken sollen. Sie würden von Iva Markulin auf jeden Fall noch hören. Erst unlängst hatte ihn der Gerichtspräsident persönlich angerufen.

«Viktor, *dragi prijatelj.* Lieber Freund. Haben Sie schon die Tageszeitungen gelesen? Über die Erfolge von Staatsanwältin Markulin in Istrien? Sie erinnern sich sicher an unser Gespräch über die junge Kollegin?»

«Leider nein, helfen Sie mir, *dragi prijatelj.*»

«Wie Sie wissen, gehe ich irgendwann in Pension.»

«Wirklich zu schade – ein Mann Ihres Formats!»

«Es wird also Zeit, sich um meine Nachfolge zu kümmern. Staatsanwältin Markulin scheint mir tüchtig und vor allem unerschrocken und vertrauenswürdig zu sein.»

«Zweifellos ist sie das, aber ...»

«Kurz und gut, ich will diese Frau wieder hier bei uns im Haus haben. Leider hat sie mein Angebot für die Position einer leitenden Staatsanwältin abgelehnt. Anscheinend sieht sie ihre berufliche Aufgabe noch nicht als erfüllt an und will in Istrien bleiben. Ich bitte Sie also, lieber Viktor, Ihren ganzen Einfluss als väterlicher Freund bei ihr geltend zu machen.»

«Ach, was bedeutet schon ein väterlicher Freund? Ich wäre Ihnen zu gerne behilflich, *dragi prijatelj*, aber ich nehme nie Einfluss auf Personalentscheidungen.»

Bei der Erinnerung an das Telefonat unterdrückte Viktor einen Seufzer, denn ihm war bewusst, dass er sich lediglich eine Galgenfrist ausgehandelt hatte. Iva mochte sich vorerst zwischen Olivenhaine und Weinberge zurückgezogen haben und ihre Wunden lecken. Doch wenn die einmal geheilt waren, würde sie gestärkt aus den Erfahrungen der letzten Wochen hervorgehen. Und ihnen erst richtig Probleme machen. Fast kam so etwas wie Bewunderung in ihm auf. Es war bedauerlich, dass sie auf der falschen Seite stand. Viktor hütete sich jedoch, seine Befürchtungen auszusprechen.

«Wie ich höre, bleibt sie ohnehin in Istrien», sagte er stattdessen. *Komesarica Iva Markulin.* «Der Polizeidirektor von Pula will sie wohl demnächst zur leitenden Kommissarin ernennen.» *Commissaria Iva Markulin.* Damit erhielt Iva nicht nur weitreichende Befugnisse, sondern auch eine eigene Abteilung mit mehreren Mitarbeitern. «Immerhin hat sie diesen – Bujić? – zur Strecke gebracht, den Mord an einem seiner Mitarbeiter aufgeklärt und einen Umweltskandal aufgedeckt.» Dieser Petrović hatte kein Mikrofon und keine Kamera ausgelassen, um die Erfolge seines Präsidiums öffentlich zu präsentieren.

Der Investor trank einen Schluck von seinem Whisky.

Vuković räusperte sich. «Ein Glück, dass wenigstens unser lieber Freund Branislav ungeschoren aus dieser Sache herausgekommen ist», sagte er. «Das hat man nun davon, wenn man so wie unser Freund alle Gesetze beachtet und alle Vorschriften einhält und auf Behördenverfahren vertraut.»

«Ich hoffe», sagte der Investor und ließ die Eiswürfel in seinem Glas klingeln, «dieser Skandal beeinträchtigt nicht unsere Zusammenarbeit? Ich habe große Pläne.»

«Ich bitte Sie», sagte Vuković schnell. «Allein die Tatsache, dass der Herr Justizminister uns zu diesem Termin begleitet, sollte Ihnen genügen. Unser Freund Leskovar hat die Kapazitäten für Ihre Vorhaben und ist sehr – flexibel.»

«Und Sie?» Der Investor musterte ihn. «Welche konkreten Pläne haben Sie? Was ist mit meiner Förderung für Ihre Bewegung? Bei mir muss sich jedes Investment rechnen.»

«Ich gehe nach Brüssel», sagte Vuković, und es klang bescheiden, geradezu altruistisch. «Direkt an die Quelle sozusagen. Ich werde mich aktiv um EU-Fördermittel für die Entwicklung unseres schönen Landes bemühen.» Er schenkte dem Investor sein charismatisches Lächeln. «Es gibt da zum Beispiel einen größeren Streifen Land, direkt an der Küste und gegenüber von Titos ehemaliger Residenz Brioni gelegen.»

«Richtig», sagte der Investor, «hab davon gelesen.»

«Es verlangt geradezu nach einer Umwidmung und einem Immobilienentwickler mit Sinn für lokale Gegebenheiten.»

«Lokale Gegebenheiten», sagte der Investor. «Verstehe.»

Viktor warf einen Blick hinaus und sah, dass die Wolken zu Gespinsten zerflossen. «Wir gehen schon wieder runter.»

Tatsächlich knackte der Lautsprecher, und der Kapitän

forderte die Passagiere auf, die Sicherheitsgurte anzulegen. Die Gulfstream überflog jetzt das Učka-Gebirge, ihre dunkle Silhouette glitt über schroffe Hänge und Grate. Vereinzelt konnte Viktor ein paar Dörfer, einsame Höfe und ein Labyrinth von niedrigen Natursteinmauern erkennen. Aber er sah auch weiße Neubau-Würfel, jeder mit einem eigenen Swimmingpool, dessen Türkis künstlich leuchtete.

Viktor folgte der Unterhaltung der beiden anderen Männer nicht mehr, im Grunde gingen ihn deren Geschäfte nichts an, vermied er allzu genaue Kenntnisse. Er führte Leskovar einen Investor zu, mit dem dieser Bauunternehmer hinkünftig mehr Geld verdienen würde, als er es je zu träumen gewagt hatte. Zudem wollte er bei diesem Acht-Augen-Gespräch in seinem Sommerhaus in Opatija andeuten, dass, sollte er selbst es in den Sessel des Premierministers schaffen, auch der eine oder andere Staatsauftrag winkte. Immer vorausgesetzt, dass die Bauwirtschaft seine Kandidatur bei den nächsten Wahlen geschlossen unterstützte.

Die Gulfstream verlor weiter an Höhe.

Vor Viktors Augen tauchte das tiefblaue Meer auf.

Opatija, mit seinen Grandhotels und Villen, schmiegte sich in mediterraner Pracht zwischen Palmen an den Berghang. Auf der Uferpromenade, dem Lungomare, flanierten Urlauber wie zu früheren Zeiten und genossen den Müßiggang. *Hinter Triest beginnt wirklich etwas anderes.* Hatte nicht der italienische Regisseur und Autor Pier Paolo Pasolini diese Worte geschrieben? Nachdenklich betrachtete Viktor die Schiffe, die das Wellenmuster, das sich über die Adria erstreckte und auf dem Mittelmeer, dessen Küsten drei Kontinente und Jahrtausende vereinte, verlief, sprenkelten.

Erst unlängst hatte Viktor wieder in Apollonios' *Argonau-*

tica gelesen. Die Argonauten sollen mithilfe Medeas, der Tochter des Kolcher-Königs Aetes, das Goldene Vlies gestohlen haben. Voll Furcht vor der Rache des Königs flohen sie auf diese Halbinsel in der Adria. Die Argonauten blieben und gründeten das Volk der Histrier, das antike Volk, dem Istrien seinen Namen verdankte, und die Stadt Pula, die auf Griechisch *Polai* hieß – die Stadt der Gestrandeten.

Viktor lehnte die Stirn gegen das Fenster und ließ die Landschaft aus der Vogelperspektive unter sich vorbeiziehen. Ein Text des in Pula geborenen Philosophen und Autors Boris Biletić fiel ihm ein, und er sprach ihn lautlos nach.

Feigen, Oliven und ein geröstetes Stück Brot, Wein im Tonkrug und Käse auf der kahlen Steinplatte eines Bauerntisches; eine Fliege auf dem Maulbeerbaum oder eine Weinrebe im September; ein Mädchen im Augustsand; eine Fischflosse im flachen Wasser und der Umriss eines Schiffes in der Weite der hohen See ...

Die Gulfstream, nun im Anflug auf Rijeka, sank tiefer.

Viktor löste die Stirn vom Fenster und sah zu Slavko Vuković und dem Investor hinüber, die inzwischen die Köpfe zusammengesteckt hatten und sich mit gesenkten Stimmen unterhielten. Mit einem Mal fand er es ungerecht, dass alle Beteiligten von den zu erwartenden Geschäften finanziell profitierten, nur ihm wurden lediglich Bezeugungen des guten Willens zuteil. Er würde eine angemessene Provision fordern.

Viktor dachte dabei an ein Sommerhaus in Istrien.

Die Gulfstream warf einen Schatten über die Adria.